笑着说出真相

Rud. Jhering

天

Borderless

下

博稽古今　融汇天下

天
Borderless
下

博观

Scherz und Ernst in der Jurisprudenz

Eine Weihnachtsgabe für das juristische Publikum

对法学的戏谑与认真

给法学读者的礼物

[德]鲁道夫·冯·耶林 著

张焕然 译

法律出版社 LAW PRESS · CHINA

北京

图书在版编目（CIP）数据

对法学的戏谑与认真：给法学读者的礼物 /（德）鲁道夫·冯·耶林著；张焕然译. -- 北京：法律出版社, 2023（2024.2重印）
ISBN 978-7-5197-7676-3

Ⅰ.①对… Ⅱ.①鲁… ②张… Ⅲ.①法学-研究 Ⅳ.①D90

中国国家版本馆CIP数据核字(2023)第043385号

对法学的戏谑与认真：给法学读者的礼物
DUI FAXUE DE XIXUE YU RENZHEN：
GEI FAXUE DUZHE DE LIWU

作　　者：［德］鲁道夫·冯·耶林
译　　者：张焕然
责任编辑：王　珊
装帧设计：贾丹丹
出版发行：法律出版社
编辑统筹：学术·对外出版分社
责任校对：晁明慧
责任印制：陶　松
经　　销：新华书店
开　　本：A5
印　　张：15.25
字　　数：348千
版　　本：2023年11月第1版
印　　次：2024年2月第2次印刷
印　　刷：天津嘉恒印务有限公司
书　　号：ISBN 978-7-5197-7676-3
定　　价：89.00元

销售电话：010-83938349　客服电话：010-83938350　咨询电话：010-63939796
地　　址：北京市丰台区莲花池西里7号(100073)
网　　址：www.lawpress.com.cn
投稿邮箱：info@lawpress.com.cn
举报盗版邮箱：jbwq@lawpress.com.cn
凡购买本社图书，如有印装错误，我社负责退换。电话：010-83938349

作者简介

鲁道夫·冯·耶林 Rudolf von Jhering 1818.8.22—1892.9.17

德国罗马法学家、民法学家、法哲学家，德国法学教育改革的推动者以及法律与文学运动的先驱。

主要著作：

《罗马法的精神》（1852—1865）

《罗马私法中的过错要素》（1867）

《法学是一门科学吗？》（1868）

《为权利而斗争》（1872）

《法律中的目的》（1877—1883）

《论法感的形成》（1884）

《对法学的戏谑与认真》（1884）

《〈耶林年刊〉法教义学论文集》（1881—1886）

《占有意思》（1889）

《罗马法发展史》（1894）

译者简介

张焕然

男，1992 年 3 月生，浙江临海人，德国波恩大学法学博士，现为中国政法大学民商经济法学院讲师。主要研究兴趣为民法基础理论、民事实体法与程序法的交叉领域、法学方法论以及耶林的法学思想。曾于《法制与社会发展》《法学》《中德法学论坛》等刊物发表论文、译文若干。

中译本总目

译者导读

目　次

近年来，汉语法学界对德国法学家耶林的研究呈持续升温态势：一方面，他的著名演讲《为权利而斗争》在其诞辰200周年之际引发了新一轮的关注；[①]另一方面，他的缔约过失理论[②]、占有学说[③]、法人学说[④]、人格权学说[⑤]以及关于法感的学说[⑥]亦不断受到重视。

然而从整体上看，耶林著作的中译进度却较为缓慢。目前，除了被反复重译的《为权利而斗争》，[⑦]耶林作品的中文版仅包括其另外两场演讲（《法学是一门科学吗？》[⑧]和《论法感

---

① 例如，杜如益：《"法律的斗争"抑或"为权利而斗争"——耶林本意的探求与百年汉译论争考辩》，载《中国政法大学学报》2018年第2期，第173-194页；雷磊：《"为权利而斗争"：从话语到理论》，载《苏州大学学报（哲学社会科学版）》2019年第2期，第54-61页。

② 例如，张金海：《耶林式缔约过失责任的再定位》，载《政治与法律》2010年第6期，第98-111页。

③ 例如，柯伟才：《论占有保护之原因——以耶林的观点为中心》，载陈小君主编：《私法研究》第11卷，法律出版社2011年版，第96-125页；柯伟才：《耶林的占有构成理论》，载梁慧星主编：《民商法论丛》第52卷，法律出版社2013年版，第317-357页；李君韬：《耶林的占有概念与占有保护学说：基于罗马法与德国民法学传统的考察》，载《东海大学法学研究》第51期（2017年），第67-120页。

④ 例如，仲崇玉：《去社团的社团理论：耶林论社会团体的功能与地位》，载《现代法学》2016年第5期，第185-193页；仲崇玉：《耶林法人学说的内涵、旨趣及其对我国法人分类的启示》，载《法学评论》2016年第5期，第115-125页。

⑤ 例如，李君韬：《法学建构与十九世纪的人格权论述——对耶林〈对抗侵辱行为的法律保障〉之解析》，载舒国滢主编：《法理》第2卷，商务印书馆2018年版，第130-160页。

⑥ 例如，吴从周：《初探法感——以民事案例出发思考其在法官判决中之地位》，载舒国滢主编：《法理》第2卷，商务印书馆2018年版，第111页及以下。

⑦ 《为权利而斗争》一书的中译本至少有四种：胡宝海译本（中国法制出版社2004年版）、郑永流译本（法律出版社2007年版及商务印书馆2016年版、2018年版）、刘权译本（法律出版社2019年版）以及潘汉典译本（商务印书馆2019年版，书名译作"权利斗争论"）。

⑧ ［德］耶林：《法学是一门科学吗？》，李君韬译，上篇载《比较法研究》2008年第1期，第152-159页；下篇载《比较法研究》2008年第2期，第146-160页。经扩充后的单行本为：［德］鲁道夫·冯·耶林著、［德］奥科·贝伦次编注：《法学是一门科学吗？》，李君韬译，法律出版社2010年版。

的形成》[9])、四分之一部讽刺作品《法学的概念天国》[10]、一篇法律史论文《罗马私法中的过错要素》[11]、一篇教义学论文《缔约过失》[12]、一个“占有”词条[13]以及一本法学入门引导读物《日常生活中的法学》[14]。而其最负盛名的著作《罗马法的精神》至今仅有零星片段被译成中文,[15]更遑论他后期的巨著《法律中的目的》。此外,耶林其他的教义学思想也有待挖掘,例如,他关于买卖合同中的风险转移、法律事实的反射效力以及权利的消极效力等方面的原创性理论。

同样不可忽视的还有读者面前的这本《对法学的戏谑与认真:给法学读者的礼物》(以下简称《对法学的戏谑与认真》)。[16]

---

⑨ 现有的中译本将该书书名译作“法权感的产生”,即[德]耶林:《法权感的产生》,王洪亮译,载《比较法研究》2002 年第 3 期,第 103-117 页。该译文经些许修订后出版了单行本,即[德]鲁道夫·冯·耶林:《法权感的产生》,王洪亮译,商务印书馆 2016 年版。

⑩ 即本书的第三部分,此前的中译本为:[德]鲁道夫·冯·耶林:《法学的概念天国》,柯伟才、于庆生译,中国法制出版社 2009 年版。

⑪ [德]鲁道夫·冯·耶林:《罗马私法中的过错要素》,柯伟才译,中国法制出版社 2009 年版。

⑫ [德]耶林:《论缔约过失(合同无效或者没有完成订立时的损害赔偿)》,沈建峰译,载梁慧星主编:《民商法论丛》第 54 卷,法律出版社 2014 年版,第 1-69 页。该译文经些许修订后出版了单行本,即[德]鲁道夫·冯·耶林:《论缔约过失》,沈建峰译,商务印书馆 2016 年版。

⑬ [德]耶林:《耶林论占有》,纪海龙译,载《中德私法研究》第 11 卷,北京大学出版社 2015 年版,第 73-109 页。

⑭ 现有的中译本在出版时对原著标题做了少许改动,参见[德]鲁道夫·冯·耶林:《生活中的法学:法律问题与法律思维》,于庆生、柯伟才译,中国法制出版社 2019 年版。

⑮ 参见[德]鲁道夫·冯·耶林:《罗马法对现代世界的价值》,姚远译,载《厦门大学法律评论》2013 年第 1 期,第 468-476 页。此文系《罗马法的精神》第 1 卷第 2 版(1866 年)新增内容的一部分,中译本是从英译本转译的。

⑯ 关于本书书名的译法及版本考证,详见附录三。如无特殊说明,本文所使用的德文版本为 1924 年第 13 版,下称“原著”;原著页码可参见本书边码。

该书的成书时间将近四分之一个世纪(1861—1884),几乎是除《罗马法的精神》之外酝酿时间最长的一部作品。为什么耶林会为了一本小书花费如此多的精力?它与耶林同时期的其他作品有何关联?该书的另一个特别之处在于,它一改耶林以往所有作品的严肃风格,而采用书信体、谈话体等文学形式来展开论述,其用意何在?此外,“耶林的思想发生过何种变化”也是学者们一直以来争议的重点,⑰那么耶林本人对此会持什么看法?以上诸多问题只有在本书中才能找到答案。

由于我国学界此前较少论及本书,⑱因此,下文首先概括本书的内容,在此过程中亦关注其与耶林其他作品之间的联系,并找出贯穿全书的主线。在此基础上再来回答“为什么耶林会选择用文学形式撰写本书”、“什么是耶林反对的概念法学”以及“耶林的思想发生了何种变化”这三个问题,以澄清过去的一些误解。最后则是简短的结语。

一、《对法学的戏谑与认真》的主要内容

(一)第一部分(1861—1866)

1.写作背景与写作计划

1859年1月1日,作为吉森大学法学院审判团成员,耶林为

⑰ 参见吴从周:《概念法学、利益法学与价值法学》,中国法制出版社2011年版,第56页及以下、第150页及以下。

⑱ 略微提及本书的,例如李建良:《戏谑与严肃之间:耶林的法学世界》,载《月旦法学杂志》第75期(2001年),第186页;吴从周:《概念法学、利益法学与价值法学》,中国法制出版社2011年版,第102页及以下;张世明:《再思耶林之问:法学是一门科学吗?》,载《法治研究》2019年第3期,第133页;舒国滢:《法学的知识谱系》,商务印书馆2020年版,第1013页及以下。

一个一物二卖的案子撰写了鉴定意见。[19] 在这份鉴定中，他收回了自己15年前的观点，即当标的物因意外事故灭失时，出卖人对两个买受人均享有价金请求权。[20] 健康的法感告诉他，这一结论是不合理的，因此，他在鉴定中着力论证了出卖人此时仅有权获得一次价金。[21] 同年，耶林在自己主编的《年刊》上发表了一篇论文，该文正是以此案作为切入点，所得出的结论与上述鉴定意见相同，但是在论证上更为详尽。[22] 一年之后(1860年)，耶林又以实务中的一个案子为出发点，反驳了当时关于种类物买卖风险转移的权威理论"分离说"，并提出了自己的"送交说"。[23] 在以这两篇论文批判风险转移理论的同时，耶林还注意到，根据当时关于实质错误的通说，许多案件的处理结果均违背了法感。因此，他结合自己的方法论建构了一种全新的理论，即如今我们所熟知的"缔约过失"理论。[24]

---

⑲ 这份鉴定的手稿现已被整理出版，即 Gutachten Rudolf Jherings, erstattet in der Rechtssache Pow & Fawcus gegen Brockelmann am 1. Januar 1859, abgedruckt in: Inge Kroppenberg, Die Plastik des Rechts, 2015, S. 60-87。

⑳ Vgl. Jhering, Abhandlungen aus dem römischen Recht, 1844, S. 59, 71.

㉑ Vgl. Gutachten Rudolf Jherings, in: Kroppenberg, Die Plastik des Rechts, 2015, S. 77, 81 ff.

㉒ Jhering, Beiträge zur Lehre von der Gefahr beim Kaufkontrakt I. Über den Sinn des Satzes: Der Käufer trägt die Gefahr, mit besonderer Beziehung auf den Fall des mehrfachen Verkaufs, JherJb 3 (1859), S. 449-488. 对此参见耶林在原著第339页脚注里的说明。

㉓ Jhering, Beiträge zur Lehre von der Gefahr beim Kaufkontrakt II. Beim Verkauf generisch bestimmter Gegenstände geht die Gefahr nicht mit der Ausscheidung, sondern mit dem Moment über, wo der Verkäufer seinerseits Alles getan hat, was ihm kontraktlich oblag, JherJb 4 (1860), S. 366-438.

㉔ Jhering, Culpa in contrahendo oder Schadensersatz bei nichtigen oder nicht zur Perfektion gelangten Verträgen, JherJb 4 (1860), S. 1-112. 该文的准确发表时间应当是1860年，而非后来《耶林年刊》第4卷封面上所印的1861年。对此参见 Schanze, Culpa in contrahendo bei Jhering, Ius Commune 7 (1978), S. 333 f.。

由此可见，自 1859 年起，耶林即以学术论文的形式对当时的法学展开批判，尤其是对罗马(私)法学。正是在这个时间节点上，德意志法学家大会(Deutscher Juristentag)于 1860 年成立，耶林是第一届会议的成员之一。㉕ 法官希尔泽门策尔(Karl Christian Eduard Hiersemenzel，1825－1869)于 1859 年创立的《普鲁士法院报》(Preußische Gerichtszeitung)随即成为德意志法学家大会的机关报。从 1861 年起，该报更名为《德意志法院报》(Deutsche Gerichtszeitung)。当时，因《罗马法的精神》㉖前三卷而走红的耶林自然就成了希尔泽门策尔的约稿对象。于是，耶林就利用这次机会继续他的学术批判，只不过形式发生了变化——这一次，他采用的是书信形式。因为在他看来，以学术形式对错误的理论观点加以批判固然重要，但讽刺的手段亦颇具效果，㉗而匿名信正是这一手段的绝佳载体。㉘ 就这样，耶林正式开启了他的双线"作战"模式。

按照耶林的计划，他原本是打算写十二封信的，这些信将依次涉及当时德意志法学所面临的问题、这些问题的成因以及解决办法等。㉙ 但是计划赶不上变化，在他写完第六封信之后，这个系列就结束了。

2.第一封信和第二封信

在 1861 年发表的第一封信里，耶林首先交代了他为什么要

㉕ Vgl. Stölzel, Jhering und der Juristentag, DJZ 15 (1910), Sp. 904.

㉖ 《罗马法的精神》(Geist des römischen Rechts)第 1 版的出版时间如下：第 1 卷(I)出版于 1852 年，第 2 卷(II/1)出版于 1854 年，第 3 卷(II/2)出版于 1858 年，最后一卷即第 4 卷(III)出版于 1865 年。

㉗ 参见原著第 341 页。

㉘ 例如，孟德斯鸠的《波斯人信札》即为一部匿名书信体讽刺作品，耶林显然读过此书，详见下文。

㉙ 参见原著第 72 页。

选择书信的形式来表达自己的观点。一方面，当时已有不少学科成为书信的讨论对象，法学则没有；另一方面，当时的法学著作都写得相当抽象，食之无味，而书信的形式恰好可以带来趣味。[30] 紧接着，他就开始嘲讽当时德意志民法学界流行的“建构方法”。首当其冲的是耶林自己在《罗马法的精神》第3卷中关于“法学建构”（juristische Konstruktion）的论述。[31] 其次他又举了几个“建构”实例并对此加以戏谑，这些“建构”包括：把债定义成“在债务人行为之上的权利”，将遗产理解为“对被继承人人格的继承”，将旧屋顶、剧院门票和胎儿均纳入“法人”的概念之中，将自由解释成“在人身体之上的所有权”，把担保物权当作“物在负担债务”等。[32] 最后，耶林用反讽的手法揭示：“建构”破坏了许多概念在私法体系中原本所处的位置。[33]

第二封信同样发表于1861年。从这一封信开始，耶林越发将自己伪装成一名实务人士。他先是虚构了自己在大学里是如何学习罗马法的：尽管同学们都觉得学说汇纂课很无聊，但他却非常享受。[34] 然而，当他读到甘斯和胡施克对一条相当简单的罗马法规则所作的解释时，他就几乎放弃了要当一个理论家的理想。[35] 而彻底打破其人生理想的则是拉萨尔的《既得权体系》，因为这本书所体现出的思辨水平比胡施克还要高。[36] 在信的结尾，耶林借用《魔鬼的迷魂汤》这部小说里的情节讽刺拉萨尔是自己的“分身”，而这个“分身”正是因为丢掉了理智才能达到那种思

---

[30] 参见原著第3–4页。
[31] 参见原著第7页。
[32] 参见原著第8–15页。
[33] 参见原著第16–17页。
[34] 参见原著第18–19页。
[35] 参见原著第20–24页。
[36] 参见原著第26–32页。

辨高度。[37]

3.第三封信和第四封信

第三封信发表于1862年。需要注意的是,耶林在这一年还写了一篇关于所有权限制的论文,批判那种先验的、无限制的所有权概念,[38]本书的第三部分还将论及这一点。[39]在第三封信的开头,耶林为自己作了一番辩护。在他看来,他在上一封信里所反对的并不是思辨方法本身,而是将这种方法运用到法学领域时所产生的错误,例如,一味从理性中推演出法律规则,却不顾其与史实是否相符。[40]

接着,耶林为之后的几封信定下了一个主题——"理论和实践在当前的关系"。他认为,基于劳动分工律,理论与实践的分离是不可避免的,实务人士参考理论家的工作成果是无可厚非的;然而,如果实务工作者毫无反思地把理论著作直接当成断案依据,那就有问题了,因为当时的权威教科书所提出的许多理论无法在实践中适用。[41]

在第三封信剩余的篇幅以及次年发表的第四封信里,假扮成实务工作者的耶林先是描述了自己在大学的理论型考试里有多么成功,[42]然后又讲述了自己在司法实践中有多么失败。这一强烈的反差使其最后意识到"必须放弃对理论的信仰,在运用它时

---

[37] 参见原著第26、33-34页。

[38] Jhering, Zur Lehre von den Beschränkungen des Grundeigentümers im Interesse der Nachbarn, JherJb 6 (1862), S. 81-130. 对耶林所有权理论的详尽考察,参见Chun-Tao Lee(李君韬), Jherings Eigentumsbegriff, 2015。

[39] 参见原著第304页及该页第二个较长的脚注。

[40] 参见原著第36页;另可参见第191-194页。

[41] 参见原著第38页。

[42] 参见原著第44-48页。

才不会有风险”。[43] 具体而言，耶林用三个案子形象地说明了当时的理论难以适用于实践，所以自己才会遭受失败。

第一个案子与借款理论及负债原因理论有关。根据普赫塔的理论，债权人如果想通过诉讼的方式让债务人还款，就必须证明自己对借出的钱享有所有权，或者证明债务人已经用掉了这些钱，但这样的证明要求是极不合理的。[44] 此外，以施莱辛格为代表的法学家们均主张，只有在当事人明确表达出负债的原因时才能认定债的成立。然而考虑到尊重意思自治和方便实务操作等方面的因素，耶林以反讽的方式表达出自己更赞同贝尔的观点，即单纯的债务承认也应当产生债。[45] 这一无因债权理论此后逐渐成为通说，并为《德国民法典》第 781 条所规定。

第二个案子与一般抵押理论有关。根据当时的主流学说，如果债务人先后为多个债权人设立一般抵押，那么为了确定每个债权人对债务人的哪些财产享有优先受偿权，他们——而非债务人本人——就必须证明债务人具体是在哪一天获得这些财产的。很显然，这是相当难证明的，即使能够证明，过程也是十分繁琐的。[46]

第三个案子与占有理论有关。众所周知，萨维尼在 1803 年出版了他的《论占有》。在该书中，他提出“所有权人意思”(animus domini)是构成“占有”的必备要素，而对物的单纯体控则只能构成“持有”。[47] 在 19 世纪中期以前，这种观点一直是通说。然而耶林认为，在实际的占有妨碍之诉中，要占有人去证明自己

---

[43] 参见原著第 54、57、104 页。

[44] 参见原著第 50 页。

[45] 参见原著第 51-53 页。耶林对贝尔的赞同意见亦可参见 Jhering, Vortrag über den Anerkennungsvertrag (stenographische Berichte), Verhandlungen des 8. Deutschen Juristentages 1869, Bd. 2, 1870, S. 94-111。

[46] 参见原著第 60-62 页。

[47] Vgl. Savigny, Das Recht des Besitzes, 1803, S. 189.

的“所有权人意思”是很困难的,萨维尼的理论恰恰忽视了诉讼中的证明问题。[48] 正因如此,后来耶林才写出了《论占有保护的根据》和《占有意思》这两部专著去批判这一通说。[49]

4.第五封信和第六封信

在揭示了理论无法适用于实践的现象之后,耶林本来打算继续这一话题,也即紧接着论述这一现象的成因及其解决方案。[50] 但是在这个时候,司法顾问弗科马为当时即将召开的“第四届德意志法学家大会”提交了一份议案,议题涉及法学课程与考试的改革。这就“逼着”耶林对此发表意见,于是他写了第五封信。实际上由本书的第四部分可知,改革法学课程与考试在耶林的解决方案中占据极为重要的地位,[51]只不过按照他原本的写作计划,他必须先揭示问题的成因,才可以对症下药。因此,尽管针对弗科马改革提案的第五封信(1863 年)发表在第六封信(1866 年)之前,但在概述二者的内容时,应先关注逻辑上承接前几封信的第六封信。[52]

在第六封信中,耶林继续对当时的罗马法文献展开辛辣的嘲讽。他讽刺那些闲不住的理论家把一星半点的思想写成了巨著,讽刺那些没有自己观点的人不断重复着中世纪以来的罗马法研究。[53] 他认为,只有把这些人写的东西都暴露在公众面前,让大家都捧腹大笑,以后才不会有人重蹈覆辙。[54] 这里暗含了全书的题

[48] 参见原著第 64-68 页。

[49] Vgl. Jhering, Über den Grund des Besitzschutzes, 2. Aufl. 1869, S. VIII; ders., Der Besitzwille, 1889, S. VI, XIV.

[50] 参见原著第 100、104 页。

[51] 参见原著第 366-379 页。

[52] 这也是耶林的本意,参见原著第 104 页:“还记得我的第四封信吗?现在的这封信(指第六封信——引者注)就是紧接着它的。”

[53] 参见原著第 98、104-105、109-112 页。

[54] 参见原著第 101-103 页。

眼，即“对于某个病态的观点，只要笑过一次，就会永远免疫”。[55]

那么，为什么这些理论著作会变成这样呢？耶林认为，德意志大学的传统体制难辞其咎。根据这一体制，若要成为法学院终身任职的教授，写完博士论文之后的编外讲师还要再发表一篇教授资格论文。这在客观上导致了这样一种结果：只要是能出版教授资格论文的人，无论其论文质量有多差，都可以当教授。[56] 在这一学术体制下，那些从未接触过法律实务的编外讲师们就会埋头于罗马法源，而忽视生活实践。[57] 耶林认为，只有规定“书本权”和“写作权”才能防止编外讲师和教授写出来的书变得有害。当然，他生造的这两个权利是在戏仿古罗马的“孩子权”和“解答权”。[58]

现在再回过头看第五封信。如上所述，这封信是为了回应弗科马的提案而写的。在法学课程改革方面，弗科马建议增设几门理论课（如文本分析、法学文献史等），并开设“法律诊所”这门实务课，同时将学制延长至四年；在法学考试改革方面，弗科马主张将大学里的考试减至一场。[59] 对于这些建议，耶林既有认同也有反对。

耶林赞同在大学里开设法律诊所这门课，而且提出了完善的建议。他认为，法学也应当学习医学的做法，通过道具室来辅助直观教学。假如老师没有用不同的道具来代表不同的法律客体，那么法律关系的抽象性就不容易为初学者所理解。[60] 循着这一思路，耶林建议每所大学都应当建立“法学演示品陈列室”

---

[55] 参见原著第 100 页。
[56] 参见原著第 106 页。
[57] 参见原著第 112-113 页。
[58] 参见原著第 114-116 页。
[59] 参见原著第 70-71 页。
[60] 参见原著第 81-82、91 页。

(juristisches Demonstrationskabinet)或者叫“法律博物馆”(juristisches Museum)。这一机构应设有两个分部：一是“客体陈列室”(Objektenkabinet)，用于收纳法律客体，且主要是动产；二是“主体陈列室”(Subjektenkabinet)或者叫“研究所”(Institut)，用于聘请各类法律主体，目的是让其表演出各种不同的法律关系。[61]实际上早在1847年，耶林就已经在其《民法案例集》的前言中表达过类似的观点了，即必须通过具体的事物去记忆抽象的规则，如此记忆才会深刻。[62]

对于弗科马的其他提案，耶林均表示反对。首先，耶林认为增设理论课只会让理论所导致的问题变得更加严重；反之，法学课程必须是实践性质的。[63] 其次，耶林也不同意将学制从三年延长到四年，因为这只会让差生更加获益，还会打击优秀学生的学习积极性。[64] 最后，耶林极力反对将考试减少到一场的做法；相反，他认为考试应当增加，甚至各行各业的法律人都要不定期参加考试。后面这个建议当然是夸张的说法，但耶林的核心观点始终是：正确的考试形式能够确保考生掌握必要的知识，既然知识会被遗忘，那么就一直要通过考试加以巩固。[65]

另外值得一提的是，耶林在这两封信之间的空档内并没有停止思考，其成果就是1865年出版的《罗马法的精神》第4卷，毕竟严肃的学术著作才是他进攻的主要武器。在该书的第60章，耶林将矛头指向了关于权利的意思理论。相应地，他提出了自己的

---

[61] 参见原著第82-88页。

[62] Vgl. Jhering, Civilrechtsfälle ohne Entscheidungen, 1847, S. IX.

[63] 参见原著第78-79页。

[64] 在这封信里，耶林没有来得及对此发表看法，这是本书第四部分里给出的理由，参见原著第369-370页。

[65] 参见原著第92-96页。

利益理论。[66]

(二)第二部分(1880、1884、1891)

1.写作背景与写作计划

写完上述第六封信之后,耶林经历了丧妻之痛。或许正是这个原因,他再也没有心情去摘录那些“让人笑到肚子疼”的法学名言了。[67] 在发表《罗马私法中的过错要素》(1867年)一文之后,耶林于次年离开了任教近16年的吉森大学,去往维也纳大学,其就职演讲为“法学是一门科学吗?”。在维也纳任教的4年里,他同样深受学生们欢迎。在此期间,他又发表了三篇极有分量的教义学论文,分别是《论占有保护的根据》[68]、《法律事实对第三人的反射效力或反作用力》[69]以及《权利的消极效力》[70]。正是在维也纳时期(1868—1872),耶林在心中酝酿了一部更大的作品,即《法律中的目的》(Der Zweck im Recht)。然而大城市的生活过于充实,他用于写作的时间比先前要少得多,这让他不得不考虑搬到一个更安静的城市。[71] 最后,耶林选择了他的母校哥廷根大学,而哥廷根也成了他人生的最后一站。

---

[66] Vgl. Jhering, Geist des römischen Rechts, III/1, 1865, § 60, S. 307 ff.

[67] 摘录法学名言是耶林在第六封信末尾所作的承诺,参见原著第112、117页。

[68] Jhering, Beiträge zur Lehre vom Besitz. Erster Beitrag: Der Grund des Besitzschutzes, JherJb 9 (1868), S. 1-196. 该论文于次年经增订后作为单行本出版,即Jhering, Über den Grund des Besitzschutzes, 2. Aufl. 1869。

[69] Jhering, Die Reflexwirkungen oder die Rückwirkung rechtlicher Tatsachen auf dritte Personen, JherJb 10 (1871), S. 245-354.

[70] Jhering, Passive Wirkungen der Rechte. Ein Beitrag zur Theorie der Rechte, JherJb 10 (1871), S. 387-586.

[71] 这一原因是耶林告诉他儿子赫尔曼·冯·耶林的。参见Hermann von Jhering, Erinnerungen an Rudolf von Jhering, in: Helene Ehrenberg (Hrsg.), Rudolf von Jhering in Briefen an seine Freunde, 1913, S. 452。

1872年3月11日,在离开维也纳之际,耶林应维也纳法律协会之邀做了一次告别演讲,题目为"为权利而斗争"。同年7月,经耶林修改扩充的同名著作发表。[72] 实际上,《为权利而斗争》是其5年后出版的《法律中的目的》第1卷的一部分,在体系上应归属于"利己式自我维护"中的"法律层面的自我维护",[73]只不过耶林将前者先行发表而已。因此,任何脱离《法律中的目的》去谈《为权利而斗争》的做法均在一定程度上失之偏颇。

耶林离开维也纳的消息不仅催生了《为权利而斗争》,还催生了本书的第二部分。1872年年初,恰逢维也纳《法学报》(Juristischen Blätter)创刊。正是在耶林做完"为权利而斗争"这一报告的当晚,维也纳法律协会在金鸭酒店举办了晚宴,为耶林饯行。[74]《法学报》的主编之一洛塔·约翰尼(Lothar Johanny,1835-1886)抓住这次机会,当面向即将去往哥廷根的耶林约稿。他和在场的许多人一样,都希望耶林将《一位不知名人士的来信》续写下去,而当时心情大好的耶林很快就同意了。[75] 然而,耶林到了哥廷根之后就一直在撰写他的新著《法律中的目的》。该书第1卷于1877年问世,第2卷则于1883年出版。除了本书的第四幕和补遗部分,他为《法学报》所写的前三次"闲谈"均发表于1880年,这个时间点正处在两卷《法律中的目的》之间。就理解"闲谈"的内容而言,这一点非常重要。

在此期间,耶林的作者身份已经暴露,所以他没有继续当一

---

[72] Jhering, Der Kampf ums Recht, 1872.《为权利而斗争》这本小册子在耶林生前出到了第10版(1891年),中译本信息见上文。

[73] Vgl. Jhering, Der Zweck im Recht, I, 1877, S. 80 f.

[74] Vgl. Jherings Vortrag in der juristischen Gesellschaft, Juristische Blätter 1 (1872), Nr. 3, S. 30, 34 f.

[75] 参见原著第1版前言、第121页。

位“不知名人士”，而是新开了一个系列——“一位罗马法学者的闲谈”。按照导言里提到的计划，他本来要写两个子系列：一个是关于法律史的闲谈，另一个是关于教义学的闲谈。[76] 然而，一方面，他同时在撰写更为重要的《法律中的目的》第2卷，时间上较为紧张；另一方面，《法学报》的一部分读者明确表示嫌弃他的“闲谈”，这多少破坏了耶林的心情。[77] 因此，他在写完“罗马法史上的景象”第三幕之后就停止供稿了，关于教义学的闲谈最终搁浅。

2.第一幕

在第一幕里，耶林先表达了自己的一个喜好：总是喜欢作比较。但比较的结果往往让他不那么高兴，因为在某些方面，当代是比不上过去的。就所有权取得方式之一的先占而言，情况就是如此。[78] 就动产的先占而言，普鲁士通过一系列的立法将原本属于无主物的野生动物和森林均收归国有，将士兵“战时先占”的权利废除等；就不动产的先占而言，河流或大海中的小岛、被弃置的河床等也都成了国家所有。[79] 因此在最后，耶林通过戏仿席勒的诗句表达了自己的哀叹。

在这一幕里，耶林还顺带讽刺了当时流行的学说汇纂教科书。先占权在普鲁士明明已经所剩无几了，这些教科书却依然将罗马法上关于先占的规定作为当今有效的法。[80] 这体现了耶林一以贯之的思想：法是具有历史性的，不同时代的法具有不同的特征，不能一味地强调罗马法在当代的可适用性，因为其中的部分

---

[76] 参见原著第123-124页。

[77] 参见第二部分第三幕之前“给编辑的一封信”，即原著第172-174页。

[78] 参见原著第127-128页。

[79] 参见原著第129、132、135-136页。

[80] 参见原著第132、136页。另参见第230、279页对安茨（Arndts）和范格罗（Vangerow）的嘲讽。

内容已经不再符合现实的需要,部分内容则已经被人为的立法废止了。

3.第二幕和第四幕

在第一幕里,耶林曾做了一个预告,说自己还有一种所有权的无偿取得方式没有讲,这也就构成了第二幕的主题,即罗马法上“作为继承人的获利性时效取得”(usucapio pro herede lucrativa)。[81] 根据盖尤斯对这一制度的描绘,若某人死亡时未留下自家继承人,那么任何想要这笔遗产的人都可以抢在有资格继承的人之前占有遗产的客体,这样的行为并不构成盗窃;并且无论是动产抑或不动产,占有人均只需占满一年就能因时效取得其所有权。[82]

为什么罗马人会规定这样一种看似鼓励人们当小偷的制度?在本次闲谈中,耶林正是要探究这一规则背后的目的,这与他当时正在撰写的《法律中的目的》息息相关。《法律中的目的》是在法哲学层面上论证法律规则不是通过先验演绎,而是基于人的主观目的或者说“实践动机”产生的,[83]与此同时,作为罗马法学家的耶林当然也就选择了罗马法的例子来加强这一论证。换言之,在第二幕里,他要证明上述规则是出于特定的目的才被制定的。

耶林首先回顾了盖尤斯本人的观点。盖尤斯认为,以上规则的目的在于敦促有继承资格的人尽快接受遗产。然而在耶林看来,这一观点混淆了“目的”和“结果”:以上制度在被创设之后的确能导致“有继承资格的人会尽快接受遗产”这样的结果,但是立法者在创设该制度时的目的却并非如此。[84] 相反,在耶林看来,立法者之所以要规定作为继承人的时效取得,其真正的目的是“防

---

[81] 参见原著第134、137页。

[82] 参见Gaius 2, 52-58和Gaius 3, 201。

[83] 参见耶林在原著第9页脚注里的附加说明。

[84] 参见原著第144-145页。

止人们将他人的遗产占为己有”。因为根据这一制度,在取得时效经过后,占有人就会自动成为该遗产的继承人和所有人,这样一来,祭司和被继承人的债权人就可以找这些人要回属于自己的钱了,而其数额往往要大于占有人实际获得的财产数额。[85] 这就是“古代继承法中的陷阱”,要是谁只看法条的表面,就很可能会掉进去。[86] 在论述的过程中,耶林还顺带嘲讽了萨维尼对西塞罗原文的错误校勘。[87] 最后,爱搞怪的耶林还戏仿了《盖尤斯法学阶梯》的发现过程,伪造出一份能够佐证自己观点的赞美诗抄本。[88] 在 1891 年的补遗中,一位读者为耶林提供了支持其观点的证据,即古苏格兰法上也有“防止侵占他人遗产”的规定。[89]

1884 年成书时新写的第四幕在逻辑上承接第二幕,[90]所以在此一并论述。在这一幕里,耶林继续探寻罗马法上某些法律规则的目的,这次他选择的是《十二表法》第 3 表第 6 条。[91] 该条规定:“到了第三个集市日,[债权人]应[将债务人]切成块,无论块大或是块小,都不算欺诈。”这一规定背后的目的是什么呢? 是鼓励债权人在债务人不还钱时将其切成块吗? 通过一场虚拟的对话,耶林表达了自己的看法:“将债务人切成块”的情形是不可能发生的,并且其他可能的解决方案也是不可行的。[92] 立法者规定“切成块”的真正目的是促使各债权人达成和解,因为其隐藏的前提是

---

[85] 参见原著第 151、158-160 页。
[86] 参见原著第 159 页。
[87] 参见原著第 165-167 页。
[88] 参见原著第 168-171、175-176 页。
[89] 参见原著第 384-385 页。
[90] 参见原著第 155、175、232 页。
[91] 参见原著第 232 页。
[92] 参见原著第 233-240 页。

“若各债权人不能达成和解”。[93] 因此,假如哪个债权人只看到了法律的表面,一定要把债务人“切成块”,那他就中了这一“罗马民事诉讼法里的圈套”。

4.第三幕及其补遗

在第三幕中,耶林继续追问古罗马民事诉讼法背后的目的。以下仅以誓金法定诉讼为例概括耶林的核心思想。根据相关的罗马法源,耶林发现在誓金法定诉讼中发生了如下两个变化:第一,败诉方在诉讼前寄存的誓金从归宗教基金所有变成了归国库所有,相应地,负责收取誓金的主体也由祭司变成了裁判官;第二,收取誓金的时点从诉讼开始之前变成了诉讼结束之后。[94] 为什么会出现后面这一变化呢?耶林认为,这与平民(穷人)和贵族(富人)之间的阶级斗争有关。

在发生这一变化之前,无论富人抑或穷人都需要在诉讼前以现金的形式寄存誓金。然而,这对于穷人来说是非常困难的,因为他们手头没有足够的现金。[95] 这样一来,作此规定的罗马立法者就把穷人关在诉讼大门之外了。换言之,这一规定的目的就是“要让富人在诉讼中比穷人更具优势”。[96] 用法律人的话说,穷人和富人在古罗马的民事诉讼法上是受到区别对待的。正是在这一背景下,护民官们才会不断提议改革罗马的民事诉讼法,以减轻穷人在诉讼上的困难。其措施有二:一是将誓金的现金寄存改为誓金的临时信贷,即把誓金的收取推迟到诉讼结束后;二是将誓金的数额尽可能降低,这通常是通过降低币值来实现的。[97] 通过这些措

---

[93] 参见原著第243页。

[94] 参见原著第178-182页。

[95] 参见原著第188-190、210页。

[96] 参见原著第200、202页。

[97] 参见原著第213、223页。

施,即便是手头没有现金的穷人也可以参与诉讼了,并且其败诉的风险也没有那么大了,而这正是护民官的法案所追求的目的。[98]

1891 年,耶林又为第三幕增加了两个补遗。补遗之一修正了其先前关于誓金诉讼起源的说法,补遗之二则研究了罗马私犯法的目的。后者属于民事实体法领域,与第三幕讨论的民事诉讼法领域恰好对应,因此应当先加以论述。通过分析《十二表法》的相关规定,耶林发现:针对穷人才会实施的私犯,罚金数额都被定得很高;反之,对于富人才可能实施的私犯,罚金数额则被定得很低。更有甚者,《十二表法》根本没有规定对强奸的处罚,因为这种行为只有富人才做得出来。[99] 由此,耶林揭示了这些规定背后的目的:"富人不想为自己对穷人实施的违法行为承担不利后果,所以他们就把法律设计成有利于自己的样子。"[100]换言之,"贫富有别"这种解释在此同样成立。但是后来,这种"富人的财产价值远远高于穷人的人身价值"的现象发生了变化。随着罗马国民财富的巨大增长和财富获取方式的改变,人格的价值越来越高,财产的价值则越来越低,这导致了侵辱之诉的适用范围被不断扩大,而立法者这么做正是为了加强人格保护的力度。[101] 耶林对这一问题的关注要追溯到他于 1885 年发表的一篇关于"侵辱行为"的教义学论文,[102]此处不赘。

最后再说回补遗之一。在 1889 年出版了《占有意思》这一专

---

[98] 参见原著第 226、231 页。

[99] 参见原著第 409-415、416-417 页。

[100] 参见原著第 416 页。

[101] 参见原著第 418-421 页。

[102] Jhering, Rechtsschutz gegen injuriöse Rechtsverletzungen, JherJb 23 (1885), S. 155-338. 对该论文的详细解读,参见李君韬:《法学建构与十九世纪的人格权论述——对耶林〈对抗侵辱行为的法律保障〉之解析》,载舒国滢主编:《法理》第 2 卷,商务印书馆 2018 年版,第 130-160 页。

著之后,耶林就彻底告别了教义学研究,他开始着手撰写《罗马法发展史》一书。[103] 根据耶林自己的说明,该书与《罗马法的精神》的重点有所不同。如果说《罗马法的精神》更关注"是什么"的问题,即抽象出不同阶段的罗马法在其具体制度中所蕴含的普遍共性,那么《罗马法发展史》就更侧重"为什么"的问题,即追问究竟是何种外部因素致使罗马法在不同阶段呈现不同的特征。[104] 为此,耶林结合了当时最新的比较人类学资料,从"古雅利安人的迁徙对早期罗马法的影响"这部分开始写。[105] 然而没过多久(1892年),耶林即因病去世,该书也就成了一部未竟之作。本书第三幕的补遗之一就是耶林在研究印欧人史前史过程中的意外收获,因为他借此修正了自己以前的观点。

关于誓金法定诉讼的起源,耶林先是认为誓金与誓言有关,后来又认为,由于要处理世俗世界的法律事务,祭司们常常会无暇顾及神明事务,因此,当事人交到祭司手里的誓金就是对神明的一种补偿。然而,经过对印欧各民族古代法的比较研究,耶林收回了先前的观点。现在他认为,誓金诉讼起源于神判,誓金是罗马人换取神明裁判权而支付的一种对价。[106] 其理由是:第一,神判制度在古雅利安人的各分支里都出现了,唯独没有出现在罗马

---

[103] 该书是耶林应好友、德国刑法学家宾丁(Karl Binding,1841-1920)之邀而写的,是后者主编的《德意志法律科学体系手册》(Systematisches Handbuch der Deutschen Rechtswissenschaft)系列中的一本。对此参见 Wieacker, Rudolph von Jhering, ZRG RA 86 (1969), S. 13, Anm. 37。

[104] Vgl. Jhering, Entwicklungsgeschichte des römischen Rechts, 1894, S. 4 f., 36.

[105] Vgl. Jhering, Entwicklungsgeschichte des römischen Rechts, 1894, S. 45. 相应的成果是耶林去世后被编辑出版的《印欧人史前史》,即 Jhering, Vorgeschichte der Indoeuropäer, 1894。

[106] 参见原著第 385-386 页。

人那里，这很有可能是因为罗马人用另一种制度去替换了它。[107] 第二，在誓金诉讼中，誓金的数额只有两种，且彼此差距很大，神判中同样仅有火审和水审这两种验罪法，并且其各自的危险性亦相差甚大。[108] 第三，誓金诉讼的判决用语是“sacramentum justum, injustum esse”，这句拉丁语既可以理解为“誓金是合法的或是不合法的”，也可以解读成“誓言是真的或是假的”，而后者正与神判里的无罪起誓有关。[109] 第四，收取誓金的机构后来变成了“三人死刑审判庭”，而神判恰好事关“生死”。[110]

（三）第三部分（1884）

1.写作背景

在本书的第一部分和第二部分中，耶林在讽刺胡施克的思辨方法时就已多次提到，这种极尽抽象的思维方式会逐渐把思考者拽离地球，将其带到一个只有纯粹的概念才能存活的“法学天国”上。[111] 因此，当耶林决定不再向《法学报》供稿之后，他就继续搜集这方面的例子，准备一并放进这个“概念天国”里加以戏谑。

1883 年，《法律中的目的》第 2 卷面世；次年，《法律中的目的》第 1 卷的第 2 版也得以出版。此时，耶林终于又能抽出一小段时间开开玩笑了。他先是补写了第二部分的第四幕，第四幕的结尾为“概念天国”的出场做了铺垫：原本他是需要抽“法律史雪茄”才能看到“罗马法史上的景象”的，但是现在他只要在梦中就可以幻想出各种景象了。[112] 本书的第三部分“在法学的概念天国

[107] 参见原著第 387、406 页。
[108] 参见原著第 400-403、407 页。
[109] 参见原著第 391-395、406 页。
[110] 参见原著第 390、406 页。
[111] 参见原著第 20-21、193-194 页。
[112] 参见原著第 243 页。

中——一幅幻想景象”就是这样诞生的。

2.在概念天国中的所见所闻

通过让自己的灵魂与向导精灵对话这一方式,耶林首先向读者描绘了概念天国的总体特征,这些特征均在暗讽概念法学所犯的错误。第一,在这里,概念是纯粹的、完美的,它们只为自己而存在,是天国的最高统治者。[113] 这是在讽刺这样一种观念:就好像只要法律概念在逻辑上正确,法学就可以不关注其他重要因素似的。第二,概念天国远离太阳系,因为概念一旦接触空气就无法存活。[114] 这是在批评概念法学家的思考是先验式的、抽象式的,脱离了现实,忽视了生活。第三,概念天国被黑暗笼罩,但天国上的理论家都能在黑暗中看得见。[115] 这是在嘲笑当时的多数罗马法学者都热衷于研究模糊的法源片段,而缺乏更为重要的任务。第四,进入概念天国的前提是忘掉尘世的一切。这是对萨维尼、普赫塔等法学家的戏谑,因为在耶林看来,这些人纯粹是根据法源或概念来建构法律制度的,而不顾其在实践中能否适用。[116]

接着,灵魂在解说精灵的带领下参观了概念天国。其中的各种建筑、机构和设备等都是耶林虚构的,目的是影射罗马法研究的主流模式所存在的问题。以下按参观顺序简要说明。

解说精灵提到的第一个建筑物就是遗忘井,它是喝了里面的忘尘水才得以进入天国的,[117]其讽刺意涵上文已述。随后它们来到了运动场,这里有许多考试用的设备。第一个设备是头发分割机(Haarspaltemaschine),用于将一根头发分成999,999等份,这是

---

[113] 参见原著第249-250、255、259-260、310页。

[114] 参见原著第250、252-253页。

[115] 参见原著第251页。

[116] 参见原著第254页。

[117] 参见原著第253、256页。

在嘲讽概念法学家对传统的法律概念作了钻牛角尖式的细分。[118] 第二个设备是极为光滑的法律难题爬杆(Kletterstange der schwierigen juristischen Probleme),考试的要求是取下上面的问题然后又放回去,并且考题完全不涉及实践,这是在讽刺多数罗马法学家没有解决问题的意识,而只研究纯理论的东西。[119] 解说精灵着重介绍的第三个设备是建构器(Konstruktionsapparat),借此耶林暗讽诸多法学建构把简单的关系复杂化了,并且只在乎概念是否符合逻辑的一致性。[120] 第四个设备是辩证解释液压机(dialektisch-hydraulische Interpretationspresse),借由其中的输液装置和消除装置,耶林批评某些学者恣意地解释罗马法源。[121] 第五个设备是辩证钻孔机(dialektische Bohrmaschine),这是在嘲笑那些固执己见的研究者即使错了也要继续往里钻。[122] 最后,它们参观了围起整个运动场的眩晕墙(Schwindelwand),这面墙越往上路就越窄。运用这一形象的比喻,耶林再度讽刺了那种极尽抽象的思辨方法。[123]

离开运动场之后,解说精灵带着耶林的灵魂来到了法律史科学院(rechtshistorische Akademie)。它有两个分部,一个是文本复原部(Text-Restitution),另一个是套语复原部(Formeln-Restitution)。它们只参观了前一个部门,因为精灵觉得它更为有趣。[124] 首先,它们看到一块缺了好几个字母的板,上面现有的字母连起来正好是

---

[118] 参见原著第257、346页。
[119] 参见原著第257-259页。
[120] 参见原著第261-262页。
[121] 参见原著第262页。
[122] 参见原著第263页。
[123] 参见原著第263-264页;另参见第一部分的第二封信。
[124] 参见原著第264-265页。

“unfruchtbare Spielereien”(徒劳无益的游戏),这是在影射那些能力不足却又争相创造法源的法史学者。[125] 接着,它们又看见复原精灵在复原《盖尤斯法学阶梯》和《保罗观点集》。然而,由于这个精灵不了解罗马法,它所复原的文本漏洞百出。[126] 最后,灵魂对科学院感到不耐烦了,于是它们就去往概念大厅。

解说精灵先带着灵魂参观了大厅的其中一侧,即大脑研发室(Cerebrarium)。耶林虚构这一机构的用意在于,他试图为这样一个问题提供一种诙谐的解释:在尘世中,为什么有些法学家特别擅长观念论思维?这种思维的特征在于运用概念进行先验演绎,而在建构体系时忽视具体的经验事物。耶林戏谑道,这是因为他们的母亲在怀孕时吸进了散发在空气中的特殊脑髓质,只有这样,他们的大脑中才会长出观念隆起,而正是这个大脑里的特殊构造赋予了他们观念思维。[127] 此外,耶林还顺带嘲讽了那些用诗来破坏法学的冒牌诗人法学家,他认为这同样是因为他们的大脑跟正常人的有所不同。[128]

由于概念大厅只有天国的成员才能进入,所以解说精灵只能让灵魂到长廊上先看看大厅里的概念。这些概念的表情是极其单一的,因为它们的情绪始终如一,这是在暗讽概念法学家们将概念当作了理念王国中永恒不变的存在。[129] 接着它们观察了好几个法律概念,尤其是“占有”。通过对话,耶林又一次指出了萨维尼理论的矛盾之处,还讽刺了当时对占有最有研究的两位法学

---

[125] 参见原著第266-267页。
[126] 参见原著第267-271页。
[127] 参见原著第272-274页。
[128] 参见原著第275-276页。
[129] 参见原著第277-278页。

家,即布伦斯与贝克尔。[130] 随后,灵魂主动要求来一场模拟测试,通过对“准占有”这一概念的纯逻辑思考,它已经逐渐适应了天国里的思维方式。[131]

最后,它们到了大厅的另一侧,即概念病理解剖室(anatomisch-pathologisches Begriffskabinett)。与大厅里那些纯粹、完美的概念不同,存放在这里的概念标本都是畸形的。黑色代表未违反概念本身的实证法规定,红色和蓝色则代表违反了概念本身的实证法规定。在后两种颜色中,颜色越深,其与概念的逻辑矛盾就越大。[132] 接下来,耶林运用反讽的手法表达了自己的核心观点,即为了满足实践的需求,有时法律概念不一定非得遵循逻辑一致性。他举了一系列的例子来证明这一点。例如,在罗马法上,若严格遵循逻辑,那么埋藏物的所有权本应属于所有权人的继承人,可是罗马人却规定发现者也可以拥有一半所有权;[133]又如,按照逻辑,必须先有顺位在前的抵押权,才能设立顺位在后的抵押权,然而当时的实践中却出现了与之相反的做法,即可以先设立顺位在后的抵押权;[134]再如,从逻辑上看,债权人作为人的身份属性是不可转让的,但在近代的立法中,债权却是可以被转让的。[135] 最终,灵魂对解说精灵滔滔不绝的介绍感到厌倦,于是它决定去别的天国。

3.法学的另外两个天国

按解说精灵的说法,除了法学的概念天国,法律人还可以去

---

[130] 参见原著第 283-286 页。
[131] 参见原著第 290-296 页。
[132] 参见原著第 297-298 页。
[133] 参见原著第 298-299 页。
[134] 参见原著第 306-307 页。
[135] 参见原著第 308-309 页。

往法哲学家的天国或实务工作者的天国。与概念天国不同,在法哲学家的天国,理性是最高统治者,一切法律规则都要从理性中推导出来。对此,灵魂感觉并不难,因为只要拿黑格尔的一句名言就可以应付那里的所有考试了。[136] 解说精灵又举了几个自然法方面的考题,以证明那里的考试并不简单,但灵魂都答得很好。实际上耶林又是在反讽,因为由这些问题可知,这些自然法学家把生活中原本属于法外领域的事项也统统纳入了自然法的规范范围,甚至还对此作了详细论证。[137] 最后吓走灵魂的并非法哲学天国的考题,而是进入该天国时所要宣誓的内容,即表明自己的这一信仰:法感是天生的,法感的内容是不变的。[138] 值得注意的是,耶林在 1884 年还发表了一场关于"法感"的演讲,其主要观点正好与此相反:法感并不是天生的,而是后天形成的,并且法感的内容会随着时代、民族的不同而发生变化。[139]

这样一来,灵魂就只能去往最后一个天国了,即实务工作者的天国。与前两个天国不同,这里的最高统治者是生活,这里的考试涉及案例。实际上,这个天国就是地球。[140] 这就引出了本书的第四部分——"重返尘世"。

(四)第四部分(1884)

1.诊断结论

回到尘世,耶林对当时德意志的(罗马)法学下了诊断结论:只关注法律概念是否符合逻辑,而不顾根据逻辑推出的法律规则

---

[136] 参见原著第 310 页。

[137] 参见原著第 311-313 页;另参见第 15 页。

[138] 参见原著第 313-314 页。

[139] Vgl. Jhering, Über die Entstehung des Rechtsgefühls, hrsg. von Okko Behrends, 1986, S. 17 ff.

[140] 参见原著第 314-315 页。

能否适用于实践、适用之后的结果合不合理。具有这种特征的法学被耶林称为“概念法学”(Begriffsjurisprudenz),这也是“概念法学”一词最初的含义。[141]

那么,为什么当时的概念法学家往往都是罗马法学者呢?耶林认为其原因有二:第一,随着理论与实务在职业层面上的分离,理论家越来越局限于教学活动;第二,罗马法本身的特殊性,即它是一门具有历史性的学科,因此与当下生活的关系不像其他部门法那样密切。正是这两个因素共同导致了概念法学在罗马法研究领域的出现,而这样一种思维方式并不能追溯到古代的罗马法学家,它是从萨维尼这里才开始的。[142]

2.所开药方

既然已经知道了病因,那么该如何医治呢?耶林首先否认了这样一种做法:让理论家同时去从事实务。因为一个人的精力是有限的,这会导致他最终只能从事一种职业。换言之,理论工作者与实务工作者这两个职业的分离确实是符合劳动分工律的。[143]

接着,耶林提出了自己认为正确的改善措施。一是理论工作者必须在法定期限内接受实务训练;[144]二是在大学里增设案例研习课(Praktikum)或练习课(Übungen)以作为理论课的必要补充;[145]三是将考题尽可能地改成实践类型的,同时将考试委员会的成员设定为具有实务背景的法律人。[146] 以上所有措施的目的均在于促进理论与实践的沟通,以最大限度地遏制概念法学的滋生和蔓延。

---

[141] 参见原著第346-347页。
[142] 参见原著第363页。
[143] 参见原著第364页。
[144] 参见原著第365页。
[145] 参见原著第366-368、371页。
[146] 参见原著第371-383页。

3.对德国法学教育的影响

尽管耶林认为自己的建议难以被同行们所接受,但实际上他做的这个"梦"很快就得到了一定程度的实现。例如,在《德国民法典》颁布之前,案例研习课就已经成了德国许多法学院的必修课;巴伐利亚和普鲁士的政府也开始将实践型问题作为第一次国家考试的题型,并逐渐以笔试形式取代了论文形式,[147]而这些改革成果一直延续至今。

此外,耶林为自己的案例研习课所编写的《民法案例集》和《日常生活中的法学》也影响了后来的许多法学家,他们纷纷效仿耶林的做法,编写案例集并讲授案例课。[148] 耶林构思的不少案例(如"菜单案")甚至已经超越了时空的界限,成为一代又一代法律人耳熟能详的经典。总之,耶林对德国法学教育影响甚巨。在中国法学院主动引进德国式案例教学的当下,应当尤其关注耶林在这方面的贡献。

(五)小结:《对法学的戏谑与认真》的三条主线

在概括了全书内容之后,可以归纳出耶林从1861年以来始终关注的重点,其构成了贯穿全书的主线。

第一条主线是理论与实践的关系。在耶林看来,罗马法研究领域的问题正是理论和实践的脱节所导致的。理论家的活动仅仅局限在教学和写作,他们只关心通过先验演绎所建构的体系是否完整、通过逻辑推演所得出的规则是否正确,而不关心经验素材(如罗马法源和德意志当时的法律规定)是否和这个体系相符、这些规则在适用后是否合理。因此,耶林所开的药方即拉近理论

---

[147] Vgl. Kühn, Die Reform des Rechtsstudiums zwischen 1848 und 1933 in Bayern und Preußen, 2000, S. 53 f., 154 f.

[148] 例如,齐特尔曼(Zitelmann)、施塔姆勒(Stammler)、赫尔维希(Hellwig)等德国著名法学家均编有自己的案例集。

与实务的距离,[149]用"具体"去弥补"抽象"的缺失,用"经验"去修正"先验"的错误。

第二条主线是法学的研究方法。具体而言:第一,应将实体法与程序法相结合。为什么依据教科书所作的判决会失败?因为这些教科书并未留意到诉讼中的证明问题。因此在耶林看来,一个好的民法学者必须兼具实体法与诉讼法的知识,而不能仅仅满足于静态的实体法理论。实际上,他自己的占有学说就考虑到了动态的证明问题,因而在实践上更具有可操作性。第二,应当追问法律规定背后的目的。如果只知道法律规则"是什么",而不去问"为什么",那么这一规则就容易被降格成纯概念的组合,进而成为概念法学的取材对象;相反,探究规则背后的根据则意味着要将该规则置于特定的历史阶段,如此一来,其背后的经济、政治、文化因素也就被生动地揭示出来了。第三,应采用经验式的研究方法,而非先验式的。萨维尼、普赫塔等罗马法学家深受康德、谢林等观念论哲学家的影响,均从先验的"自由"概念出发推导出整个私法体系,[150]这就导致他们对许多无法被纳入该体系的罗马法源作了恣意的解释;与此相反,耶林则总是以经验材料(例如罗马法上的既有规则、古罗马作家所记载的内容、人类学家的最新发现等)为出发点,运用比较法、词源学、决疑术等经验式的方法去确定不同规则在不同时代的真实属性。

---

[149] 当时亦有学者赞同耶林的观点,例如他的好友贝尔。Vgl. Bähr, Rezension von Jhering: Scherz und Ernst in der Jurisprudenz, in: ders., Gesammelte Aufsätze, I, 1895, S. 462 f.

[150] 关于康德对萨维尼的影响,参见 Kiefner, Ideal wird, was Natur war, 1997, S. 63 ff.。关于谢林对普赫塔的影响,参见 Haferkamp, Georg Friedrich Puchta und die „Begriffsjurisprudenz", S.332 ff.; Mecke, Begriff und System des Rechts bei Georg Friedrich Puchta, 2009, S. 470 ff.。

第三条主线是法学与其他学科的关系。耶林一生都对各种学科保持极大的兴趣,只要是其他学科中有利于法学的内容,他都乐于借鉴。[151] 例如,在本书中,耶林即赞同开设法律诊所,试图将医学的直观教学法引入法学;又如,当他看到其他领域的学者通过书信形式来增加学科趣味时,他也希望以该形式讨论法学。

当然,尽管耶林始终在吸纳其他学科的成果,他也并未忽视法学这门学科的独特性,这尤其体现在他从未将法学等同于自然科学。例如,耶林在本书中多次强调,不能将法学升格为一门数学,因为它并非纯粹的概念计算,而是还有其他更高的目标;又如,他通过诸多实例揭示出,法律规范属于"应当"的范畴,而不是自然科学所研究的"是"的范畴。易言之,关于相同事项的法律规则可以不遵循逻辑一致性,因为自然界的因果律在规范领域是不适用的;[152]法律规定属于立法者主观任意的产物,仅存在合不合理的问题。

二、还原一个真实的耶林:以《对法学的戏谑与认真》为中心

(一)作为文学家的耶林

1.耶林的文学梦

只要你读过耶林的作品,就会马上发现,在他所有的著作里,本书是唯一一本如此"文艺"的书。即使用现在的眼光看,本书也独树一帜,因为在德语法学文献里几乎再也找不到类似风格的作品了。为什么耶林会"突然"想到用文学的方式去写跟法律有关的话题?这一点无疑要追溯到他大学时代的经历。

---

[151] Vgl. auch Klippel, Rudolf von Jhering als Wegbreiter der modernen Rechtswissenschaft, FS Dieter Schwab, 2000, S. 123, 134.

[152] 对法律规范领域不适用因果律的详细分析,参见 Kelsen, Reine Rechtslehre, Studienausgabe der 2. Auflage 1960, hrsg. von Matthias Jestaedt, 2017, S. 25 ff., 49 ff., 149 ff.。

1836年,18岁的耶林来到海德堡大学学习法律。但那时他对法学并没有太大的兴趣;相反,他对文学的兴趣与日俱增。在那里,他遇到了他的师兄,日后的德国文学家黑贝尔(Friedrich Hebbel,1813-1863)。当时,黑贝尔就已经十分欣赏耶林的讽刺能力了。到了第三个学期,耶林转到慕尼黑大学就读。在慕尼黑期间,他完全放弃上法学课,而是如饥似渴地读起文学书,特别是一些经典的讽刺作品。[153] 就是在这个时候,耶林决定成为一名文学家,尤其是讽刺作家。巧合的是,此时他又遇上了同样转学过来的黑贝尔。于是耶林就把自己创作的幽默小说拿给黑贝尔看。黑贝尔看完之后认为耶林具有很高的讽刺天赋,鼓励他继续往这个方向深造。[154]

但是当耶林将自己的文学梦告诉家人时,他的母亲非常生气。她指责耶林不务正业,并勒令其立即转到哥廷根大学。在哥廷根,尽管耶林在听了特尔的案例课之后对法学逐渐产生兴趣,但他还是对自己的文学梦念念不忘,甚至还写诗讽刺过罗马法大家胡果(Gustav Hugo,1764-1844)上课很无聊。[155] 然而,当他在1839年再次遇见活得像乞丐似的黑贝尔时,他就知道必须先养活自己才能谈理想。[156] 所以,耶林自那时就只打算做个汉诺威的公务员,然后在业余时间里写一写文学作品。[157] 即便如此,他还是没

---

[153] Vgl. Kunze, Rudolf von Jhering, in: Behrends (Hrsg.), Rudolf von Jhering: Beiträge und Zeugnisse aus Anlass der einhundertsten Wiederkehr seines Todestages am 17.9.1992, 2. Aufl. 1993, S. 12.

[154] Vgl. Jhering an Windscheid (Anfang 1864), in: Helene Ehrenberg (Hrsg.), Rudolf von Jhering in Briefen an seine Freunde, 1913, S. 162.

[155] 这也体现在了本书中,参见原著第45-46页。

[156] Vgl. Kunze, Der Student Jhering, FS Brauneder, 2008, S. 260.

[157] Vgl. Kohut, Rudolf von Jhering, Westermann's illustrierte Monatshefte 60 (1886), S. 362 f.

能实现这个妥协后的理想，因为当时汉诺威的法律规定兄弟不能同时在此任职，而之前他已经有一个兄弟当上那里的公务员了。这样一来，耶林就只剩最后一条路可以走了，即学术之路。于是，他在1840年踏上了去往柏林的旅途，走上了真正的法学之路。[158]

尽管后来成了一名法学家，耶林也从未放弃自己年轻时的梦想。通过本书所戏仿的文学作品可知，耶林由始至终都保持了他的文学兴趣——他从未停下自己的文学脚步，也从未放弃自己的天赋，他只是在等待一个时机。因此，以文学形式尤其是讽刺手法撰写本书并非出于耶林的“突发奇想”。[159] 相反，对他而言，用这样一种方式去批判当时的法学是一件“自然而然”的事情，甚至可以说本书的出版是他离自己的文学梦想最近的一刻。最后值得一提的是，耶林在本书第二部分第一幕的结尾处戏仿了黑贝尔的戏剧《玛利亚·玛格达莲》，这或许是为了纪念他与黑贝尔曾经的友谊吧！

2. 多样的文体

那么，本书到底包含了多少文学因素呢？对此，可以从文体和修辞两方面稍加分析。首先，耶林在第一部分采用了匿名书信体的写作手法，这是当时的法学文献中所缺少的一种文体。上文已经交代了他选择这一文体的原因，这里再补充一些细节。

在19世纪中期前后，德国的书信体文学是相当流行的。例如，全书第一句话里的“著名人士”就是在暗指德国作家、旅行家赫尔曼·冯·普克勒-穆斯考（Hermann von Pückler-Muskau，1785-1871），他在1830年至1831年匿名出版的四卷本著作《一位已死之人的信札》（Briefe eines Verstorbenen），一举成为英、德、

---

[158] Vgl. Kunze, Der Student Jhering, FS Brauneder, 2008, S. 266.

[159] 德国罗马法学家维亚克尔即认为耶林的《对法学的戏谑与认真》属于一部“即兴之作”，参见 Wieacker, Rudolph von Jhering, ZRG RA 86 (1969), S. 1。这一误解实则是不了解耶林的经历所致。

法三国的热销小说。又如，耶林在吉森大学的同事、德国著名化学家李比希(Justus von Liebig，1803–1873)亦于1841年起为一般读者撰写《化学信札》(Chemische Briefe)，扩大了化学这门自然科学的受众范围。再如，孟德斯鸠出版于1721年的匿名讽刺小说《波斯人信札》(Lettres persanes)同样给了耶林不少灵感。该书的前言里说道："我把第一批信件拿出来，是为了试探公众的口味，皮包里还有许多信件，随后可以奉献给公众。不过，条件是读者不知道我是谁，读者一旦知道我的名字，我就将缄默不语。"[160]耶林在本书中也说过类似的话。[161]

当时的许多法学著作虽有十分正经的标题，但实际内容却枯燥乏味、故作高深、无病呻吟。为了给法学读者带来趣味，耶林有意地将书信体"从其他学科那里引入了法学"。[162]与充斥着抽象语词的严肃法学著作相比，书信体作品的语言更为生动，谈论的话题也更接地气，因此更能激发读者的阅读兴趣。

在本书的第二部分，耶林又刻意使用了另一种法学文献里尚未出现的文体，即谈话体的连载文章(Feuilletonartikel)。[163]这一系列的总标题里带有"闲谈"(Plaudereien)二字，这显然是在向古罗马作家贺拉斯(Quintus Horatius Flaccus，前65–前8)的《闲谈集》(Sermones)致敬，因为"闲谈"在贺拉斯那里正是"讽刺"的代名词。[164]

---

[160] [法]孟德斯鸠：《波斯人信札》，许明龙译，商务印书馆2019年版，第4页。

[161] 例如，参见原著第123页："这样的鸭蛋我有很多，我想我可以成打地向您供货。"原著第4页："正是为了无损这种不偏不倚的原则，我同样要非常严格地保持我的匿名身份。这是一种登台表演的形式，众所周知，就像那些高贵的先生和旅行的冒险家一样，这种做法在作家那里也并不少见，他们都是基于充分的理由才这么做的。"

[162] 参见原著第4页。

[163] 参见原著第122页。

[164] 参见[美]海厄特：《讽刺的解剖》，张沛译，商务印书馆2021年版，第42页。

另外在闲谈的过程中,耶林还运用了戏剧的写作手法。通过躺在沙发上抽雪茄,他想象出一幕幕戏剧,[165]并让自己参与其中,用第一人称的视角近距离观察古罗马的立法过程和诉讼进程,给读者身临其境的感觉。随着多场戏剧的不断上演,读者也就一起作同步思考了。耶林这么做的用意在于:只有亲眼见到发生在生活中的具体场景,才不会忽略规则背后的现实因素。

最后,在本书的第三部分,耶林还通过对话体形象生动地展现了概念天国里的各种景象。在灵魂与精灵一次又一次的交谈中,读者很快就能置身于这个虚构的场景之中,清楚地看到暴露在面前的荒谬之处,进而开始反思。法国罗马法学家吉拉尔(Paul Frédéric Girard,1858-1925)认为,"概念天国"是在戏仿但丁的名作《神曲》,[166]即但丁在贝阿特丽切的带领下游历天堂的情节。这一观点值得赞同,因为据耶林的学生所言,耶林本人的确十分喜爱但丁的作品。[167]

3.丰富的修辞

除了运用多种文体,本书还使用了丰富的修辞手法。这些修辞都在服务于同一个目的,即对概念法学加以戏谑。第一,用得最多的要属"戏仿"和"反讽"这两种修辞,这一点在上文概括本书内容时已有所涉及,此处不再赘述。

第二,"夸张"也是本书经常使用的一种修辞。例如,在第一部分的第一封信中,耶林对遗产的"人格继承说"加以放大,得出了

---

[165] 这个经典的学术形象也被韦伯所论及,参见[德]马克斯·韦伯:《以学术为业(1917、1919) 以政治为业(1919)》,吕叔君译,人民出版社 2021 年版,第 85-86 页。

[166] Girard, Critique de Rudolf von Ihering: Le plaisant et le serieux dans la jurisprudence, Revue historique de droit français et étranger 9 (1885), p. 691.

[167] Vgl. Max Rümelin, Rudolf von Ihering, 1922, S. 15.

"现在我们每个人身上都还带有亚当的一部分人格"这样一种荒诞的结论;[168]又如,为了说明当时的罗马法研究水平低下这一现象,耶林夸张地嘲讽道:一千个法律人里也不会有一个愿意去买书。[169]

第三,"比喻"同样是耶林偏爱的修辞手法。思想家们具有这样一种共性,即他们都能借已知的具体事物将抽象的陌生事物解释清楚。为此,恰当的比喻是必不可少的。例如,当论及罗马民事诉讼法在制度设计上偏袒富人时,耶林拿轮盘赌的规则作比喻,既贴切又有趣;[170]又如,耶林把罗马法研究比喻成榨葡萄汁,瞬间就揭示了该领域几个世纪以来的变化情况。

第四,本书还在多处运用了"对偶"。这些对偶句读起来朗朗上口,便于读者记忆,因此译者在翻译的过程中也尽量保留这样的风格。例如,"没孩子就不能拿遗产"与"没写书就不能当教授";[171]又如,"没有法律,就没有诉讼"与"没有金钱,就没有诉讼"。[172] 这种对偶手法还广泛体现在耶林的其他著作中,具有一种独特的语言魅力。

第五,"拟人"手法也几乎贯穿了全书。例如,本书第三部分将法律概念这一抽象事物拟人化,形象地揭示了概念法学中隐含的问题。有意思的是,甚至还有当代的法学家基于这一点创作了多幅关于概念天国的漫画。[173]

第六,"一语双关"和"文字游戏"亦是本书的亮点。对此,译者已通过译者注的形式加以说明,此处不再展开。

---

[168] 参见原著第 11 页。

[169] 参见原著第 107 页。

[170] 参见原著第 210 页。

[171] 参见原著第 113 页。

[172] 参见原著第 199 页。

[173] Vgl. Marfels, Im juristischen Begriffshimmel nach Rudolf von Jhering, FS Klaus F. Röhl, 2003, S. 200-208.

总之,在耶林所有的作品中,本书最能展现其文学素养与文学功底。[174] 按照通说关于法律与文学的分类,《对法学的戏谑与认真》无疑可以被归入“通过文学的法律”(law through literature)这一分支,即通过文学的手段来讨论法律问题。[175] 从这个意义上说,耶林是法律与文学运动当之无愧的先驱。

(二)什么是耶林反对的“概念法学”?

1.“概念法学”的原意

在法学史上,“概念法学”一词正是由耶林在本书中首次提出,学界对此并不存在争议。[176] 有分歧的是,不同学者对“概念法学”的含义有着不同的理解。为了对这些观点展开评价,首先应明确什么才是耶林意义上的“概念法学”。

在本书的第四部分,为了避免读者的误解,耶林在提出这一概念时作了一番解释:

> 由于所有的法学都是借助概念运作的,所以“法学思维”和“概念思维”是同义的。因此从这个意义上说,所有的法学都是概念法学,罗马法学就是其中最重要的一种。假如是这样,我根本就不用在“法学”前面加上“概念”两字。但我之所以还是要称其为“概念”法学,是因为我想用它来指称我们当

---

[174] 对本书的文学赏析,还可参见 Fuhrmann, Rudolf von Jhering als Satiriker, DVJS 70 (1996), S. 91 ff.。当然,也有一些德国法学家无法欣赏耶林所使用的文体和修辞,因而给了本书一个很低的评价,例如,参见 Erik Wolf, Große Rechtsdenker, 4. Aufl. 1963, S. 657。

[175] 关于法律与文学运动的四个分支,参见苏力:《法律与文学:以中国传统戏剧为材料》,生活·读书·新知三联书店 2017 年版,第 9 页。

[176] 参见王伯琦:《近代法律思潮与中国固有文化》,清华大学出版社 2005 年版,第 145 页;[德]汉斯-彼得·哈佛坎普:《概念法学》,纪海龙译,载《比较法研究》2012 年第 5 期,第 155-156 页。

今法学所犯的上述错误,这个错误就是:不考虑法律在实践上的最终目的和适用条件,而仅仅在其中看到了唯一的一个对象,并用它来测试那随心所欲、自带魅力和自成目的的逻辑思维。[177]

以这段话为中心,再结合耶林在本书中所举的例子,即可归纳出关于概念法学的"是"与"不是"。按照耶林的标准,概念法学指的是具备这一特征的法学:只关注由概念组成的或由概念的演绎得出的法律规则是否符合逻辑,而不考虑规则在生活中能否适用或适用后的结果是否合理。据此,以下情形均不属于耶林意义上的"概念法学":

第一,在法学中运用概念进行思考。此点已明显体现在上述引文中,无需赘述。

第二,法学建构本身。在本书中,尽管耶林对自己在1858年提出的法学建构理论加以嘲讽,但他同时又在1884年的补充注释里为自己的这一论述加以辩护,强调作为法学技术的法学建构并非其所批判的概念法学。[178] 这一看似矛盾的现象应如何解释?答案仍要回到耶林对概念法学的定义:如果某一法学建构仅关注概念本身在逻辑上是否正确,而不顾建构出来的理论能否适用于实践或适用后的结果是否合理,那么这确实是耶林所反对的概念法学;反之,若某一法学建构除考虑逻辑要素外,还吸纳了其他重要因素(如利益要素、目的要素等),并经过了实际案例的检验,那么这样的建构就不是概念法学。

质言之,法学建构作为方法是中性的,不能将其与概念法学

[177] 引自原著第347页。

[178] 参见原著第7页与第9页的脚注。

画等号。实际上,耶林在 1859 年所抛弃的只是前一种意义上的法学建构。他在 1859 年之后的教义学论文中所使用的则为后一种意义上的法学建构,包括耶林前期对缔约过失的建构(1860 年),中期对反射效力的建构(1871 年),以及后期对人格权的建构(1885 年)。[179] 这也就解释了为什么耶林在此后几版的《罗马法的精神》里未对法学建构的相关段落做出任何修改。因此,将法学建构不加区分地归入概念法学是极不妥当的做法。[180]

2. 对耶林"概念法学"的误解

明确了耶林的本意,下面再来判断目前常见的几种说法是否准确。

第一种观点认为,所谓的"概念法学"就是运用概念进行法学思考,由于法学脱离概念是不可能的,所以概念法学就是法学中不可或缺的方法。[181] 很显然,这种观点完全是对"概念法学"的望文生义,是对耶林的极大误解。

第二种观点认为,耶林在《罗马法的精神》第 3 卷(1858 年)中提出的"法学建构"属于概念法学的方法论,概念法学即等同于"建

---

[179] 一个最有力的证据就是,耶林在 1864 年时还对好友温德沙伊德说道:"(法学)建构我用得倒是越来越多了,只不过在法律里还有比逻辑因素更为重要的东西,我很高兴通过自己的努力认识到了这一点。" Vgl. Jhering an Windscheid (20. März 1864), in: Helene Ehrenberg (Hrsg.), Rudolf von Jhering in Briefen an seine Freunde, 1913, S. 166.

[180] 这一错误做法的典型是克拉维茨(Krawietz)主编的《概念法学的理论与技术》(Theorie und Technik der Begriffsjurisprudenz, 1976)一书。该书选取了《罗马法的精神》第 3 卷有关法学建构的章节作为概念法学的代表(见该书第 11–82 页),完全忽视了耶林在本书中所作的声明。

[181] Vgl. Sohm, Über Begriffsjurisprudenz, DJZ 14 (1909), Sp. 1021 ff.; 王卫国:《超越概念法学》,载《法制与社会发展》1995 年第 3 期,第 34 页。

构法学”(Konstruktionsjurisprudenz)。[182] 这一观点同样失之偏颇，因为如上所述，耶林在1859年之后从未放弃法学建构，他所批判的仅仅是那种只注重逻辑因素、将简单的法律关系重塑得极为复杂的法学建构。耶林自己先前借鉴博物学方法(naturhistorische Methode)[183]所提出的法学建构理论确实暗含这样的危险，因此成了本书的嘲讽对象。但我们绝不可将法学建构本身当作概念法学，因为耶林在1859年之后已经改造了这一方法，[184]使之与概念法学绝缘。

第三种观点认为，萨维尼、普赫塔等罗马法学家并未重理论而轻实践，相反，他们始终都关注到了生活中的“实践需求”，因此不属于耶林意义上的概念法学家；进一步的推论即为，耶林所谓的“概念法学”在整个19世纪都是不存在的，因为当时的理论家多多少少会关注实践，其中有不少人还同时担任法官职务。[185] 这一说法看似十分有说服力，实则混淆了“主观意愿”和“客观结果”。耶林从未否认概念法学家的出发点有可能是为了实践，因为在当时，德意志各地的法律复杂混乱，由先验演绎得出的法律

---

[182] Vgl. Heck, Grundriss des Schuldrechts, 1929, S. 473 ff.; Schlosser, Grundzüge der Neueren Privatrechtsgeschichte, 10. Aufl. 2005, S. 165 ff.; 吴从周:《概念法学、利益法学与价值法学》,中国法制出版社2011年版,第84页及以下;[德]拉伦茨:《法学方法论》(全本·第6版),黄家镇译,商务印书馆2020年版,第34页及以下。

[183] 此前的通译为“自然历史方法”,不妥。德文的“naturhistorisch”来源于拉丁文的“historia naturalis”,其中的“historia”一词不含有“历史”的意思,而是“记录”“探究”的意思。在科学界,这个拉丁文词组及其同源词通常被译为“博物学”或“自然志”。对此参见吴国盛:《自然史还是博物学?》,载《读书》2016年第1期,第89-95页。

[184] Vgl. auch Möller, Die juristische Konstruktion im Werk Rudolf von Jherings, JZ 2017, S. 777.

[185] [德]汉斯-彼得·哈佛坎普:《概念法学》,纪海龙译,载《比较法研究》2012年第5期,第158页; Haferkamp, Die sogenannte Begriffsjurisprudenz im 19. Jahrhundert, in: Depenheuer (Hrsg.), Reinheit des Rechts, 2010, S. 92 ff.; ders., Die Historische Rechtsschule, 2018, S. 218 ff.; Meder, Rudolf von Jhering und der Aufstand gegen den rechtswissenschaftlichen Formalismus, JZ 2019, S. 694。

体系确实能够在一定程度上简化法律适用的难度。[186] 相反,耶林强调的仅仅是从客观上看,这些学者所提出的理论在实践中是无法适用的或适用后的结果是不合理的,因为他们在建构这些理论时仅仅局限于静态的法源,仅仅在乎规则在体系中是否符合逻辑,而没有关注动态的生活,没有用具体案例去检验理论的正当性。

3.耶林意义上的“概念法学”:以债的概念为例

在澄清了若干误解之后,下面不妨以实例加以说明,什么才是真正意义上的概念法学。本书中,耶林不止一次提到普赫塔对于债的定义,即“债(权)是在债务人行为之上的权利”。[187] 那么,该定义为何会被耶林视作概念法学理论的典型代表呢?这就需要回到普赫塔提出此概念时所用的方法上。

与萨维尼相同,普赫塔在建构私法体系时并未从任何经验素材(如具体的罗马法源)出发,他的理论起点是先验的“自由”概念。[188] 普赫塔认为,法律上的自由体现为个人意志能够对各种对象施加支配力,因此整个私法体系应当以意志的作用方向和作用对象来划分。具体而言,若意志指向的是主体自身,则体现为人格权(占有权亦属于人格权);若意志指向的是外界的物,则体现为所有权和他物权;若意志指向的是他人的行为,则体现为债权;若意志指向的是除权利人自己之外的人,则体现为家庭权;若意志指向的是人格被权利人所代表的人,则体现为继承权。[189]

由此可知,上述这种债的概念就是通过先验演绎的方法得到

---

[186] 参见王伯琦:《近代法律思潮与中国固有文化》,清华大学出版社 2005 年版,第 146、174 页。

[187] 参见原著第 10、261 页。

[188] Vgl. Puchta, Cursus der Institutionen, I, 1841, § 4, S. 9.

[189] Vgl. Puchta, Cursus der Institutionen, I, 1841, § 30, 84 ff.; ders., Pandekten, 3. Aufl. 1845, § 46, S. 65 f.

的。在此过程中，普赫塔并未考虑任何实证法规定。相反，仅仅在建构完这一体系之后，他才尝试将罗马法源纳入其中。例如，在普赫塔看来，罗马法上关于“不可能之事不构成债”（impossibilium nulla est obligatio）的法谚（D. 50, 17, 185）就是从这一债的概念中推导出来的规则，其逻辑为：既然“债是在债务人行为之上的权利”，那么当债务人不可能做出某一行为时，债就应当消灭，否则即违反了债的本质。[190] 之后，弗里德里希·蒙森（Friedrich Mommsen, 1818–1892）就是以这种债的概念为基础提出了影响后世的给付不能理论。[191]

然而，尽管上述债的概念在逻辑上是完全正确的，但有很大一部分罗马法源无法用这一概念去解释，例如罗马法上关于双重获利原因竞合（concursus duarum causarum lucrativarum）和给付障碍的规定。更为关键的是，以这一概念为前提的给付不能理论在实践中造成了诸多不合理的后果。因此，这一先验的债的概念同样遭到了耶林的同事古斯塔夫·哈特曼（Gustav Hartmann, 1835–1894）的猛烈批判。[192]

综上，耶林对于概念法学的批判并非空穴来风，[193]而是有真凭实据的。透过对普赫塔式债的概念的分析，可以清楚地看到，先验演绎的理论体系正是概念法学的温床，这也是耶林要把“概念

---

[190] Vgl. Puchta, Pandekten, 3. Aufl. 1845, § 220, S. 315 f.

[191] Vgl. F. Mommsen, Die Unmöglichkeit der Leistung in ihrem Einfluss auf obligatorische Verhältnisse, 1853, S. 1 und passim. 不能将此蒙森与同为罗马法学家且获得过诺贝尔文学奖的特奥多尔·蒙森（Theodor Mommsen, 1817–1903）相混淆，二者并非同一个人。

[192] Vgl. G. Hartmann, Die Obligation, 1875, S. 7 ff., 166 ff. 哈特曼的这一专著正是以双重原因竞合和给付障碍作为切入点来反驳“先验的债的概念”的。

[193] Vgl. Wieacker, Gründer und Bewahrer, 1959, S. 206.

法学”称为“先验哲学式法律观”的根本原因。[194]

(三)“转向”、“转移”抑或“转变”?

不仅“概念法学”一词出自本书,“耶林的思想发生何种变化”这一问题也必须从本书中寻找答案。结合全书内容,以下逐一评述以往较有代表性的三个观点。

1.转向说

最早出现的是“转向说”(Bekehrung),首先提出这一观点的是德国法史学家、刑法学家康特洛维茨(Hermann Kantorowicz,1877-1940)。在1914年的一篇短文中,他指出1859年是耶林发生转向的时点:在此之前,耶林信奉的是将法学作为一门技术的概念法学;在此之后,耶林则开始反对这种概念法学,进而转向了目的法学。[195] 这一观点为此后的多数学者所认同,例如,法哲学家拉德布鲁赫(Gustav Radbruch,1878-1949)亦认为,耶林在这个时点从建构法学转向了目的法学。[196] 罗马法学家维亚克尔(Franz Wieacker,1908-1994)同样认为,耶林在1859年经历了“大马士革转向”(Damaskus),此后耶林开始批判概念法学或建构法学,认为其无意义。[197]

很显然,“转向说”将法学建构直接等同于概念法学,其不当之处有三:第一,该观点误解了概念法学的含义。耶林在本书中说得很明确,他自己关于法学建构或法学技术的论述并非概念法学,[198]他所嘲笑的仅仅是那种以逻辑为唯一要素的法学建构。第二,该观点忽略了耶林在写作《法律中的目的》时仍未放弃建构的

---

[194] 参见原著第9页的脚注。

[195] Vgl. Kantorowicz, Iherings Bekehrung, DRZ 6 (1914), Sp. 85 ff.

[196] Vgl. Radbruch, Vorschule der Rechtsphilosophie, 3. Aufl. 1965, S. 17.

[197] Vgl. Wieacker, Privatrechtsgeschichte der Neuzeit, 2. Aufl. 1967, S. 451.

[198] 参见原著第9页的脚注。

事实。第三，该观点将耶林前后期的思想断然两分，割裂了他整体思想中的连续性，[199]例如，寻找蕴含在各民族法之中的普遍性，追问法的终极推动力以及探究法学的科学性等。

2.转移说

随着对耶林的深入研究，“转向说”的支持者现已越来越少。1976年，德国法学家费肯杰（Wolfgang Fikentscher，1927－2015）基于对耶林早期匿名文章的分析提出了一种新的学说，即“重心转移说”（Verschiebung）。他认为，耶林的思想是一以贯之的，其后期的“目的思想”早在其学术初期就已露出端倪；耶林思想的变化之处仅仅在于其研究重心，即前期强调“逻辑”，后期重视“目的”。据此，他将耶林的整体思想分为“建构方法阶段”（konstruktionsmethodische Phase）和“目的方法阶段”（zweckmethodische Phase）。[200]

目前，不少学者均持“转移说”。[201] 然而，该观点的不妥之处在于，它是以方法论的变化来划分耶林前后期思想的，而这种划分并不准确。首先，如上所述，耶林从未放弃法学建构这一方法论根基，在撰写《法律中的目的》期间仍在建构其人格权理论，因此，不能说只有1859年之前才是“建构方法阶段”。其次，就方法论层面而言，在耶林后期的法学建构中，目的仅仅是除逻辑之外的

---

[199] Vgl. Rückert, Das Methodenorakel Rudolf von Jhering (1818 - 1892), AcP 219 (2019), S. 459, 478, 481.

[200] Vgl. Fikentscher, Methoden des Rechts, III, 1976, S. 187 ff., 201 ff. 另参见［德］费肯杰、辛默曼：《耶林对私法教义学与方法论的影响》，张焕然译，载《中国政法大学学报》2019年第1期，第165页及以下。

[201] Vgl. z. B. Rückert, Rudolf von Jhering (1818－1892), in: Rechtsleben in Hannover, 2016, S. 201; Jansen/Reimann, Begriff und Zweck in der Jurisprudenz, ZEuP 2018, S. 106; Meyer－Pritzl, Rudolf von Jherings Kieler Jahre, in: 350 Jahre Rechtswissenschaftliche Fakultät der Christian－Albrechts－Universität zu Kiel, 2018, S. 129.

额外要素之一，其并非一种独立的法学方法。最后，建构和目的不是同一层面的问题。法学建构是耶林在教义学领域的工具，其目标是借由罗马法重构出适应时代发展的新理论；而《法律中的目的》则是耶林在法哲学层面对抗概念法学的武器，他试图以此证明，推动法律形成的终极驱动力并非概念的先验演绎，而是实践中的目的。

3. 转变说

除了以上两种观点，自 1986 年以来，德国罗马法学家、维亚克尔的学生贝伦茨（Okko Behrends，1939－　）基于对耶林手稿的研究提出了另一种解释框架。他认为，1859 年之前属于耶林的"前批判阶段"（vorkritische Phase），1859 年之后则属于其"批判阶段"（kritische Phase）。在前批判阶段，概念是具有统治地位的；而在批判阶段，概念则仅具有服务者的角色。但即便是在批判阶段，耶林也并未完全放弃理论、概念和建构，他所批判的概念法学仅仅指高估了逻辑要素的建构，他反对的是法律中的概念先验主义。1858 年末那个关键案件的真正意义在于，耶林由此认识到概念和理论应受到目的和法感的检验。[202]

贝伦茨将以上论点总结为耶林的"转变"（Umschwung），[203]而这一说法恰好对应了耶林在本书中对自己的评价。[204] 综合观之，贝伦茨的"转变说"准确把握了耶林思想变化的本质，因而得到了

[202] Vgl. Behrends, Das „Rechtsgefühl" in der historisch-kritischen Rechtstheorie des späten Jhering, in: Jhering, Über die Entstehung des Rechtsgefühls, 1986, S. 75, 81; ders., Rudolf von Jhering (1818-1892). Der Durchbruch zum Zweck des Rechts, in: Loos (Hrsg.), Rechtswissenschaft in Göttingen, 1987, S. 246 ff.

[203] Vgl. Behrends, Jherings „Umschwung", ZRG RA 134 (2017), S. 547, 551.

[204] 参见原著第 338 页："但是后来，我发生了转变。这个转变不是由内部的刺激而是由外部的刺激所导致的。"

诸多耶林研究者的支持,[205]译者亦赞同该说。结合本书内容和“转变说”的框架,以下对耶林思想的转变作一总结。

4.小结:耶林发生了哪些转变?

第一,耶林的思想的确在1859年发生了变化,但这一转变并非一蹴而就,而是他频繁接触实务、长期讲授案例研习课的产物。[206] 1858年末的一物二卖案是“压死骆驼的最后一根稻草”,这个案件促使耶林迈出了反思和批判的第一步。

第二,在1859年之前,耶林确实犯了概念法学的错误,但这并非指他在1858年提出的法学建构本身,而是指他1844年在《罗马法论文集》里所发表的某些观点、1857年在《我们的任务》一文中所坚持的某些立场以及他尚未出版的关于物和损害赔偿的学说。[207] 因此,一方面,不能将法学建构等同于概念法学;另一方面,也不能仅凭法学建构不是概念法学就否认耶林曾是自己所批判的“概念法学者”。[208]

第三,1859年之后,耶林放弃了对理论和概念不加反思的信仰,[209]但并未放弃建构这一法学技术,而是将其改造了。除逻辑要

---

[205] Vgl. Kunze, Rudolf von Jhering, in: Behrends (Hrsg.), Rudolf von Jhering, 2. Aufl. 1993, S. 17; ders., Rudolf von Jhering. Ein Forschungsbericht, in: Luf/Ogris (Hrsg.), Der Kampf ums Recht, 1995, S. 141; Chun-Tao Lee(李君韬), Jherings Eigentumsbegriff, 2015, S. 18 f.; Mecke, Begriff des Rechts und Methode der Rechtswissenschaft bei Rudolf von Jhering, 2018, S. 242 ff., 638.

[206] 参见原著第338-339页。

[207] 参见原著第10、337-339页。

[208] 近来德国学者塞内克(Seinecke)多次主张耶林从来都不是一个“概念法学者”。对此参见Seinecke, Rudolf von Jhering anno 1858, ZRG GA 130 (2013), S. 280; ders., Methode und Zivilrecht beim „Begriffsjuristen“ Jhering (1818-1892), in: Rückert/Seinecke (Hrsg.), Methodik des Zivilrechts, 3. Aufl. 2017, Rn. 427。这一观点走得太远,不符合耶林本人对自己的评价,因而并不准确。

[209] 参见原著第54、57、104页。

素外,耶林后期的法学建构还吸收了利益、目的等要素,并由法感来控制建构的方向。法学建构由始至终都是教义学层面的工具,用于“经由罗马法并超越罗马法”。

第四,1859年之后,耶林拒绝了概念先验主义,他希望通过《法律中的目的》一书揭示出:法律并非通过先验演绎产生;相反,任何法律规范均由人出于特定目的而创造。然而,耶林并未将自己的法学方法命名为“目的法学”(Zweckjurisprudenz),这是后人所创造的说法。

三、结语

经过长途跋涉,我们对耶林的误解总算减少了一点点。实际上,以往的多数误解都是二手文献“以讹传讹”的产物。作为一位追求真理的法学家,耶林的思想变化通常都被他忠实地记录在自己的作品之中。因此,如果想真正地理解耶林,就不能过度依赖他人的转述,而是应当沉下心来仔细研读原著。

德国法律史学家吕克特(Joachim Rückert,1945－)曾经感叹,耶林身上兼具法学、历史学、哲学、伦理学以及文学的天赋,所以他才那么多产、那么耀眼。[210] 的确如此,即便是在这样一本小书里,耶林同样能将法律、历史、哲学和文学等众多学科很好地融合在一起。然而本书毕竟只是其思想的冰山一角,更精彩的内容尚在别处。让我们从《对法学的戏谑与认真》开始,认真地阅读耶林吧!

---

[210] Vgl. Rückert, Der Geist des Rechts in Jherings „Geist“ und Jherings „Zweck“, Teil 1, RG 5 (2004), S. 129.

翻译说明

1.中译本根据原著 1924 年第 13 版(Rudolf von Jhering, Scherz und Ernst in der Jurisprudenz: Eine Weihnachtsgabe für das juristische Publikum, 13. Aufl., Leipzig: Breitkopf und Härtel, 1924)译出。对原著各版本的考证,见附录三。

2.原著页码可参照本书边码。若无其他修饰语,书中提到的页码均为原著页码,即本书边码;若添加了修饰语,则该页码属于文中已提及的某本书的页码。例如,“第 7 页”指的是原著第 7 页,即本书边码 7。“罗德尔书第 81 页”指的则是上文已提及的罗德尔著作的第 81 页。

3.原著首版于 1884 年问世。在 1891 年的第 4 版中,耶林对第二部分做了补遗,囿于当时的排版技术,补遗并未直接插入相关正文中。中译本遵循耶林的原意,将补遗部分调整至相应的正文之后,由此导致边码出现一定程度的乱序,望读者诸君理解。

4.人名、地名一般按通行译法翻译,若无通行译法，则遵循“名从主人”的原则。专业名词通常在第一次出现时给出原文，较常见的则不再给出；原著在讨论词源问题时会重复使用同一个德语或拉丁语单词，此时中译本亦不作省略。

5.原著涉及部分罗马法源，当时的引用格式与现在的常见格式有所差别，为了读者的便利，译者已将其转化为目前学界普遍使用的格式。具体而言，在中译本中：“C.”代表《优士丁尼法典》（Codex Iustinianus），“D.”代表《学说汇纂》（Digesta），“Gaius”代表《盖尤斯法学阶梯》（Gai Institutiones），“Inst.”代表《优士丁尼法学阶梯》（Iustiniani Institutiones），“S. R.”代表《保罗观点集》（Sententiae Receptae）。

6.在中译本中，方括号“[ ]”的使用规则如下：(1)在将第一部分和第二部分收录于原书时，耶林曾在脚注中做过增补，增补的内容是以方括号括出的；(2)译者有时对原著的脚注做进一步说明，说明的内容一般也以方括号括出；(3)在翻译相关拉丁文时，用方括号括出原文字面上虽不具备但又为理解所必需的内容；(4)方括号亦作为圆括号“( )”的下级括号使用。

7.原著的第二部分和第三部分包含大量对话，但无出场人物名称。为了读者的便利，所有对话人物名称均由译者根据上下文所补。

8.原著的注释与译者添加的注释采用两套编码方式：带六角括号的为原著的注释，带小圆圈的为译者的注释。

9.原著中以疏排字体表示强调，在中译本中则改用加粗字体表示强调。

10.为使读者更好地了解耶林的法学教育思想，中译本增加了附录一和附录二。

译　者

目录

Inhaltsverzeichnis.

原著目录

前　言

第4版前言

目前这一版是对前三版未加修改的重印，我只是在最后增加了一些补遗。我无法将这些新增的内容加进其所属的章节里，因为原书在首版时就已经被出版社浇注成铅板了。基于内容的关联性，读者或许可以在读完相关的正文之后接着来读这些补遗（第二部分的第二幕和第三幕之后均有补遗）。[①] 将本书浇注成铅板才能让出版社大大降低先前的价格（之前是八九马克，现在则降到三四马克）。跟原来的高价相比，希望此次优惠的价格能够让本书在学生群体中更为广泛地流传。

鲁道夫·冯·耶林

1891年10月14日于哥廷根

---

① 这一排版困难现已不再存在，中译本已将补遗部分合并至相关的正文之后，见“翻译说明”。——译者注

第 1 版前言

当前这部著作是由四个部分组成的,除去现在为第二部分增写的内容(《一位罗马法学者的闲谈》第四幕),其中的头两个部分已经在数年前发表过了。第一部分曾匿名发表在《普鲁士法院报》(Preußische Gerichtszeitung)以及后来的《德意志法院报》(Deutsche Gerichtszeitung),标题是**《一位不知名人士关于当今法学的秘密来信》**(Berlin 1861-1866[①]);第二部分则实名发表在维也纳的《法学报》(Juristische Blätter, Jahrg. XI, Wien 1880),标题为**《一位罗马法学者的闲谈》**。之所以在第一部分里不公开我的作者身份,是因为我希望以此确保能在这几封信里嘲讽我自己(第 7 页和第 80 页)。这个秘密虽然在一开始被保守得很好,但后来就被泄露了。在维也纳法律协会的一次会晤中,作为其中一员的我受到了多方鼓励,他们敦促我将《不知名

① 此处原著笔误为"1860-1866",根据正文,这个系列的出版时间应当是"1861-1866",中译本径直更正。——译者注

人士的来信》续写下去,而我也向当时在场的《法学报》编辑做出了这一承诺。然而,直到多年之后我才兑现了这个承诺,并且是
VI 以大家希望的那个样子来兑现的,也就是"用了实名",所以才有了《一位罗马法学者的闲谈》。

尽管许多人建议我把这两个已经发表的作品单独出版,但我还是将此事延后了,直到我觉得在完成了一项更为重要的严肃工作(撰写两卷本的《法律中的目的》)之后,②我已经有理由去用上一小段时间来修订这两个部分,并为其增写新的内容,以使之更具效果。所以,我就把今年的最后这两个月都贡献给了这样一个任务。虽然我没有把这些时间花在那项更为重要的工作上,但是我相信,这么做是值得的。

凡是读了本书的读者都能看出我的写作意图。本书的前三个部分都是在戏谑,最后一部分则是在认真。所有这四个部分都在追求同一个目的,即"戏谑"仅仅是为了让"认真"产生更好的效果。这一点对任何一个读者来说都是显而易见的。然而,并非所有的戏谑都恰好如此,其中有一些的确只是为了产生纯粹的"笑果"。但总的来说——当然,这也正是我所希望的——读者应当意识到,本书中的玩笑同样也具有严肃的意义。也许这些玩笑马上就能让你发笑;但假如它们只起到了这种"笑果"而没有产生其他效果,那么我会认为本书的目的没有达到。

鲁道夫·冯·耶林

1884年11月19日于哥廷根

② 耶林的《法律中的目的》(Der Zweck im Recht)共两卷,第1卷出版于1877年,第2卷出版于1883年。这两卷出版之后,耶林并未继续出版第3卷,而是一直在修订这两卷:第1卷的第2版在1884年出版,第2卷的第2版在1886年出版。——译者注

第一部分　1

一位不知名人士关于当今法学的秘密来信

№ 41. Dritter Jahrgang. 1861.

Preußische Gerichts-Zeitung.

Organ des Deutschen Juristentages.

Redacteur: C. C. E. Hiersemenzel.

Erscheint an jedem Mittwoch und Sonntag und ist durch alle Postämter und Buchhandlungen zu beziehen.

Berlin, den 26. Juni.

Preis: vierteljährlich 1 Thlr. incl. Postaufschlag resp. Botenlohn.

Mit dem 1. Juli d. J. beginnt ein neues Vierteljahrs-Abonnement auf die „Deutsche (bisher Preußische) Gerichtszeitung." Der vierteljährliche Abonnementspreis beträgt 1 Thaler incl. Postaufschlag resp. Botenlohn. Alle Postanstalten und Buchhandlungen des In- und Auslandes nehmen Bestellungen an. Die Haupt-Expedition befindet sich in Berlin Jüdenstr. No. 28 bei G. Jansen, in Leipzig bei Rob. Friese.

Der Fortlauf der Nummer- und Seitenzahlen unserer Zeitschrift wird durch die Titel-Aenderung nicht unterbrochen werden; die „Deutsche Gerichtszeitung" wird also nicht mit No. 1 und Seite 1, sondern mit No. 43 und Seite 169 beginnen. Am Schlusse des Jahres wird für die beiden Quartale der Preußischen und der Deutschen Gerichtszeitung ein gemeinsames Titelblatt des Inhalts: „Deutsche (früher Preußische) Gerichtszeitung 3. Jahrgang" nebst Registern ausgegeben werden.

Um Irrungen vorzubeugen, wolle man gütigst bei der Bestellung unserer Zeitschrift sich ausdrücklich der Bezeichnung: „Deutsche, früher Preußische Gerichtszeitung" bedienen.

Die Expedition der Preußischen Gerichtszeitung.

Vertrauliche Briefe über die heutige Jurisprudenz.

Von einem Unbekannten.

Vorwort.

Die folgenden Briefe gehören zur Zahl derer, welche mit der Absicht geschrieben sind, daß sie gedruckt werden sollen, und zwar nicht erst nach dem Tode des Verfassers, was sich nur berühmte Leute herausnehmen dürfen, sondern bereits bei seinen Lebzeiten, wozu sich auch ein gewöhnliches Menschenkind versteigen darf, wenn es sonst einen Verleger oder Redakteur findet, der gutmüthig genug ist, Papier und Druckerschwärze daran zu wagen. Fast alle Wissenschaften, Künste, Gewerbe sind bereits in Briefen behandelt, wir besitzen chemische, botanische, zoologische, musikalische Briefe u. a. Nur unsere arme Jurisprudenz, das Aschenbrödel der Wissenschaft, geht wie gewöhnlich leer aus und steht in der Zeit mindestens 20 bis 30 Jahre zurück, indem sie meines Wissens noch nicht ein einziges Mal zum Gegenstand von Briefen gemacht ist.[1]) Für sie scheint man sich mehr Heil von einer andern modernen Form versprochen zu haben, der des Geistes. Seitdem Montesquieu mit seinem sur l'esprit des lois die Bahn gebrochen, hat es nicht an solchen gefehlt, welche den Geist des römischen, des preußischen u. s. w. Rechts destillirt haben und für einige wenige Silberlinge jedem Liebhaber feilbieten, und, wenn die Mode um sich greift, werden wir gewiß noch den Geist des katzenellenbogenschen Landrechts, churhessischen Staatsrechts und sonstige Geiste und Geister erwarten können.

Ich meinerseits greife zu der anspruchsloseren Form der Briefe, und wenn ich auch sonst kein Verdienst beanspruche, so ist es wenigstens das, die Form der Briefe zuerst auf die Jurisprudenz übertragen und sie den „Nebenstunden, rechtlichen Bedenken, Erörterungen, unvorgreiflichen Gedanken" und sonstigen recipirten Formen, in denen ein gesetzter Jurist seine Gedanken an die Oeffentlichkeit bringt, an die Seite gestellt zu haben.[1]) Und wäre die Jurisprudenz noch viel trockener, als sie es ist, sollte sich nicht z. B. über die Rechte des schwachen Geschlechts nach preußischem Landrecht, die Privilegien der Dummen nach römischem Rechte, und sonstige interessante Themata ein Brief schreiben lassen, den ein wohlbestallter Kreisrichter, Obergerichtsanwalt und selbst ein Oberappellations- und Geheimer Obertribunalsrath in seinen Nebenstunden zur Hand nehmen dürfte, statt letztere, wie der selige Reichskammergerichtsrath Cramer in Wetzlar, zur Abfassung von 100 und etlichen Bänden „Nebenstunden" zu verwenden? Zwar, wie die verehrliche Redaction dieses Blattes es verantworten will, meine Briefe in eine „Gerichtszeitung" aufzunehmen, ist ihre Sache, und ich übernehme keinerlei Verantwortlichkeit, ja ich werde sogar, um mich des beengenden Gefühls, daß ich für eine Gerichtszeitung schreibe, völlig zu entschlagen, für mich beim Schreiben streng den Gesichtspunkt festhalten, daß ich nur an den Redacteur schreibe, und daß mich das Weitere nichts angeht. Eben um diese meine Unbefangenheit nicht zu beeinträchtigen, werde ich mich auch im strengsten Incognito halten, eine Form des Auftretens, die wie von hohen Herrn und reisenden Glücksrittern, so bekanntlich auch von Schriftstellern nicht selten und aus guten Gründen gewählt wird. Sie, Herr Redacteur, wissen, welche Mühe Sie hatten, die natürliche Scheu eines der Feder so wenig gewohnten Mannes, wie ich, vor dem öffentlichen Auftreten zu überwinden, Sie wissen, wie gefährlich es sein kann, seine vom Staate mit 600 Thlr. jährlich so anständig bezahlte Zeit, statt lediglich auf Aktenauszüge und Urtheilsentwürfe, auch auf solche Allotria wie juristische Briefe zu verwenden. Soll es doch in einem ganz kleinen deutschen Staate vorgekommen sein, daß ein schriftstellernder Kreisrichter das doppelte Arbeitspensum zugetheilt erhielt, weil der officielle Gesetzes-Compilator und geheimräthliche Kammerdiener des Justiz-Chefs es seinem Interesse gemäß gefunden hatte, die Meinung zu verbreiten, daß der Unterrichter blos seinen Acten leben müsse, und erst der Appellrath allenfalls zu schriftstellern anfangen dürfe. Angesichts des großen, seit dem ersten Juristentage über ganz Deutschland verbreiteten Publikums dieser Blätter fordere ich Sie also feierlichst auf, das Geheimniß streng zu bewahren, selbst in unbewachten Momenten, wenn solche bei einem Redacteur überhaupt möglich sind! Wird es verrathen, so sind Sie allein Schuld, denn außer Ihnen und mir selbst, der sein Geheimniß bewahren wird, kennt Niemand den Verfasser. Eben auch darum, um Sie gegen indiscrete Fragen zu schützen, habe ich die Form der Briefe gewählt, denn wer wird so zudringlich sein, Sie zur Verletzung des Briefgeheimnisses, das selbst der zweite December respectirt, veranlassen zu wollen, nachdem Sie mir die strenge Bewahrung desselben öffentlich, wie ich Sie hiermit zu thun bitte[1]), in der Note gelobt haben?

Nur nach einer Seite hin verstatten Sie mir, den Schleier des Geheimnisses zu lüften, und zwar in Form einer Anekdote, die Ihnen nicht unbekannt sein wird. In Berlin erschien bei einem Hofmaskenball unausgesetzt mehrere Stunden hindurch eine und dieselbe Maske beim Büffet und entwickelte dort einen Durst und Appetit, wie beide sonst Personen, welche zu jenen Bällen Zutritt haben, nicht eigenthümlich zu sein pflegen. Unglaubliche Quantitäten Mandelmilch, Limonade, Wein, Kardinal nebst den entsprechenden Beigaben waren auf diese Weise in die Maske verschwunden, bis man auf die Idee gerieth, mit ausnahmsweiser Verletzung der Maskenfreiheit den Inhaber dieses phänomenalen Appetites und Durstes zu constatiren, und unter der Maske einen Soldaten von der Schloßwache entdeckte, der bereits der vierzehnte war, welcher auf diese Weise Durst und Appetit gestillt hatte. Inwiefern Sie die Maske des „Unbekannten", der diese Briefe schreibt, in ähnlicher Weise verwenden wollen, ist Ihre Sache; jedenfalls reichen meine Kenntnisse nicht aus, um alle die Briefe zu schreiben, die erforderlich sind, um ein vollständiges Bild der heutigen Jurisprudenz zu entwerfen.

Nun noch Eins bei diesem Vorworte, das zugleich den Pakt darstellen möge, den wir vor den

[1]) Es ist dies allerdings schon geschehen. Unsere Zeitschrift selbst brachte in ihrem ersten Jahrgange (No. 44 vom 28. Sept. 1859) juristische „Reisebriefe". In neuester Zeit enthielt die Wiener „Gerichtshalle" und „Tribüne" gleichfalls juristische Reisebriefe.

Anmerk. der Redaction.

[1]) Siehe die vorige Anmerkung.

Die Redaction.

[1]) Geschieht hiermit.

Die Redaction.

第一封信最初发表于《普鲁士法院报》1861 年第 41 期

第一封信[1]　引言；论民法建构　3

我是抱着出版的目的才写下下面这几封信的。也就是说，我不打算在死后才出版这些信（毕竟只有著名人士才可以如此妄为），而是在我还活着的时候就将其出版。如果能找到足够好心的出版商或者编辑愿意为此冒上纸张和油墨的风险，那么即便是一个普普通通的孩子也敢于做这样的打算。几乎所有的科学、艺术和手艺都已经在书信中被讨论过，我们已经有了关于化学的书信、关于植物学的书信、关于动物学的书信以及关于音乐的书信……只有我们可怜的法学——这个科学中的灰姑娘——还是跟往常一样一无所有，至少落后于时代二三十年。因为据我所知，她一次都没能成为书信的主题。对于法学，人们似乎期待她从另一种现代形式即**精神**的形式中获得更多的幸福。自从孟德斯

---

〔1〕 Preußische Gerichtszeitung, Jahrg. III, Nr. 41. 16. Juni 1861.

鸠以《论法的精神》①开了这一先河，就有不少像他这样的人提炼出了“罗马法的精神”“普鲁士法的精神”以及其他各种法的精神。为了赚几个小钱，这帮人就把这些“精神”全都兜售给好这口
4 的读者们。要是这种风气传播开来，那我们肯定得期待一下“卡岑埃恩博根邦的邦法精神”“黑森选侯国的国家法精神”以及其他的精神和精灵了。②

至于我，我采用的则是更为简朴的书信形式。就此，即使我不能说自己做出了其他的什么贡献，但至少是我首先将书信的形式从别的学科那里引入了法学。这些法学书信将会把“业余时间”“法学思考”“专题研讨”“不合时宜的思想”以及其他广为接受的形式都挤到一边③——只有正经的法学家才会用这些形式表达自己的想法。既然现在的法学已经无聊透顶了，那我们为什么就不能在书信里写一写“普鲁士邦法上弱者的权利”“罗马法上傻瓜的特权”以及其他有趣的话题呢？好让地位优越的初级法院法官、高等法院律师乃至高等上诉法院顾问和枢密高等法院顾问都可以在业余时间里拿起来读一读，而不是像韦茨拉尔的帝国枢密法院顾问克拉默那样，把他的业余时间都花在撰写 100 多卷的

---

① 孟德斯鸠（Montesquieu，1689－1755），法国启蒙运动时期思想家，他的主要著作《论法的精神》（De l'esprit des lois）于 1748 年出版。该书较新的一个中译本是［法］孟德斯鸠：《论法的精神》，钟书峰译，法律出版社 2020 年版。——译者注

② 德文中单数形式的“Geist”既可指“精神”，也可指“精灵”“鬼怪”“鬼神”，前者的复数形式为“Geiste”，后者的复数形式为“Geister”。——译者注

③ 耶林列举的这些形式都是当时的法学著作常用的标题名称。为了便于读者进一步检索，此处给出相应的德文原文：“Nebenstunden”（业余时间）、“rechtliches Bedenken”（法学思考）、“Erörterungen”（专题研讨）、“unvorgreifliche Gedanken”（不合时宜的思想）。——译者注

“业余时间”上。④ 尽管我的这些信将会在“法院报”上刊载,也就是说,尊敬的编辑部是希望对信的内容负责的,但那是他们的事,我自己是绝不会为此承担责任的。没错,为了完全打消那种“我是在给一份**法院报**写信”的约束感,我在写作时严格地遵循了这一原则,即“我是写给编辑看的”,其他的事一概与我无关。正是为了无损这种不偏不倚的原则,我同样要非常严格地保持我的匿名身份。这是一种登台表演的形式,众所周知,就像那些高贵的先生和旅行的冒险家一样,这种做法在作家那里也并不少见,他们都是基于充分的理由才这么做的。编辑先生,您是知道的,您 5
到底费了多大的劲才让我这样一个不擅长写作的人克服自己天生的恐惧来到公众面前登台献丑;您是知道的,如果我把每年可以从国家那里赚到 600 塔勒的大把时间花在法学书信这种胡闹的东西上,而不是只用在档案摘录和判决草拟上,我会有多么危险。考虑到数量巨大、自第一届法学家大会以来就遍布全德的本报读者,我非常正式地请求您:请为我保守这个秘密!即便在毫无防备的情况下,您也要防止它泄露——在一个编辑那里,这种情况是完全可能发生的!要是我的身份被泄露了,那就只能怪您。因为除您和我自己知道这个秘密外,就再也没有人知道作者是谁了。正是为了保护您不受那些鲁莽之辈的逼问,我才选择了书信的形式,因为当您在本报的注释里公开向我保证您会严守这个秘密(就连即将在 12 月发表的第二封信,您也要严守秘密),谁还会对您纠缠不休呢?这就是我特地请求您这么做的原因。〔2〕

---

④　此处耶林指的德国法学家约翰·乌尔里希·冯·克拉默(Johann Ulrich von Cramer,1706－1772)的系列著作《在韦茨拉尔的业余时间》(Wetzlerische Nebenstunden)。该系列从 1755 年出版第 1 卷,至克拉默去世时出到了第 124 卷,最后到 1779 年为止共出版了 129 卷。——译者注

〔2〕　此处已按作者的要求做了。——编辑部

如果您想知道我是谁,那么我不妨给您一点提示。对于下面这件趣事,您肯定不会陌生。在柏林的某场宫廷假面舞会上,一个戴着同一副面具的人连续好几个小时在餐台那儿又吃又喝,而通常情况下,来参加舞会的人是不会做这种事的。无数的杏仁露、柠檬水、葡萄酒、主菜及相应的配菜就这样消失在了面具之
6 下,直到人们想到一个办法——在例外情况下打破戴面具的惯例,以查明是谁犯下了这种"现象级"的偷吃行为。结果大家发现,躲在面具下的是一名城堡守卫,他已经用这种方式满足了自己十四年的吃喝。您是否也要用类似的方式揭开我这位"不知名人士"的面具,那是您的事;无论如何,我一个人的知识是肯定不够写完为描绘当今法学的整体面貌所需的全部书信的。

此外,在读者的见证下,我还要同您订立一项协议。协议的内容就是:我要完全按照自己的喜好来写信。换言之,在写信的过程中,我既不受时代的限制,也不遵循任何体系上的顺序。相反,我开出的条件是"面具下的行动自由",也就是我可以对任何人都加以戏谑和抨击。要是您觉得我说得太过了,您毕竟还可以在注释里写下反对意见或是删掉一些您认为不太合适的段落。

以下是您收到的**第一封**信。

论民法建构

您肯定知道那个掀开屋顶让其同党偷看屋子里秘密的瘸腿恶魔。⑤现在,请让我扮演一下他的角色,好让您看看我们法学理论家的

---

⑤　耶林在此借用了法国小说家勒萨日(Alain-René Lesage,1668－1747)于1707年出版的小说《瘸腿魔鬼》(法语原名:Le Diable boiteux,德语译名:Der hinkende Teufel)中的情节:西班牙马德里的一位大学生闯进法师的屋子里,解救了被封印在瓶子里的一个魔鬼;魔鬼为了报答他,就带着这位学生飞到马德里上空,掀开屋顶让他看到各间屋子里发生的事情。该书的中译本为[法]勒萨日:《瘸腿魔鬼》,张道真译,人民文学出版社1957年版。——译者注

书房：夜里，灯光下，《国法大全》放一旁。在这里，您可以看到整个民法智慧阶层，也就是那些“共同法”的科学担当。他们正在孜孜不倦地工作。他们在忙什么？我敢打赌，他们当中有一半的人——至少是那些成了德意志希望的科学信徒们——正在“**建** 7
构”。“建构”又是什么？大概在50年前，人们还对它一无所知，他们“一向平静地生活，善良随和，弓箭只是瞄准《学说汇纂》里的片段”。⑥ 但如今可就完全不一样了！现在，不擅长“民法建构”的人可能真得好好操心一下自己该怎么度过这一生了。就像现在的女人不穿克里诺林裙撑⑦就不敢出来露脸，当今的民法学者要是不懂建构也就不敢出版著作。这种新的民法风气到底是由谁引起的？我不知道。我只是非常清楚地知道，有一个人甚至再次建构了这一建构，并且还给出了自己的建构指南；甚至为了实施此项工程而建造出一个更高的法学楼层，据此，该建构获得了“更高级法学”的称号。〔3〕 在底层完成的工作是更加粗糙的：在那里，原材料被碾轧、鞣制和酸洗，简单地说就是被解释；然后它们要去更高层，去往民法艺术家的手里。这些艺术家塑造它们，赋予它们民法的艺术形式。一旦他们找到了这种形式，这些大量

---

⑥　这里耶林改写了席勒的戏剧《威廉·退尔》（Wilhelm Tell）第4幕第3场中退尔所说的一句话，原句是：“我一向平静地生活，善良随和，弓箭只是瞄准林中的野兽。”中译文参见［德］席勒：《威廉·退尔》，张玉书译，载张玉书选编：《席勒文集5：戏剧卷》，人民文学出版社2005年版，第308页。——译者注

⑦　克里诺林裙撑（Krinoline），是一种用马尾、棉布或亚麻布浆硬后做的硬质裙撑，首次出现在1830年。1850年，英国人发明了不用马尾硬衬的新型克里诺林，这种裙撑于1860年传入法国，迅速成为流行服饰，以至影响了西欧各国的所有阶层，甚至农妇们也仿效该服饰。故服装史上也把这一时期（大约是1842—1870年）称为“克里诺林时代”。耶林写这封信时正值1861年，是该裙撑最流行的时期。——译者注

〔3〕 **耶林**在其《罗马法的精神》（Geist des römischen Rechts, Bd. 2, S. 385 ff.）以及在他和格贝尔（Gerber）主编的《年刊》第1卷的第一篇论文（Jahrbücher, Bd. 1, Abt. 1）里就是这样说的。

的无生命素材就会转变为有生命之物。经过某道神秘的工序,这些生物就像普罗米修斯的泥人一样被注入了生命和精气。最后,这个民法中的人造人,也就是所谓的“概念”,将会**获得生育能力**,它将与同类交配,繁衍后代。

现在您知道了,一切的关键都在于这种民法塑形技艺,都在于建构。如果在建构过程中出现疏忽,比如把腿安在了头上、把
8 鼻子安到了后面、把我们长在后面的器官安到了脸上,那么整个建构就毁了——被建构出来的将是一个怪胎。所以,这个值得高贵之人付出心血的组装任务要求他们投入一切精力并不断发挥创造力和组合天赋,也就一点儿也不奇怪了。现在,我想通过几个典型的例子向您形象地展现这项工作的艰辛。

要说无比倔强、极难驾驭的“法律形体”(Rechtsfiguren)〔4〕都有哪些,**共同连带之债(Korrealobligation)**肯定算一个。您想看看关于它的共同法文献?光是把这些文献列举完就要一个很长的注释。〔5〕我们可以把当代的法学家分成两类:一类是写过共同连带之债的,另一类是没有写过共同连带之债的。跟我们法学家要研究的这个“两位一体”或“多位一体”的民法概念相比,“三位一体”对神学家来说再也不是什么伤脑筋的事了。共同连带之债是包含多个主体的**一个**债,还是与主体数量相等的多个债?您可以到处去问问,看看谁没有为这个问题费过神;您可以数一数,法律科学的信徒们为此葬送了多少个不眠之夜。每

---

〔4〕 这是**昆策(Kuntze)**的表述。

〔5〕 自1857年以来[至1861年],关于共同连带之债的著作至少出版了三本,即**赫尔默特(Helmolt)**1857年出版的专著、**费廷(Fitting)**1859年出版的专著以及**桑哈勃尔(Samhaber)**1861年出版的专著,更不用提论文和书评等其他文献里对该理论的大量论述了。[更多的文献,参见**Windscheid**, Lehrbuch des Pandektenrechts Aufl. 5, Bd. 2 § 292。在1829年那会儿甚至还能看到这样的话(Guyet, Abh. aus dem Gebiete des Civilrechts S. 262):“关于罗马法任何其他主题的文献要像关于这个主题的文献这么贫乏,那是很不容易的。”有些人或许正在盼望这一现象的出现。]

当我深入阅读这些文献，我就会头晕，而且读得越多就越是混乱；每当我要对实务中的某个案件作出判断，先生们，我只能把自己听过的、看过的关于共同连带之债的一切都统统忘掉才行。文献里说，共同连带之债和单纯连带之债（solidarische Obligation）的差异是巨大的，就像二足动物和四足动物的区别那么大。然而，要是您问我们的民法动物学家，如果让四足动物和二足动物都去拉犁，那么在实践中，这一区别还存不存在呢？我相信，大多数人会答不上这个问题，并为此感到抱歉："动物学跟犁无关"。我从一本研究"物质"的书里找到了这个缺失的答案："原则上，我把实践方面的问题均排除在外，我的研究仅限于理论问题。"一本巨厚无比却完全忽视了实践的法学著作就好比一面极为精致却不会走的钟！祸端正是出自这里：法学被升格成了一门动物学，尽管它的确是一种使用民法牲畜来拉犁的技艺。〔6〕 9

既然说到了债，我还想从里面取几个有趣的建构样本。您觉得债长什么样？换句话说，您是怎么想象债的"法律形体"或"逻辑构造"的？您回答说，您并没有为此想破头。这您也能应付得了？那您真是太幸运了！但也有人可能会说，您真是太可怜了！

〔6〕［基于我的以上论述，有人可能会把这样的错误同样归咎于我。借此机会，我要作一声明：这个黑锅我不背。正所谓"肯定其一不能排除其他"（unius positio non est alterius exclusio），"强调法律的形式技术层面即法学技术的巨大价值"与"承认法学乃至所有理论教义式研究的最终目标都是实践性的"，这两者并不存在任何矛盾。我从来都不缺少对后者的认识，并且我认为，我在自己的作品中从来都没有忽略这一点，那些没有任何实用价值的教义学研究对我是毫无吸引力的。在《罗马法的精神》中，我早已把矛头指向了"将法学升格为一门数学的逻辑崇拜"，并且还尝试用具体而鲜明的例子来证明这整个方向都是错误的（Geist des R. R. III, Abt. 1 § 59）。此外，我还为《法律中的目的》一书设立了这样一个目标，即通过揭示一切法律制度和法律规则中的实践动机，以使"实践的法律观"与"形式的或先验哲学的法律观"相抗衡。我要感谢当今的概念法学为我提供了用于嘲讽的素材，在本书中它们是不可或缺的，对此，读者马上就会意识到。］ 10

债可以被想象成“在行为**上面**的权利”或是“在行为**上边**的权利”。⑧ 根据前者，债是针对人的一项权利；根据后者，债的客体是行为本身。没错，还有一种可能性，我们还可以把债想象成“在行为**上方**的权利”。⑨ 到您选择的时候了！您会说，人怎么才能在一个尚不存在的行为上边拥有权利呢？在行为被实施前，权利的客体还不存在；在行为被实施后，也就是说在债被履行的那一刻，这个客体马上又消失了。您可以去问问**普赫塔**，他是怎么想出来的。〔7〕 此外，其他的人还会向您展示一种十分类似的辩证法特技。遗产被许多人定义成“在死者人格之上的权利”。既然如此，
11 您一定会认为，只有当继承人接受了遗产，他才享有这项权利；因为直到这一刻，继承人在遗产上的权利才得以产生。不对，错了！尽管在有些人看来，死者的人格于此刻停止了，就像两片云在彼此接触时即消失于无形。但其他人，尤其是像普赫塔这样宽厚的人却让被继承人的人格在他的下一代乃至所有后代继承人的人格中延续，直到世界末日。据此，从法学的角度看，毕达哥拉斯所谓的“灵魂转世”——或者像我们更喜欢说的“人格不死”——是完全可以实现的！一个人格套着另一个人格，就像俄罗斯套娃，一个套着另一个。在继承法上，我们每个人身上都带有亚当被无

---

⑧ 原文为“Recht auf die Handlung oder an der Handlung”。若脱离语境，则“Recht auf die Handlung”和“Recht an der Handlung”均可译为“在行为之上的权利”，但实际上，“auf”和“an”这两个介词在德语中是有细微差别的，前者表示某个物体位于某个平面之上（属于点和面的接触），故译为“在……上面”；后者表示某个物体在另一个物体之上（属于点和点或点和线的接触），故译为“在……上边”。——译者注

⑨ 原文为“Recht über die Handlung”。若脱离语境，这一概念同样可译成“在行为之上的权利”。但实际上，作为介词的“über”表示的是某个物体虽位于另一个物体之上，但彼此不接触。因此，将“über”译成“在……上方”既可译出该介词“彼此互不接触”的特征，也可与上文的“auf”（在……上面）和“an”（在……上边）相区分。——译者注

〔7〕 **Puchta**, Pandekten § 219.

尽稀释的一部分人格;我们每个人都是民法上的阿特拉斯,[10]必须共同托起迄今为止一代又一代的人类。

您务必要知道,借此我又一次触及了一种民法“现象”和一个备受欢迎的建构对象,人们管它叫“待继承的遗产”。[11] 如果您想通过一个注释来了解该主题的文献,那么您肯定会对民法学界投入其中的旺盛精力感到惊讶。经常出现的情况是,像我们这样的人自己都不知道自己做过什么!通过行使被继承人的权利和债权,继承人在毫不知情的情况下接受了遗产,他从未想过,如果没有主体,这些权利是不能存在的;他也从未想过,一旦他接受了具有永久性的遗产,他也就让被继承人具有了永久性,结果就是:他不仅接受了被继承人的财产,而且接受了被继承人本身。“被继承人并没有继续存活在遗产中”——这种想法会让训练有素的民法学者感到害怕,这就好比一个具有宗教本性的人害怕“没有上帝的宇宙”一样。“人格永存”这种观念的崇高之处在于,掘墓者 12
用铁锹挖出来的东西既不是灵魂,也不是法律上的人格。相反,法律上的人格在人死后就变成了容光焕发的精神。它自由了,它已经摆脱了尘世上的一切束缚,登上了一个就其此在而言更新、更高的阶段。当然,对于那些本性更加粗俗并且只相信自己亲眼所见的人来说,这种精神是不存在的;但是,这些人本身对于法律科学来说也是不存在的。

---

⑩　阿特拉斯(古希腊语:Ἄτλας;德语:Atlas),古希腊神话中的擎天巨神,属泰坦神族。在泰坦之战中,泰坦神族和奥林匹斯神族敌对,以泰坦神族战败告终,阿特拉斯因此被宙斯惩罚,永远在世界最西处用头和手托住天空。欧洲人多以他的画像装饰地图封里,因此“Atlas”现也被用来指“地图集”。——译者注

⑪　原文为“hereditas jacens”,这一拉丁语概念的德语译名是“ruhende Erbschaft”,二者的字面含义均为“在休息中的遗产”、“处于睡眠状态的遗产”或“闲置的遗产”,用于表示被继承人死亡后、家外继承人接受继承前这段时间内的遗产状态,因此目前的通行译法采“待继承的遗产”这一意译。——译者注

正是借助了“人格”的概念,现代法律科学才完成了它最大胆、最崇高的思想革命。在理解了这个概念之后,法律科学家们用起它来就得心应手了,他们就是利用这个概念将无生命的物质彻底精神化并使之在法学中活化的。席勒在《希腊的群神》〔8〕中所歌颂过的那种状态又在法学领域重现了:那些在**我们**看来没有生命的物体——比如泉水、树木和山峰——其实里头都栖息着鲜活的众神!我只是少了席勒那样的天赋来恰当地歌颂这种状态。但即便是到了散文中,这种状态的效果也并没有消失!

您看到那个旧屋顶了吗?雨水从那个屋顶滴到了邻居的土地上。您为什么还要留着它呢?就因为它是个旧屋顶?的确没错,可是您难道看不见有一束法学人格的荣光正像电灯一样照在那个屋顶上吗?您还是让它自己说说它是什么吧——**旧屋顶是一个法人**,〔9〕因为屋顶是合法滴水权的主体。

看见您经纪人那里装满国债、股票等的抽屉了吗?您可能会再次以为它们是所有权的客体。又错了!让我们的理论家来教教您吧,这些都是法人!〔10〕对于不记名证券来说,证券的主体是

〔8〕《希腊的群神》(Die Götter Griechenlands)是德国文学家席勒(Friedrich Schiller,1759-1805)于 1788 年创作的一首诗,1800 年另有一个改写后的版本。钱春绮先生的译本可参见载张玉书选编:《席勒文集 1:诗歌小说卷》,人民文学出版社 2005 年版,第 38-44 页。

〔9〕**Böcking**, Pandekten Bd. 2, S. 212.

〔10〕**Bekker** (Jahrb. des gem. Rechts von Bekker und Muther Bd. 1, S. 292):“证券本身是一个有争议的权利主体,债权人……和每个证券持有人都拥有作为法律占有的相同权能,即可以向债务人主张这个不会成为该主体之权利的权利。如果
13 愿意,人们可以说成:证券持有人将成为证券的代表,有权收回属于该证券的债权。”

证券自己。它就是民法世界里的明希豪森,⑫拽着自己的头发把自己从泥潭里拉了出来——拉的人和被拉的人是相同的,主体和客体是相同的。当您走进剧院时,请向我建构一下整个法学过程。您回答说,您买了一张票,然后拿了出来,以示有权入内。这可不是建构！建构只能是像这个样子:票使得"一个像这样的持有人"有权入内。"一个像这样的持有人"才是某种抽象的东西,才是一个被想象出来的人格,才是一个法人。因此,当您凭着这张票走进剧院时,仅仅是因为您代表了这个法人,您才有权入内;其实,本该入场的是这些票本身,本该坐在座位上的是所有的这些票。您要感谢剧院经理,正是他允许您代表这些票！

现在,当您看到以下结论时,您也就同样不会再感到惊讶了:为了建构婚姻财产共同体,那一对从外观上看是一男一女的夫妻被和谐地融合成了**一个**法人。为了在一定情况下补偿妇女被牺牲掉的人格,近来有一位法学家〔11〕还把胎儿升格为法人。〔12〕 由

---

⑫　明希豪森(Baron Münchhausen,1720-1797),18世纪德国汉诺威的一名乡绅,早年曾在俄罗斯、土耳其参加过战争,退役后为家乡父老讲述其当兵、狩猎时的一些趣事,从此名噪一时。后来出版了一部故事集《明希豪森奇遇记》(又名《吹牛大王历险记》),其中一则故事讲到他有一次不幸掉进了一个泥潭,周围没有任何东西可以依傍,于是他就用力抓住自己的头发,自己把自己从泥潭里拉了出来。——译者注

〔11〕 **鲁多夫**(**Rudorff**)在他修订的《学说汇纂教科书》里就是这么写的(**Puchta**'s Pandekten § 114)。

〔12〕 [**罗德尔**已经让胎儿成为一个真正的人和一个真正的权利主体了,像这样的一个权利主体在子宫里、在母亲怀孕之初就已经可以主张生命权了。"因为跟生命本身一样,**要求活下去的权利**不仅属于已经出生的人,而且也属于快要出生的人,这是为了防止任何渎神的堕胎、头颅的钻孔等行为"(**Röder**, Grundzüge des Naturrechts oder der Rechtsphilosophie Abth. II, Aufl. 2, S. 23)。作为一位法哲学家,罗德尔居然对实践中的法律问题避而不谈,这个问题就是:根据法律,子宫里孕育的受精卵应当以何种方式在法庭上主张这一权利？对于这个问题,在"缺少诉讼代理人"这一点上,我们可以这样来补救:给每个结了婚的妇女和所有有可能怀孕的女人都指定一名胎儿保佐人。] 14

于罗马法上并未对同时存在三个胎儿的情形作出规定,所以他当然也就没说这三个胎儿是各自拥有人格,还是共享一个人格。无论如何,根据他的这一观点,人的生命被以最美妙的方式置于了胎儿和待继承的遗产这两个法人的中间。据此,我们可以将法人描述为“原始本体”(Ursubstanz)。人类的人格从它那里得以成形,在它之中再度消散。人类在物理上的存在只是一个暂时的过渡状态;它介于更高的存在形式之间,这种更高的存在形式就是纯精神且无实体的法律人格。

在旧屋顶、国债等都挤进了人的领域之后,我们确实不能怪罪那些渴望离开这个社会,不得已时甚至不惜放弃自己人格尊严的人们。事实上,近来有一位法学家〔13〕已向人类指明了一条道路。他把“自由”看成“在人身体之上的所有权”。这样一来,因
15 客体是无生命体而被鄙视的所有权概念就在人类身上找回了尊严。为什么人的身体不能成为所有权的客体?无论是大自然还是牙医给我安上的牙,这牙都处在我的所有权之下;卷发的人把自己的头发卖给理发师,死刑犯把自己将来的尸体卖给解剖学家,在这两种情况下,为了将某个客体上的所有权转移给另外一方,两个出卖人都必须自己先拥有所有权。因此,“一个完整的人”跟“所有身体部位的总和”又有何不同呢?“人格权”跟“在整个身体之上的所有权”又有何不同呢?曾经有个奥地利法学家〔14〕就持这种看法,凭借这一观念,他推演出了那个波萨侯爵向菲利普二世求而不得的权利:思想自由。⑬ 在他看来,人类拥有

---

〔13〕 **von Vangerow**, Über die Latini Juniani, S. 67 ff.

〔14〕 已经去世很久的**施纳贝尔**(**Schnabel**)在其《自然法》(Naturrecht)一书中表达了这样的看法。

⑬ 波萨侯爵、菲利普二世均为席勒戏剧《唐·卡洛斯》(Don Carlos)里的人物,耶林此处提到的情形出现在该剧的第3幕第10场。——译者注

"在语言工具上的所有权"。为了行使这一所有权，也就是为了能够说话，人必须思考（顺便一提，他所谓的"思考"不完全适用于写作，尤其是写书）。所以他的结论就是：人也有思考的权利。自从我得知了施纳贝尔的理论，我才感觉到，我的思想站在了一个坚实的法律基础之上；我知道了，"思想自由"不是在事实的基础上，而是在法律的基础上产生的；从那时起，我同样知道了，我有出汗的权利、消化的权利，要是我痒的话，我还有挠痒痒的权利……就此，我不过是行使了在我身体上的所有权罢了。只有一窍不通的人才会继续对著作权的法律基础产生疑问，它的基础不过是在语言工具上的所有权。

为了再度制造平衡，在所有权的概念从"物"扩大到"人"之后，这些法律科学家们又反过来对债的概念做了同样的事。按照 16
自然而然的看法，债的概念本来是必须以**人**作为承担债务的主体的，然而，他们却把这个概念套用到担保物上，并将担保物权定义为"物在负担债务"。随着法学建构时代的来临，一种躁动不安、喜爱到处游荡的情绪涌进了法学概念，没有一个概念还想继续待在自己几百年来所处的位置上。这不免让人觉得它们像是在玩"房间出租"游戏。对于"在物上的完全支配力"这个定义，所有权不再感到满意，它要求成为"**决定**物的权利"。〔15〕于是空出来的位置就被役权占据了，从此它就以这样的定义自居："在被拟制成独立之物的他人有体物的具体特征上的所有权。"〔16〕

正是由于这个人工仿造的"物"，真正的物也开始捉弄我们，它不愿再以"直接客体"的身份来侍奉所有权了。相反，所有权的

---

〔15〕参见**吉塔纳**（**Girtanner**）在我的《年刊》第3卷上发表的那篇论文（Jahrbücher für Dogmatik Bd. 3, S. 83）。

〔16〕**Elvers**, die römische Servitutenlehre.

直接客体存在于所有非权利人的消极义务之中。换言之，所有权的直接客体变成了“不侵害他人的所有权”这一义务。〔17〕

类似地，担保物权也突然开始对着干了。在最近的一本关于担保物权的著作中，〔18〕担保物权摆脱了**权利**的形式，并躲到了担保物之**诉**的身后，据说在盖尤斯和乌尔比安的时代就出现过这样
17 的情形。甚至某些本没有必要服从法学建构的概念，也变得自愿地服从它了，这一点确实让人感到欣慰。对于下面这一点，我再怎么夸都不过分：上天赐予凡人的最宝贵财富之一——“**希望**”在某种程度上也被证实是可驯服的。因为我们不仅承认了“关于希望的买卖”——其实古罗马人早已承认了这种买卖——而且在最近还承认了“在希望之上的权利”。〔19〕此外，我们甚至还建构出了“在希望之上的担保物权”。〔20〕这样一来，针对那些觉得自己拥有“美好希望”的妇女们，我们也能够为其提供准确的法律建议了；而对于她们的胎儿，法学家们已经通过另一种方式照顾到了（参见第 14 页的脚注）。

综上所述，这第一封信的结论也就出来了，它是如此具有和解性，⑭以至于我已经没有兴致继续往下写了。

---

〔17〕 **Kierulff**, Theorie des gem. Civilrechts Bd. 1 S. 155.

〔18〕 **Bachofen**, das römische Pfandrecht Bd. 1.

〔19〕 **W. Sell**, bedingte Traditionen, S. 18, Note 2.

〔20〕 **Puchta**, Pandekten § 210, Nr. 2.

⑭ 原文如此，即“ein so versöhnender Abschluss”（一个如此具有和解性的结论）。根据耶林在第二封信末尾脚注里的抱怨，可以推测他原本想说的话应该是“ein so verhöhnender Abschluss”（一个如此可笑的结论；它是如此地可笑），但是由于排字工人的疏忽，“verhöhnend”（具有可嘲笑性质的）一词中的第一个“h”被错排成了“s”，使得“verhöhnend”变成了“versöhnend”（具有和解性的）。——译者注

第二封信[1]　法学中的思辨方法：胡施克、拉萨尔

由于我的名字在您这儿被多次问及，我想您的确忠实地保守了这个秘密，这是值得尊敬的。尽管我希望您一如既往地为我保守秘密，但我也不怕主动揭开一点儿这匿名的面纱：在下文中，我将向您描述我的法学经历。或许我的一两个熟人会从中猜出我是谁。

那是我生命中多么美妙的一段时光啊！那 18
时，我还怀着年轻人的激情，深深地迷恋着科学的胸脯和**普赫塔**①老师的双唇。[2] 经由普赫塔的嘴，盖尤斯、保罗、乌尔比安以及其他大大小

---

〔1〕 Deutsche Gerichtszeitung 1861, Nr. 85.

① 格奥尔格·弗里德里希·普赫塔（Georg Friedrich Puchta，1798–1846），德国罗马法学家、历史法学派代表人物，主要著作有两卷本的《习惯法》（Das Gewohnheitsrecht，1827–1838）、三卷本的《法学阶梯教程》（Cursus der Institutionen，1841–1847）和单卷本的《学说汇纂教科书》（Lehrbuch der Pandekten，1838）。——译者注

〔2〕 [这是虚构的，我从来没有听过普赫塔的课，但是他的著作给我的影响要比任何一个人的都大。]

小的《国法大全》先知每天都来到我面前说话。对我来说，他们要比当代所有的法学家都更加有名——除了普赫塔。带着那份热情和执着，他每天都为我们这些听众讲授《学说汇纂》里的片段，至少是那些需要我们事后查阅的片段。我要感谢普赫塔，他让我很早就钻进了《国法大全》的天地，他让我克服了年轻时的羞涩和内心对这本猪皮古籍的神秘恐惧，他让我干劲十足地闯进了民法智慧的晦暗层。在那时，学说汇纂课就已经因为与实践相脱节而在我同学那儿声名狼藉了。与其和他们一起谈论曼提乌斯[2]的旋律，我宁可去找一间没人的教室，静静地享受要式口约和遗嘱，当然还少不了提提乌斯、麦维乌斯、奥卢斯·阿格利乌斯以及其他在《学说汇纂》和《盖尤斯法学阶梯》里出现过的戏剧人物所提起的诉讼——我用来汲水和解渴的泉源正是这些**法源**。[3] 我去的不是克罗尔歌剧院，而是图书馆；回来时，我的同伴是《乌尔比安残篇》《盖尤斯法学阶梯》等这些**超重量级人物**的作品。我越来越感觉到，这些伙伴更多是为我而来，而不是为我的同学而来；我越来越被罗马法的魔力吸引，直到有一天，我的内心突然清晰起来：法
19 律科学才是我的未来。“将来，我要成为一名理论家！”这个念头就这样形成了。

我燃起了理论创作的欲望。就像香槟在酒杯里起泡那样，我的心中也泛起了“干一番理论事业”的观念气泡：“对损害法的解释”“昆图斯·穆基乌斯·斯凯沃拉的生平与著作”“要式现金借贷”“关于狗的佩苏拉尼乌斯法”“出庭保证”“保证人”“采光役

---

② 爱德华·曼提乌斯（Eduard Mantius，1806－1874），德国作曲家。“曼提乌斯”这个名字里所带有的“乌斯”跟罗马法源里经常出现的人物名称“提提乌斯”（Titius）、“麦维乌斯”（Maevius）的词尾发音相同。——译者注

③ 在原文中，“泉源”和“法源”都是用同一个词“Quelle”来表示的。——译者注

权”……有这么多极具诱惑的问题在等着我！但由于天资愚笨，我一直被困在一个问题上，这对我来说确实是致命的。一个本该让我丧失全部理智的任务，最后却只给我带来了小小的损失。然而这个损失却让我痛心疾首，因为我失去的是未来的理论事业。

> Nemo pro parte testatus, pro parte intestatus decedere potest.④
>
> （没有人能够在死亡时［将其］一部分［遗产按］有遗嘱［处理］，［另］一部分［遗产按］无遗嘱［处理］。）

就是这小小的一句话构成了我生命的转折点。假如没有它，如今我的名字或许已经被写进了不朽的理论著作里，而不是被印在易逝的、有时甚至还会被封存的档案中。作为一个普通且平庸的法律人，我的心灵完全无法理解这个句子中所蕴含的高深问题。要等到**黑格尔**出生，再待到他的学生**甘斯**⑤将这句话的意义写出来，我们这些法学庸才方能够理解。作为黑格尔辩证法的传道者，甘斯走进法律人之中，为的是向我们布道：只有哲学思辨才能穷究那句话，因为“当涉及如何理解具有本体性的精神时，理智的一切努力都是徒劳的”。〔3〕那个句子里包含了“罗马继承法的 20
全部思想”，而这种思想根本就是罗马史的思想，也就是抽象的普遍性与具体人格之间的对立、严格与自由原则之间的斗争，“它们的命运就是彼此诅咒——家庭与个人的权利拥有相互敌对的势

---

④　参见 Inst. 2, 14, 5。——译者注

⑤　爱德华·甘斯（Eduard Gans，1797–1839），德国法哲学家，主要著作有四卷本的《在世界史发展中的继承法》（Das Erbrecht in weltgeschichtlicher Entwicklung，1824–1835）和《论占有的基础》（Über die Grundlage des Besitzes，1839）。——译者注

〔3〕　**Gans**, Erbrecht in weltgeschichtlicher Entwicklung, Bd. 2, S. 451 ff.

力,每一方都必须去压倒另一方,它们的一致与和解只是彼此松懈的结果”。

在理解了这一思想的崇高性之后,通过阅读**胡施克**⑥关于该主题的一篇论文,〔4〕我对它的认识又达到了比之前高得多的程度。就是因为这篇论文,我才开始感受到罗马法的观点所能达到的那种高度;就是因为这篇论文,我才体会到自己的能力多么有限。由于这篇论文对我的人生有着决定性的影响,因此请允许我说说其中的主要内容:

> 在一个人死后,他的人身以及与人身有关的权利就进入神法之中,为冥界诸神所享有;相反,他的财产法人格却仍然停留在人法之中,并构成遗产。因此,跟活人的财产相比,遗产仅仅在这一点上有所不同,即它将财产法上的人格从现实的人之中分离出来,并将其塑造成一个像遗产一样的物。

在说这段话的时候,我们的这位作者还有一只脚是踩在地上的。然而接下来,他的另一只脚也脱离了地面。就像一个勇敢的
21 热气球,他把自己拽离了地球,将自己提升到越来越抽象的领域。在那里,他那沉醉的精神再也记不起尘世了,他遨游在纯粹、清澈的思维苍穹里。继承,这个在尘世里相当朴实的过程,此时在他眼中已经成了“家庭的财产法延续,正如生育是将人格或物种的

---

⑥ 菲利普·爱德华·胡施克(Philipp Eduard Huschke,1801-1886),德国罗马法学家、古典学家,主要著作有《塞尔维乌斯·图利乌斯王的宪法》(Die Verfassung des Königs Servius Tullius, 1838)和《盖尤斯:对其〈法学阶梯〉的批判和解读》(Gaius: Beiträge zur Kritik und zum Verständnis seiner Institutionen,1855)。——译者注

〔4〕 **Huschke**, Über die Rechtsregel: Nemo pro parte etc. Rhein. Museum VI, Nr. 8.

此在扬弃为新物种的一部分，这种延续则是将个体在财产中仍有效的此在扬弃为另一个个体；前者进入了极期（Akme），后者则进入了人类生命的终期。生育涉及濒死的物种，遗产则涉及濒死的个体。正如前者是死在儿子身上的，后者同样是死在继承人身上的。由于财产法上的此在并不比普通的此在更缺少生命力，因此继承也不能被想象成别的样子，而只能被想象成：当一个像这样的财产法上的此在（类似于一颗精子）从自己身上分离之时，正是在这一刻，它就被纳入了一个新的人格之中；因为两者彼此分离了，所以它不再像所谓的那样是有生命的，它就好比一颗已经分离但尚未受精的精子，还不具备生育能力。继承只能与家产相关，而不是与遗产相关，因为后者是以一个已经去世的人为前提的，因而是没有生命的"。

然而，当他给自己提出这样一个问题时，我对他此前的印象就被彻底破坏了，这个问题就是："遗产应如何**被接受**？"之所以胡施克会提出这样的问题，是因为他飞得还不够高，否则他早已将充满实践问题的真实世界抛到九霄云外了；假如他完全否认接受遗产的可能性，那么我们本可以承认他做出了一个英勇无畏的哲学业绩。对于上述问题，他的回答是："被继承人所遗留的作为家产的东西，在继承人这方面看来是遗产。"

从现在起，请允许我引用胡施克的一些长篇大论，尤其是不 22
带引号的那种。因为在我看来，"带引号"听上去就是有失体统的，更何况在如此深刻的观念面前，我更是要拒绝对其打引号：

家产与遗产是同一个物，但它们并非人们看起来那样的物。根据其客体，它们是相同的；但根据其方向，它们却有所区别。它们的客体都是被继承人的财产自由；但是，正如"当

> 前”必须被同时看作“过去的终结”和“未来的开始”，这种财产自由也与它的过去时刻一起过渡到未来，即“**彻底地**”过渡到未来。因此，被继承人留下的作为家产的财产自由也就可以被继承人当作遗产来理解；当继承人接受遗产时，他也就同时将其作为家产接受了。所以，遗产不是没有生命力的东西，只是跟其背后更具生命力的家产相比，它不是那么有生命力罢了，它在渴望着被复活。

最后这几句话就是上文提到的那个影响了我一生的东西。胡施克论文里的这几句话给我设了一个路障，通往理论道路的入口彻底被它堵死了。就是为了穷究这几句话，就是为了理解那个谜一般的遗产构造，我的智力产生了强烈的痉挛。根据胡施克的论述，遗产的一半是活的，一半则是死的，之前是遗产，之后则是被继承人。这可真是一个十足的斯芬克斯：早晨四条腿，傍晚两条腿，晚上三条腿。如果说在白天，生活中的常见物品对我的想象力还算有点帮助的话（正如我认为的那样）——我用不同的物
23 品代表事物的不同方面，比如用一个勺子代表这一面，用一把叉子代表另一面——那么到了夜晚，在我梦里出现的遗产幻象就是在嘲笑这一切的比划和感官上的相似之处。站在这幅幻象背后的正是那个高深莫测的幻象制造者，他完全就是一副斯芬克斯的模样：假如我不能解开这道题，他就会把我抛向深渊！这正是斯芬克斯的惯用手段。有一次，在一个恐怖的夜晚，我以为自己已经解开了这道谜题，我以为自己已经把握住了“遗产”——它摸起来是冰冷潮湿、毫无生机的——然而，正当我想庆祝胜利的时候，它却在我的手里跳动起来。这个幽灵变得有生命了！它直起身来猛地一跃，就从我的手里跳了回去，并且说道：“可怜的傻瓜！

你以为用**手**就能抓住遗产的本质吗？在你摧毁理智的枷锁前，你永远也别想看透我。”

第二天早上，处于疯狂幻想状态的我躺在病床上，由于严重发烧而颤抖不已。医生们不确定这是单纯的脑膜炎还是神经错乱，对于侵袭我的这种特殊疾病“典型的法学性谵妄”，他们一无所知。但他们知道的是，那时的我曾遭受了多么大的痛苦，作为康复期病人的我是如何在仅仅听到“遗产”或“家产”这几个词时就开始冒冷汗的。即便医生们认为我已经康复，可他们还是永久禁止我继续撰写博士论文。他们劝我：“要是你珍惜自己的理智，就不要做理论家。”当我以这种惊心动魄的方式体会了甘斯所主张的真理之后，我就更要遵医嘱了。甘斯说得没错，“当涉及如何理解具有本体性的精神时，理智的一切努力都是徒劳的”。

就这样，我同“遗产”和“理论”说了再见。在上述论文中，胡施克对“没有人能够在死亡时……”这一规则的解释是多么有说服力啊：“若某人将他自己设立为继承人，那么同样还是**这个**人实施了**这个**行为。也就是说，在设立继承人这个行为中，主体和客体是同一的，家产希望将自己转移给继承人，它自己继承自己。当立遗嘱人和遗产并无差别时，结果就是：既然遗产在客观上是不可分割的，那么与之相同的主观意志也是不可分割的。因此，与该意志相冲突的另一个意志也就被排除了。”可惜在学习的过程中，我连这点皮毛都没有认识到。 24

那个令人痛苦的时期已经过去很久了，我以为我再也不会想起它了。然而就在最近，当我读到**维林**的《在历史与教义学发展中的罗马继承法》(**Vering**, Röm. Erbrecht in historischer und dogmatischer Entwicklung, Heidelberg 1861)一书时，我的记忆再次被唤醒,这让我倍加痛苦。

我必须给自己多大的勇气才能读得下去这本书,恐怕只有扔了彩票却发现自己中奖的人才能体会了。这位作者所表达的想法,我也曾经有过。要不是因为害怕理性受损,我肯定也已经写下这些想法并将其付梓了。假如我这么做了,那么现在这部作品的封面上就会印着我的名字,而不是他的。在我看来,这位作者描述遗产的方式恰恰跟我在那种亢奋的精神状态下所想的完全一样——医生肯定会把我的病诊断为“发烧幻想症”。假如那时
25 有速记员在病床边记下我自言自语的内容,那么这位作者本可以省下他写这本书的力气。

这位作者的正确做法是,他并未使用那个已经被完全用坏了的“遗产”概念,而是继续使用了胡施克在用的时候还略带羞涩的“家产”概念;既然事物仍一成不变,所以这位作者就给它取了个新名字,这的确让它变了个样,就跟把“正餐”这个名字用到寒酸“午餐”上的效果差不多。通过这种方式,事物就变得更加高贵,从普通观念和市民生活的底层跃升到了上流社会,连一无所知的人都不由自主地感受到了自己的无知和对科学进步的惊讶。“根据罗马法,债与主体是不可分的。”法学家要怎么向外行人解释这句话呢?如果他把它解释成“债与其主体的结合是不可分离的”,那么这一同义反复就难以使听者肃然起敬;然而,当这位作者以如下方式解释这句话时,显然就产生了完全不同的效果:“正是通过债,家产这个法律人格才**被包裹**起来,享有权利并负担义务”(该书第101页注释2)。现在,家产这个“不死之物”(该书第89页)为继承人谋得了“与被继承人的交易权”(该书第88页)和“私法上的权利能力”(该书第103页)。遗产的好处在我们这样的人看来不过是“获得财产”,但是在维林看来,其中的利好简直

难以估量：它丝毫不会缩减，尤其是对一个拥有较少权利能力的继承人来说，因为他以此换取了被继承人较多的权利能力。这一人格是**不可分的**，正如“一切自由、每种生物以及所有在法律上拥有人格特征的东西”，乃至像“一个将光芒射向不同方向（却并不使自己四分五裂）的不可分的太阳”一样，它必须用它的光芒照亮 26
“家产”不可分性的黑暗（该书第 108 页）。因而，这一表述出色的双重含义（同时指“遗产”和“家产”）就让以下事实的证明变得非常简单（该书第 105 页），即“一旦继承人接受了死者的家产并因此开始了与被继承人最紧密的联系，他就被视为被继承人的**家庭成员**”；此外，这种双重含义也让以下发现变得非常容易：从继承法的概念和本质中可以得出待继承遗产的拟制人格具有“**天然的必要性**”，全部罗马继承法的关键就在于**罗马家庭法**的特殊性。

在之后的实践生涯中，当我感到自己已不再受遗产的任何诱惑时，命运又幻化成一位书商，将一部新奇的著作送到了我的手上。正是这部著作才真正地终结了我一直在向您描述的这个人生阶段。读着它，我就能感受到不祥的命运游戏有多么恐怖，认识到我的生命是多么神秘。这部著作是最近在莱比锡出版的《既得权体系》⑦一书的第二卷，副标题为“在历史哲学发展中的罗马与日耳曼继承法

---

⑦ 该书的全名为“既得权体系：实证法学与法哲学的和解”（Das System der erworbenen Rechte：Eine Versöhnung des positiven Rechts und der Rechtsphilosophie），第 1 卷的副标题是“既得权理论与制定法的冲突”（Die Theorie der erworbenen Rechte und der Collision der Gesetze），第 2 卷的副标题是“在历史哲学发展中的罗马与日耳曼继承法的本质”（Das Wesen des Römischen und Germanischen Erbrechts in historisch-philosophischer Entwicklung）。下文耶林还将提及该书的副标题，故在此详细注出。——译者注

的本质”,作者的笔名是**斐迪南·拉萨尔**[8]。

我从未亲眼见过这位作者,但我是如此熟悉他,就像对我自己那么熟悉,因为我的身体里住着他、我的心血哺育了他——他就是我自己,他就是我的分身!您是知道霍夫曼[9]在《魔鬼的迷魂汤》里所论述过的这个恐怖主题的,也就是那个心理学上如此深刻的想法:人类有两种本性,其中一种从另一种那儿挣脱出来,作为分身而具备了肉身的形态,为的是使其中一个灵魂里仅仅作为
27 念头浮现的邪恶冲动成为现实。精神错乱的修道士,他的那种堕落的冲动,以及他的兄弟梅达杜斯的那种鬼魂形态,还有那种同一个人的双重形态在相遇时的毛骨悚然——现在我终于知道,为什么这5年来我的内心充满了难以抗拒的恐惧。在我自己身上,这场分身的悲剧再度上演!在我此前描述过的那个恐怖夜晚,当我因纯粹**理智**思维的失败而气馁并躺回我的病床时,我感到一阵持续的疼痛,就好像我的软脑膜或者大脑被硬生生地从脑壳里拉出来似的。那个时候,从我身上分离出来的正是“思辨思维”。这个分身现在不用我的名字,而是用了“斐迪南·拉萨尔”这个笔

---

⑧ 斐迪南·拉萨尔(Ferdinand Lassalle,1825-1864),普鲁士政治家、哲学家和法学家,全德工人联合会的创立者,主要著作有《弗兰茨·冯·济金根》(Franz von Sickingen,1859)、《既得权体系》(Das System der erworbenen Rechte,1861)以及《费希特的哲学与德意志民族精神的意义》(Die Philosophie Fichte's und die Bedeutung des deutschen Volksgeistes,1862)。因此,“斐迪南·拉萨尔”实际上是一个真名而非笔名。由下文可知,耶林之所以在这里称其为一个笔名,是因为他把拉萨尔当成了自己的分身。——译者注

⑨ 恩斯特·特奥多尔·阿马德乌斯·霍夫曼(Ernst Theodor Amadeus Hoffmann,1776-1822),德国浪漫主义作家、作曲家、音乐评论人,主要的文学作品有《魔鬼的迷魂汤》(一译“魔鬼的万灵药水”,Die Elixiere des Teufels,1815-1816)和《雄猫穆尔的生活观》(Lebensansichten des Katers Murr,1819-1821)。前者的中译本是[德]霍夫曼:《魔鬼的迷魂汤》,张荣昌译,上海译文出版社1999年版。——译者注

名；仍留在我身上的则是贫瘠、朴素以及狭隘的理智。我受到了诅咒，从此独自“过着困苦的生活”。我的分身把理智的枷锁留给了我，自己却摆脱了它的束缚，拥有了唯一能够认识事物**本质**的官能。因此，遗产的预言得以在我的分身身上实现，遗产在他的面前才露出了真面目，这也就不足为奇了。就像一个历经漫漫长夜才获得光明的盲人，他为自己的视力欢呼雀跃，为那个在他看来、在他**首先**看来的遗产光辉而欢呼雀跃，因为“迄今为止，**毫无例外地**，人们对罗马继承法的彻底误解和未知之处不仅是在某一点上，而恰恰是在它的所有方面——这是个无法解开的谜”（该书第8页）。关于“罗马法上要式买卖遗嘱的本质”，连亚历山大城的克莱门[10]都要“比全部法学家加在一起理解得**更为深刻**，即一个人的精神通过另一个人被延续”（该书第152页）。同样地，“甘斯 28
也必然误解了继承法的精神，因为他仍未将他对继承法的**经验式观念**涤除干净”（该书第11页）。因此，就更别提胡施克了，他的上述论文“是思维着的理智绞尽脑汁的形式中最重要、最值得认可的一种，也就是‘不用概念思维来接近概念’。因而它分享了最费力的**理智**反思所拥有的永恒宿命：概念恰恰一直都在那里，就在理智反思似乎最接近它的时候，理解却又一次与它擦身而过——理智最后所拥抱的不过是概念的影子”（该书第448页）。这篇论文“就好比人类坚持不懈地尝试不用翅膀飞翔，他必然会一次又一次地摔在地上，越摔越痛。这是理智不知所措的撞击，它撞向的是那个束缚它的铁笼；然而，这种撞击只能引起砰砰的嘈杂声，却不能撼动这个铁笼”（该书第495页）。如果这位作者

---

[10] 提图斯·弗拉维乌斯·克莱门（Titus Flavius Clemens，150-215），常被称为“亚历山大城的克莱门”，基督教神学家（而非罗马法学家），基督教早期教父，亚历山大学派的代表人物。——译者注

还保留着这种回忆,也就是回忆起他在和我分离之前所要承受的痛苦,那么谁还能比他更好地了解这种状态呢?当我读到他说的,随着自家继承人被给定的“(继承人与被继承人之间)存在着的意志统一性能够作为直接被给定的意志统一性穿透子宫,直达人类存在的起点而把握住人格”(该书第240页),我就越来越相信我的判断是正确的。因此,这就解释了作者为何强烈地憎恨理智,为何绝对地蔑视理智;当然,这也解释了他为何对理智的本质有着那样确切的认识(但是在认识理智时,他却失败了)。通过对胡施克论文的分析,他“为理智的生理学作出了贡献,相比于其他学科,这一贡献仅仅在法学领域**造成破坏**,并且从以前开始,也就是自从罗马衰亡之后**就已经在造成破坏了**”(该书第514页)。他
29 的官能是多么发达啊,连分散在广袤空间里的那些极其微小的法学奥丁之力都能察觉到。⑪ 这切实地说明了他正好挑选了胡施克的文章,以便在它身上实施“解剖过程”;正是**胡施克**的理智在他看来最为“高级”,“其洞察力是最具天赋、最为合格的”。换言之,他将胡施克的理智归入后者自己所发现的三种理智类型中的第三种,也就是最高级的那一种。“胡施克认为,理智一共有三种类型。第一种类型的理智永远只能看到事物的**一面**,这是**受限的**理智。〔5〕 第二种类型的理智已经发展得足够完善,

---

⑪ “奥丁之力”的原文为“Od”,是德国化学家、哲学家莱辛巴赫(Karl von Reichenbach,1788-1869)所“发现”的一种新的力,他以北欧神话中的众神之王“奥丁”为其命名,即“Lebenskraft Od”(奥丁生命之力)。据其所言,这种力只有敏感之人的神经才能够感受到。对此参见莱辛巴赫的著作《奥丁之力与磁力书信集》(Odisch-magnetische Briefe,1852)以及《敏感之人及其与奥丁之力的关系》(Der sensitive Mensch und sein Verhalten zum Ode, Bd. 1, 1854; Bd. 2, 1855)。——译者注

〔5〕 这个类型的其中一种是“受限的低级理智”,它只能从**正确的一面**来观察事物。

以至于能看到事物的**两面**，但是它所看到的这两面只能**交替**出现，永远不能**同时**出现。这是**有教养的**、**高素质的**理智。由于他只能交替着看到事物的两面，他就感受不到它们之间的矛盾。因此，他活得很满意，不仅是对上帝和世界，而且主要是对自己很满意。他将事物的每一面都置于一个特定的角度；当他需要观察另一面时，每次都会完全忘了前一面长什么样。**最稀有**、**最高级的**理智能够同时看到事物的两面，正因如此，它同样可以感受二者之间的矛盾。由于它感受到了这一矛盾，它才能对此加以**逼供**。因此，正是在这个最高级的理智之中才能执行这种惩罚。"（这段话所描述的内容是我的这位思辨兄弟还住在我身体里的时候所必须承受的东西，所以他的描述才会如此感人、如此逼真）……"既然这种理智无法调和事物的这一矛盾，它就希望至少要借助文字去消除它。于是，一场针对文字的疯狂猎捕就开始了。然 30
而，无论它采用多么模糊的措辞形式，这个已被认识到的矛盾都会从理智的良心深处再次发出尖锐的嘲笑声……在来回拉扯的过程中，理智不过是把矛盾的刑讯柱刺进了自己身体的更深处……当它最后因气喘吁吁、满头大汗、浑身颤抖而不得不放弃这场美妙的猎捕时，剩下的就只有对这一任务的**绝望**了，因为指派给它的这个任务是不可能完成的……"简而言之，以上内容完全就是他和我在之前的那个夜晚所遭受的苦难。

多亏了对理智的精确生理学知识，这位作者才成功地将此种毒物拒之书外，以至于我在整整608页的书里连一点毒素的痕迹都没发现。当他否认实证法学家拥有真正理解继承法的任何官能时，我的这个结论就更加确定无疑了，尽管他"觉得可以**打包票**，所有人都会在读了前20章之后就感受到一种**必然的**确信向自己袭来，这种确信将会越来越发展为一种不可动摇的实证性"。

照他这么说，一开始被宣布为瞎了眼的实证法学家以后一定会重见光明的！

现在，您可以在自己身上测试一下，看看自己是否拥有这样的官能去理解这种“实证法与法哲学的和解”[6]——这部著作的副标题正是如此。

“在历史上，基督教昭示的主体**永恒性**是先于另一个**更加外在的**主体永恒性的，即主体意志的永恒性（根据该书第 223 页的
31 论述，这是指这样一种可能性：**把另一个人**设定为**自我意志的此在**，也就是所谓的“意志的同一性”或“主体意志的不灭”）；这才是罗马继承法和罗马精神的意义所在。**罗马不灭的原因在于遗嘱**（该书第 23 页），后者是这样一种方式：在它之中，主体的永恒性为罗马的精神所容纳、被它征服。这一纯粹意志自由与抽象内在性的胜利，使得罗马风貌这一辩证的直接预备阶段能够发展为更深入、更抽象的基督教精神的内在性。在罗马人看来，精神不灭是基督不灭的直接预备阶段（该书第 223 页）。意志是这样来超越有限性的：它使另一个人成为它的延续者和承载者（该书第 25 页）。遗嘱的真正意义不仅在于可以对遗产加以处分，而且在于创造了一个意志的继承者，也就是产生意志的连续性”（该书第 28 页）。对于我们的这位作者来说，财产是多么不重要，因为“遗嘱人不是把他的**财产**而仅仅是把他的意志传给继承人，即便这两者是同时发生的（但前者仅仅是后者的附庸）”；而根据相反的观点，“财产和人格是交织在一起的”（该书第 17 页）。正因如此，在

---

〔6〕 在“Versöhnung”（和解）这个词上，您的排字工人并没有将“s”和“h”相混淆！［“Versöhnung”在德语中是“和解”的意思，若把其中的“s”错看成“h”，则该词就变成了另一个词“Verhönung”，即嘲笑。联系第一封信的末尾可知，耶林借此抱怨了排字工人将他原本想写的“verhöhnend”（嘲笑的、可笑的）错排成了“versöhnend”（具有和解性的）。——译者注］

要式买卖遗嘱的场合下，这位作者同样认为，“被要式转移给继承人的既不是财产，也不是物，而是被继承人的意志主体性”（该书第 116 页）；正因如此，他还认为：法律要禁止被遗嘱设立的最先顺位的法定继承人拒绝遗产（为的是根据法定继承而获得遗产，从而无需对遗赠物承担责任），这并非在考虑受遗赠人——“这又是一个错觉、一种假象”——而是在考虑遗嘱人，以使他获得对他来说最为合适、被他明确设定的**意志维持形式**（该书第 245 页）。 32
因为，对法定继承权和遗嘱继承权之关系的通常看法其实是完全错误的，这种观点将前者视为原则、将后者视为例外，这是“最极端、最重大的错误”（该书第 27 页）。二者的真实关系恰好与此相反：最初的、通常的情形是遗嘱，“法定继承权仅仅作为一个与个人意志相同的东西、作为这一前提性质的意志而加入，是对个人并未明确表达出来的自我意志的补充（沉默的意愿）”（该书第 386 页）。自家继承人并不属于法定继承人，他兼具遗嘱继承人和法定继承人的特征，但又并非这两者；他是意志同一性的直接体现（该书第 251 页），或者“从概念上来说，他是活着的遗嘱”（该书第 403 页）。若最近的宗亲拒绝遗产，就不会出现按照亲等和顺位的继承，这是一个思辨的必然性，因为“不是个人在继承，而是**这个意志分支的观念在继承**，个人只不过是具备了代表这一观念的资格”（该书第 421 页）。根据古代法，将属于自家继承人的家子排除在遗嘱继承之外与将家孙或家女排除在遗嘱继承之外的效果是有区别的，这一区别同样是“关于古代民法不可思议的思辨结果的最明显证据之一”（该书第 261 页），因为就拿家女来说，她尽管同样“处于家长权之下，并与家长共享**同一意志**，即在这一关系中，这种意志的同一性是无需中介的、**直接的**同一性，但是它的确不像家子与家长的同一意志那样具备**完全的同一性**”

（该书第 257 页）。

就试到这里吧！或许我们试得有点太过了。最后，请允许我从上述内容中总结出一些教训，我将其归纳为这样两句话：

33 1.**古罗马继承法是已实现的思辨思维之王国**。无论古罗马继承法上有没有相应的规定，所有的一切都可以通过思辨的方式推导出来。假如我们不能从文字中获知，拉萨尔也可以通过先验的方式发现它：性成熟之后即拥有**遗嘱能力**（“在立遗嘱和生育时均产生了自身的我，前者是通过**精神的任意**产生的，后者则是通过**自然**产生的”［该书第 165 页］，这就是为什么睾丸和立遗嘱之间有着这样的亲缘关系！），⑫**自家继承人**（“因此，若那个有助于理解迄今为止**最为神秘的**关于自家继承人之规定的意义本身能够轻而易举地从思辨概念中推导出来，那么这就是思辨概念的胜利”［该书第 226 页］），将家子、家女和家孙排除出遗嘱继承的后果，最近宗亲的继承权，按照亲等和顺位的继承之排除，等等。一句话：除了那些在后来的法律中才出现的制度，只要是您能说出名字的东西，就都可以用思辨的方法推导出来。对于这些后来才出现的制度，我们当然要做好这样的准备，即看到“全部的思辨性继承法概念都走向了灭亡，消失在了人类的公平之中”（该书第 158 页）。对于曾经成功地“撕下覆盖在继承法上的感官面纱，穿透了物质性而使继承法的纯粹灵魂变得清晰可见的”人而言（该书第 5 页），这一切都太小儿科了。

2.**理智是根本无法理解那些最崇高的思辨启示的**。以一对没有父母、尚处于哺乳阶段的双胞胎为例：当其中一个婴儿死亡，其遗产由另一个婴儿法定继承时，理智要怎么才能理解这一继承过

---

⑫ 在拉丁文中，“testiculi”（睾丸）和“testari”（立遗嘱）这两个词都带有共同的词素“test-”，所以拉萨尔有这样的说法。——译者注

程的思辨构造呢?在思辨的观点看来,渴望意志不灭或意志连续性的被继承人通过沉默的意志行为(沉默的意愿,见上文)把他的 34 兄弟"设定为自己意志的此在"。在他以这种方式(尽管借助的是"一般意志")"超越了有限性"之后,他还要感激地看上一眼自己旁边那位正在哺乳、由一位代理人来作证的意志承受者,然后他才得以安详地死去,满足地退回本体性的原始质料之中!

最后,如果我这样来表述,我相信这位作者肯定会赞同:**健全的人类理智在哪里停止,思辨就在哪里开始;为了能献身于思辨,要么从未有过理智,要么必须丢掉理智**。我们的这位作者符合哪一种情形呢?通过我所描述的"他与我最初的同一性",答案显而易见。现在您该知道了,为什么在思辨的那半个我作为拉萨尔分离了出去、理智的那半个我仍留在我身上之后,我就不得不放弃了理论,转而投身于实践了吧!关于我在实践中的所见所闻,我将在下一封信里为您揭晓。

35

第三封信[1]　走进实践；考试；依据教科书所作的判决

去年，有位匿名作者给您写了两封关于当今法学的信（刊载于本《法院报》上一年度的第41期①和第85期上），您还记得吗？

事实上，您本该忘记我，您本该把我的信直接扔进编辑部的垃圾桶，而不是把它印出来。

不要问我为什么沉默了这么久。如果一定要我做出辩解，那么我能想到的借口就是那个在奥地利邮政基础上所产生的最新抗辩。换言之，我的沉默理由是“卡拉比阿努斯抗辩”（exceptio Kallabbiana），②也就是“书信被截取之抗辩”。对于不守信用的通信者来说，这个抗辩

---

〔1〕 Deutsche Gerichtszeitung, Jahrg. IV 1862, Nr. 55.

① 原著笔误为“Nr. 51”（第51期），根据第一封信的原始出处，中译本径直将其更正为“第41期”。——译者注

② 这个抗辩的名称是耶林生造出来的。其中的“Kallabbiana”是拉丁文“Kallabianus”的阴性形式，用于修饰阴性的“exceptio”（抗辩）一词，而“Kallabianus”又是“Kallab”（卡拉普，见耶林的下一个注）这个德语人名的拉丁文转写形式。——译者注

真可谓是19世纪最宝贵的发明之一。〔2〕

如果您愿意不厌其烦地打开我的上一封信，那么您就会发现，您已经给它加上了注释（先前我的确授权您可以这么做）。在这些注释里，您试图保护法学中的思辨方法不受我的批判。〔3〕 36 本来，我同样可以利用这些注释来防止自己被进攻，就像在“石勒苏益格-荷尔斯泰因问题”中，丹麦内阁利用奥地利和普鲁士的内阁以防被进攻一样。③ 但是，只有当我们之间的确存在观点分歧时，我才会决定这么做。然而，这种分歧事实上并不存在。我在那封信里想要批判的并不是思辨方法本身，而是这一方法中的错误；对于这些错误，您也是不会去保护的。顺便一提，我还想利用这次机会对那项卓越的天赋表示敬意，也就是思辨方法新近的捍卫者**拉萨尔**所推崇的那项天赋。假如我有那样的天赋，我就能知道更好的反对方式，而不是在这里写这样的信；假如我有那样的天赋，那么我想，没过几年，我就能成为一名仍然在世的一流法学家！对天赋较差的人来说，思辨方法里的危险是不存在的，因为

---

〔2〕［在这封信发表的时候，这段话所暗示的东西是众所周知的。为了使当下的读者也能够理解，我对此加以说明：卡拉普（Kallab）是奥地利的一位邮政官员，在很长的一段时间里，只要是他猜测里头藏了纸币或者有价证券的信件，他都要截下来。真是个十足的窃信狂魔！人们在他的住所里发现了无数被“屠宰”的信——这真是一个信件的屠宰场、一个信件的墓地。］

〔3〕［由于这些注释是完全没有意义的，所以我并没有将它们收录进本书。本报的编辑也就是写这些注释的希尔泽门策尔（Hiersemenzel）与拉萨尔私交甚好，由于他早已去世，因此我无需保留我对这些注释的评价。］

③　石勒苏益格-荷尔斯泰因问题（德语：Schleswig-Holsteinische Frage）是19世纪的两个公国石勒苏益格和荷尔斯泰因在丹麦和德意志邦联之间所引发的一系列政治前途问题（国族问题）。1848—1851年为第一次石勒苏益格战争，结果为普鲁士阻止了丹麦将石勒苏益格-荷尔斯泰因合并的企图；1864年为第二次石勒苏益格战争，亦称“普丹战争”，其导火线是丹麦未在一定时限内回应普鲁士“用武力解决石勒苏益格归属问题”的提议，结果是普鲁士与奥地利联合向丹麦宣战，最后以丹麦战败而告终。耶林写这封信时为1862年，当时普鲁士和奥地利尚未联合攻打丹麦。——译者注

通常来说，这种危险只有对天赋极高的人才有吸引力。打个比方：只有羚羊和山羊才会有撞上峭壁的危险，绵羊是不可能有的！另外，这种危险也只会危及理论家，而不会危及实务人士。因为古怪的思想只有在幽暗的书斋里才能开花结果，它在酒馆里可没法生根发芽。即便是天生就具有思辨天赋的人，只要让他在实践中待上几年，那么这只难以驯服的山羊也会变成温顺的家畜。因为假如他能凭借古罗马的法律在国家机关里爬上高位，那他肯定
37 会心满意足的。对于贪慕虚荣的人来说，市镇法院法官、城市法院法官、地方法院法官以及宫廷法院法官这些职位就是那一座座高峰，更不用提高等上诉法院顾问这种职位了。偶尔才会出现一两个自诩是“为法学改革而生”的律师。为了实现这个信仰，这些律师就利用业务之外的闲工夫去拯救人类，他们希望用粗野的原始力量将世界历史的观念带给法学领域的“庸人”，好让这些人也惊讶一番。如果我继续漫游在当今的法学领域里，我或许还能为您更加详细地介绍现代法学泰坦的特殊变种呢！但在此之前，我还有很多东西要讲，我要赋予那些真学者以优先权。对于我的这种做法，您肯定也会赞同。

假如罗兰④和巴亚尔⑤必须自己铸剑，那么他们很可能会作为不知名的铸剑者死去，而不是作为英雄流芳百世。他们在一生中之所以能立下丰功伟绩，是因为当时的武器铸造业免去了他们在这方面的辛劳。从这个角度可以得出的结论是：假如我们这些实

---

④ 罗兰是法兰西史诗《罗兰之歌》(La Chanson de Roland)中的主角，查理大帝手下的十二圣骑士之一。根据该史诗，罗兰公爵在778年的龙塞沃战役中手持朵兰剑英勇抗敌，最终因寡不敌众而战死。——译者注

⑤ 巴亚尔领主皮埃尔·泰拉伊(Pierre Terrail, seigneur de Bayard, 1473-1524)，法国贵族与骑士，绰号“英勇无畏、无可挑剔的骑士”，通称巴亚尔骑士(Chevalier de Bayard)，同时代的欧洲人一致认为他是最完美的军人和骑士。——译者注

务工作者必须自己打造必要的理论装备，也就是说，假如我们必须自己去编纂《巴西尔法典》⑥、自己去发现《盖尤斯法学阶梯》、自己去评注《国法大全》、自己去撰写《学说汇纂教科书》等，那么我们将会因为这些极其费力的前期工作而无法开展实质性的职业工作。换言之，在这种情况下，我们必须**锤打**和**磨利**正义之剑，而不是去**挥舞**它。但要是有了罗兰和巴亚尔的剑，我们就可以不用这么忙了。因此，我们对上苍的感激必定是不够的，因为它免除了我们的这种辛劳。通过源源不断地输送理论家，上苍为这一前期工作的顺利进展费尽心力。对于法学来说，劳动分工律同样 38
是上苍的恩赐。因为，当我们把自己的全部精力都投入实务工作中，当我们把业余时间都花在狩猎、打牌和谈论政治的时候，理论家正在从事**他们的**工作，这使他们成为了理论领域的专家。在他们手中，正义之剑被理论的磨刀石磨得锋利无比，连头发都能劈开——对此，大多数理发剪会羡慕不已。正所谓“有剑的地方就有伤”，谁要是还没掌握用法，那么在他握上这把剑时就会被割伤。所以并不奇怪的是，这把正义之剑在不少时候都会成为当事人害怕的对象，一些人甚至因为没有经验的法官不慎舞动了这把剑而不得不输掉整场诉讼。

但我们不能因此而责怪铸剑者不懂怎么用剑。同样地，我们也不能因此而指责理论家不懂如何把握正义之剑。假如每个人都要承担全部的工作，那么劳动分工还有什么意义呢？磨剪匠**磨**剪刀，理发师用它来**剪**头发——事情本该如此。这样一来，他们每个人都能从对方那里获利，否则他俩都还是半桶水。谁要是跑到

---

⑥ 《巴西尔法典》（古希腊语：τὰ βασιλικά；德语：Basiliken）是9世纪颁布的拜占庭帝国法典，从巴西尔一世时开始编纂，到其子利奥六世时完成。该法典的内容系简化、改编自6世纪的《优士丁尼法典》，共60卷，是拜占庭法学的基础。——译者注

磨剪匠那儿剪头发而被剪伤，那他就只能怪自己。当然，在如今的理发生意上，我们通常都不会把未来的理发师送去学磨剪匠的理论。然而，我们的法学职业却恰恰背离了劳动分工律：我们的实务
39 工作者全都走进了理论家的理论之中。这当然会造成一定的弊端，准确、形象地揭露这些弊端正是当前这封信的任务。要是给这个任务找一个高级一点、浮夸一点的名字，那么我想到的题目是“理论和实践在当前的关系”。由于我添加了“当前”这个限定语，您应该能猜出来，我想暗示的是“在过去，它们的关系是另一种样子”。也就是说，在写这封信的时候，我看到的并非随其法学共同衰亡的古罗马——在那时，当今意义上的“教授”即纯粹的理论家才刚开始出现。相反，我是想借此指出，即使是在我们的上一代，“理论和实践的关系”也并不像现在这样。在早些时候，我们的很多理论家同时也是资深的实务工作者。法学院审判团（Spruchfakultäten）和法院参审团（Schöffenstühle）给他们输送了丰富的实践素材，而本来，这些素材只能在最高审级的法院里才能找到。这种富有教益的实践源泉尽管在当前还没有彻底枯竭，[4]但是跟以前相比已经非常贫乏了。此外，还有一种情况加剧了这一形势，这种情况就是：我们的法学随着历史学派的兴起而蓬勃发展。尽管这个学派为我们输送了大量的法源研究，但同时也让我们离实践更远。

如果要我用学术论文的形式详尽地论述这个主题，那么我肯定会因为能力不足而放弃。因此，与其选择这种方式，我还不如
40 选择一种自己更能胜任的方式，也就是我在前一封信里讨论思辨法学时所用过的那种方式。下面就让我来描述一下，这种理论和

[4] [到现在已经完全枯竭了。在我看来，这对司法而言是有利的，但对理论家来说却是极为不利的，因为他们连唯一一次适用法律的机会都没有了。再这样下去，后果将是不堪设想的！]

实践的对立是如何在我平凡的人生中体现出来的。如果说太阳、月亮和星星可以倒映在小小的池塘中，那么，在我们的法学苍穹里发生的现象也能反映在我这位普通实务工作者的朴素经历中。

*　*　*

众所周知，法律人的生活分为两个阶段：一个是大学生活，或者说是播种的时节；另一个是实践生活，或者说是收获〔5〕的时节。曾经有过这样的时代，在那时，每个人都放任自己所播下的种子，而不管它是好是坏，因为他们的出发点是“种瓜得瓜，种豆得豆”。在那个时代的人看来，无论是农民还是未来的法律人，播种时都应该以自己的兴趣为导向。换言之，我指的就是还不存在考试的那个时代，这种情况一直延续到我们这个世纪。对于那个法学的黄金时代，我们这一代的年轻人只能通过这个正在慢慢消失的传统才能略知一二了。在那时，法律人在大学毕业后就直接返回各自的故乡，买一顶黑色帽子、一本法条汇编和一摞办案用纸：一个实务法律人就这样整装待发了，至少对决定成为律师的人来说是这样的。这就是为什么这幅正在消失的时代图景会引发可怜的考生渴望回到过去的哀叹，就像对希腊众神的怀念曾引发席勒的哀叹一样。对于席勒的这句诗，这些法律考生可是深有体会！

> 那时，没有令人厌恶的骸骨， 41
> 走近考生床边。⑦

---

〔5〕 **收获**？——排字工人注

⑦ 席勒在《希腊的群神》中所写的原句是：“那时，没有令人厌恶的骸骨，走近死者（der Sterbende）床边。”耶林在引用时玩了一个文字游戏，即把原诗里“Sterbende”一词中的两个字母调换了顺序，将其变成了“Strebende”，后者指的是“追求着的人”“努力中的人”，口语中也表示“一味埋头苦读的人”，此处根据上下文意译为“考生”。——译者注

那时，出身好的人很快就能找到合适的职位，而不用参加国家组织的其他考试。那时，有的人就像热气球一样，越是轻就越是升得高，而其他更有能力的人却只能去做律师。律师行业就像个公共牧场，人人都可以在里头放羊。现在，一切都不一样了！即使是天生的国务大臣和国家总统也必须参加考试。〔6〕也就是说，人们把律师行业这个公共牧场给围了起来。如果不先通过这道围栏，就不能入内——围栏里有必须通过的考试。

这道隔开了大学生活和实践生活的围栏，或者说得更简短些，这道隔开了理论与实践的围栏，就像所有其他的边界围栏一样被托付给了监察人员、海关人员、审计人员和检查人员。众所周知，在生活中，他们都叫"审查者"⑧。对于如何才能筛选出合适的人，目前还存在不同的看法。这些观点在原则上的对立可以简化成这样一个公式来表达：审查是应该在考生**走出去**的地方进行，还是应该在他**走进去**的地方进行？如果把考生所学的知识看
42 成**出口产品**，那么检查就必须在**大学这边**进行；如果把这些知识看成**进口产品**，那么检查就必须在**围栏那边**进行。换句话说，前者是教授考核他们，后者是实务人士考核他们。我绝不敢对这两种立场妄加评论，但我相信我是可以对此发表朴素见解的。我支持"出口模式"。我这么说并不是为了让曾经教过考生的老师来签发原产地证书，也根本不是为了出口税的收缴，而是因为我认

---

〔6〕［遗憾的是，当时我没有抓住这个机会接着谈谈关于考试的政治思考，这是多么振奋人心啊！假如俾斯麦曾因考试而落榜，那么就不会有德意志帝国！单单一个考官的意见就能决定整个欧洲的命运！对于宽厚的考官来说，这肯定是最充分的放水理由之一；如果哪个考官有这样的放水倾向，那么在更为严格的同事面前，他不该不亮出这个理由。］

⑧　原文为"Examinator"，其字面原意即"对……加以审查的人"，即"审查者"。这个词用在考试场合下可意译为"考官"，因为考官即是"对考生加以审查的人"。——译者注

为,这么做不仅会给所有参加考试的人带来好处,而且有利于**大学的教学自由**。假设您是一名考生,您背着一路学过来的厚重知识,却必须在实务人士所组成的考试委员会面前停下来,结果会怎样呢?您带着最好的东西来了——罗马法史上最古老的化石,猛犸象的骨头、木乃伊以及具有突破性的最新发现,还有一些精妙的理论和大胆的假设……总之要什么有什么。可是在实务人士这里,这些东西又能派上什么用场呢?通常来说,他们对这些东西既没有兴趣也无法理解,就像普通的海关人员对无价的水晶、化石和标本的态度一样。然而在这两种情况下,要是您找来识货的人,那他们马上就会知道,这些东西有多么值钱!因此,如果在生活中、在考试中连一次拿出来展示的机会都没有,那么要可怜的学生费尽心思去记住那些根本用不到的知识又有什么意义呢?

尽管如此,支持这一模式的决定性因素是我对教学自由的考
虑。虽然有些人也考虑到了这一点,但他们的立场却恰恰跟我相 43
反。他们认为,通过考试,老师可以在某种程度上获得让学生来上课的强制权和约束权。再也没有什么能比这种观点更颠倒是非的了!究竟何谓"教学自由"?老师和学生是彼此相关的概念,假如没有人来**学习**,就没有人能**教授**。如果不想让"教学自由"沦为一句空话,那么就得确保不仅老师要来,而且学生也要来。既然强制措施跟我们对学术自由的直观感受相悖,那么教学自由的前提就只能以这样的方式来建立:将国家考试的任务交由老师负责。我想知道,假如老师突然停止当考官,那么某些课的出勤率或是选课率还会剩多少!假如老师停止当考官,那么有些老师的课堂很可能会变得如此**空荡**,以至于他教的全是空气,以至于某个勇敢的老师可能会跟所有听众一起逃课!这会导致怎样的后

果?为了不让这些听课的学生落入无经验之人的手中并因此在学术上被毁掉,老师们就必须顾及自己听众的口味和愿望,而不是仅仅以**自己的**口味、**自己的**喜好和**自己的**资质为导向。换言之,他必须给自己施加**强制**。尽管**强制**是**自由**的死敌,但这是为了教学自由才做出的强制!

如果说我就以上问题所给出的理由还不足以打消您的疑虑,那么我的亲身经历将足以证明一切。在大学里,我很多年都跟一
44 个朋友一起住、一起学习和一起复习。尽管我因为自己的学识而在同学中享有一定威望,但无论是其他同学还是我自己都一致认为,在法学知识方面,我的这位朋友要比我更加优秀。然而考试的结果如何呢?我的朋友回到**他的**故乡,在实务人士组成的委员会那里参加考试;我则回到我的故乡,在那儿的法学院参加考试。结果是我获得了最优等的成绩,而他却只是刚好通过了考试;**我的**考官对我放弃了学术道路的做法感到遗憾,**他的**考官却认为他没有任何未来。为什么会这样?我朋友的考题是为两份案卷撰写法庭报告(Relation),这种考试题型在他那儿是很常见的。经过近9个月极为努力的工作,他完成了这两份报告。通过他的报告,任何一个门外汉都可以掌握罗马法史的全部阶段、《学说汇纂》以及刑法。如果是在我们的考试中,他本可以得到最好的成绩。但恰恰就是因为这样,他在他的考官那儿才遭受了不利。相反,对我来说,即使撇开非常好的成绩不谈,考试也是一种真正的享受。由于我听过所有考官的课,还凭借自己超强的记忆力逐字背诵了课后笔记,所以我就像一个上了发条的八音盒,把老师上课讲过的内容原原本本地给复写出来了。我甚至还能想象考官那友好的微笑,带着这样的笑容,他将用高分回报我的回声式复
45 述。关于罗马法上的不名誉,有个考官考了我整整半个小时,而

我一个也没答错。所有间接不名誉和直接不名誉的情形我都记得滚瓜烂熟;就前一种类型的不名誉,范格罗[9]在其《学说汇纂教科书》第47节中总共列举了25种情形,其中我只有第22种情形没想起来,即"如果谁损坏或拿走了用于耕种的整套设备或动物";还有就是第2种情形,即"如果作为演员的成年人于公共场合登台表演",我忘了"成年人"这个点。另一位罗马法学者考了我关于人格减等和《优士丁尼法学阶梯》中的"一种情况"。[10] 对于后面这个问题,他出于自己的嗜好已经研究了很多年,还准备为此写一部"专著",但由于这个主题太难、文献太多而仍未出版。这个主题是如此占用他的时间,以至于留给他写《采光役权》的时间已经不多了。众所周知,"采光役权"在法律史上同样是个谜,一个名副其实的"役权斯芬克斯",关于它的文献简直汗牛充栋。

在罗马法史的考试中,我就没那么顺利了。对于"三个部分"和"补编",[11]我知道得很详细。我说出了考官所持的观点并加以全面论证,这让他十分满意——按照他的看法,这种划分方式是

---

⑨ 阿道夫·冯·范格罗(Adolph von Vangerow,1808-1870),德国罗马法学家,主要著作有三卷本的《学说汇纂教科书》(Lehrbuch der Pandekten,1838-1846)。耶林在这封信中所引用的内容位于该著作的第1卷(Bd. 1)。——译者注

⑩ 意指Inst. 4, 6, 2这一片段。该片段中包含了"uno casu"(在一种情况下),系"unus casus"(一种情况)的夺格形式。——译者注

⑪ 中世纪注释法学派代表人物伊尔内留斯(Irnerius,1055-1130)在《学说汇纂旧编》(Digestum vetus,即D. 1, 1-D. 24, 2)和《学说汇纂新编》(Digestum novum,即D. 39, 1-D. 50, 17)之后发现了中间缺失的部分,即D. 24, 3-38, 17,他将该部分命名为《学说汇纂补编》(Digestum Infortiatum)。在《学说汇纂补编》的D. 35, 2, 82这个片段中出现了"tres partes"(三个部分)这个词,从这个词开始一直到第38卷末(D. 38, 17)在《学说汇纂补编》里被统称为"tres partes"(三个部分)。——译者注

有意为之的。此外，“《学说汇纂》的七个部分”⑫“《学说汇纂》的中心部分和反帕比尼安部分”⑬“可怕的书”⑭“一年级和高年级学生在优士丁尼时代的大学里分别叫什么名字”⑮“《学说汇纂》里最短和最长的法律名分别是什么”“优士丁尼的《法学阶梯》、《学说汇纂》和《法典》所包含的标题数量有多少”——在我的考官看来，这些都是非常重要的考点，〔7〕所以答案我都记得很牢。
46 但相反，我完全忘了《阿奎利乌斯法》(lex Aquilia)的第二章，而且被该死的近声词《阿提尼乌斯法》(lex Atinia)、《阿提利乌斯法》(lex Atilia)、《阿基利乌斯法》(lex Acilia)以及《阿奎利乌斯法》搞得晕头转向。此外，我也没有完全分清关于奴隶解放的《富利乌斯和卡尼尼乌斯法》(lex Furia Caninia)与《埃利乌斯和森提乌斯法》(lex Aelia Sentia)。最后，还有那两个最著名的名叫“安东”的法学家我也完全不知道，其中一个就是当时在场

---

⑫ 根据优士丁尼颁布的《Tanta 敕令》(C. Tanta § 1 ff.)，共50卷的《学说汇纂》被划分为“七个部分”(septem partes)：第一部分是第1卷至第4卷(D. 1-D. 4)，第二部分是第5卷至第11卷(D. 5-D. 11)，第三部分是第12卷至第19卷(D. 12-D. 19)，第四部分是第20卷至第27卷(D. 20-D. 27)，第五部分是第28卷至第36卷(D. 28-D. 36)，第六部分是第37卷至第44卷(D. 37-D. 44)，第七部分是第45卷至第50卷(D. 45-D. 50)。——译者注

⑬ 根据优士丁尼颁布的《Tante 敕令》(C. Tanta § 5)，《学说汇纂》的第20卷至第27卷这八卷构成了“中心”(umbilicus)；其中，拜占庭法学家又将第20卷至第22卷这三卷称为“反帕比尼安部分”(Antipapinian)。——译者注

⑭ 根据优士丁尼颁布的《Tanta 敕令》(C. Tanta § 8a)，《学说汇纂》的第47卷和第48卷这两卷被称为“可怕的书”(libri terribiles)。——译者注

⑮ 根据优士丁尼颁布的《Omnem 敕令》(C. Omnem § § 2-6)，一年级学生被称为“优士丁尼新生”(Iustiniani novi)，二年级学生被称为“告示生”(edictales)，三年级学生被称为“帕比尼安生”(Papinianistae)，四年级学生被称为“高级生”(Lytae)，五年级学生被称为“特级生”(Prolytae)。——译者注

〔7〕［这是哥廷根大学的胡果(Hugo)教授在博士考试中所提的问题。］

的考官![8]

好了,我不想再用考题继续困扰您了。前面所说的已经足够向您证明,假如我在实务人士那儿参加考试,我是绝对不能展现我的知识的。在这种前提下,我的整个学业本来肯定是要往另一个方向走的,特别是跟《学说汇纂》有关的方向。在我们学说汇纂的考试中,通常只会出现考官特别感兴趣的考题。跟所有权相关的考题,例如,关于埋藏物的学说、关于添附的学说、关于加工的学说、关于被弃置河床的学说以及关于产生于河流的小岛的学说;跟债法相关的考题,例如,罗马法上不同形式的保证、动物损害之诉、私犯之诉以及增加之诉;跟家庭法相关的考题,例如,收养、解放和特有产,尤其是监护和保佐的区别;跟继承法相关的考题,例如,遗产占 47
有[9]、私人遗嘱、古罗马的特留分以及遗赠和遗产信托的区别。只要对这些问题做好准备,就能确保在考试中取得好成绩。

现在,我要继续讲我的故事了。考试通过了!(它)通过了,阿门!⑯ 围栏被打开了,作为实务工作者,我考进了国家机关,我

---

[8] [这同样是胡果教授在博士考试中提出的一个问题。那个当时在场的考官是刑法学家安东·鲍尔(Anton Bauer);其实这个问题是问得很坏的:"难道您不认为我的同事安东·鲍尔是最著名的法学家吗?"]

[9] [我在吉森大学的教席前任**洛尔**(**Löhr**)只会在他的考试里考三个类型的题:遗产占有、嫁资和特有产。他的同事曾经尝试让他选个另外的主题,他表示欣然接受,于是决定考一下关于所有权的问题。第一个问题是:什么是所有权?"答对了!"第二个问题是:谁对嫁资的客体拥有所有权?丈夫还是妻子?"答对了——既然如此,那我们就更加仔细地看看嫁资吧。"接着,整场考试就仅仅围绕着嫁资了。从那时起,他的同事就放弃劝他了,因为可以预见的是,无论第一个问题问的是什么,他的第二个问题都是接着问遗产占有、嫁资或是特有产的。]

⑯ 原文为一句德文"Das Examen war bestanden"(考试通过了)和一句拉丁文"Ex (erat) Amen!"。在拉丁文这句话中,耶林玩了一个文字游戏,即把德文的"Examen"(考试)一词拆成了"Ex"和"Amen"。前者在拉丁文里的意思是"从……地方出来""自……以来"(此处可意译成"从……通过"),后者是基督徒祷告时的结束语"阿门",括号里的"erat"则是拉丁文系动词"esse"的第三人称单数未完成时的形式,因此译作"(它)通过了,阿门!"——译者注

到了某法院工作。跟我过去的生活相比，这里给我的第一印象是多么不一样啊！优异的考试成绩带给我的自尊和自信只持续了不到一个月，这一定是最让人气馁的职位了。我就像在岸上学完了游泳，现在必须下到水里似的。我最自夸的那些知识被证明是毫无价值的，它们只会让我不知所措、孤立无援，比如“罗马法上不同形式的保证”这样的知识。我越来越怀疑自己，但我怀疑的不是自己有没有**学过法律**，而是自己有没有**学过对的东西**。[17] 在15年的实践生涯中，我在考试中碰到的所有考题一次都没出现
48 过！要是我能用上那个历尽艰辛才掌握的不名誉理论，我将多么高兴啊！我多么渴望出现“敌人的儿子”（参见范格罗书里的第15种情形）、“恶意解释君主的个别命令或是在解释过程中有过错地隐瞒真相”的某个人（第19种情形），或是“以法律尤其不允许的方式向皇帝请愿”的人（第20种情形）！必要时，我也愿意和这些人一起将就一下，他们是“为一个犹太人转让给一个基督徒的债权草拟转让协议的公证人和承审员”（第24种情形），或是“在起诉过程中因过错导致不必要（？）侵辱的律师”（第17种情形）。“妓女、通奸者、违反了一年守丧期的寡妇以及放高利贷者”（第5种、第6种、第8种以及第10种情形）在我看来都太可恶，所以我不感兴趣。尽管我毫不怀疑，就“不名誉”这个概念而言，不必翻箱倒柜也能找到这些经典的例子，但我实在看不出来，为什么要用不名誉的手段来对付这些人。在法庭上，唯一能确定不名誉的方式就是把“不名誉”的控诉往他们脸上砸，并且用“真相抗辩”（exceptio veritatis）来反对他们提出的侵辱之诉。而这样的做法在我看来太过冒险，尤其是当它

[17] 在原文中，“das Recht”（法律）和“etwas Rechtes”（对的东西）都是用同一个词“recht”来表示的。——译者注

适用于公证员、承审员和律师的时候。另外,实践中也没有出现过《优士丁尼法学阶梯》里的“一种情况”和“采光役权”。此外,在我的生活中还经常出现“某人完全失去了理智”的案子,但我却没法把它们归入罗马法“人格减等”的概念之下。[18] 生活中的考题跟大学里的完全不同,跟我在生活中参加的考试相比,大学里的那些考试简直就是小儿科。在大学里我考得有多好,在生活中我就考得有多差。其中的不幸就在于,恰恰是最简单的案 49
子给我造成了最大的困境;面对它们,我常常会丢开那些法学教科书。

还有什么能比借款和立借据更简单呢?然而,我遇到的第一个案子就让我备受侮辱、羞愧难当。

“克拉德拉达奇”是肯定会允许我用“舒尔茨”和“茨威考尔”[19]而不是罗马法上的“奥卢斯・阿格利乌斯”和“努梅利乌斯・内基迪乌斯”来作为本案中两位当事人的名字的。舒尔茨在两个证人的证明下借给茨威考尔 100 塔勒,茨威考尔则向舒尔茨立了以下借据:

---

[18] 在德语中,“Jemand hat den Kopf verloren”(某人失去了理智)的字面含义是“某人失去了头”;在拉丁文中,“capitis deminutio”(人格减等)的字面含义是“头的减少”。因而根据纯字面意思,前者是可以被归入后者的,故耶林有此说。——译者注

[19] 克拉德拉达奇(Kladderadatsch)、舒尔茨(Schulze)以及茨威考尔(Zwickauer)都与德国讽刺作家达维特・卡利施(David Kalisch,1820-1872)有关。“克拉德拉达奇”是卡利施创办于 1848 年的一份讽刺报纸的名称,这个德语词原本的含义是指“(硬物落地时发出的)哗啦啦的声音”,引申义为“混乱;垮台;风言风语”。舒尔茨和茨威考尔则分别为卡利施两部讽刺作品里的人物,前者出现在《在莱比锡博览会上的舒尔茨和穆勒》(Schultze und Müller auf der Leipziger Messe,1856)一书中,后者则出现在《十万塔勒》(Hunderttausend Thaler,1850)一书中。——译者注

> 签字人特此承认:我欠了舒尔茨先生 100 塔勒,利息按5%计算,偿还借款需提前一个月相互通知。
>
> 1847 年 9 月 31 日于施尔达
>
> 茨威考尔

在上面几行字的下方还有如下补充:

> 我们担保以上内容的真实性。
>
> 阿·施密特和卡·迈尔

之后,舒尔茨向茨威考尔提起了诉讼,并主张:正是凭这张借据,他才借了茨威考尔 100 塔勒。而一个月前他已经通知被告还款,但至今仍未收回他的钱。茨威考尔在听审阶段并未出庭,根据我们地区的司法实践,此时应认定其为消极证讼。负责该案的领导问我会怎么处理这个案子,由于我不能立即给出一个明确的
50 答复,于是我让他给我一点时间考虑。回到家之后,我深入地研究了这种法律关系。在此过程中,我查阅了普赫塔和范格罗的教科书以及《国法大全》,最后得出的结论是:原告提起的是基于消费借贷的请求返还之诉(condictio ex mutuo)。根据罗马法,"借款"这一概念意味着所有权是要转移的,因为借出的钱币之后可能会被消费掉(参见 Puchta, Pandekten § 304 以及 D. 12, 1, 2, 1 和 D. 12, 1, 2, 4)。现在,由于原告在起诉书中既没有主张自己对这些钱币的所有权以及因此才可能发生的所有权转移,又没有主张借款人消费了这些钱币,所以对他的这个诉是无法作出判决的,必须以"适当的方式"驳回起诉。当我试图继续发表看法时,那位老领导的笑声打断了我。不知道是不是因为他压根儿不知

道关于借款的罗马法规定，总之，当我援引罗马法和普赫塔来寻找理论上的安全感时，他就气得不行，并且嘲讽道："即使世界上所有的法典都有这么个荒唐的规定，我也绝不会适用它，因为这让所有借款都不再可能。你应该远离这一类教科书。"因此，我连自己本想提出的建议——"债权人要么证明自己的所有权，要么证明借款人消费了这些钱币"——都没能说出口。

关于借据，我们之间的分歧更不少。在我看来，这张借据是毫无意义的，因为上面写的日期是"9 月 31 日"，这个日子在日历上根本不存在。也就是说，此处涉及的是法律不能，因为一个人怎么可能在一个不存在的日子里负担债务呢？此外，由于债权人未说明负债原因（causa debendi）而导致出现了无因债权证书（cautio indiscreta），所以他既不能使**某个债成立**，又无法**证明** 51
这个债的存在（参见 Puchta，Pandekten § 257）。对于并未坚持在借据里写明借款原因的债权人来说，借据无效是他自己活该。虽然债权人隐藏借款原因可能有他自己的原因，但是在借款的情形下，他通常应该想方设法随便捏造一个什么原因写进去，这样才符合规矩。在立借据时，即便是老实人也要按规矩办事，就像进海关时必须出示护照一样。如果因为不写借款原因、不出示护照而掉进了警察和司法机关的陷阱（当然，这样的陷阱是伤不到真正的骗子的），那就只能自认倒霉。不"杀鸡"怎能"儆猴"？尽管重要的理由我已经说了这么多，但我的领导依然不为所动。相反，他认为：在一般人看来，单纯承认"债务"就已经意味着借款成立，即便完全不考虑下述理由也是如此：在相对方同意的前提下，任何人都有权禁止法官进一步了解他们的交易以及他们彼此间的交易关系。换句话说，在订立金钱之债的过程中，应当将"对债务的单纯承认"从它的原因中抽离出来。对这一结论,我不能信服;让我高兴的是,尽管司法实践越来越倾向于这一立场,尽管**贝尔**在他关于"承认"的论著中对此作了理论上的论证,[20]但理论家们至今还是坚守着相反的立场,这种反对尤其体现在**施莱辛尔**最近的一本专著中(**Schlesinger**, Zur Lehre von den Formalkontrakten, Leipzig 1858)。这位学者正确地无视了像这样的一张借据,我不得不引用一下他的原话(该书第141页):"让
52 我们想象一下,如果在那个(单纯承认债之存在的)表示之后再加上一句'因此我承诺偿还此借款',那么事情一下子就变得不一样了。这一承诺的做出连同另一方的接受显然就能使合同之债成立,也就是说,由于它是一个对某个已负之债的客体所作出的承诺,所以它就构成了关于自己债务的协议(debiti proprii)。"太理所当然了! 因为,既然那种"会遵守承诺"的严肃意思在生活中已经很少被明确表达出来,那么在这样一个单纯债务承认的场合,也就是当债务人并未明确表示他"同样是真的愿意还款"的时候,以这种承诺为前提的可能性又会有多少呢? 相反,这样的表示是极为必要的,为的是不能让债务人有借口说,他虽然有成为债务人并**保持**该身份的意图,却没有之后**停止**当债务人的意图,即没有**还款**的意图。单纯的债务承认只完成了一半,它虽然能证明当事人有**设立**债的意思,却绝不能证明他也有**清偿**债的意思。这句"因此我承诺偿还此借款"能否足够地表明后者(施莱辛尔认为已经表明了),在我看来是非常值得怀疑的。相反,我觉得给这一承诺再加上一句"并且还愿意真正地遵守该承诺"是十分必要的做法。正如从单纯的债务承认中不能当

---

⑳　耶林指的是奥拓·贝尔(Otto Bähr,1817-1895)于1855年出版的《作为负债原因的承认》(Die Anerkennung als Verpflichtungsgrund),该书提出了"单纯的债务承认也可以产生债权"的无因债权理论。——译者注

然地得出"还款义务"这一结论,从单纯的还款承诺中也不能得出"有义务**遵守**该承诺"的结论,因为众所周知:**做出承诺**和**遵守承诺**是两码事。

同样,关于这两名证人签名的意义,理论和实践也存在很大分歧。我的领导毫不犹豫地将这种行为解释为保证,但我却根据"有疑义时应假定更少"这句话而更倾向于认为,必须把它看成一份单纯的证明文件,也就是一份证明在证人面前形成了债 53
务关系的文件。正如这两名证人所承认的那样,一开始他们是作为证人的,所以在有疑义时也应当假定,他们在签字时也仍具备证人的资格。假如这是保证的话,那么它到底采用了哪种形式呢?是要式保证(fidejussio)、特定委托借贷(mandatum qualificatum)还是关于他人债务的协议(constitutum debiti alieni)?因为只有这些形式在今天还继续存在,那些权威理论家就是这么说的。〔10〕

如果说当代法不承认抽象的保证——正如自然界不承认抽象的鸟一样——而只承认罗马法上各种具体的保证,那么当两名证人确实有过像其承认那样的保证意思时,这些理论家的内心就难以平静了。对他们来说,为了将来要提起的诉讼,此时必须有决定性要素来确定这是三种保证形式中的哪一种。就这一目的而言,如果不能发现其中的决定性要素,那么无论如何都不能说存在一个保证,因为指向该保证的意思在所有形式之间摇摆不

---

〔10〕 例如,尽管**普赫塔**(**Puchta**, Pandekten § 404)和**吉塔纳**(**Girtanner**, Bürgerschaft S. 373 f.)共同抛弃了要式保证和关于他人债务的协议,但至少他们还挽救了特定委托借贷。**范格罗**(**Vangerow**, Pandekten § 579)和其他理论家仍认可关于他人债务的协议。然而**安茨**却如此否定这些理论家的观点,以至于他把这三种形式都合并到**一个**"保证"的概念之下(**Arndts**, Pandekten § 353)。其实他本不该成为理论家,因为当一个理论家亲自葬送了罗马法上这些最精细的区分,理论又会变成什么样呢?

定,而证人并没有明确表示他们是哪一种意思。

在将理论运用于实践的过程中,我失败了,这个案子就是我首次失利的写照。关于它,我就说到这儿了。过不了多久,它就
54 不再是孤零零的,一个接一个的案子将我带入了新的困境。为了克服困境,我又继续钻研理论;然而我钻得越深,困境就越大。最后,我终于形成了现阶段的认识,用一句话来概括就是:**必须放弃对理论的信仰,在运用它时才不会有风险**。对于这样的案件,您要是有兴趣再听上几个,就不妨告诉我,我会给您再展示几个的。

第四封信[1]　依据教科书所作的判决（续）

我的系列书信被您的第四封信给打断了,①这封信的内容和我的截然不同。但我不能让自己之前定好的写作计划就此被打断。在这一点上,我并不像那位法史学者一样唯命是从——对于风和女仆偶然打乱其罗马法史体系的行为,他不但允许,而且欣然接受。您听过这个故事吗？作为对您的惩罚,您必须把这个故事刊登出来。

那会儿正在放长假,有个教授出去旅行了。女仆在打扫他的书房,这里头正聚集着博学的灰尘。门和窗彼此对敞着,女仆打扫完房间就出去了。这时,不幸的事发生了:一阵强风刮了起来,猛地吹进了书房,吹散了正在睡着假期觉

---

〔1〕［Deutsche Gerichtszeitung, Jahrgang V, Nr. 21. 在该报上发表的"第四封信"不是我写的;在第一封信中,我已经明确允许了别人的这种"乱入"。］

① 根据耶林自己的说明,该报上的"第四封信"并非他所写,所以他才对编辑这样抱怨。——译者注

的课堂讲义。“法学阶梯”、“学说汇纂”、“民事诉讼法”以及“罗马法史”——书房里的一切都陷入了混乱。[2] 这阵风舒舒服服地钻进了暴露在外的“罗马法史”。一个猛烈的冲击，整个罗马法史就像细雨一样在空气中形成了旋涡：裁判官告示和《十二表法》、万民法和市民法、元老院决议和皇帝的敕令都打起了架，**拉贝奥**和**卡皮托**这两个无法和解的论敌反过来紧紧拥抱在一起，**科伦卡尼乌斯**和**埃利乌斯**叠在了**乌尔比安**和**保罗**的上面，**优士丁尼**的法律汇编则被吹到了最顶上。总之，罗马法史的所有卷次都被彻底吹乱。这一幕法律史上的复活场景简直让人难以置信：所有在坟墓里安息的都重新活了过来，它们爬出来了！在这个关键时刻，这位女仆就好似被淋了法律史金雨的**达那厄**[3]：吹到她头顶上的是誓金法定诉讼，这与它的重要性相符；再往下，扣押法定诉讼停在了她的胸前，拘禁法定诉讼掉在了她的围裙上，要求承审员法定诉讼则落在了她的脚上。只有较晚出现的程式诉讼还没有找到自己的位置，出于同情，古典法学家们也朝着它下降，在它身边悬浮着，围成了一个圈。

这是什么情况啊?！在罗马法史体系风暴的中心站着一个女
56 佣，她正担负着平息风暴、重建秩序的使命！

然而只用了半个小时，她就完成了这个使命——罗马法史的体系被重构了。书稿的大小、颜色、写作时间、页码（如果有的话）

---

② 此处提及的“法学阶梯”（Institutionen）和“学说汇纂”（Pandekten）并非指优士丁尼的《法学阶梯》和《学说汇纂》，而是指 19 世纪德国法学界以“法学阶梯”和“学说汇纂”为名的教科书、课程或讲义。——译者注

③ 达那厄（古希腊语：Δανάη；德语：Danae），希腊神话中的人物，是宙斯的一位情人，阿克里西俄斯的女儿和珀尔修斯的母亲。神谕说，阿克里西俄斯女儿的一个儿子将对他不利，因此阿克里西俄斯就将达那厄和她的保姆一并关在宫殿的地窖里（一说关在一个铜塔内）。宙斯乘达那厄睡觉的时候化作一阵金雨与其交配，后者因此生下了珀耳修斯。——译者注

以及其他外在特征都被她谨慎地考虑到了,其余的地方就任由我们这位整理者发挥自己的创造力了。换言之,她按照“自己的体系”整理了书稿。无论如何,这个体系是极具原创性的。《十二表法》差不多出现在最后,远远位于论述过它的法学家之后,也远远位于所有晚出于它并与它相关的法律和元老院决议之后;在渴望忠诚的黑暗时代里,共和国的执法官及其告示被赋予了优于君主及其敕令的地位……最后,我来简单地说说这个故事的后续发展:这位教授度假归来,他读着这本整理好的罗马法史,就跟什么都没发生似的,每天都要翻上几页。就这样,在不知情和不自愿的情况下,他越发深入这个强加给他的新体系之中,直到自己再也出不来了。最终,他甚至觉得这个新体系是非常好的。他是否将这个新体系以纲要的形式出版(当下的风气就是这样)或是以另外的形式发表,我就不得而知了。总之现在的事实是:对罗马法史的论述顺序作这种特殊调整的做法在最近出版的一本教科书里出现了。〔2〕

自从我听说了这个故事,我就顿时明白了法学著作中某些所 57
谓的“不可思议的”体系是怎么来的了。在上述情形中所发生的事,难道就不会在其他情况下重演吗?这阵风难道不可以来吹一吹“法学阶梯”和“学说汇纂”,然后把所谓的总则吹到最后,把婚姻、收养和准正等制度都吹到连权利和法律关系都还没讲到的头几章里吗?风和女仆让人难以捉摸,理智之人无法理解的东西,

〔2〕［**Rudorff**, Römische Rechtsgeschichte, 2 Bände, 1857 und 1859. 在我看来,这部作品论述罗马法史的方式是极为错误的,简直前无古人,而且它完全舍弃了关于法律史发展的所有证据——它的内容只是石头的零散堆积,而不是一座建筑!这位作者还自认为是历史法学派的主要代表。在教义学领域,能与这部作品相匹敌的是他关于监护的著作。把相关的内容分开论述,把不相关的内容放到一起论述——他的这种做法在后面这部著作里达到了巅峰。］

或许正是由偶然的游戏导致的。因此，正如我所认为的，风和女仆应该永远拥有自由接触手稿和讲义的权利。

在第三封信中，我曾以一句话总结：“**必须放弃对理论的信仰，在运用它时才不会有风险**。”这句话说起来很容易，但却是我历尽艰难险阻才最终领悟的。如果要我描述**这条**通往它的**路**，那我得讲多少个案子啊！它们的结局都跟之前说过的那个一样。尽管，或者更准确地说，恰恰**因为**我固守理论，我才发现自己每次都很丢人地被抛出马鞍，摔到地上。我就像一个努力成为兽医的
58 学生，在极其勤奋地上完关于马的解剖课之后，就胆敢凭借自己的一知半解给野生白马做解剖。等到我剖死了这匹马，我才得空反思：“知道马的构造”跟“剖马”是两码事。

我不想用这些案子来占满这份杂志的宝贵版面，但是有两个案子我必须跟您说说，因为它们对我的法学生涯来说具有划时代的意义。它们冲击了我对理论的信仰，最终以一种无法阻挡的力量逼我产生了上述那种认识。以这一认识为出发点，我将在接下来的几封信中评价当今的法学理论。您可以看看，除了在根本上动摇我的信仰，它们还能不能产生别的效果！

第一个案子是关于一般抵押学说的。主人公是一位亲切又开朗的音乐家，光是他的名字就已经赋予了他某种怪癖——他叫**索瑟温特**[4]。尽管他在骨子里是一位音乐家，但他却察觉到自己的内心有一股无法抗拒的冲动，他想进一步接触法学实践。也就是说，他试图运用实践中的借款理论来平衡收支，因为他所用的其他方式都白费心机。为了应对他的这种做法，他的债权人们为自己补上了担保理论，即这位音乐家的债权人在借据里补充了

---

④　这一人名的原文为“Sausewind”，字面含义是“呼啸的风”，引申义为“坐不住的人”“好动的人”。——译者注

“[债务人]以所有财产作抵押”(sub hypotheca omnium bonorum)这句话。在索瑟温特熟悉了借款理论及其相关制度(如借据、票据、利息和复利等),并且在一定程度上了解了民事诉讼之后,他 59
又去求助于诉讼法。就像他用音乐术语所表述的那样,他恳求债权人将他们的力量集中到诉讼的交响乐章里,而不是像他们现在这样处于各自独奏的状态。用法律人的话来说就是:他去申请了破产。

此处要讨论的这个不仅涉及对位性而且涉及对立性的问题具有真正的音乐属性,这一属性体现在不同的管弦乐器、一架钢琴和必不可少的乐谱之中。清算程序的进行毫无困难,有困难的反而是优先受偿程序,尤其是在破产者先后八次设立的一般抵押方面。它们的年龄关系是清楚而无争议的,因为每个一般抵押都在自己的额头上刻有出生日期,它们的排列顺序跟字母表里“从A到H”的顺序完全相同,因此我要用这些字母来指代各个抵押权人。尽管如此,本案的争议焦点在于:应如何在客观上确定这些抵押的客体?其客体是债务人整体的财产还是其整体财产中每个具体的物?在第一种情形中,全部的变价所得款项首先要清偿A的债权,然后是B的债权,依此类推。但在第二种情形中,A只能对抵押设立时已经成为债务人财产的那些物拥有第一顺位的抵押;相反,对于债务人此后才获得的财产,A只能和当时已拥有一般抵押的所有其他债权人一样处于同一担保顺位。因此在这种情形中,一切都取决于这些具体的物成为债务人财产的时点。

上述第一种观点已经在实务中适用了好几个世纪,只有我们当今的理论才如此普遍地对此加以谴责。所以当我就此案以第二种观点为基础做出我的判断时,也就没人会感到奇怪了,毕竟

60 这一观点也被**普赫塔**、**范格罗**和**辛特尼斯**⑤等人所支持。当然,适用这一观点是有很大困难的。因为根据这一观点,优先性的问题不仅取决于设定担保的日期,而且取决于每个具体的标的是在哪一天成为债务人的财产的,并且众所周知的是,后者还必须由主张它的一方去**证明**。

一般来说,具体标的成为债务人财产的**先后顺序**还是很容易证明的。钢琴是先到的,紧随其后的是小提琴,然后是中提琴,两者之后又是大提琴。接着进入管乐器的乐段:被吹响的首先是单簧管 A,不久之后它找到了与自己极为般配的女伴,即单簧管 B;在吹过单簧管之后,由于难以抑制对音乐深造的渴望,这位破产者又尝试吹了吹长笛,但它马上又得给圆号让位了。正当他对乐器做着大有可为的研究时,他却出乎意料地破产了。破产开始的裁决(decretum de aperiundo concursu)恰好跟沉睡的咏叹调一起奏响,法警则非常扎耳地闯入他自己谱写的华彩乐章里。仅仅证明那种**相对的**时间关系当然是不够的,只有在破产者将乐器和债权人保持同步的前提下,这样的证明才行得通。例如,将 D 移到中
61 提琴和大提琴之间,将 E 移到大提琴与单簧管 A 之间。简而言之,就是在每个新加入的乐器上都要产生一笔新的借款,并产生一名新债权人,上述证明才是可行的。实际上,破产者看样子已经注意到他的音乐研究在范围扩大方面要和他的债务保持一致,因为他已经用一种幽默的方式拿先前某个债权人的名字来命名新加入的乐器了。比如他的单簧管不叫单簧管 A 和单簧管 B,而

⑤ 卡尔·弗里德里希·斐迪南·辛特尼斯(Karl Friedrich Ferdinand Sintenis,1804-1868),德国罗马法学家,曾参与翻译并主编了德文版的《国法大全》,主要著作有《共同担保物权法手册》(Handbuch des gemeinen Pfandrechts,1836)和《实践共同民法》(Das praktische gemeine Civilrecht,1844)。——译者注

是叫施慕尔单簧管和伊采希单簧管。[⑥] 从这个前提出发,优先受偿关系就可以图示如下(我在脑袋里画的):

各债权人在以下乐器上的一般抵押

圆号:	H	G	F	E	D	C	B	A
长笛:		G	F	E	D	C	B	A
单簧管 B:			F	E	D	C	B	A
单簧管 A:				E	D	C	B	A
大提琴:					D	C	B	A
中提琴:						C	B	A
小提琴:							B	A
钢琴:								A

因此,在诉讼中仅仅证明那种相对顺序是绝对不可行的,优先性的判断不能以此为基础。为此,需要证明的是债务人取得这些财产的具体**日期**。即使证明了取得财产的**月份**都是不够的,举例来说:1850 年 6 月,债务人新获得了作为其一部分积极财产的单簧管 A,并产生了一部分消极财产,即对 E 欠债。假设债务人是在 6 月 13 日给 E 设定的担保,那么只证明获得单簧管 A 的月份是不够的,因为它是在 6 月 13 日**之前**还是**之后**成为债务人财产这一点是完全不确定的,这会引起债权人的争议。

因而,事实上就只剩下这一种可能了,即对于除钢琴以外的所有乐器,8 个债权人都要提供它们是何时成为破产者财产的证据。 62
对乐谱同样必须如此,莫扎特的每一首弦乐四重奏,贝多芬的每一

⑥ "Schmul"(施慕尔)和"Itzig"(伊采希)这两个名字均为犹太人的名字,分别是"Samuel"(撒母耳;塞缪尔)和"Isaac"(以撒;艾萨克)的德语化形式。耶林用这两个人名来指代此案中两位债权人的名字,主要是考虑到犹太人通常以放贷为业(在莎士比亚的《威尼斯商人》里亦是如此)。——译者注

支奏鸣曲,还有施特劳斯的每一首圆舞曲(如《我在巴登最美好的一天》《蓝色多瑙河》等)⑦,这些乐谱都可能构成一般抵押的客体。

准确表达这一证明规则给我造成的困难别提有多大了!最悲哀的还在最后。当我把拟好的判决放到我的领导面前时——您还记得第三封信中那位勇敢、粗俗的老领导吧?——他盯着我足足看了三分钟,然后爆发出一阵狂笑,根本停不下来。圆号是 8 个一般抵押的客体,长笛是 7 个一般抵押的客体,一根单簧管是 6 个一般抵押的客体……一张**施特劳斯**圆舞曲的乐谱成了优先受偿价格战的争议对象。对他来说,这种思想简直太了不起了,以至于他尽管对我颇有好感,却根本停不下他对我那尴尬的嘲笑。为了赶紧不再笑,他并没有像我期待的那样把这份草稿扔进垃圾桶,而是把它当成无价之宝保存了下来。在他死的时候,人们肯定能在他的遗产里找到它。他趁机对理论所发表的看法,我就不提了;相反,他对旧法学实践的辩护方式倒值得一说。他认为,如果不能证明出现了相反的情形,那么就应当认定债务人将仓库作为整体设立了多次抵押,也就是说其效果是:抵押的客体是**行使抵押权时**仍处于仓库中的**所有**标的,不论它们是何时进入仓库的,也不论 A 是第一个、B 是第二个获得抵押权的;此外,在法律上是否要以完全相
63 同的方式处分整体财产,这一点也必须交由当事人自己决定;最后,第二个抵押权人是否知道第一个抵押权人的抵押权在**这种情**

---

⑦ 《我在巴登最美好的一天》(Mein schönster Tag in Baden)是老约翰·施特劳斯(Johann Strauss Vater, 1804-1849)创作于 1832 年的圆舞曲(Walzer, op. 58),而《蓝色多瑙河》(Die blaue Donau)则是小约翰·施特劳斯(Johann Strauss Sohn, 1825-1899)创作于 1867 年的一首圆舞曲(Walzer, op. 314)。在这封信最初发表时(1863 年),《蓝色多瑙河》尚未被创作出来,当时耶林在信中写的是"我在施潘道的最后一声叹息"(Mein letzter Seufzer in Spandau),这一曲名很可能是耶林虚构的,用以和"我在巴登最美好的一天"形成对比。在 1884 年成书时,耶林才将这首曲名改成了"蓝色多瑙河"。——译者注

况下是无足轻重的,就像在**前一种情况**中一样。

我想和您说的第二个案子是关于占有理论的。当**萨维尼**⑧写完《论占有》,这个学说就已经被研究得如此透彻,以至于在我看来,任何关于占有的案件都不可能再出现困难。然而,证明我无知的又是怎样一个案子呢?是世界上最简单的一个案子!一想到世俗世界中的不确定性,我就感到害怕。这么巧的是,我明显意识到了这个案子里的不确定性。对于一个很有钱的人,人们总会说"他是个幸福的占有人"。当这样一个占有人环顾四周、欣赏周围的一切时,他或许会夸赞自己的幸福,并对着天空大喊:"这儿全属于我,你得承认我很幸福!"⑨幸福?没错,只要现状一成不变,他就能一直幸福下去。然而,一个占有之诉就能让他失去所有幸福!至少根据**萨维尼**的理论,他是会被这么判的。来听听我的案子吧!

彼得·哈贝迈尔⑩——这位贵族就叫这个名儿——和兄弟尤根·哈贝迈尔是邻居,他俩的身份处在农民和财产占有人之间。这种身份在德语里没有相应的表达,所以我们不得不用一个外来词来指称它,即"农庄主"⑪。1848 年,尤根不幸地投身于政治实

---

⑧　弗里德里希·卡尔·冯·萨维尼(Friedrich Carl von Savigny,1779-1861),德国罗马法学家,历史法学派创始人,主要著作有《论占有》(Das Recht des Besitzes,1803)、六卷本的《中世纪罗马法史》(Geschichte des römischen Rechts im Mittelalter,1815-1831)和八卷本的《当代罗马法体系》(System des heutigen römischen Rechts,1840-1849)。耶林在本书中提到的《论占有》已有中译本,即[德]萨维尼:《论占有》,朱虎、刘智慧译,法律出版社 2007 年版。——译者注

⑨　语出席勒创作于 1797 年的一首叙事歌谣《波吕克拉忒斯的戒指》。中译文参考了钱春绮先生的翻译(参见张玉书选编:《席勒文集 1:诗歌小说卷》,人民文学出版社 2005 年版,第 197 页),但结合上下文对译文作了少许改动。——译者注

⑩　"Habermaier"(哈贝迈尔)这个姓在德语里的字面含义是"拥有很多财产的人"。——译者注

⑪　"农庄主"的德语原文为"Ökonom",该词来源于古希腊语的"οἰκονόμος"(管家),所以耶林才会说这是个外来词。——译者注

践。有一天,他激动地同他的鹅、猪和牛告别:

> 别了,崇山峻岭,亲爱的牧场,
> 别了,我的鹅、猪和牛!⑫

64 接着,他又跟彼得说了几句悄悄话,然后就飞快地越过了山头。就在同一天,彼得出现在尤根的农庄里,为的是在那儿住下,并管理这个农庄。他向人们解释说,从现在起,他们应该尊他为这里的主人;同时,他开始照料起鹅、猪等孤苦伶仃的家畜。关于他的占有名义,或者说关于其占有关系的法律性质,即他是作为失踪者的保佐人、信托的受托人、委托的受托人或管理他人事务者,还是作为不动产抵押权人、买受人或用益权人在管理这个农庄,无论是他自己还是他的邻居都没有伤过脑筋,大家就这么简简单单地尊重这个占有事实。没有遭到任何人的反对,彼得就这样收获了尤根种下的庄稼;没有遭到任何人的反对,彼得就这样把家畜赶出去吃草;鸡、鸭、鹅无拘无束地四处乱跑,它们的法律安全感并没有减少,就跟尤根在的时候完全一样。

然而,这种和平状态马上就要以悲剧收尾了。才过了不到半年,有个邻居就想起来,现在该到他重新主张所有权的时候了,这个此前产生的返还所有物之诉针对的是尤根庄园里的特定田产。于是有一天,整个动物王国的动物们都愤怒地冲向庄园,哞哞、咩咩地叫嚷着,向上天哭诉它们所遭受的暴行,就跟《列那狐》里的第

---

⑫ 这里耶林改编了席勒的戏剧《奥尔良的姑娘》(Die Jungfrau von Orleans)序曲第 4 场中约翰娜所说的一句话,原句是:“别了,崇山峻岭,亲爱的牧场,别了,幽静的山谷,舒适而亲切!”中译文参见[德]席勒:《奥尔良的姑娘》,张玉书译,载张玉书选编:《席勒文集 4:戏剧卷》,人民文学出版社 2005 年版,第 256 页。——译者注

一幕一模一样。[13] **乌鸦亨利**[14]——这是人们送他的外号——带着他的人出来了：他的孩子、奴隶、女佣以及他所拥有的一切。仿佛私人拥有武力自卫权的时代又来临了，他们迅速逼退了那片田地上所有的四足动物和二足动物，抢占了这块地。第二天又发生了同样的一幕。一想到他兄弟这个榜样，彼得·哈贝迈尔就变得聪明 65
起来，他放弃了暴力维权的想法，而试图走法律途径。于是他提起了占有妨碍之诉，请求法官给予占有保护。为此，我被委以草拟判决的任务。我的那位老领导正好去浴场做疗养了，只有一位陪审法官和我还留在这里。要是让我们代替他**去浴场**，那该有多好啊！对于这份由我撰写并经陪审法官同意的判决，我们得**承担**怎样的后果啊！[15] 老先生当场喝下的卡尔斯巴德泉水，跟他一说起那个判决就朝我们喷出的口水相比，简直是小巫见大巫！这个判决本身在理论上是绝对正确的，时至今日我还是会这么说，因为它是完全按萨维尼的占有理论撰写的。当然，任何一个正常的实务人士宁可断指也绝不会把自己的名字往上签——跟我一起的这位陪审法官就没有这么做。这真是太遗憾了！这样一来，好多糟糕的判决和难以卒读的论文就不是他写的了！您必须知道，他同时是一位

---

⑬ 《列那狐》（Reineke Fuchs，一译“莱涅克狐”）是德国文学家歌德（Johann Wolfgang von Goethe，1749–1832）创作于 1793 年的一首长诗。该诗第一歌第一幕描写的就是各种动物向狮王告状，指控列那狐对其所犯的罪行。——译者注

⑭ “乌鸦亨利”（Rabenheinrich）是耶林生造的一个外号。“乌鸦”在德语口语中也形容“偷了很多东西的人”，所以这个外号意指某人是个很贪婪的人。——译者注

⑮ 在德语里，“ins Bad reisen”（去浴场做疗养）的字面含义是“进入浴场旅行”，“etw. ausbaden müssen”（必须承担某事的后果）的字面含义是“必须将某物从浴场里弄出来”（因为以前在浴场里最后一个出来的人必须倒出浴场的水或是留下来清洗浴场，故引申出“必须为某事承担后果”的意思）。耶林此处使用的“ins Bad”（进入浴场）和“ausbaden”（把……从浴场里弄出来）在字面意思上是完全相反的。——译者注

法学作家，而且还是最危险的那种法学作家。

关于法学作家的类型，此处我不能向您详述。但是对于最危险的那一类，也就是觉得自己是伟大理论家的那些实务人士，我认为那个陪审法官算一个。因为他们的内心有个声音在说："你不是搞实务的。"对于我下面的这个说法，您肯定是会同意的：借助文献，完成一篇让该主题的论文作者和教科书作者都觉得有必要去引用的法学论文，要比写出一份好的判决或诉讼文书容易得多。
66 因为借助文献，即便是最笨的人也能轻松炮制出一篇论文来，并且这样的论文还会对所有**之前**写过这个主题的作者都加以审判。众所周知，将这样一篇论文发表在我们的共同法杂志上是毫无困难的。如果《民法实务档案》（Archiv für civilistische Praxis）不要它，那么《实践法律科学》（praktische Rechtswissenschaft）就会要它；如果两份"莫逆之交年刊"（格贝尔和耶林的年刊以及贝克尔和穆特尔的年刊）[16]的其中一份拒了它，毕竟还可以投另一份。就算万不得已，最后还能投《民法与诉讼法杂志》（Zeitschrift für Civilrecht und Prozess），它是肯定不会拒收的，因为这里的每一份稿件都是看也没看、读都没读就被送去印刷的。这份杂志真是流浪汉的庇护所，在这里，每个人都会被接纳。但是当论述的主题较为复杂时，论文就跟判决或诉讼文书一样没那么容易写了。因为在这种情况下，作者没法去参考别人的思想，而必须自己思考。因此，某些没能在实务界摘得桂冠的人试图跑到理论界去谋取成就也就不足为

---

⑯ "格贝尔和耶林的年刊"指的是《当代罗马与德意志私法教义学年刊》（Jahrbücher für die Dogmatik des heutigen römischen und deutschen Privatrechts），系耶林与好友格贝尔（Gerber）于1857年共同创办的杂志，后人通常简称为《耶林年刊》（Jherings Jahrbücher），在本书中耶林则直接称其为"（我的）《年刊》"；"贝克尔和穆特尔的年刊"指的是《德意志共同法年刊》（Jahrbuch des gemeinen deutschen Rechts），系贝克尔（Bekker）与好友穆特尔（Muther）于1857年共同创办的杂志。——译者注

奇了。他们只不过是为了把自己被否决的观点,在所有审级中均被驳回的推演结论投放到图书市场上,并且就其同事和法院所作的狭隘判决向开明而公正的大众上诉。鉴于这种现象屡见不鲜,因而一旦某位作者的论文被任何一位知名学者(如范格罗)所引用,那么他多半就要遭殃。从此以后,他将成为德意志"法学作家"的一员,他的名字将在"法学文献"里占据一席之地,就跟萨维尼和普赫塔一样:**萨维尼**、**普赫塔**、**范格罗**以及**胡纳福斯**[17]。

到那时,或许任何一部著作都会这么写:"**萨维尼**提出了这个 67
或那个主张;但是**胡纳福斯**正确地提出了反对意见……(他的同事)**科尔迈尔**[18]对该意见的反驳是错误的。"

胡纳福斯心花怒放地向妻子指了指这几行字。由于后者已经习惯了根据"谁对谁错"来确定他们的精神层次,所以她就会从此沉浸在这样一种喜悦的想法之中:"我的胡纳福斯纠正的是萨维尼这样的人——萨维尼可是超越了歌德的人。"正因如此,他们家的墙上除了挂有歌德和萨维尼的画像之外,又多了一幅胡纳福斯的画像。第二天,幸福的胡纳福斯信心满满地去开会,然而结果却依然是他的观点被否决,就跟往常一样。对于这个结果,他只是报以了同情的微笑,因为他觉得自己的同事都太过无知:"你们这些法律工匠,根本不懂什么是真正的科学。"

在几周还是几个月之后,有篇论文发表了。其中,他同事的观点被恰如其分地批评为"迷失了方向"。所以,他花在法庭报告和判决上的精力越来越少也就一点也不奇怪了。每次在写这种东西的时候,他都感到自己的才华无处施展。

---

⑰　原文为"Hühnerfuß",该人名在德语中的字面含义是"鸡脚""鸡爪"。——译者注

⑱　原文为"Kohlmeier",该人名在德语中的字面含义是"很会胡扯的人"。——译者注

在民法领域,我的那位同事就是这样一个满腹才华却无处施展的人。

他的观点总是被我们的领导称作“理论狂想”。只要我们的领导在场,他的“理论狂想”总是无法实现。可是他越是无望,就越是期待这一时刻的到来:届时他将独自坐拥一个王国,在那里,他要向理论致敬。

彼得·哈贝迈尔真该知道这意味着什么!

被告承认了自己的暴力驱逐行为以及原告本人的**事实**占有,
68 他否认的只是原告的法律占有。或者说得更专业一点,他否认的是原告的“所有权人意思”(animus domini)——根据萨维尼的理论,正是该要素使得法律占有区别于事实占有。

由于原告的失误,他提起的并非简易占有之诉,而是普通的占有之诉,因此法官唯一要做的就是让他去证明自己的法律占有,具体而言就是证明他的所有权人意思。我当时不承认,现在依然不承认对占有人有利的“所有权人意思假定”。正因如此,我草拟的证明裁判(Beweisinterlokut)是:“原告需证明自己是以所有权人的那种意图占有争议土地的。”那位陪审法官同意了我的观点。因此,这份裁判就这样发布了。尽管原告对此上诉,但不幸的是,他依然失败了,所以这个裁判产生了既判力。

因此,彼得·哈贝迈尔必须证明他的所有权人意思。直到现在我才明白我都做了什么。由于我是在给法律人写信,所以我就没有必要详述这种证明必然以及为何会失败。不信的话,请您证明一下,当农民在耕田的时候,他有没有所有权人意思?比如,就那两车肥料和干草,您能看出来其中一车是持有人运来的,另一车是占有人运来的吗?假如“意思”这个要件有什么意义,假如它掌握了实践上的真理,那么占有就必须随它一起产生和消灭。然而,要是用益权人胆敢违反一切理论，想以所有权人的意思去占有，或者反过来，要是真正的法律占有人错误地否认了自己的这种意思，又该怎么办呢？这个时候，萨维尼的理论就会说：这可不行！但如果这是不可能的，如果每个事实占有人或法律占有人拥有的总是法律规定的其所必须拥有的那种占有意思，那么“所有权人意思”这个要件还有什么意义呢？在我看来，“所有权人意思”不过是没有自我意志的小跟班罢了，它只是法律占有的影子。我认为，根据 69
这个影子来判断法律占有的存在与否不会比这样的做法好到哪里去，即根据某个生物的影子是两条腿还是四条腿来判断它是二足动物还是四足动物——要是能一直出太阳就好了，至少为了判断这个生物有几条腿它也得出来！

就这样，经过这个案子之后，我再也不对所有权人意思抱有幻想了，我被治愈了。当然，这个疗法花了彼得·哈贝迈尔 373 塔勒和 17.5 银格罗申。最后，他还因为输掉这场官司而支付了额外的费用，这我就不再提了。

但对我来说，这笔钱没有白花。并且我希望，能有一两个读者从中得到好处。如此一来，这笔钱最终就不是花得没有价值了。没错，这个世界就是这么建立起来的：法律人和医生**积累**经验，当事人和病人为此**买单**。所以我们得这样来安慰自己：毕竟这对人类和科学来说是有好处的。

尽管这个案子给我带来了许多不快的时光，但它同时也回报了我。我必须说，我很感谢这个案子，正是因为它，我才彻底地挣脱了理论的枷锁。在这一点上，我的老领导当然也功不可没，因为从此以后，他从来不放过任何机会去提醒我，让我别忘了那个案子。每当我的内心泛起一点点病态的理论情绪，只要一想到从他嘴里冒出来的那句话，我就会平复下来：“您还想再哈贝迈尔一次

吗?”从那个时候起,我就接受了他的这个说法。就这样,我也习惯
70 了把人生中那个以“哈贝迈尔案”为终点的整个时期称为我的“**哈贝迈尔时期**”。对于这种事,如果您找不到更合适的表述,那么不妨就用我的这个吧!

第五封信[1]　弗科马关于法学课程与考试改革的提案

[为了让读者更好地理解接下来的两封信，我认为有必要把弗科马①的提案重印如下：

司法顾问弗科马于柏林为"第四届德意志法学家大会"（1863年于美因茨召开）提交的议案：

法学家大会要表达的信念是：

大学的法学课程需要进一步改革，将以下措施作为改革起点是合适的：

1.与过去相比，应当更加重视"文本分析"和"法学文献史"课程。

---

[1] Deutsche Gerichtszeitung, Jahrgang V, 1863, Nr. 35 und 36.

① 莱奥波特·弗科马（Leopold Volkmar, 1817–1864），德国法学家和历史学家，于1859年共同参与创立"柏林法学协会"（Berliner Juristische Gesellschaft），也是1860年成立的"德意志法学家大会"（Deutscher Juristentag）的常设代表。——译者注

2.在聘用教授时，应当同样重视其此前所受的实务训练。

3.为了满足实践的需求，应当设置法律诊所。

4.学制应延长至四年。

5.只保留唯一的一次考试。在该考试中，以下人员均以考官的身份参与，且每一类的人数相等：

71 (1)法学院的老师（不区分正式教授、非正式教授或编外讲师）；

(2)法院的法官；

(3)律所的律师。

作为考官的人员是变动的。

6.正式课程（collegia publica）是大学课程的基本形式。

7.学习自由与教学自由同样必不可少。因此，应当杜绝以下情形的出现：

(1)任何强制让学生去上课的行为；

(2)邦立大学的任何垄断；

(3)对非正式授课的任何限制。

关于提案的理由，我认为应作以下强调：

“有多少实务人士因为时间紧迫和状况频发而无法去上非正式课程？他们将是正式课程的热情听众。在这里，他们才能受到教导，得到启发。因此，恰恰是正式课程才能让老师切身体会什么叫‘教学相长’，才能让他们研究一下目前还不甚了解的东西。他可以在狄奥的书里读到，克劳迪乌斯是如何命人将尤利乌斯·伽利库斯立即投入台伯河的，因为后者在皇帝的法庭上说了几句直言不讳的话；多米提乌斯·阿弗尔这位律师又是如何拒绝向其求助的人的：‘是谁告诉你我比伽利库斯游得好的？'②这样，老师们就可以在讲授正式课程时研究一下律师了。

"他还可以在马克罗比乌斯的书里读到：'我之所以沉默，是因为要写东西来反对这种人是很难的——他可以把你写进黑名单里……'③这样，老师们就可以试着在讲授正式课程时解决检察官的问题了。"]

亲爱的朋友啊，您说得对："弗科马提案"所涉及的主题完全 72
在我的写作范围内。所以就这样一个问题，也就是"我们的法学在哪里需要变得更好，如何才能让它变得更好"，我更想好好利用这次机会来发表我的看法，而不是像之前那样，永远只做一个舒舒服服的批评者。因为我已经听到有很多声音在说，我的批评没有一点是对的，它只起到了消极作用。人们可以向批评者要求的是，假如他自己不能让事情变得更好（因为批评者习惯于什么也不做），那么他至少要说明，其他人该怎么做才能让它更好。我再也想不到还有比现在更为有利的时机让我发表自己的看法。目前，"德意志法学家的全部力量"（这位提案人就是用它来称呼"德意志法学家大会"的）准备为法学做出的贡献几乎不亚于同时在法兰克福开会的"德意志选帝侯的全部力量"为祖国做出的贡献。能活在这样的时代里，我们真是太幸福了！那些因为受到召唤而发出自己的声音、将双手投入事业中去的每一个人，他们都是幸福的；但是，任何出于懒惰或恐惧而逃避这项事业的人都该

② 该情节出自古罗马历史学家卡西乌斯·狄奥（Cassius Dio，150－235）的《罗马史》（Historia Romana）第61（或60）卷第33节第8段（Dio 61［60］，33，8）。——译者注

③ 该句出自古罗马作家马克罗比乌斯（Macrobius，385－430）的《农神节》第2卷第4章第21段（Macrobii Saturnalia，Liber II，IV. 21）。——译者注

受到鄙视。

尽管如此，我还是不得不承认，一开始我还在犹豫要不要满足您的要求。也就是说对我而言，弗科马的提案来得太早了点。打个比方吧！一个猎人一直在苦苦追寻一只野兽，可是当猎物出现在他枪口之下时，他的枪却没有上膛。现在，我就好比这个猎人。弗科马先生已经站在了此系列书信的终点，而我却还只写到第五封信。对此，如果您还不明白，那么我就换一种方式来表达：
73 我这儿一直在研究疾病的症状、病因及其性质，而弗科马那边却已经开始质疑这种疾病的药方了。换言之，弗科马的提案是在质疑这种疾病的治疗方法。这是对我写信拖拉的应有惩罚。向您承诺过的那十二封信，假如我能写得快一点，那么现在我很可能已经写完第十一封信，并且开始写第十二封信了。这个时候，我很可能就和弗科马先生撞题了。但是事情不等人，尤其当涉及这样一个问题时。提案人正确地将这个问题描述为“**十万火急**”，它简直快“火烧眉毛”了！再过几天，这个问题就要在美因茨的法学家大会上讨论了！由于这次我没法参会，所以如果我不想让我的第十二封信成为“事后诸葛亮”，不想让自己错过这个历史性时刻，那我就必须打消一切写作计划上的顾虑，从现在开始就奋笔疾书。因为在我的人生中，这样的时刻或许再也不会出现了。有些医生的确能做得更好！本来，医生应该等到诊断结束，完全清楚疾病的性质之后才开始用药，可是病人已经等不及了，他只想求一个偏方，于是医生就只能给他开点甘草水或者别的什么来当药用了。

这一次，我给您开的药比甘草水还要少。这不仅是因为我自己没有别的药了（其实如果有必要，我确实能弄到更好的药），而且也是因为眼下病人的身体状况已经无法承受别的药了。在美因茨，快活又美好的事物正在等着他去享受，除此之外，谁还会有兴趣去读一封关于弗科马提案的严肃来信？尤其是，他在那儿要读的东西已经超出他的意愿范围了。在那里，不少印刷品都难逃 74
这样的命运：它们经常会被慷慨地分发出去，但通常是读都没读就被扔到了一边。因此，假如我不想让这封信遭受同样的命运，假如我不想让读者行使这样的“紧急避险权”，那么我就只能让这封信去适应美因茨开会那几天的气氛和环境了，除此之外，我别无他法。换言之，我必须把它写得好似一瓶白兰地。对此，那句著名的诗是这么说的：

白兰地酒放一旁，
午夜不会损健康。

这样，即便到了午夜，当可敬的法学家完成了一天的工作，拖着沉重的步伐和模糊的意识躺到床上时，他也可以拿起这封信来读一读。

但到底为什么要用**书信**的形式呢？因为在美因茨的白天时间都被用在了实时发言上。长久以来，我的内心一直有这样的冲动：我很想在法学家大会上发一次言，为的是也可以像那些同事一样荣耀而归，并且目睹自己的名字被写进速记报告中，一直被保存到遥远的后世。只不过遗憾的是，我至今都缺少这样的勇气——只有某些人才拥有这种令人羡慕的特质。或者更准确地说，在我身上，勇气总来得不是时候。因为每当我想发言的时候，那些嫌会议时间太长、社交时间太短的法学家们就会喊出这么一句：“结束，结束！”对我来说，这可真是个灾难，我赶得可真巧啊！然而根据议事录的记载，这些法学家们全都参与了问题的讨论。

但是这一次，他们再也拦不住我了！会议一开始，我就马上要求发言。

75 **会议主席：**请这位不知名人士发言。

不知名人士：先生们！在我们刚听完皮普迈尔[4]先生的精彩演讲之后，发言对我来说真的一点都不简单，尤其当我要说的是一个对我们的职业和科学而言都“性命攸关”的问题时。我并没有高估这个问题的重要性。如果我要说的是前一位发言人发表过的观点，那么我就是在考验您的耐性，因为他的做法剥夺了后续发言者发表新观点的机会。所以，我的发言将仅仅局限在他较少论及的点上。

弗科马提案的意图可以用一句话来概括：**改进法学培育的水平**。先生们！让我们公开地承认：我们的培育水平很差！我原本还希望这位提案人也有说出它的勇气，而不是让我们去猜，让我们到字里行间去读出这个事实。不把大衣弄湿就不可能把它洗干净——干洗技术至今还没被发明出来。[5] 谁要是真想改革，就不能光说不练。这种人至少应该以这样一句承诺来结束他的演讲：“如果……，我无论如何都愿意撤回提案。”就像我们这位提案人在最后所做的那样。

我们的法学培育水平很差，因此它**必须**被改进，并且它也是**可以**被改进的。当人们看到配种实验在远低于我们法学的那些领域里获得成功时，谁不会像我一样满怀兴奋之情？农场主都能
76 成功的东西，对我们法律人来说就这么难？如果饲养可以改进羊

---

④　原文为“Piepmeier”，在德语中的字面含义是“话很多的人”。“皮普迈尔”这个人名不是耶林生造的，他是德国政治家、作家约翰·赫尔曼·戴特默尔特(Johann Hermann Detmold，1807-1856)1849年出版的讽刺小说《皮普迈尔先生的事迹和观点》(Thaten und Meinungen des Herrn Piepmeyer)中的反面人物。——译者注

⑤　耶林写这封信时(1863年)，干洗技术尚未发明和普及。——译者注

毛的质量（会议厅里开始躁动不安），如果它解决了从动物身上获得肉、奶、毛和骨头的问题，那么为什么我们（会议厅里更加躁动不安）就不能通过适当地改进法学饲料，从而让这些正义女神的信徒们长出结实的皮毛，以确保其免受恶劣天气的侵袭，而不是让他们带着光秃秃的理论皮肤进到实践里遭冻？（全场的不满和抱怨）

现在，我要说一说提案人为实现这一目的所提出的建议了。此刻，我只能把自己想象成一个不相信医生的温泉疗养者。医生通常会给疗养者规定一系列的行为守则——先生们，您是知道的，医生们很喜欢搜集这一类行为守则——首先，葡萄酒、啤酒、茶、黄油、水果以及其他的东西是被禁止的；其次，疗养者的睡眠时间不能多于或不能少于多少小时；最后，有些东西不能在饭后或者饭前吃，等等。总之，一切行为都要遵循最严格的规则，简直事无巨细。但是，怀疑论者很快就能体会到，严格遵守一切是不必要的。在私下里，医生可能会承认这位疗养者的看法是对的：其中有很多规则仅仅是为了让人产生“它们会有效”的印象。我也要以相同的方式对提案人的建议作一区分：他的一部分建议是认真的，我把关于法学课程和考试的实践改革建议归入其中；另一部分则仅仅是用来让人产生“会有用”的印象，或者说仅仅是起装饰作用的，我把关于法学文献史、正式课程、文本分析课以及将
学制延长至四年的建议归入这一类。通过这些建议，提案人为了 77
纯粹的科学利益而在自由上做出的巨大让步，让每个嗅到这些建议可能会威胁科学利益的人都闭上了嘴。我可以证明，这些建议已经完全达到了这一目的，尤其是大学方面已经接受了它们，并且对此十分满意。在一些场合，我所交谈过的学生也都对学制延长至四年非常兴奋，有很多学生都极为迫切地恳求我务必先接受

这一点。这些学生觉得,三年的学制对于实现他们的目的来说太短了,〔2〕尤其是在目前还存在强制上课的情况下。因此他们坚信,如果根据提案取消这种强制并把学制延长至四年,那么彻底完成他们的任务就不再困难了。作为代价,他们已经准备好去做一些必要的事情了,比如用全部的爱去照顾“上帝之眼、法哲学和自然法”,并让自己喜欢上法学文献史、文本分析和正式课程等诸如此类的课,但前提是他们不必去听这些课,也不用参加这些课的考试。也就是说,我们已经拥有这部分听众了!先生们,这不是无关紧要的,因为**谁拥有了年轻人,谁就拥有了未来**。(赞同的声音:说得太对了,太棒了!)

78 同样地,在我所交谈过的老师中也有很大一部分人十分认同弗科马的建议,他们尤其赞同这两点:第一,编外讲师将被纳入考试委员会;第二,增设文本分析和文献史这两个新的教席。因为,这两个建议将会给德意志和瑞士带来数量可观的新职位。只不过,就提案人在其提案理由中针对正式课程所开的处方,他们不太理解。因为所有人都觉得已经够舒服了,他们认为自己只存在一个问题,也就是那些“目前还不甚了解的东西”。对于这个问题,他们觉得只需要去读一读与此有关的奇闻轶事就够了,这样他们就能“在讲授正式课程时研究一下这个主题”了。他们认为,为了实现这个目的,他们没有必要像提案人建议的那样将阅读范围扩大到狄奥和马克罗比乌斯的著作,因为这些书不是每个人都有空去读的;相反,读一读最流行的读物,哪怕是一份报纸、一页广告、一本小说甚至是一本现代的法学著作,就足以达到这个目

---

〔2〕“他们(考生)在第一年不学习,因为他们还处于高中毕业考试结束后的疲惫状态,想要充分享受大学里的自由;他们在第二年也不学习,因为他们必须去服兵役;他们在第三年还是不学习,因为他们要准备考试。”

的了。他们还认为，为了**讲**课，就必须有愿意去**听**课的听众。他们担心，提案人指出的许多“实务人士因为时间紧迫和状况频发而无法去上非正式课程”的这种情况并不会出现；相反他们认为，由他们自己来吸引听众要舒服得多。

关于这些教条式的建议，如果要我发表看法，那么我肯定会非常坚决地加以反对。对于做不了热水浴疗的病人，有哪个医生还会让他在里头待上更长时间，让他的体温升得更高呢？就我们目前的情况而言，学生就是病人，理论课就是热水浴疗。如果将 79
三年的学制延长至四年，如果继续增设文献史、自然法和文本分析课，那么这位病人还会在理论中钻得更深。这么一来，这个本该被治愈的疾病非但不会好转，反而还会更加严重！

先生们！我们这位病人需要的恰恰是相反的东西（太对了！）：降温，冷敷，在他头上放冰块，用水蛭给他吸血。这样他才能再次清醒过来，这样才能让他没有危险地走出去，走到实践生活的新鲜空气里去。课程必须是实践性质的！“法学是一门实践性科学”——这句话必须是真的才行。对此，目前的讨论已经有很多都说到点子上了。因此，按照我自己的兴趣，下面我只讨论在我看来尚未被说尽的那两个点，即“法律诊所”和“将考试减至唯一一场”。

正如我在一些场合中所观察到的，法律诊所这个想法让许多人感到惊讶，但它丝毫没有令我吃惊。其中的关键在于，我们应当在法律科学发展史的脉络中理解它；正是在这个前提下，它才显得不是那么不可理喻和绝对新颖。法律诊所必然受制于法律科学迄今为止的发展方向，并且是这一方向的终点和制高点。所以我敢断言：假如提案人不把这个建议说出来，那么就会有另一个人站出来说——至少我自己就会站出来说。先生们！每一门

科学都有过这样的阶段，即它们所处的空间对其自身而言变得太过狭小。为了恢复精神、休养生息，它们必须到室外走走。就好
80 比咱们这样的人，要是我们一整年都坐在书桌旁，那么为了放松一下，我们就必须出去旅行。我把这样的现象命名为“科学的旅行”。在这场旅行中，科学去自己的邻居和亲朋好友的家里，在她们那儿住上一段时间，了解一下各式各样的新鲜事物，然后带着饱满的精神、强健的体魄和全新的观念回到家里来。例如在自然哲学的时代里，自然科学是住在哲学那里的；又如在中世纪，哲学是住在神学那里的；至于其他的例子，我就更不用提了。同样地，我们现在的法学也时不时地感觉到需要拜访一下她的姐妹们。以前，她主要拜访了历史、语文学和哲学；在过去的十年里，她又住到了自然科学和医学那儿。因此，我们可以将法律科学在当前的发展阶段称为“法学的自然科学阶段”——毕竟现在法学的确已经有了自己的“自然科学方法”〔3〕——或者还可以将其更好地称为“**法学的医学时期**”。如今，为了能真正地理解法律制度，受过教育的法律人需要对它们做解剖学和生理学上的检查；在我们实务人士的日常工作中，不做点医学上的检查就难以有所作为。我们像最好的解剖学家一样**解剖**法律案例，我们像坐在病床边的医生一样必须做出**诊断**，类似的情况还有很多。比起法律诊所，我们还可以在哪里接受这种“法律医学”的训练？因此，要求设置这样一个诊所的提议一点儿也不稀奇，奇怪的反倒是：为什么这
81 么久了它还没有被提出来？它只是还需要补充和完善。接下来，我将荣幸地为您介绍具体的完善措施。

一直以来，医学都被我们视为榜样。但众所周知的是，它并不是马上就从临床课开始上的，而是先从各个理论科目开始的。

---

〔3〕［暗示我的《罗马法的精神》(Geist des röm. Rechts II, 2 § 41)，下同。］

为了让这些理论课产生印象深刻的效果,各种类型的道具室都是必要的:解剖学道具室、病理解剖学道具室、生理学道具室以及药理学道具室等。在我看来,实践课程在目前的法学里也是必需的,我们同样要通过相应的道具室来辅助直观教学。我认为,我们有必要建立这些道具室并将它们用于直观教学,这一点是以我自己大学时代的学习经验为基础的。我的学说汇纂课老师除了是一位出色的学说汇纂法学者,还是一个地地道道的烟鬼,他总是把自己的金色鼻烟盒放在讲台上——就放在他的手边。不知道是因为这个盒子在物理上离他很近,还是因为他的内心离它很近,总之整个学期下来,在麦维乌斯和提提乌斯不断展开的诉讼中,争议的焦点总是这个盒子。因而可以想见的是,我们会看到提提乌斯和麦维乌斯这两个熟悉的角色一再登上舞台,成为所有案例中的主人公;与此同时,他们的争议客体永远都是这个烟盒。正如我们老师所认为的那样,为了建立古代与现代之间的平衡,我们需要的是一个完全现代的客体,而非古代案例中的那些古老梁木。如果提提乌斯需要在麦维乌斯那儿寄存什么东西,那肯定就是这个烟盒;如果他要借出或质押什么东西,或是他想交换、购 82
买、赠与、立遗赠以及订立无名合同,在所有这些情况下,客体也都是这个烟盒。久而久之,大家还以为古罗马的商业贸易和罗马人的生活仅仅围绕抽烟和烟盒!为了让我们明白地役权、抵押权和其他与土地有关的法律关系,这个烟盒偶尔还会去客串一下乡村地役权或城市地役权的角色。然而,这个变化多端的演示品却造成了一些麻烦。经常和我一起复习学说汇纂的一个朋友,我敢说,这个烟盒构成了他成功路上的绊脚石。带着强烈的求知欲,他专注的眼神一直都集中在这个始终如一的物品上,他总是用贪婪的目光一再地盯着它。也就是说,他完全看不到各种法律关系之间的区别，他的注意力始终偏离概念，而跑到了这个盒子上，以至于一到下课，他就快把所有的演示忘光了——除了这个盒子。到了期末，情况还是一模一样：他的知识总量不过就是一个烟盒那么大，这个盒子成了他所有知识的缩影和坟墓。

先生们！这个经历在当时就已经让我意识到，法学的直观教学需要不同的演示品。循着这个思路，后来我有了一个想法，下面请让我荣幸地向各位介绍。

为了法学的直观教学，德意志的每所大学都必须建立"法学
83 演示品陈列室"或者"法律博物馆"。它有两个分部：一个用于陈列演示**法律客体**的道具，另一个用于陈列演示**法律主体**的道具；为了教学目的，两者都可以随时为老师所用。"客体陈列室"只收纳动产，而且必须全面，以防上述灾难重演。至于直观教学中涉及的不动产，比如公有物、安魂物、地上权和永佃权等，则可以通过"外出考察"来完成演示，也就是让学生去实地观察它们。布置道具室的主导思想是，对于每一个概念、每一种法律关系，都要选出一个合适的演示品，并用这些物品专门地指代它们，以便概念和演示品这两者可以在听众的观念里形成统一。只要运用了这种著名的记忆窍门，学生将会以最轻松、最牢固的方式记住这些概念。举个例子：假设为"使用借贷"这个概念所选的演示品是一本书，那么出现在学生面前的每一本书都会让他回忆起"使用借贷"的概念。换言之，借助演示品，概念同样进到了记忆之中。因此，所有这些演示品都要贴上固定的标签，并按体系来排列。在法学阶梯和学说汇纂这两门课里，首先要用上的是和总则相关的演示品，如简单物和集合物、主物和从物、物的成分、孳息以及可替代物和可消耗物等。只要是看过道具室里的这些道具——哪怕是只看过一眼——学生就永远不会混淆或是记错这些概念。

为了确保这一点,我们还可以在课后把这些演示品留给听众供其进一步观察,并允许他们随时来陈列室里观摩。

再举个例子:铁钉、蜡烛和木柴等都属于"可消耗物"或是"可 84
消费物"的范畴。通过这样的演示,上过课的学生就能永远记住这些概念。我还记得在大学时代,我和一个朋友为了这个问题争得面红耳赤。他否认了我的看法,因为他认为这些物品都不属于"可耗尽物"(那会儿大家都把"可消耗物"说成"可耗尽物")而铁钉、蜡烛和木柴通常是不能被耗尽的。

在总则之后是分则部分的演示品。例如,当涉及所有权时,要为"添附"和"加工"这两个概念准备令人印象深刻的道具。对于后者,每次总要用上两个演示品:一个代表加工前的物,一个代表加工后的物。又如,当涉及债法时,对每种类型的合同或每个在法学上具有特殊意义的案例都要准备一个演示品。这样一来,买卖合同的不同变种——如货样买卖、试用买卖、整批买卖以及计量买卖等——就彻底有了各自的代表。对于遗产买卖,为了节省费用,可以从继承法那里将遗产的演示品拿过来用。但在其他情况下,为了防止出现误认的危险,同一个物品永远不要用于指代两种不同的法律关系。反之,我的建议是:对于某些法律关系,应当购置两个完全相同的样品,一个用于指代这种关系的正常形式,另一个则用于指代它的反常形式。这就跟医生所用的方式完全相同:通常来说,医生都会准备一个跟解剖学道具相对应的病理解剖学道具。举例来说,在两本用于演示"使用借贷"的书中,其中一本可以用来演示它是如何被借出和归还的,另一本则可以用来演示它是如何因借用人的过错而被墨水弄脏的。

先生们,我不想举更多的例子让你们犯困。这个演示品陈列 85
室的想法不仅要在学说汇纂课里实现,而且也应该在其余的法学课程里实现。比如在票据法领域，不同类型的票据以及票据的整个操作过程都可以通过各种形式的范本来加以形象化。

这样的陈列室若能按计划布置完整并正确使用，那么它所产生的效果将是令人惊讶的：它将会毫不费力、潜移默化地引领听众走进生活。为此要投入的费用虽然不少，但它带来的收益却是远远大于成本的。最贵的可能要属那些必须赶过来的动物了，因为它们都是“会吃的资本”。但这些动物是不能少的：对于牲畜租养合同，不能少了“铁制的牲畜”；[6]对于市政官所创设的减价之诉，不能少了带有各种瑕疵的马，比如容易暴怒的那种；对于动物损害之诉，不能少了违反自身本性的动物——正因如此，它才跟有瑕疵的马一样，原本是要以更便宜的价格出售的；对于用益权，不能少了生下小羊的绵羊；只有当涉及总则中的聚合物时，才必须出于节省费用的考虑，将必不可少的畜群带到外出考察的路上，用以直观地展示这一概念。

我建议设立的第二个分部是“主体陈列室”，它将给**法律主体**提供必要的素材。然而，其中的困难要比客体陈列室那边大得多。坦白地说，按照我想象中的计划，在未来，要完整地实现这一点的可能性是很小的。然而，这一现实却不能阻碍我作这样的设想。至少我可以先向各位介绍我的想法，毕竟我还可以期待这颗种子在几百年后生根发芽！

86 我们也可以把主体陈列室叫作“研究所”。这个研究所将雇用各类法律主体，其目的是让这些主体在听众面前把法律案例从头到尾地演出来。他们要订立合同、遗嘱和遗嘱附书，他们要签

---

⑥　在牲畜租养合同（contractus socidae）中，若被出租的牲畜在用益权人处减少了价值，则该用益权人要向出借人赔偿与该价值相当的钱款；在牲畜死亡的情形下，亦同。因此在德文中，被出租的这一牲畜又被称为“eisernes Vieh”（［价值］不可改变的牲畜），该词的字面含义为“铁制的牲畜”，故耶林有此说。——译者注

发票据、提起诉讼、出庭作证、发出假誓、制作文书、发布扣押命令、实施侵权和犯罪。总之,法律领域内可能出现的一切,他们都要来演。为了节省费用,如果可以的话,同一个人将同时扮演多个角色,就像在小剧院里一样。这样一来,研究所里负责扮演出卖人和买受人的人同时也能扮演出租人和承租人、出借人和借用人以及诸如此类的角色。总之,所有双务合同的订立过程,他们都可以来演;只有当涉及单方行为时,为了强调单方法律行为与双方法律行为的区别,才必须另外再雇两个人,他们将负责演出除此之外的所有单方法律行为,比如遗嘱的设立和遗产的接受。但无论如何,他们都要通过自己的外在特征与双方法律行为的表演者区别开来。最适合于区分这两类人的可能就是"瘦小"和"肥胖"这两个特征了。尽管做了这样的简化,需要雇用的人数还是相当大。对此,下面几点我是必须说的。我认为,以下这些人都是必不可少的。首先,对于**诉讼**而言,必须有一位法官、两名诉讼代理人、一定数量的证人(有作证能力的证人、无作证能力的证人和可疑的证人)以及一位执行员。为了节省费用,这些人必须同样被用于刑事诉讼和民事案件的二审或三审程序;若出现针对法官提起的损害赔偿诉讼,那么此时就必须有两名法官了:一个是被诉的法官,另一个是负责审判的法官。在这种情况下,我们可以让研究所里任何一个有空的人来扮演作出过误判的那位法官; 87
为了表演在法庭上发誓,若到时研究所的人手不够,则可以就每个具体案件临时租用几个仆人。关于私法的总则部分,首先必须有能够代表不同年龄段的主体,也就是幼儿(胎儿就交给怀孕的女人来演了:在以胎儿名义的授权遗产占有中,她必须扮演胎儿的角色;基于这个明显的理由,无需长期雇用怀孕的女人,只有在每次有需要的时候才要她们参与演出),然后是大幼儿,以及一个近幼儿和一个近适婚人,一个适婚人,还有一个未成年人和一个成年人。⑦ 为此被录用的人员可以长期留在研究所,从一个年龄段演到另一个年龄段;达到成年之后,他们就有资格去填补下一个将要空出来的位置。当涉及性别差异时,不需要考虑雇佣什么两性人;或者说得更准确一些,这个时候可以让听众进入解剖室看看。反之,这样的几个女人是必须有的:无论如何都要有一个没结婚的女人和一个结了婚的女人,为的是解释婚约、婚姻、嫁资、确认生父之诉和韦勒雅努斯元老院决议。⑧ 如果她们正在怀孕,那么这种情况下还可以将她们用在以胎儿名义的授权遗产占有中。当然,这些女人在每次演出前都要改变一下妆容。相反,只有在必要的情况下,才必须为污名者的角色租用一个合适的演员。这不仅是为了减少费用,而且也是为了充分顾及研究所里的其他人;即使是为了学生考虑,这么做也是必需的。由于有不同的遗嘱形式,男人中不能少了军人、乡下人和盲人。当然,我是不支持把精神病人也请进研究所的。相反,为了形象地说明"重大
88 过失"这一概念,"拥有勤谨注意的家长"以及"极不谨慎和疏忽大意的人"都是必不可少的,这两者可以形成鲜明的对比。后面这个职位可以让穷诗人来担任,因为这么做的同时也是在给席勒基金会服务。在私法的分则部分,除了以上提到的人物,还要加

---

⑦ 根据优士丁尼法,幼儿(infans)指的是不满 7 岁的人,因此接近 7 岁的人被称为"近幼儿"(infantiae proximi);大幼儿(infans maior)指的是满 7 岁、但不满 12 岁(女性)或 14 岁(男性)的人;适婚人(puber)指的是满 12 岁(女性)或 14 岁(男性)的人,因此接近适婚年龄的人被称为"近适婚人"(pubertati proximi),未达适婚年龄的人被称为"未适婚人"(impuber);成年人(maior)指的是指满 25 岁的人,未成年人(minor)则是指不满 25 岁的人。——译者注

⑧ 韦勒雅努斯元老院决议(SC Velleianum),是公元 46 年发布的一项元老院决议。该决议禁止妇女为他人提供债务担保,并规定妇女的担保是无效的。——译者注

上监护人和保佐人。在其他领域,上面这些主体就已经够用了。但是对于刑法来说,充足的犯罪素材是不能少的,因为根据我们的最高原则,数额较小的盗窃者、数额较大的盗窃者以及惯常的盗窃者,谋杀者和故意杀人者都不能由同一个人来扮演。(会议厅里开始躁动不安)

会议主席:我恳请发言人说得更简短一些。在我看来,上面提到的例子已经完全能说明您的想法了。

会议厅里的声音:发言人想要怎么展示一个"不在场者"和一个"失踪人"?(笑声)

不知名人士:我不是不知道,我的这个想法存在一些实施上的困难。对于您的这个问题,做出一定程度的放弃是在所难免的。同样地,我也承认,时至今日我都没能成功地展示某个财团的法人人格。尽管如此,先生们,这并不能阻碍我们采纳这个措施,因为我们现在就可以将其付诸实施了。只要运用我所说的这些方法,法律的实践生活将会多么清晰而生动地展现在听众面前啊!这场法律戏剧又会如何地激发他的兴趣、放飞他的想象、减轻他的记忆负担啊!先生们,您是知道的,有些法学老师在当代法中还坚持监护人和保佐人的区分;或许您还记得,在您的大学时代,可怜的学生为了理解这一区分浪费了多少精力。然而,如 89
果老师能在听众面前让监护人作出他的**准可**、让保佐人仅仅表示他的**同意**,那么对于学生来说,二者的区别将会多么一清二楚啊!前者是在补充不完全的人格,后者则仅仅是在参与财产管理。此外,保佐人还有大学课程之外的用途,这对于经商的听众来说是一件好事。众所周知,很多人都持这样一种观点:未成年人对于未经其监护人同意而订立的合同是不承担义务的。甚至就在几年前,当一个商人向一个未成年的中尉请求返还已交付的衣服时，罗斯托克的高等上诉法院还基于这个理由驳回了上诉；因为它认为，该诉若要成立，在证讼的那一刻必须存在获利的事实。[4] 这样的判决结果是任何一个正常的外行人都想象不到的。没有任何一个服务员会拒绝给中尉端酒，尽管他没有问这个中尉“虽然您留着胡子，但或许您还是未成年？”或者是“虽然大家都知道您很有钱，但您现在是否没带现金？”。如果中尉的回答不幸是否定的，又或者他就是忘了付钱，那么这个可怜的服务员就必定要向他主张返还“直到证讼那一刻他所获利的数额”！假如
90 前面那种观点是正确的，那么夜里被叫去治病的医生就必须先问清楚病人是否为未成年人，如果回答是肯定的，他还必须让未成年人的保佐人从床上起来对此表示同意，他才敢放心过去；在向顾客交付药品之前，药剂师也必须做同样的事。而在监护人、医生和药品到达之前，病人很可能已经死掉了。对于有可能是未成年人且处于监护之下的所有旅客，旅店老板也都必须拒绝他们入住，或者是要他们预付现金。若是没有监护人的特别同意或是预付款，没有哪个裁缝或鞋匠会去测量顾客的裙子和靴子，至少他们是不会做完这些东西的。然而，每个懂得生活的人都知道，所有善良的人都不会这么做，在他们为此付出惨痛代价之前，他们通常并不知道这个如此病态的法律规则。既然如此，如果我们研究所里的监护人能时不时地用形象生动的方式在学生面前展示这一规则（比如在集市上或公共节日里），那将会多么令人印象深刻啊！正如这一规则所要求的那样，监护人必须形影不离地跟着这个中尉，无论后者实施了什么法律行为，他要么表示同意，要么自己掏钱买单。为了更充分地表明这位被监护人根本不具有独

[4] 这个判决刊印在 **Seuffert**, Archiv für Entscheidungen u. s. w. Bd. XI, Nr. 26.

立性，监护人还可以把这个中尉当作襁褓中的婴儿一样抱在怀里——只要这对他不是太难的话。

请允许我再描述几个这样的画面……（不！不！说正题，说正题！……巨大的骚动）

会议主席：为发言人着想，我必须请他说回重点。没错，他想 91
讲的应该是法律诊所，但他似乎已经忘了。

不知名人士：先生们！我的确一直在讲正题。我的道具室不就是为了贯彻法律诊所的理念吗？如果缺乏必要的素材，老师们要如何开设诊所课？您不能苛求他自己花钱去买这些道具呀！这笔费用将是相当大的。因为只有“门诊部”和“急诊部”是做不成这件事的。换言之，单靠法学的外出考察是不够的。要想让诊所课真正地发挥效用，我们还需要“住院部”。就像我说过的，要是没有我的陈列室，这是根本不可能实现的。好了，这个主题我已经讲完了。但请允许我再说明**一点**。主体陈列室（其实我更愿意称其为“法学研究所”）看上去的确很烧钱。用于创建这个研究所的费用是如此之高，以至于我们德意志的财政机关将很难批准拨款。尽管如此，如果这件事被处理得当，它就是非常划算的。其中的大部分职位都可以由法律人来担任，而且先生们，您是知道的，我们并不习惯于提出高要求。我们中的某些人已经为国家无偿服务了十年乃至更长时间，最后只得到每年 300 塔勒的报酬，这些钱他同样可以在法学研究所这里挣到。如果用一个诱人的头衔（如“教育顾问”或者“研究所顾问”）来弥补收入的不足，又或是给他们每次的服务提供津贴，那么我毫不怀疑，将会有很大一批申请人想要在研究所上完他们的实践课程。另一
个节省开支的办法是设立带薪职位，但却把这些职位交由没有工 92
资的专员管理。正如在德意志的一些邦国那样，这种做法已经取

得了巨大成功。出于礼貌，我们还可以把一些支付全额工资的职位作为养老岗位分配给退休的名誉法官、上了年纪的正派律师以及没有前途的编外讲师。总之我坚信，建立研究所的费用将会大大减少，以至于跟研究所带来的收益相比，这些费用根本就不值一提。

现在，我来谈谈**考试问题**。如果说到目前为止，我一直都在支持提案人并进一步阐述他的想法，那么遗憾的是，在考试问题上，我不得不坚定地反对他。也就是说，我完全不觉得考试必须**减少**，相反，我认为它必须**增加**。（啊！啊！巨大的抱怨声）是的，先生们，我们必须增加考试的场数，而且我相信，尽管有您的强烈反对，我还是会赢得最终的胜利。我把我的观点总结成一句话：**永远都要有考试！**

对于考试问题，我只承认这两种合理的看法：要么就是“永远都不要有考试”，要么就是“只要人活着，就要不断地参加考试”。所有其他观点都是可怜的中间派。因为，要么考试是多余的，要么考试是必需的。若前者是正确的，那么就应该完全废除考试；若后者是正确的，那么只要“为什么要考试”的理由继续存在，考试也就一直是必需的。众所周知，考试的目的正是要让国家相信，拟被聘用的人已经具备了必要的知识；此外，考试也能够督促
93 考生主动掌握这些知识。假如知识是永久性财产，那么获取一次，即考一次当然也就足够了。然而遗憾的是，作为精神财产的知识却跟酒有着相同的特性——它会随着时间而挥发。如果不经常往里装新的，酒桶总有一天会空空如也。现在，我们还有多少人敢说自己知道“τύπτω”[9]这个词的全部变位？尽管在小学，我

[9] “τύπτω”是古希腊语中“打、敲、击”这个动词的主动态直陈式现在时单数第一人称形式的变位。——译者注

们每个人学过的古希腊语都远比这多得多！由此可以得出什么结论？可以得出的结论就是：人这一辈子必须经常参加考试。无论是当法官还是做律师，如果我们每个人都必须具备特定的知识。如果国家认为自己有责任通过考试去证明这个必要条件的存在，那么一场30年前或40年前通过的考试怎么能保证我们现在仍具备这些知识呢？40年前，酒桶满得都快溢出来了；而如今，它却可能早已滴酒不剩。对酒桶来说，重要的不仅是首次装满，重新装满也很重要。如果认为前者只能通过强制手段来实现，那么对于后者来说又如何能少得了强制呢？此外，还有一个因素也要求这样的强制，即法律人不仅应当维持他从大学带来的原始知识资本，而且应当**扩充**它——他应该跟上科学发展的步伐，不断进行自我教育。我再问一次：除了定期参加考试，还有什么能确保他做到这一点？

先生们！请恕我直言，我想说的正是：如果一个国家将臣民
的生命、名誉、安全和财产都托付给那些不足以完成任务的人，那 94
么这样的国家是很不负责任的。假如国家有权这么做，那么铁路管理部门也就有权只对火车做一次安全检测。既然火车必须做重复检测，那么基于同样的理由，法律人也应当如此。在某种意义上，法律人就好比货车……（会议厅里的声音：这话说得太重了……不许做这样的比喻！全场骚动）

会议主席：因为这个不恰当的比喻，我必须提醒发言人遵守会场秩序。（太棒了！）

不知名人士：先生们！请原谅我这个脱口而出的比喻。请允许我再说几句话。（不行！不行！结束！结束！）先生们！我确实还想再提一个提案。（结束……结束……其他的声音：这个提案至少应该让他提！）

会议主席：还是让他提吧！

不知名人士：我建议对弗科马的第五个提案做一些修改。修改后的提案是这样的：

> 必须随时考查法律实务工作者的必要知识。换言之，他们必须经常参加考试，而不考虑其年龄大小和职位高低。

先生们！为了让各位接受这个提案，我几乎不用再对已经说过的内容做什么补充。只有在这种制度下，考试的理念才能彻底地贯彻下去；只有在这种制度下，这个理念才会变成真理。其他
95 的办法都是不彻底的。正如国家机关要时常核查公共账目，基于同样的理由，它们也必须经常考查法律人的知识；跟账目里的钱比起来，法律人这个资本的价值要大得多了，因为这是精神的营运资本，有了它，国家才能完成最高级、最重要的任务，即运作司法制度和维持法律秩序。这种"考查"的思想是非常崇高的，这是一份伟大的财产目录，上面所列的是全国的法律智慧，它是一个精神化的、值得在 19 世纪重现的古罗马监察观念。每个人都必须接受评估，没有人可以排除在外，甚至连司法部长也不例外。（笑声）先生们，这是多么崇高的思想啊！连司法部长也要承受考试的压力，他可能会因错误的国家法观点或是严重违反法律解释理论而被撤职。先生们！把考试对象不加区分地扩大到所有公务员、实务工作者和理论工作者，这将是正义和"法律面前人人平等"的胜利，我实在想不出还有哪场胜利能比这更加崇高、更为美好；这将给我们整个民族注入一种对法律人的信赖感，就连罗马人对他们的法学家都几乎不曾有过这样的信赖感。

现在，您可能要问我：要是所有人都必须成为考生，那么由谁

来担任考官呢？最简单的办法就是：我们只需要把“贝尔—兰卡斯特教学法”⑩套用到考试上就行。换言之，**考试是相互的**。头一年，先由这一半人考核那一半人；下一年，再由那一半人考核这一半人。依此类推。每一年，全国人民都能一再地看到整个法律界上演精彩的智力角逐，这将是多么庄严的场面啊！当然，我的前提是“考试是公开的”。到那时，全国人民都会蜂拥而至，对于那些想 96
要出人头地的人来说，这是一个多么好的机会啊！或许，我们还可以效仿体操界的做法创造出一个全国性的节日呢！如果您想参考以前的榜样，那么我们还可以照着希腊奥林匹克运动会或者中世纪骑士比武的方式来设计这个节日。（会议厅里爆发出一阵笑声）

先生们！可能因为我过分地美化了我的想法，所以您才会觉得好笑。然而，这个想法本身却是非常合理的，也就是“永远都要有考试”。此外，我更想说的是，这也是切实可行的。（啊！）没错，先生们，它不但可行，而且已经在德意志的几个邦里开始实施了。普鲁士已经有三场考试了，为了实现我的想法，他们要做的已经不多了（躁动不安。结束！结束！）……

---

⑩　“贝尔—兰卡斯特教学法”是由两位英国教育家安德鲁·贝尔（Andrew Bell，1753－1832）和约瑟夫·兰卡斯特（Joseph Lancaster，1778－1838）共同创立的教学方法。该方法的思路是：老师先教会年长或成绩较好的学生，再由他们担任老师的助手，将自己刚学会的知识教给其他学生，因此该方法又被称为“导生制”或“相互教学制”。由于这一方法对普及初等教育很有价值，因此在19世纪初的欧美各国比较流行。——译者注

97

第六封信[1]　文献；写作的外在强制

我在第一封信里出的那个点子(让我害怕的是,它在本报1861年的第41期上就已经露出了一丝曙光)如今已顺利实现,而且远超预期。事实上,“不知名人士”的面具早已引发了多米诺骨牌式的连锁反应:城堡里的所有守卫都接二连三地戴着它参加宫廷舞会,安全地吃上了自助餐。戴着这个面具的一会儿是这个不知名人士,一会儿又是那个不知名人士,谁也没认出谁来。我一会儿成了民法上的不知名人士,一会儿成了刑法上的不知名人士,一会儿又成了民事诉讼法上的不知名人士,[2]甚至在最近还成了“番外系列”里的不知名人士(参见本报1866年第2册的第153页)。我就像一条被切

---

〔1〕 Deutsche Gerichtszeitung. Neue Folge. Bd. 1, S. 309 ff. 1866.

〔2〕 关于这些书信,目前还有第二个系列和第三个系列(民事诉讼法系列和刑法系列),这两个系列都不是我写的。

成几节的蠕虫在读者面前分裂、繁殖，每一节都在挣扎、蠕动，而所有这些挣扎、蠕动着的不知名人士到头来却都是我自己。对自我产生错误认识，遇上自己不折不扣的分身，如果不把这件事说得那么恐怖，那我们确实可以说：这样的命运简直太让人羡慕了！通过这样的方式，人们就可以不断复制自己，不用付出任何努力就能够著作等身。为什么萨维尼和普赫塔不曾想过戴上别人的帽子，在出版著作时印上**布拉肯霍夫特**或**罗斯希尔特**的名字呢？① 98
当后者拿到自己本可以**读懂**的这些作品时，他们会是多么惊讶啊！豪夫以"克劳伦"的名字出版了《月中人》，②这一点只有他自己知道，而读者却完全不知道这是个骗局。谁能知道我们的法学读者有没有经常被类似的恶作剧所玩弄呢？在读了这么多作者的新近作品之后，至少我是不能摆脱这种怀疑的：这些著作并不是他们自己写的，这都是可恶的老洗衣婆在我们的文献里胡作非为的结果。最近，我又一次把她的杰作捧在了手里：满满一大桶洗衣水，将近300页这么厚，里面除了微不足道、错误百出的思想外，什么也没有了。要是让我抓到这个连名门望族都不放过的人，她的日子可就不好过了！您就不能在柏林的法律协会里倡议一下，为抓捕这位法学洗衣婆设个悬赏吗？她可正在打着"法学作家"的旗号乱搞恶作剧呢！

不管真实情况是否像我猜的那样，总之在我身上的确发生了这样的事：有人用了我的面具在那儿写作。其他人可能会抱怨别人偷

① 特奥多尔·布拉肯霍夫特（Theodor Brackenhöft，1801－1861）和康拉特·弗朗茨·罗斯希尔特（Konrad Franz Roßhirt，1793－1873）均为德国19世纪的罗马法学家和民法学家，但二者的作品在当时并没有萨维尼、普赫塔那样的影响力。——译者注

② 威廉·豪夫（Wilhelm Hauff，1802－1827），德国小说家和诗人，著有《豪夫童话》等。《月中人》（Der Mann im Mond，1825）是他以"克劳伦"（Clauren）为笔名出版的一部讽刺小说。——译者注

走了自己的智力鸡蛋，换言之，他们所孵的小鸡被说成是别人的；但是在我这里，情况却恰恰相反。对于我来说，“盗窃智力成果”的概念被颠倒过来了：有人偷偷在我的窝里下蛋，并借我的名义去孵。这是多么让人高兴啊！我在法学领域的知识是多么渊博啊！罗马民法、普鲁士民法、法律史、刑法以及民事诉讼法……没有什么是我不知道的！最让我激动的是，我还将拥有怎样的国家法知识啊！如
99 今，所谓的艺术就是去了解一点国家法的东西。各邦联国的国家法（汉诺威王国的国家法、黑森选侯国的国家法以及拿骚公国的国家法等）都在一夜之间荡然无存，留下来的只有教授们的课堂讲义。它们正无所事事地躺在书桌上，抱怨起罪恶的俾斯麦。③ 或许，它们还在梦想着幸福的重生：那个从教授们的指缝间溜走的世界悔过自新，再次回到课堂讲义之中；被罢黜的君主们重新回到他们的“帝国”，回到他们的“人民”身边。

但是按照我的习惯，我又一次迷茫了。我本来是想向那些主动在我的窝里下过蛋的好心人公开表示感谢的，但是在私下里我可做不到这一点，因为我不知道他们的地址。而且您，我尊敬的编辑先生，也不愿告诉我他们的地址。不知名的朋友和孵友④啊，欢迎来到我的翅膀下！尤其要欢迎的是你这个新来的人，你下给

---

③　这封信发表时（1866年）正值“普奥战争”结束，普鲁士在俾斯麦的领导下战胜了奥地利及其邦联国，其中就包括汉诺威、黑森和拿骚。在这些邦联国被普鲁士吞并后，其各自的国家法即随之失效，因而以这些国家法为研究对象的授课讲义也就没有价值了，故耶林有此说。——译者注

④　此处耶林使用了两个发音相近的词，一个是“Mitbrüder”，另一个是“Mitbrüter”。前者是一个现成的德语词，是由“mit”（一起的、共同的）和“Brüder”（兄弟）组合而成的，意为“朋友、同伴”；后者则是耶林根据前者的构词法生造出来的词，系由“mit”和“Brüter”（孵蛋者）组成，字面意思是“一起孵蛋者”，中译文同样生造“孵友”一词去对译。——译者注

我的蛋还盖着“莱比锡”的邮戳。[5] 我从这个蛋里孵出来的小鸡肯定是前途无量的，所以，请你再多送点这样的礼物给我吧！就像你送我的第一封信那样（参见本报 1866 年第 16 期的第 61 页）。请你更加勤快地潜入扯淡的法学深海吧！海底有精美的珍珠等着你去挖，就像“施蒂普曼口中的丈母娘”[6]那样的珍珠——它可是上好的。我们所有人，还有那些愿意加入我们的人，让我们联合起来！让我们向文献中的毒瘤展开新一轮的反击！这些文献用来装饰自己的假博学、假机智和假深刻，都不能阻碍我们去认清和揭露它们的真面目。为了反抗它们，别人用的可能是重炮、带的可能是炮兵，为的是把蚊子和苍蝇轰到地上；但对我们来说，苍蝇拍和小木板就够用了。精准的打击往往要比连续炮击更 100
加有效。我忘了是哪个英国人感谢“笑”救了自己了：这个人得了内脏脓肿，医生用烧灼术或手术刀都没法对付它。但是，当他看到自己的卷毛狗戴着卷毛假发坐在自己面前时，他突然大笑了起来——脓肿就这样裂开了。在我们的法学里也并不缺少这样的

---

⑤　耶林所指的是《一位不知名人士关于当今德意志法学的秘密来信》第三个系列（民事诉讼法系列）的作者，这个作者虽然也是匿名投稿，但编辑说这封信上盖着来自“莱比锡”（Leipzig）的邮戳。参见 Anonym, Vertrauliche Briefe eines Unbekannten über die heutige Deutsche Jurisprudenz: Dritte (civilprozessualische) Serie, Deutsche Gerichtszeitung 8 (1866), Nr. 16, S. 61, Anmerkung des Redakteurs。——译者注

⑥　这个梗与德国法学家、档案管理员弗里德里希·格奥尔格·利普莱希特·施蒂普曼（Friedrich Georg Lebrecht Strippelmann, 1804－1889）1861 年出版的著作《通过书面文件来证明》第 2 卷有关。在该书中，施蒂普曼认为：如果丈母娘在女婿家短期逗留，那么在无法证明她是否应向女婿支付报酬时即应假定她没有支付报酬的义务（参见 Strippelmann, Der Beweis durch Schrift-Urkunden, Bd. 2, 1861, S. 114）。据此，以上这封匿名信的作者得出的结论是：女婿在赡养自己丈母娘的时候应该提防着点[参见 Deutsche Gerichtszeitung 8 (1866), Nr. 16, S. 63]。耶林曾告诉他的朋友贝尔，自己在看到这个结论时狂笑不止[参见 Stölzel, Jhering und der Juristentag, DJZ 15 (1910), Sp. 906]。——译者注

脓肿，如果我们试着运用卷毛狗和卷毛假发，或许我们也能让它发笑，并借此使它康复。对于某个病态的观点，只要笑过一次，就会永远免疫——横膈膜也是理智极有价值的一部分。

我们的民法实践病了，对此所有人都是同意的。以萨维尼为首的理论家认为，这个疾病的病因出在“实践中太缺少理论”；而实务人士却认为，这是出在“理论中太缺少实践”。就好比对于病人的胃溃疡，一位医生认为，这是因为他“药吃得太少”；另一位医生则认为，这是因为他“药吃得太多”。前者每天都会为病人开出厚厚的书单作为新的处方，还不无安慰地保证道：“之前的药方一直是错的，但现在已经找到治疗的方法了！”法律史、文本分析、法哲学、国民经济学、自然科学、亚历山大城的克莱门教父、莎士比亚以及《威尼斯商人》中的鲍西娅和威尼斯公爵等——这所有的一切，何尝不能让病人的消化和体格变得更好呢?！可怜的病人啊，要是你一直等待医生们对病因和疗法达成一致，那你或许会死在他们手里！在此期间，请继续放心地满足你的身体需求吧！
101 申请职位、登记备案、辩护代理、控告嫌疑人、公布法令、出版著作、作出缺席判决、进行上诉以及其他类似的事情，你都可以继续去做。在索伊菲特的《最高法院判决档案》中，⑦你可以找到另一个自己和值得信赖的向导。在科学的仙境里，有人可能会谴责你，说你更多地接受了这份档案的指引，而非科学的指引。但在我看来，你之所以这么做，是因为人总不能从天上给你指路，你的指路者必须下凡到人间；只要科学不屑于下到人间，那么“你不信赖它的指引”这事儿就要怪它自己。对于索伊菲特的计划，我要

---

⑦　《最高法院判决档案》(Archiv für Entscheidungen der obersten Gerichte)是德国法学家约翰·亚当·冯·索伊菲特(Johann Adam von Seuffert, 1794－1857)于1847年创办的杂志。——译者注

指责的只有一点。为此,我将尝试用一项新的计划来弥补缺陷。作为这个想法的创始人,我有权给它命名,我要称其为"**反索伊菲特**"。如果想为别人指明一条美德之路,那么只为其列举美德的榜样是不够的,我们还必须在他面前展示具有震慑效果的恶行来作为反例。在这一点上,索伊菲特只给出了优秀的榜样。当然了,既然他把自己局限在**最高**法院的判决上,他难道还有别的选择吗?只不过我们还缺了具有震慑效果的反例,也就是那些连普通人都无法理解的东西。我认为,反面例子是很重要的,我的整个人生教育就是建立在反例之上的,这一点要归功于我爷爷。他总是对我说:"为了让年轻人养成节制的美德,给他举出节制的榜样会有用吗?一个醉汉都要比一百个清醒之人的劝诫更有助于 102
这一美德的养成,更别说一个'**酒鬼**'了。"〔3〕我在一生中从未受过李子的诱惑,因而没有让太多李子坏了我的胃。这一点只能归功于我爷爷,正是他给我举了一个具有震慑效果的反例:他把我带到一个男孩的床边,这是一个因为过度享受李子而招致了严重胃绞痛的男孩,他正在狂吐不止。为了回到"反索伊菲特"这个话题,我要问的是:为了人类的利益,特别是为了震慑法律人,如果我们把那种错误的知识公开地钉在墙上——我现在正想这么做——就像把猫头鹰钉在大门上或是把假币钉在柜台上一样,这将会给人留下怎样的印象啊?这将是一条画满了法律怪胎的画廊,这将是一个"法律病理学"的陈列室!请想象一下,一位真正的解剖学家将会带着怎样的愉悦之情去解剖和制作这些精致标本啊!他们会剖开满腹荒唐言,将没消化的理论所造成的梗塞在内脏中暴露出来。这对司法的贡献将会是多么大啊!为了发挥

〔3〕关于"酒鬼"(Besoffene)和"醉汉"(Betrunkener)这两个概念的定义,参见 Wächter, Sächs. Strafr., S. 346。

普遍的震慑效果,我们要把这样的判决保存在我们的法律病理学陈列室里。这样一来,它就不可能再出现第二次了。

您就承认吧,您很羡慕我的这个想法。为了消除您的嫉妒心,我愿意分您一杯羹。您应该出版“反索伊菲特”,也就是说从现在开始,它应该在您的杂志上拥有一个完整的版面。一旦有了可用的素材,我就会给您写信;假如我的同事也都恰好支持我,那么这个“反索伊菲特”要是还不能成为贵刊的固定栏目,反倒是让
103 人奇怪了。为此,我恳请所有能够给我支持的人,请将你们的稿件暂时寄到本刊的编辑部。就这么说定了!从现在起,为了反索菲伊特,让我们联合起来!“但是这么做会闹出丑闻”,您摇着头说。尊敬的支持者们!自从毕达哥拉斯为了庆祝他所发现的著名公理而为神明献上了100头牛,就有了一句名言:“每当有了新发现,每头牛都会颤抖哀嚎。”在要被宰的时候,哪种生物不会大喊大叫呢?对我来说,我们这些同事的叫喊恰恰证明了,我的“反索伊菲特”有权跻身于全世界最重要的发明之列。顺便一提,由于我是对事不对人的,所以我愿意做一个妥协,也就是把争议案件和法院的名称统统省略掉,或是用化名代替。如果谁还是觉得自己被伤到了,那么他或许可以想想,跟德意志以前流行的判决批判形式相比,对其判决的这种批判形式已经是无比温和的了。古德意志诉讼法上的“判决责骂”(Schelten des Urteils)曾给法官造成了这样的后果:他得手拿武器去捍卫自己的判决。假如对判决的这种反抗形式还很普遍,那我们的大街上早就已经血流成河了!假如这样的形式还很普遍,那么除了不允许责骂枢密高等法院顾问和高等上诉法院顾问的判决,没有一个法官的生命是有保障的。要是这么看来,现在的确比以前进步了。难道不是吗?相较于那种从本质上屠杀法官的做法,对法官的批评不就是个小儿

科吗?

说完这个“反索伊菲特”的想法,一块压在我心底很久的石头终于落地了。现在,我可以畅通无阻地继续前行了;今后,我要完 104 全抛开实践,回归理论。至此,我走过的是一条很长很长的路,但是谢天谢地,这并不是一条**无聊**的路⑧——幸好我做了预防措施。

还记得我的第四封信吗?现在的这封信就是紧接着它的。之前的第五封信不过是狂欢节的玩笑,不能作数。在第四封信里,我曾跟您讲过,作为一个单纯的年轻人,我在一开始是如何带着对理论的充分信仰踏入实践的,以及这种信仰是如何因理论应用给我带来的痛苦而彻底发生动摇的,并且它又是如何让位于这样一种认识的——“必须先放弃对理论的信仰,在运用它时才不会有风险”。您是知道的,我所谓的“理论”并非指那些资深的实务人士所写的著作,也不是指理论家关于法哲学、法律史以及其他非危险学科的著作,而仅仅是指纯理论家关于现行法在实践上如何适用的著作。在我看来,除了少数例外(见下文),应当一劳永逸地禁止他们就**这一**主题撰写著作。这样写下去会出现什么后果,优士丁尼早就料到了,所以他严格禁止所有以其法律汇编为主题的著作出版。他说,这简洁、优美的告示会被这些作者给搅乱、撕碎,以至于几乎所有的法律都会陷入混乱。既然他费了这么大的劲才做好法律编纂,如果这时又冒出这么几个写书的人,那么这样的旧事就会再度上演。因此优士丁尼规定,所有胆敢这么做的人,都要作为造假者被惩罚;这些人写的书,都要被扔进火坑。但是对于写书写到手抽筋的人来说,这点恐吓又算得了 105

⑧　在该句中,耶林分别用“lang”(长的)和“langweilig”(无聊的)来形容“Weg”(路)。而在德语里,“langweilig”(无聊的)这个词正是由“lang”(长的)和“weilen”(停留)组合变化而来,字面含义是“停留了很长时间的”。——译者注

什么呢?相传,近来有位法学家自始至终都以写作为乐,就好像在这个文献如此供不应求的时代,他必须再次制造它的供需平衡似的,真所谓“适当地扮一下蠢人也是美好的”。[9] 这位法学家就是任教于埃尔朗恩大学的老**格吕克**。[10] 由于不忍心听众们仅仅局限在自己的讲授、口述以及有关《学说汇纂》的论文上,他准备再写一套6卷本的小型“学说汇纂评注”,供学生们回家自学。多么高尚的心灵啊!在去世的时候,他已经写到了第34卷,差不多涵盖了《学说汇纂》一半以上的内容。续写这套评注的首先是**穆伦布鲁赫**,然后是**法恩**。[11] 前者活到了评注完《学说汇纂》的“如果某人强迫或阻止他人立遗嘱”这个标题(D. 29, 6),后者则活到了评注完“关于遗嘱附书法”这个标题(D. 29, 7);前者写出了9卷,后者则写出了2卷。在这部作品完结之前,还将有多少位法学家为此而献身啊!届时,它在世界上将多么壮观啊![12] 既然有这么多的罗马法学者都想固守《国法大全》里的每一个字,那么为什么就没人想到要将优士丁尼上述关于惩

---

⑨ 原文为“dulce est desipere in loco”,语出古罗马诗人贺拉斯的《颂诗集》第4部第12首第28行(Carmina 4, 12, 28)。——译者注

⑩ 克里斯蒂安·弗里德里希·冯·格吕克(Christian Friedrich von Glück, 1755–1831),德国罗马法学家,主要著作是34卷本的《学说汇纂详注》(Ausführliche Erläuterung der Pandekten,1799–1830),评注范围涉及D. 1, 1至D. 28, 1。——译者注

⑪ 克里斯蒂安·弗里德里希·穆伦布鲁赫(Christian Friedrich Mühlenbruch, 1785–1843),德国罗马法学家,续写了格吕克《学说汇纂详注》的第35卷(1832年)至第43卷(1843年),评注范围涉及D. 28, 1至D. 29. 6;爱德华·法恩(Eduard Fein,1813–1858),德国罗马法学家,续写了格吕克《学说汇纂详注》的第44卷(1851年)和第45卷(1853年),评注范围涉及D. 29, 7。——译者注

⑫ 在耶林提及的这些作者之后,先后又有安茨(Karl Ludwig Arndts, 1803–1878)、莱斯特(Burkhard Wilhelm Leist, 1819–1906)、伯克哈特(Hugo Burckhard, 1838–1918)、萨科夫斯基(Carl Salkowski, 1838–1898)、乌博洛德(August Ubbelohde, 1833–1898)等法学家参与到续写工作中,但格吕克的《学说汇纂详注》最终并没有完结,因而成为了一部未竟作品。——译者注

罚的规定解释为有效呢？为什么就没人想到要告发老**格吕克**、**萨维尼**和**普赫塔**这些造假者呢？因为这么做不合理啊！毕竟，谁会去揭自己的丑呢？的确，要他们这么做是没有用的；但如果想要改善现状，我们至少得杜绝这一类写作。这个疾病当然无法被根除，但我们至少要把它控制在合理的范围内。为此我做了长期的思考，现在终于想到一个办法，下面请允许我向大家介绍。 106

首先要查明的是这个疾病的病根所在。我认为，病根就在于我们德意志大学的传统体制：它的大门只向那些做出了"学术成果"的人敞开，也就是那些把自己写的东西交给别人排版印刷的人。要成为教授，就必须先经过印刷厂！没有排字工人就没有教授！为了这等好处，有哪个德意志的编外讲师没把自己的手写残？格吕克的第一部作品没有成功，于是他很快就写了第二部、第三部。他一直用论文、专著和教科书对着紧闭的大门狂轰滥炸，直到它终于为他打开。轰炸堡垒不能拿轻型火炮，而要用重型火炮；书越厚，轰炸的效果就越好！所以我们的文献中才发生了那种恐怖的不幸：这些人以人为、暴力的方式将极其贫乏的思想扩充成厚厚的"砖"著。围绕着一星半点、浮于表面的思想，他们却写出了整整一本书！其中有几本甚至连这么一点思想都没有！科学的信徒们就这样一直站在那里，排成一排向前挺进。每一份文献目录、每一本法学杂志都能带来新一轮的炮击。如果有一个人幸运地进入了堡垒，那么马上又会有另一个人取代他的位置，继续轰炸堡垒。除非我们的政府和德意志民族认清这个现状，否则它将一直持续下去。

您可能会说："可是这又有什么坏处呢？为什么非要禁止他们做这种无害身心健康的锻炼呢？不管是要求他们在教席上发表演说、翻跟斗还是写书，都是完全没有区别的。他们写的书又 107
不会咬人，每个人都可以绕开它们走；谁要是没有绕着走，谁要是因为买了这些书、读了这些书而受到什么损害，那他只能怪自己。”不！尊敬的先生们，事实并非如此。劣质商品同样会搅黄优质商品的市场。A迈尔、B迈尔、C迈尔……一直到字母表最后的Z迈尔都写过关于共同连带之债、自然之债、不可分之债等主题的书，这些书都是以高雅的“纯科学方法”撰写的，丝毫不涉及我们当今生活中的各类情形和各种需求。面对这些文献，可怜的实务工作者终于感到害怕了，他们终于闷闷不乐地抛弃了它们。以前，我们德意志的亚麻工业出口额为什么几近亏损？答案是：因为不讲信用的亚麻织工在亚麻里混进了棉花。这些不讲信用的人不但毁了自己的销路，而且还毁了诚信卖家的销路。

在我们的法学文献中，情况也是一样：烂书把好书的市场也给搅黄了。谁还会去买书？〔4〕天啊！一千个法律人里都不会有一个！我知道的是，像布赫霍茨⑬关于先取遗赠这样的皇皇巨著（整整700页！）可能连50本都没卖出去。所以我相信，在德意志
108 的一些邦国里，很多法学著作甚至连一本都没能卖出去！我自己就已经很久没买过书了。我的一个老舅，他是个好奇心很重的家伙，所有出版了的书他都要买。由于他自己从来不读书，这些书就被用来装饰房间（顺便一提，这真是个奢侈的装饰品，每次都得花上60马克左右），于是我就时不时地从他那里捎走一两本书。为了写出我的法学书信，这些书是必需的。正是在这个方面，它们的确为我提供了极其丰富的素材，以供您时常从中获益。如果

---

〔4〕 我指的不是像霍茨舒尔（Holzschuher）所写的关于理论和决疑术这种家常便饭型的文献，也不是指的简明教科书，而是指那些活动在纯科学苍穹里的文献。这些文献的作者是有意这么写的，他们这是在研究热气球，为的是把粗俗的世界深深地抛在脚下。

⑬ 亚历山大·奥古斯特·冯·布赫霍茨（Alexander August von Buchholz，1802-1856），德国罗马法学家，主要著作有《当代罗马法领域的法学论文集》（Juristische Abhandlungen aus dem Gebiete des heutigen Römischen Rechtes，1833）和《先取遗赠理论》（Die Lehren von den Prälegaten，1850）。——译者注

不考虑极少数的例外，那么这些书给人的永远都是同一个印象：谁要是读多了，就会肚子疼。但是，这个错不能怪在写这些书的好人头上，要怪就要怪书里各种配料的比例。关于罗马法的著作（在我的信里，我只谈论这个领域的文献）必然会一年比一年差。“他们的书都要彻底销毁！”（参见《Tanta 敕令》§ 21），优士丁尼这句诅咒般的威胁就是冲着我们的罗马法文献说的。空口无凭，下面我就来举证！

我不知道您是否在施普雷河畔榨过葡萄，但无论如何，要是我这么对您说，您是肯定不会反对的：如果我们两个人先后压榨相同分量的葡萄，那么第一个人榨出来的葡萄汁是较好的，第二个人的是较差的。假如后面还有第三个、第四个乃至更多的人，那么最后一个即使用了液压机也榨不出一滴葡萄汁来。显而易见，这个结论同样也适用于罗马法。自七八世纪以来，成千上万乃至上百万的法律人都在费尽心思地压榨罗马法。曾经有过这样的时代，在那时，榨出来的葡萄汁还是从手臂一样粗的管子里往外流的，人们必须用最大的木箱和酒桶（或者说必须用**大开本的书**）才能接住它们。比如在居雅斯和多内鲁斯的时代，⑭压榨罗马法还是一件很有趣的事！光是关于用益权的学说，伽尔瓦努斯就写了整整**一大开本**，我们完全可以用它打死一头牛。⑮ 接着我们就来到了**四开本**的时代，这时候榨出来的葡萄汁就已经少了一些，而且味道也更苦了。如今，我们生活的时代已经是**八开本**的时代了（因为在**十二开本**和**十六开本**出现之前，罗马法还没有被

---

⑭　居雅斯（法文名：Jacques Cujas；拉丁文名：Cujacius；1522－1590）和多内鲁斯（法文名：Hugues Doneau；拉丁文名：Hugo Donellus；1527－1591）均为罗马法学家、法国人文主义法学派的代表，两人都对优士丁尼的《国法大全》做过评注。——译者注

⑮　伽尔瓦努斯出版于 1650 年的拉丁文专著《论用益权》（Marcaurelio Galvanus, De usufructu dissertationes variae, 1650）有 600 多页这么厚，故耶林有此说。——译者注

110 榨干〔5〕)，这时榨出来的葡萄汁还有多少呢？比较一下就知道了。在阿斯曼斯豪森和英格尔海姆的香槟生产商为了**他们的**目的压榨完足够的葡萄之后，真正的葡萄酒厂家就会往残渣里加水，并再次压榨，接着再往里加入酒和糖——阿斯曼斯豪泽和上英格尔海姆的红葡萄酒就这么完成了！[16] 水、酒和糖——如今，人们也还想用这些配料将已经被榨干的罗马法做成上好的葡萄酒。

---

〔5〕 在寄出这封信之前，我收到了司法顾问、区法院法官**黑瑟**博士编写的《共同民法袖珍书》(**G. A. Hesse**, Taschenbuch des gemeinen Civilrechts, Jena, Fr. Mauke,1867)。他看到了这样的前景：共同民法的八开本文献将要过渡到十二开本时代。在出版该书时，这位作者就已经在前言里明确表达了**这种开本**的合理性。“尽管我们并不缺少优秀的教科书，但是对法律人特别是对学生来说适合作为袖珍指南的，可以在旅途、假期、法院会议、社团集会以及其他类似的情形中陪伴他们的这样一种方便、称手、实用的书，我们还没有。”事实上，这的确是一个出色的原创想法：将罗马法以袖珍日历的方式呈现，为的是让人混淆“科尔内莉娅：给女性的袖珍日历”和“伊杜娜：给青春期女孩的袖珍日历”！只是他的这本袖珍书还少了用于铜制标题页的优士丁尼或特里波尼安的铜板肖像，以及作为文艺性附录的“狄奥多拉皇后的生活场景”(她是古代的路易斯·拉斯穆森)，或是“两副具有善意和恶意特征的女性面容”，又或是“以音乐方式排印并带有长号伴奏的马可·奥勒留皇帝的敕裁”，等等。在脑海中，我仿佛看到了一名在阿尔卑斯山上扎营的金发少年完全沉浸在这本小书之中。“不好意思，请问你读的是《瓦尔特迈斯特迎亲》(Waldmeisters Brautfahrt)还是《汉欣和小姑娘》(Hannchen und die Küchlein)？”“不，我读的是黑瑟的《共同民法袖珍书》，不管去哪儿我都带着它！”在旅行的回程，我来到了慕尼黑的地下酒馆。在一位白胡子老人身上，我又一次看到了这样的场景：他一只手握着一杯啤酒，另一只手拿着萝卜和黑瑟的民法书。顺便一提，要是这本书想在学生群体中更受欢迎，那么我建议不妨在第2版中加入几首校园歌曲，尤其适合加入的是法科生都爱唱的校园歌曲，比如“在冰冷的土地上，躺着一个**役权**”，或者是“太好了，太好了，**继承人**来了”，等等。我还建议，法律书商应该去印制法律扑克牌，并且要在牌里印上《学说汇纂》“关于古法的各种规则”(de regulis juris)这个标题下[即 D. 50, 17——译者按]的一些定义或片段。

[16] 阿斯曼斯豪森(Asmannshausen)和英格尔海姆(Ingelheim)都是莱茵河畔著名的葡萄种植区，但阿斯曼斯豪泽(Asmannshauser)和上英格尔海姆(Oberingelheim)则是耶林生造出来的跟前两个地名发音相近的假地名。——译者注

然而,他们做出来的始终是假酒,“对此,我们不能歌颂,也不能高兴”。[17] 各种配料之间的比例是根据个人口味的不同而有所区别的,在大多数人那里,水是占绝大部分比例的;尽管某些人想尝试全用酒,但不知不觉,他的“精神”里却掺进了水。对于该领域最近出版的著作,一旦检验完其中的配料比例,我们就不难将它们正确归类。在后面的信里,或许我会自己尝试去检验一下的。

在此,我要明确重申:造出劣质产品不是我们作者的错,而是配料比例的错。他们确实应该写作,但不应该简单地照搬既有观点,这算不上什么“学术成果”。然而,如果前人已经取走 111
了精华,那么除了糟粕,他们还能榨出什么呢?针对同一个主题,如果可以想到的合理观点都已经被前人想尽,那么当某位作者为了提出新观点而不得不写出一些荒唐的东西时,又有谁会去怪他呢?最近几天,我读了海德堡大学编外讲师**阿舍尔**博士所写的各种专著,[18]他的贡献真是难以估量!这几本书外加其他的一些著作,我都会在之后的信里好好地加以利用。但现在我要问的是:假如**居雅斯**早在300年前就已经把此人最好的思想都说尽了,那么现在他还能做什么呢?尽管他的确已经在上述作品中达到了令人难以置信的成就!假如他生在**那个时代**,而居雅斯生在**我们这个时代**,或许他就成了居雅斯,居雅斯就成了阿舍尔博士。

---

[17] 原文为“man kann dabei nicht singen, dabei nicht fröhlich sein”,语出德国诗人马提亚斯·克劳迪乌斯(Matthias Claudius,1740-1815)1777年创作的一首诗《莱茵葡萄酒之歌》(Rheinweinlied)。——译者注

[18] 格奥尔格·阿舍尔(Georg Asher,1827-1905),德国罗马法学家,主要著作有《用益权的设立》(Die Begründung des Usufructus,1862)、《古典罗马民事诉讼法中的抵销》(Die Kompensation im Zivilprocess des klassischen römischen Rechts,1863)。——译者注

一切的关键就在于:谁是第一个榨汁的人!您说得倒好:“如果实在想不出什么好的新观点,那还不如接受某个旧观点。”这您可就不明白了!我们应该要说:“宁可自己有个荒谬的观点,也不要和别人共享合理的观点。”这就跟讨老婆的道理一样:谁不是宁可自己娶个丑八怪,也不要和别人共享大美人?这也跟带孩子的道理一样:哪怕自己的孩子是个傻瓜,谁还不是更喜欢自己的孩子,而不是别人的孩子?只要还能自己生,谁会去收养别人家的孩子?总之,想要成为法学作家,就得有自己的观点,否则就彻底放弃吧!

说到这里,我给的证据够充分了吧?我们的罗马法文献难道不是越来越空洞、越来越乏味、越来越恶心?里面的观点难道不
112 是越来越病态、越来越做作、越来越扭曲?我用先验的方法推出来的这个结论,难道您还要我用经验的方法再去证明一次吗?好吧!我在之后的信里会这么做的。我将为您搜集一些胡诌的法律名言,保证您笑到肚子疼。您觉得这没什么好笑的?它也有非常严肃的一面?当然了!问题的关键在于,要如何看待今后罗马法在德意志的继续适用。如果您希望这种状态早点结束,那么您肯定会对我上面说过的文献枯竭现象感到高兴,因为这一现象正是罗马法走向终结的最佳标志:罗马法变得年老体弱,它因老年性虚弱和无聊而死亡。反之,如果您希望它活得更久,那就必须尽快治好这个病。因此,我要说回我为此准备好的治疗手段了。如上所述,作者群体中最危险的正是德意志的编外讲师。他们没处理过任何一个实践中的案子,就开始对着复杂的素材肆无忌惮地奋笔疾书;而面对这些素材,即使是最资深的法律人也会陷入困境。正所谓“无知者无畏”,谁要是只把目光局限在《国法大全》里,并且以必要的自信和应有的自负武装自己,那么他很容易

把法律实践对某个罗马法思想的续造当作一个因为不了解法源或基于有缺陷的解释而得出的错误结论去羞辱,而且也很容易带着同情的嘲笑去鄙视那些在“生活”这所学校里任职的白发苍苍 113
的最高法院院长。但实际上,这样的续造是实务人士在正确评价了当今生活中已发生改变的各种关系和各类需求之后才做出的。这些无畏之人给我的印象就像是,一个手捧亚里士多德和老普林尼著作的语文学家试图在自然科学问题上教训**居维叶**和**李比希**。[19]

在我看来,为了让编外讲师写出来的文献变得无害,目前有个非常简单的办法。众所周知,自奥古斯都以来,罗马就有这么一项制度:谁要想根据遗嘱取得遗产,就必须证明自己有一定数量的孩子。换言之,“生了孩子”是获得继承资格的前提条件。若皇帝想要优待某些人,为了图省力,他就授予他们“孩子权”(jus liberorum):这些孩子要么是被拟制的,要么是被彻底免除的。通过这种方法,即便是不可能满足该条件的贞洁女神狄安娜也可以有继承资格了。[20] 在罗马是肉体方面的生育能力,到了我们这里就是精神方面的生育能力。在罗马,“没孩子就不能拿遗产”;在我们这里,“没写书就不能当教授”。我觉得这种做法是非常不妥的。相反,我认为应当根据学说的质量而非作

---

⑲　盖尤斯·普林尼·塞孔杜斯(Gaius Plinius Secundus,23-79),常被称为“老普林尼”或“大普林尼”,古罗马作家、博物学者、军人和政治家,以大致完成于77年的《博物志》(Naturalis historia)一书著称;乔治·居维叶(Georges Cuvier,1769-1832),法国生物学家与解剖学家,19世纪早期的巴黎科学界名人,是比较解剖学和古生物学领域的开山鼻祖,被称为“古生物学之父”;尤斯图斯·冯·李比希(Justus Freiherr von Liebig,1803-1873),德国化学家,创立了“有机化学”,发明了现代实验室导向的教学方法,被称为“肥料工业之父”。——译者注

⑳　狄安娜(Diana),罗马神话中的月亮与橡树女神,是罗马十二主神之一,终生保持处女之身。——译者注

品的数量来决定讲师是否有任教资格。如果大学方面还是不肯放弃写作上的要求,那么至少应该让这个原则在法学领域内变得无害化。为此,可以采用的措施是类比罗马法上的"孩子权",也就是在编外讲师准备公开出版著作时授予他"书本权"(jus librorum)。[21] 换言之,尽管这些必要的书没有真正地出版过,还是要授予他们任教资格,就仿佛它们已经被出版了一样。实际上,对待书本问题,有些大学至今还是很不严格,其宽大程度就跟罗马人判断"孩子"的标准如出一辙。D. 50, 16, 135 这个片
114 段所给出的宽大理由多么具有人性美啊!就我们目前的情况而言,这些理由又是多么恰当啊!所以,我不得不把这整个片段都抄录于此:

> D. 50, 16, 135 乌尔比安:《尤利乌斯和帕皮乌斯法评注》第 4 卷
>
> 有人会问:如果一个女人生下来的孩子是畸形的、怪异的或虚弱的,或者这个孩子的外形或哭声是从未有过的,即不是人的样子,而是别的样子,更像是动物的而不是人的,那么既然她已经分娩,她是否仍应享有[这部法律对她的]优待?更为正确的观点是,[即使在这种情况下,]这些父母同样应受到[这部法律的]优待。原因是:**既没有理由可以归咎于他们,因为他们已尽其所能地遵守了[法律]规定**,也不能因为发生了这一**命中注定的**事就让**母亲**再受损害。

为了适用于我们现在的情形,这个片段可以这样来意译:不

---

[21] "书本权"(jus librorum)是耶林模仿"孩子权"(jus liberorum)生造出来的一种权利。在拉丁文中,"libri"(书本)和"liberi"(孩子)在发音和写法上都很相似。——译者注

管书写得是好是坏,既然编外讲师们已尽其所能地(qualiter potuerunt)遵守了大学的规定(statutis obtemperaverunt),那么,如果命中注定要发生的是(quod fataliter accessit)他们写出来的书不具备学术成果的基本特征(non humanae figurae),而是畸形、怪异(portentosum vel monstrosum)或是带有精神虚弱迹象的(vel debilem partum ediderint),那么他们又能怎么办呢?毕竟,他们的确写出了一些东西,这就够了(quod enixi sunt, prodesse eis debet)!当然,只有当他们履行了不出书或至少在更长的时期内不出书的义务,才能授予他们书本权和任教资格,比如经典的9年期间("藏上九年"[22])。最保险的方法就是委托法学院来保管这些书。在9年期满后,当这位作者幸运地成为教授,他就很难再坚持出版自己的书了;他甚至还会感谢上帝,因为一个智慧的、慈父般的政府阻止了他将此书仓促出版。假如这种"手 115
稿保存九年"的做法能够成为一项普遍的制度,那么我们的文献将会是怎样的模样啊?我敢说,跟后装击针枪相比,它将引起一场更大的革命。有多少的书将不会被写出来,或者即使被写出来也不会被印出来?那些最后仍被印出来的书,它们因此所获的利益又会多么大啊!这是我自己的一个构想,它跟我的"反索伊菲特"形成互补,我打算让一位朋友向德意志帝国议会递交这个提案。既然警察可以禁止销售不成熟的水果、发酸了的啤酒,那么他们为什么不能禁止出版不成熟的书?如果德意志政府因为大学方面可能的反对而不采纳我这个"授予书本

[22] 原文为"nonum prematur in annum",语出古罗马诗人贺拉斯的《书信集》第2部第3首(《诗艺》)的第388行(Ars Poetica, 388)。原诗的上下文是:"一旦你写了什么,就要听取迈奇乌、你父亲和我的意见,要让草稿远离众人,在家里藏上九年。没有发表的东西可以删除,发出的声音却追赶莫及。"中译文引自[古罗马]贺拉斯:《贺拉斯诗全集(上册):原诗与译诗》,李永毅译注,中国青年出版社2017年版,第741页。——译者注

权”的建议,那么除了让我们法律人亲自操刀,就别无他法了。为了实现这一目的,我提议来一次全国募捐,为的是将募捐所得的收益用于买下法学院讲师已经完成的所有手稿,或者更准确地说:为的是暂时扣押这些手稿,以便在上述的9年期限内将其秘密封存。除了我们法律人,出版商也要加入进来,我期待着他们的积极参与;在哪种体制下,做卖书生意才能赚得最多?是在目前的体制下,还是在我设计的体制下?其实这些人早就知道了。

关于编外讲师,我就说到这里了。现在来说说教授!实际上我已经说过了,我认为他们远不如前者那么危险。首先,他们已经有了编外讲师通过写书才能获得的东西,也就是“任教资格”。
116 因此,他们不再有写作上的冲动。其次,教授的大部分时间都被讲课和公务所占用,所以他们务必将假期用于休养身心,以至于最后留给写作的时间已经所剩无几了;相反,许多编外讲师在一整年里有大把的假期,他们最多只能通过缩短假期的方式在一定程度上减少自己用于写作的时间。最后,也是最重要的原因是:学得越多,就越可以发现,不是每个新思想都值得发表。对于第一次把喙伸出巢外的小鹳来说,一切都是全新的,它发现的东西总是那么奇妙:在粪堆里,它看到了一座山;在水洼中,它看见了一片海。但是,对已经做了长时间旅行的老鹳来说就不一样了:直到遇上真正值得注意的事物之前,它是不会停下来的。无论如何,就教义学问题撰写著作的权利还是应当赋予法学教授的,但当然得有一定的限制和条件。在这一点上,罗马法又一次为我们提供了参考,即与“孩子权”同时期产生的“解答权”(jus respondendi)。在帝政时期,基于国家的许可,更具威望的法学家有权作出法律解答。按照这个“解答权”的模式,我们国家也可以授予我们的杰出理论家以“写作权”(jus scribendi)；对于能力存疑的理论家，则可以授予他们“可撤回的写作权”，正如南德意志的某些邦国那样“可撤回地”聘用国家公务员，这样就有机会考验他们的能力：若他们经受住了考验，那么就可以将他们的权利转变为“绝对的写作权”；若没有经受住考验，那么就要彻底收回他们的“写作权”。原本我是打算附上一份推荐名单的，但是在拟定这份名单时，我产生了一些顾虑，所以我彻底放弃了这一做法，而仅仅是为您和读者列出了一份仍然在世的 117
罗马法学家名单(为了减少考生的记忆量，我特地写成了背诵口诀的形式)：

很多高手有顺风“耳”，
他们通常是两三个字：
贝克尔[23]**、穆特尔**[24]**、翁格尔**[25]**，**
罗默尔、施默尔、穆勒尔。
布歇尔、威策尔和塞尔。
也有些是四个字：
威希特尔、桑哈勃尔，

---

[23] 恩斯特·伊曼努埃尔·贝克尔(Ernst Immanuel Bekker，1827－1916)，德国罗马法学家、法史学家，主要著作有《诉讼消耗》(Die Processualische Konsumption，1853)、两卷本的《罗马私法中的诉》(Die Aktionen des römischen Privatrechts，1871－1873)和两卷本的《当代学说汇纂法体系》(System des heutigen Pandektenrechts，1886－1889)。——译者注

[24] 特奥多尔·穆特尔(Theodor Muther，1826－1878)，德国罗马法学家、历史学家，主要著作有《役权的时效取得》(Die Ersitzung der Servituten，1852)、《论罗马法中的诉》(Zur Lehre von der römischen Actio，1857)。——译者注

[25] 约瑟夫·翁格尔(Joseph Unger，1828－1913)，奥地利民法学家，奥地利历史法学派的代表人物，主要著作有四卷本的《奥地利一般私法体系》(System des Österreichischen Allgemeinen Privatrechts，1856－1864)。——译者注

诺伊讷尔、施莱辛尔。
还可能是六个字：
帕根施代希尔、雷格斯贝格尔。
有四位大师，名字很形象：
“**铂金**”㉖、“**飞艇**”㉗和“**椰林**”，
外加一个“**石定情**”㉘，
他们彼此互“**为邻**”㉙。
牛人很少养动物，
其中之一是**萨尼“鸥”**㉚，
还有一个是**范格“骡”**。
鲁多夫㉛、**弗里茨和昆策**，
他们爬到了最顶峰。

㉖ 爱德华·伯金（Eduard Böcking，1802–1870），“伯金”音同“铂金”，德国罗马法学家，主要著作有《法学阶梯教科书》（Institutionen，1841）和《学说汇纂教科书》（Pandekten des römischen Privatrechts，1843）。——译者注

㉗ 海因里希·赫尔曼·费廷（Heinrich Hermann Fitting，1831–1918），“费廷”音同“飞艇”，德国罗马法学家，主要著作是《共同连带之债的本质》（Die Natur der Correalobligationen，1859）。——译者注

㉘ 罗德里希·冯·施丁青（Roderich von Stintzing，1825–1883），“施丁青”音同“石定情”，德国法史学家，主要著作是三卷本的《德意志法律科学史》（Geschichte der deutschen Rechtswissenschaft，1880–1910）。——译者注

㉙ 弗里德里希·海因里希·维林（Friedrich Heinrich Vering，1833–1896），“维林”音同“为邻”，德国罗马法学家，主要著作是《罗马私法史与法学阶梯教科书》（Geschichte und Institutionen des römischen Privatrechts，1865）。——译者注

㉚ 弗里德里希·丹尼尔·萨尼欧（Friedrich Daniel Sanio，1800–1882），“萨尼欧”音同“萨尼鸥”，德国罗马法学家，主要著作是《罗马法律科学史》（Zur Geschichte der römischen Rechtswissenschaft，1858）。——译者注。

㉛ 阿道夫·弗里德里希·鲁多夫（Adolf Friedrich Rudorff，1803–1873），德国罗马法学家，历史法学派的代表之一，主要著作有三卷本的《监护法》（Das Recht der Vormundschaft，1832–1834）和两卷本的《罗马法史》（Römische Rechtsgeschichte，1857–1859）。——译者注

邓伯克[32]、**考鹏**和**威特**，
他们才走到半山腰。
利本托普、**弗朗克**和**温德沙伊德**[33]，
给我写信说"谢了"。
别忘了那两位"斯特"，
格奈斯特和**莱斯特**。
还有三个爱碰"瓷"，
党茨、**安茨**和**布林茨**。
布伦斯、**朔伊尔**和**施密特**，
他们真的很快乐，
因为记住这几个，
法学家就背完了。
要是谁没排上号，
快给自己换个名。

如果您还想自己再加上几句，那么我就在此授予您必要的代理权。民法的接班人啊，你们要确保一直有新的名字加入！正如我向您承诺的，在下一封信里，我会在新近的罗马法文献里搜集一些名人名言。[34]

---

[32] 海因里希·邓伯克（Heinrich Dernburg，1829－1907），一译"登伯格"，德国罗马法学家、民法学家，主要著作有三卷本的《普鲁士私法教科书》（Lehrbuch des Preußischen Privatrechts，1871－1880）和三卷本的《学说汇纂教科书》（Pandekten，1884 ff.）。——译者注

[33] 伯恩哈特·温德沙伊德（Bernhard Windscheid，1817－1892），一译"温德夏特"，德国罗马法学家，《德国民法典》的制定者之一，主要著作有《罗马私法的诉》（Die Actio des römischen Civilrechts，1856）和三卷本的《学说汇纂法教科书》（Lehrbuch des Pandektenrechts，1862－1870）。——译者注

[34] 实际上第六封信是该系列的最后一封信，耶林并未兑现自己的诺言。——译者注

一位罗马法学者的闲谈

Pränumerations-Preis:
Portofrei zugestellt für
Oesterreich-Ungarn:
Ganzjährig . . . . 10 fl.
Halbjährig . . . . 5 fl.
Für das Ausland:
20 Mark.
Ausgabe in Monatsheften
zu fl. 10 = Mark 20.
Den Monatsheften werden die Entscheidungen des k. k. Verwaltungs-Gerichtshofes gratis beigegeben.

Juristische Blätter.

Redaction und Administration:
Wien, I. Weihburggasse 8.
Erscheint jeden Sonntag.
Einzelne Nummern kosten 20 kr.
Reclamationen werden nur 14 Tage nach Erscheinen der Nummer berücksichtigt.
Unversiegelte Reclamationen sind portofrei.
Manuscripte werden nicht zurückgegeben.
Inserate werden nach dem Tarife berechnet.

Herausgeber und Redacteure
Dr. Max Burian, Dr. Lothar Johanny.

MOTTO: Veritas temporis filia, non auctoritatis.

7. März 1880. | Nr. 10. | IX. Jahrgang.

Plaudereien eines Romanisten.

Von Hofrath Dr. R. v. Jhering.

Ein Brief an die Redaction als „Einleitung".

Sie haben mich kürzlich wieder an ein Versprechen erinnert, das ich Ihnen vor Jahren, kurz bevor ich Wien verließ, in einer jener Zusammenkünfte in der goldenen Ente gegeben habe, durch welche die Juristische Gesellschaft in so glücklicher Weise das Gleichgewicht zwischen ihrem geselligen und juristischen Bedürfniß herzustellen wußte, an das Versprechen, Ihnen einen Beitrag für die „Juristischen Blätter" zu liefern. Ich weiß nicht, was ich in der heiteren Stimmung, die sich des vom Drucke der Jurisprudenz befreiten Gemüthes bei einer derartigen Nachfeier bemächtigte, nicht Alles versprochen hatte! Leute, welche leicht versprechen, haben regelmäßig auch die glückliche Eigenschaft, rasch wieder zu vergessen, — die Natur gleicht auf diese Weise das Mißverhältniß zwischen ihrer Gutmüthigkeit und Leistungsfähigkeit wiederum aus — und auch mein Ihnen damals gegebenes Versprechen war bei mir gänzlich der Vergessenheit anheimgefallen, bis es durch Ihre Mahnung mir wieder in die Erinnerung zurückgerufen worden ist. So erheben sich die Geister längst geschwundener Stunden aus dem Grabe und präsentiren Einem den Wechsel, den man in heiterer Stimmung ausgestellt hat: — ich werde den Wechsel einlösen.

Aber Sie müssen mir verstatten, dies in einer Weise zu thun, die dem Orte und den Umständen entspricht, an dem und unter denen es ertheilt worden ist. Ich habe mein Versprechen in der goldenen Ente gegeben und werde es in der goldenen Ente erfüllen, das heißt: ich bilde mir ein, daß ich dort bei einem Glase Wein mit Ihnen zusammensäße und mich über juristische Dinge mit Ihnen unterhielte, mit anderen Worten: ich werde mit Ihnen plaudern, und Sie lassen dies Geplauder, soweit Sie es geeignet finden, in den „Juristischen Blättern" abdrucken.

Der Titel, unter dem ich Ihnen meine Beiträge gebe: „Plaudereien eines Romanisten", ist, meines Wissens, ein noch nicht dagewesener und ich bilde mir etwas darauf ein, unter diesem Titel eine neue literarische Form der Behandlung juristischer Dinge in die Welt gesetzt zu haben. Es ist der Feuilletonartikel auf dem Gebiete des Rechtes. Jene Bezeichnungsweise soll mir in sachlicher wie formeller Beziehung die Ungezwungenheit und Leichtigkeit der völlig unvorbereiteten mündlichen Unterhaltung gewähren, ich will plaudern — Jeder muß wissen, ob er meinem Plaudern zuhören will.

Sie wissen jetzt, meine verehrten Herren, daß diese Plaudereien nicht den Anspruch erheben, der Literatur anzugehören; sie haben ihren Zweck erfüllt, wenn sie Ihren Lesern eine vorübergehende Unterhaltung oder eine Anregung zu eigenem Denken gewährt haben; dazu, um von deutschen Professoren citirt zu werden, sind sie nicht bestimmt, sie tauchen auf und gehen unter mit dem Augenblick; bei mir, der ich sie rasch zu Papier zu werfen gedenke, ebenso wie beim Leser, der sie vergessen mag, wenn er sie gelesen hat.

Das also ist der Pact, den ich mit Ihnen und Ihren Lesern schließe: Erlaubniß nach Herzenslust und ohne alle Vorbereitung zu plaudern. Um aber einer Enttäuschung derer, die Sie zuhören lassen, vorzubeugen, bemerke ich, daß es mir nicht auf Scherze und Späße über juristische Dinge abgesehen ist, nicht um die Pflege der jurisprudentia jocosa, wie man sie früher nannte — eine Partie der Jurisprudenz, bei der einem Mann von gesundem Geschmack für Witz und Komik das Lachen mehr verging als anwandelte. Mir ist vor all' den ernsten Dingen, mit denen ich mich in den letzten Jahren beschäftigt habe, und in der Atmosphäre, die sich über unserer würdigen Georgia Augusta lagert, der Humor so gut wie ausgegangen, jedenfalls ist das Wenige, was mir für den Hausgebrauch noch geblieben ist, nicht geeignet, um über die Straße abgegeben zu werden. Meine Leser müssen sich daher auf ganz gewöhnliche romanistische Hausmannskost gefaßt machen; sie mögen sich der Vorträge über römisches Recht von ihren Universitätsjahren her erinnern, um sich eine Vorstellung von dem zu bilden, was sie zu erwarten haben.

Ich habe Sie und Ihre Leser damit auf das richtige Niveau der Erwartung oder richtiger Nichterwartung herabgedrückt, und ich glaube, die etwaigen Hoffnungen auf angenehme Unterhaltung, die das Wort „Plaudereien" in Ihnen erregt haben sollte, durch den Zusatz „eines Romanisten" gründlich wiederum zerstört zu haben. „Ein Romanist, der plaudert" — was meinen Sie zu einem „Elefanten, der tanzt"?

Die Kost, die ich meinen Lesern vorsetzen werde, ist also ganz gewöhnliche Hausmannskost, und sie unterscheidet sich von derjenigen, die ich in meinen eigenen Jahrbüchern meinen Lesern vorzusetzen pflege, nur dadurch, daß ich Ihnen, um im Bilde zu bleiben, keine größeren Braten serviren werde, die stundenlang im Bratofen haben stehen müssen, sondern Beefsteaks, Cotelettes, Schnitzel, die in der Pfanne gebraten werden und im Nu fertig sind: Skizzen, Entwürfe, Aphorismen, hingeworfene Ideen, für die ich nicht die Zeit gefunden habe und finden werde, sie sorgsam auszuführen. Ich werde sie, da sie, unserer Vereinbarung nach, in der „goldenen Ente" das Tageslicht erblicken werden, meine „juristischen Enteneier" nennen — wären es goldene, so würde ich sie selber behalten; da dies nicht geschieht, so wissen Sie, was Sie von ihnen zu halten haben! Wenn bei dieser Gelegenheit „juristische Enten" zum Vorschein kommen — eine Varietät, die, meines Wissens, bisher noch nicht existirt —, so werden wir uns darüber nicht wundern dürfen.

第一次闲谈最初发表于《法学报》1880 年第 10 期

给编辑的一封信作为“引言”〔1〕 121

最近，您又一次提醒了我，让我不要忘了多年前我快离开维也纳时在金鸭酒店的聚会上对您作出的承诺——在那次聚会上，法律协会很好地平衡了社交需求和法学需求——这个承诺就是为您的《法学报》(Juristische Blätter)供稿。〔2〕 在那样的庆祝晚会上，我正摆脱了法学研究的压力，谁知道我会在心情愉悦的状态下作出什么承诺呢？轻易承诺的人通常都有迅速遗忘的好品质——大自然就是用这种方式来填补“出于好心承诺”和“兑现能力不足”之间的落差的——同样地，我也早已把当时的承诺忘得一干二净，直到您再次催促，我才重新想起它来。就这样，这个消失许久的幽灵再次从坟墓 122
中升起，向我出示了这张我在心情大好时所签发的支票。为了不让它成为一张“空头支票”，

〔1〕 Juristische Blätter, herausgegeben von Max Burian und Lothar Johanny, Jahrgang IX, Wien 1880, Nr. 10.

〔2〕 我放弃了将此作为《一位不知名人士的来信》的续作，因为在此期间大家已经知道了我的作者身份。

我有责任去兑现它。

然而，您应当允许我到一个合适的地方，在一个恰当的环境里兑现它。换言之，您应当让我到这张支票的签发地去兑现它：既然我的承诺是在金鸭酒店作出的，那么我也应该在那里**兑现**它。也就是说，我想象自己和您一起坐在金鸭酒店里，我正拿着一杯酒，和您聊着关于法学的话题。简言之，我正在与您**闲谈**。只要您觉得我们的谈话内容是适合发表的，那就把它们刊印在《法学报》上吧！

我把写给您的系列文章命名为"一位罗马法学者的闲谈"。据我所知，此类标题还从来没人用过，所以我有点自豪，因为正是我创造了这样一种新的法学文献形式，即法律领域的**连载文章**。无论是内容还是形式，这种体裁都能确保我在不做任何准备的情况下无拘无束、轻松自在地闲聊——我只想与您闲谈。所以读者必须要知道，自己是不是愿意过来听。

现在您知道了，这类闲谈目前还不属于法学文献。如果它们能暂时地给读者解解闷或者引发他们的思考，那么我的目的就达到了。它们不是为了让德国的教授去引用，它们的出现和消失都只是一瞬间的事：不仅对我来说是这样，因为我只打算快点在纸上写下它们；而且对读者来说也是这样，因为他们一读完可能就忘了。

123 所以，这就是我和您还有您的读者之间的约定，即我可以不做准备地尽情闲聊。在过去的几年里，我主要研究一些非常严肃的东西，[①]而且笼罩着庄严的哥廷根大学的也是相当严肃的气氛，

① 耶林自 1872 年任教于哥廷根大学以来，一直在撰写《法律中的目的》一书。该书的第 1 卷出版于 1877 年，第 2 卷出版于 1883 年。而他写作本文的时间是 1880 年，所以耶林是在暗指《法律中的目的》属于一项"严肃"的工作。——译者注

所以我觉得有必要让自己彻底地放松一下、开怀大笑或者是讲讲笑话。假如我还没有为我们的闲聊选定上述标题，那么我会推荐用“法学鸭蛋”这个标题，因为按照我们的约定，我们正是坐在金鸭酒店里闲聊的。如果这些鸭蛋都是金子做的，那我肯定就自己留着了；正因为它们不可能是金子做的，所以您知道该用怎样的眼光看待它们了吧！如果有“**法学**鸭子”（据我所知，这个变种至今仍未被证实）从里头破壳而出，那么您也不该对此感到惊讶。

这样的鸭蛋我有很多，我想我可以成打地向您供货。但是到目前为止，它们还乱七八糟地躺在那儿，或者更准确地说，它们还完全不存在，因为我还没把它们下下来——这整整一窝蛋都还装在我的脑袋里！

要是谁一辈子都在讲授体系性的课程，那么到了最后，**体系**和**分类**就会成为他不可抗拒的第二天性，这是多么不可思议啊！作为这样的一个人，我当然也必须把这些还没下出来的蛋做个分类！您是知道的，罗马法学者兼具**两种身份**：一种身份是教义学者，另一种身份是法史学者。如果罗马法学者的这种本质属性延伸到他所**产出**的东西上，那么他的产品也将具备这种双重特征。因此，您必须为我将来的蛋准备**两个抽屉**：一个用来放**教义学**的 124
蛋，另一个用来放**法律史**的蛋。

“法律史？”您摇着头问。我知道您的意思。您想说的是，《法学报》的读者主要是奥地利的法律实务人士，罗马法史对他们有什么用呢？

即便如此，我还是要冒险一试，因为我想要让罗马法史得到这些读者应有的尊重。但我并不是要给它加调料。众所周知，即使是食之无味的菜肴也可以通过这种人工的方式变得美味可口。考验一个厨子是不是真正的法国厨师，就要看他懂不懂把皮革做得这么好吃，以至于不知情的顾客吃完之后甚至觉得这简直是天底下最好吃的东西。一位早期的酱汁理论权威为某种好吃到难以抗拒的酱汁发明了这样一句恰当的座右铭：“加一勺这样的酱汁，连自己的爸爸都吃”。[②] 所以我毫不怀疑，一个风趣幽默的人同样也可以把法学食材（其中也有不少能和皮革相匹敌的东西）做得这么好吃。或许这样的人早已出生，有朝一日，他会给我们送上“关于不使用的哀歌”或是“勤谨家长的生活场景”。

人为的吸引力对罗马法史来说是不必要的，它可以不加酱汁；相反，罗马法史可不可口的关键仅仅在于，它有没有被正确地处理。对于罗马法史，我有自己的处理方法。尽管我的方法不同于主流的方法，但它的确是合适的。迄今为止，我一直把这个方法当作秘密保守着。但我觉得，为了其他人的利益，现在是时候将它公之于众了。

125 这个方法的重点在于，您得有一根上等的雪茄（不能太浓也不能太淡），外加一个沙发。在吃饱了实证的法史素材之后，我们要把门关上，以免被人打扰，然后点上雪茄，躺在沙发上。至于是否还要把腿抬得老高（我自己觉得这样很管用），那就要看个人喜好了。接着，我们要忘记周围的一切，甚至连自己都要忘掉，以便运用自己的全部意志力将思维集中到古代。我们要想象自己就活在那个时代，只是由于大自然那喜怒无常的古怪脾气，我们的灵魂才转世来到 19 世纪，成了这所或那所大学的罗马法讲师或教授。但实际上，我们原本都是罗马人，我们从书上获得的关于古代的知识仅仅是我们记忆的残余，只有通过努力回忆，这些记

② 此句原文为法文“Avec une telle sauce, on mangerait son père”，出自德国作家、旅行家赫尔曼·冯·普克勒-穆斯考（Hermann von Pückler-Muskau，1785-1871）于 1831 年出版的《一位已死之人的信札》第 4 卷（Briefe eines Verstorbenen, Bd. 4, 1831, S. 298）。——译者注

忆才能再度活跃起来,这一点在希腊哲学的灵魂转世理论中是可能的。如果我们以这种方式睁着眼睛躺上一会儿,那么我们关于古代的记忆就会复苏,古代的景象就会从灵魂深处(即"无意识"区域)再度显现,投影在我们吐出来的烟雾上。这时,我们能感觉到自己正走在古罗马的街头,体验着罗马法史中所有的美好事物:要式买卖、拟诉弃权、夫权婚姻、传唤出庭等。一根雪茄就可以体验到这一切,真是太不可思议了! 当然了,前提是您得先学会**抽烟**,有些人是不会抽烟的。这就是为什么这些人即使点着了 126
雪茄,躺上了沙发,吐出来的烟雾比那些会抽烟的人吐出来的还要浓,却还是看不到任何景象;这就是为什么这些人声称别人也看不到,或者就算是别人能看得到,那也不过是他们受烟草麻醉而产生的幻觉罢了,科学必须拒绝这种幻觉。这些人认为,法源在哪里停止,科学就在哪里停止。但是我却认为,这才是科学真正的起点,所以我继续忠实地抽我的雪茄。

盒子里的雪茄还有很多,我会时不时地点上一根,然后向您汇报我都看到了什么。我将我看到的内容命名为"**罗马法史上的景象**",这真是个帅气的标题,光是这个标题本身就已经很有价值了,尤其是对于罗马法史这种没什么吸引力的主题来说。我不明白,为什么我们这些科学人士要把漂亮的标题让给文学家用,他们的标题经常能让整部作品都散发出独特的新鲜感和迷人的魅力。我的出色本能让我很早就意识到了一个好标题的价值,我的作品标题在扩大作品传播范围和提升作品知名度这两方面都起到了不小的促进作用。试想,如果把《罗马法的精神》改成《论罗马法的特征和意义》或《试析罗马法的特征》,或者把《为权利而斗争》改成《论私人在特定情况下主张权利是其伦理方面的义务》……这样的标题谁还能记得住? 标题必须有军令的特点:简

127 洁、精准、确定和直截了当。它必须是响彻整个文献领域的军令！

我已经给即将出生的孩子起好了名字，现在就差一件事还没做了，也就是生下**这个孩子**。我就像分娩前的母亲，急切地想知道自己的孩子长什么样：是男孩还是女孩？是漂亮、健康、强壮，还是丑陋、畸形、虚弱？总之，它想长什么样就什么样吧，这并不重要——毕竟它只有一天的寿命。

罗马法史上的景象

第一幕　对无主物的先占权：今时不同往日[1]

——一首罗马哀歌

我有个不幸的特点，那就是所有出现在我面前的事物，我都要拿来比较一下：把自己的跟别人的作比较，把现在的跟过去的作比较。之所以要说这个特点是不幸的，是因为这样的比较并不总能得出令我开心的结论；如果我只是单纯地享受自己所得到的东西，而不是去反思，那么我的心里可能会好过一点。我的比较瘾不仅限于跟我个人有关的东西，而且扩展到一切进入我视野的东西。总之，什么都有可能被我拿来比较。在这方面，我的专业无疑给我提供了最丰富的比较对象；在这里头，几乎没有一个 128
对象是我没有比较过的，任何对象只要出现在

---

〔1〕 Juristische Blätter, 1880, Nr. 11.

我的眼前,我就会拿它跟别的作比较。所以,我就对早期和晚期的罗马法作了比较,以便搞清二者的区别,并试图为其他人揭示这一点——这就是我写《罗马法的精神》一书的动机。而现在,我又要在我们当今的法和罗马法之间作个比较了。在这一点上,我得出的结论是:在某些方面,当代是比不上过去的。例如,就损害赔偿之诉而言,我宁可让罗马的审判员来裁判,也不要找今天的法官来定夺。对于目前这首哀歌的主题来说,结论就更是如此了:在“对无主物的先占权”这一点上,现在是完全比不上过去的。

如果您有留意法律的历史发展,那么您就会跟我一样认识到这样一个惨痛的事实:跟罗马人相比,我们在无偿取得的方式上倒退了一大步,这是多么令人遗憾啊!因为正如心理学家所说的,无偿取得对人类有着极为特殊的魅力。在罗马人那里,无偿取得的方式是多么丰富啊,无主物的清单是多么长啊,**先占权**的适用范围又是多么广啊!人们可以不受阻碍地猎捕所有的野生动物:鸟、鱼和四足动物;或者像法源里说的那样:所有**在水里**、**在空中**以及**在地上出生**的动物。[2] 大自然本身就是这么规定的,
129 自然法里就是这么写的——自然法可是和人类同时诞生的。[3]
在那时,当一个猎人、捕鸟者或者垂钓者仍然是一种乐趣;在那时,琥珀、珍珠和宝石也都属于发现者所有,即使你身无分文,也能成为百万富翁;在那时,人们还不用管草莓、黑莓、树莓以及森林里其他的莓属于何人所有,也不用管那些蘑菇是不是名花有主,但是最近,就连蘑菇都成了普鲁士的立法规制对象;在那时,即便是埋藏物也属于发现者和土地所有人,可是到了现在,有多少国库正贪婪地伸

---

〔2〕 有些读者可能会质疑我说的话,那么我不妨在脚注里引用一下法源。与此相关的罗马法源是 Inst. 2, 1, 12。

〔3〕 参见 Inst. 2, 1, 11。

出自己瘦骨嶙峋的双手，企图夺走幸运的发现者（在这种情况下，更准确的说法应该是“不幸的发现者”）手里的埋藏物。

现在，士兵甚至连战时先占（occupatio bellica）的权利都没了！在以前，敌人是完全没有权利的，他的一切都属于那位擒下他的勇敢士兵；重要的仅仅是，这位士兵**得到**了这些东西。当我写下“**kriegte**”（**得到**）这个词的时候，我想到了一个非常新颖且极为深刻的语言学论点。您可能还记得，盖尤斯曾经说过，“从敌人那里夺取”（今天我们称之为“吞并”）被古罗马人视为最正当的所有权取得方式，[4]而我一直认为这是罗马人特殊的世界观。可是，当我一并写下“kriegte”（得到）和“occupatio bellica”（战时先占）这两个词的时候，我偶然发现，在这一点上，我们日耳曼人祖先的世界观跟古罗马人的恰巧相同。这很可能跟印欧民族的原始世界观有关。从词源学的角度看，在“capere”（抓取；取得）、“nancisci”（获取）意义上的“kriegen”（得到）一词可能跟德语的“Krieg”（战争）或拉丁语的“bellum”（战争）有关。① 也就是说，“kriegen”（得到）这个词最初指的就是“bello capere”（通过战争而 130
取得）——“得到”的意思就相当于罗马人的“战时先占”。随着时间的推移，战争的形式也逐渐细化了：广阔的战场已经被证券交易所、营业场所和商场等封闭的空间所取代，我们祖先那沉重的战剑已经被羽毛笔所取代。到了最后，“敌人”的概念也扩大了：任何**拥有**某些东西，并且人们可以从其手里**得到**点什么的人

〔4〕 参见 Gaius 4, 16：“人们认为，最为正当的所有权是从敌人那里夺来的（maxime enim sua esse credebant, quae ex hostibus cepissent）。”

① 在德语中，动词原形所带的词尾是“-en”，而耶林在这里将“kriegen”（得到）看成是“Krieg”（战争）和“-en”（动词原形词尾）组成的单词（该动词第三人称单数的过去式为“kriegte”），所以他才联想到“得到”（kriegen）最初可能和“战争”（德：Krieg，拉：bellum）有关。——译者注

都成了“敌人”。这就是我们现代**战争法**的模样。

顺便一提,既然说到了“敌人”这个概念的含义扩张现象,我又想到了一个与之类似的例子,它正好与奥地利有关,这也是我在奥地利任教期间的一个成果。在您这里,欧根亲王手下的一位老兵为土耳其战争中的伤残人士设立了一个基金会。② 这个人把土耳其战争看成是奥地利经常发生的、周期性重复的灾变,就像冰雹、洪水和歉收一样。在他那个时代,他这么做当然是很有道理的。只不过在此期间,土耳其战争对奥地利来说已经不再有教义学方面的意义了——作为一名学说汇纂法学者,我倾向于用这样的表述。即使我们不是先知,我们也肯定能知道,奥地利和土耳其之间的战争已经永远结束了。那么,这个基金会到底会变成什么样呢?既然已经没有了受益人,难道它还要一直积累着利息、永远存续下去吗?对于这个问题,罗马法学者早就有了答案,因为罗马法已经给了他一件适当的工具——**拟制**。一旦运用了拟制,这个基金会就能永葆生命,直到世界尽头。要是没有**真正的土耳其人**来和奥地利人打仗,那就**拟制**一些土耳其人出来,例
131 如可以颁布这样一部法律,里头写着:“俄国人应被视为土耳其人”。要是觉得这么做不太妥当的话,还可以授权政府在战争爆发时宣布:无论在什么情况下,敌人都是“**土耳其人**”。这样一来,即使真正的土耳其人从欧洲或世界上消失,“土耳其人”这个概念也能继续存活在法律当中。通过这样的方式,拟制又重新被用于实践。如此一来,罗马法学者会很高兴,因为他不需要再从罗马法片段里获取唯一的拟制实例了;如此一来,**盖尤斯**将外邦人拟

---

② 欧根亲王(Prinz Eugen von Savoyen,1663-1736),奥地利哈布斯堡王朝杰出的军事统帅。土耳其战争(Türkenkriege),也称“神圣联盟战争”,是指奥斯曼帝国与多个加入神圣联盟的欧洲国家之间一系列的冲突,始于1683年,终于1699年。欧根亲王在战胜奥斯曼帝国方面起到了关键性作用。——译者注

制为罗马人的例子也终于可以安息了。顺便一提,盖尤斯的这个例子也是相当有趣的,关键就在于要正确地认识它。**盖尤斯**说,[5]当盗窃之诉是由外邦人提起或者对外邦人提起时,就应当将他拟制为罗马市民。也就是说,从法律上看,"盗窃"是带有罗马民族特性的东西。在罗马,外邦人既不能盗窃,也不能被盗窃。这就像是在希尔达,当一个外来人要被吊死的时候,市民们都抗议道:绞刑架只为本地市民及其孩子而存在。如果外来人想要被吊死,他就必须先成为这里的市民!③ 基于同样的理由,如果外邦人想要在罗马盗窃他人或是被他人盗窃,他也必须先取得罗马的市民权。所以说,如果能用拟制来填补外邦人罗马市民资格的缺失,罗马人又何乐而不为呢?

好了,现在还是说回"战时先占"这个罗马所有权的最初源头吧!事实上在罗马,当兵仍然是一种乐趣,它可要比当猎人、捕鸟者和捕鱼者的乐趣大得多,就像《白色女郎》④里的一首歌唱的: 132
"当兵是多么有趣啊!"这句歌词唱得很对,因为除了罗马,整个世界都是属于罗马士兵的,他要做的不过就是将潜藏于其中的财物实际地据为己有。在学说汇纂课上,军营特有产是不得不讲的内容;但我一讲到它,就总是会痛心疾首,尤其是当我的听众里有当兵的家子时。因为在讲授军营特有产的过程中,我向这些人展示的是他们以这种身份原本所能得到的一切美好事物:从敌人那里取得的东西、由皇帝和女皇所赠送的东西等。这简直让他们口水

---

〔5〕 参见 Gaius 4, 37。

③ 此处的典故或许出自1597年出版的德国民间故事书《拉楞之书》(Das Lalen-Buch),该书于1598年更名为《希尔达市民》(Schildbürger),希尔达(Schilda)是该书中一个虚构的地名。——译者注

④ 《白衣女郎》(法语:La dame blanche,德语:Die weiße Dame),系法国作曲家布瓦尔迪厄(Francois-Adrien Boieldieu, 1775 - 1834)创作于1825年的一部歌剧。——译者注

直流。然而紧接着，我又必须告诉他们：所有的一切都是假象。因为在目前的实践中，军营特有产的唯一内容就只剩下富有妻子的遗产了，你们就知足吧！

除了上文提到的大量动产，罗马法里还有一些完全免费的不动产。每当我讲到这个部分的时候，我总是特别高兴。这不是因为我们在当今的实践中还能有望得到这些不动产（很遗憾，我们什么也得不到），而是因为我在讲课的过程中仅仅采取了历史的视角：我想象自己就是一个以这种方式取得了不动产的古罗马人，在他的灵魂里，我感到很高兴。属于这类不动产的首先是产生于河流的小岛和被弃置的河床——这是为学说汇纂法学者准备的两道美味佳肴。对于沿岸的居民来说，这两种取得方式真的非常方便，因为他们连先占都用不着了。也就是说，他们不费吹灰之力就得到了法律赠送的礼物。顺便一提：您有没有想过，既然这两种情形的确也涉及无主物，那么为什么罗马人不对此适用关于无主物的法律规定呢？换言之，为什么罗马人在这两种情况
133 下都不允许自由行使先占权？请您想象一下，要是在这些情况下也允许先占的话会发生怎样的一幕：在小岛完全形成之前或是河床裸露之前，沿岸的居民早就在水里扭打成一片了！换种说法就是：当大自然母亲还在产前阵痛的时候，人们就企图拿产钳来取代她缓慢的自然分娩过程！这么一想，您就知道为什么罗马人在这些情况下如此明智地排除了先占的适用。

但是对产生于大海的小岛来说，罗马法上关于无主物的理论却又可以完全适用：该小岛属于先占人所有。在遥远的大海中、在一个大自然母亲的子宫很难孕育的孤岛上，先占理论再次得到了承认；而在陆地上出现的那两种情形里，它却得不到承认。遗憾的是，法学家在博物学方面对此所做的补充——“这种情况是很少

出现的"(quod raro accidit)——大大地削弱了这一妥协的价值。

罗马人可以无偿取得的最后一种不动产是撂荒地。作为学说汇纂法学者,我们当然也不能忽略。要取得撂荒地的所有权,我们要做的并不多,而只需要努力地耕种。然而在我们这么做了之后,也就是在我们修复了荒地、去除了杂草、施过了肥料之后,我们却还是没法确定,此前的所有权人是不是又对自己的土地产生了兴趣,所以过来赎回这块地——反正我是不会碰上这种问题的,因为我永远都不会去耕种什么撂荒地。

我们对不动产的讨论就到此结束了。但我把最好的留在了最后,也就是对遗产的先占。在所有的先占中,这种先占无疑具 134
有最高的地位;在这种先占中,先占的思想上升到了无法超越的高度,以至于对它来说,动产和不动产的区别在此仅仅表现为空洞的假象;反之——用黑格尔的话说——这一区别在刚才所描述的先占思想之"辩证自我发展"阶段中尚未被消除。黄金、白银、各种贵重物品、家畜、酒、土地、房屋,甚至是整个庄园,凡是构成遗产的东西,想要的人都可以将其据为己有,这种行为并不算盗窃——"[夺走他人的]遗产不构成盗窃"(rerum hereditariarum furtum non fit)就是专门为此目的而制定的规则。这种先占跟其他先占的唯一区别在于,先占人并不立即取得所有权,而是必须先占有一年——他当然乐意这么做了。

现在您该知道,为什么我要把这种无偿的所有权取得方式留到最后了吧。一旦尝过它,其他的一切都会变得索然无味。所以,我要把这个例子留给我们的下一次闲谈。

说完了罗马法上为先占权准备的饕餮盛宴,让我们再来聊聊当代法里的残羹剩饭。在这里的餐桌上,美味佳肴已经所剩无几,所有座位都已被所有权霸占。由于先占权没有餐具,所以它

只能站在旁边眼睁睁地看着别人吃，等着所有权扔过来一根自己不要了的骨头。在法律上，先占权的诗歌时代早已过去，所有权
135 的散文时代已经来临——就是这贪吃的所有权摧毁了这一切！产生于河流和大海的小岛全被国家拿走了，被弃置的河床也一样。只有在教科书里，它们仍然是私人先占的对象——我想知道，最后一次对其适用先占是在什么时候！如今，它们已经成了我们法律博物馆里的概念标本和概念木乃伊！**优士丁尼**对他那个时代的遗迹“市民法所有权”所说的话同样适用于此：“［市民法所有权这个概念］既不可见，又不可知，是一个空洞且多余的词。”〔6〕现在只剩下撂荒地还能被先占了，真希望有人能先占一块撂荒地啊！可是我从来没听说过这样的事。

就这样，所有的不动产都从舞台上消失了。假如动产还在，我们本可以不用那么难过！可是，就连它们也一个接一个地离场。这让人想起了**海顿**的《告别交响曲》，在演奏的过程中，乐团的成员一个接一个地从各自的座位上离开，并吹熄谱架上的蜡烛。⑤ 作为继承人的获利性时效取得、战时先占、猎捕无主的鱼和野生动物、搜寻无主的琥珀和化石等，在某些国家里甚至还有埋藏物的取得——它们都熄灭了自己的蜡烛，我们的眼前一片漆黑！无论走到哪，我们

〔6〕 参见 C. 7, 25, 1。

⑤ 《告别交响曲》（Abschiedssymphonie），系奥地利作曲家约瑟夫·海顿（Joseph Haydn，1732-1809）创作于1772年的一首交响曲，又称“升 f 小调第 45 号交响曲”（Symphony No. 45 in $F^{\#}$ minor）。其创作背景是：当时，海顿任职于艾斯特哈齐府乐团。该乐团的主人尼古拉斯公爵规定，乐团的成员不允许携带家属入宫，因此多数的团员全年都见不到家人。作为团长的海顿希望改变这种不便的生活，于是就构思了一部交响曲。在该曲的最后，参加演奏的乐团成员在演奏完自己的部分之后就一个接一个地收拾乐器，并在吹熄谱架上的蜡烛后退场。海顿想要借此方式表现团员们的心情，而且将该曲的调号定为代表孤寂的“升 f 小调”。据说，尼古拉斯公爵在听完演奏的第二天就下令让整个乐团都放假回家。时至今日，各大乐团在演奏这首交响曲时均保留了“演奏者一一退场”的做法。——译者注

碰上的东西都已经名花有主,总有人冲着我们喊:“这是我的！你不能再往前走了!”就连我们的敌人,所有权也要保护,以至于我们再也不能像以前那样惬意地掠夺了。甚至是那些在自然法上属于先占人的野生动物也被人类的法令以狩猎权加以禁止。随着时间的推移,“遗产属于先占的对象”这样的规则再也没人能理解了;对此 136
我们必须等待,看看共产主义者能否再次让大家明白其中的道理。截至目前,只有森林还是无主的,孩子们还可以到那里摘他们的草莓、黑莓和树莓,善良的家庭主妇还可以到那里采她的蘑菇,她的丈夫也还可以到那里找他的香车叶草用来做波列酒。然而在我们当前的普鲁士,即使是这些权利也一去不复返了,就连孩子在森林里玩捉迷藏的权利也不再受到尊重了。

我失去了对权利的兴趣,我很高兴自己已经不再是个孩子。在**黑贝尔**的戏剧《玛利亚 · 玛格达莲》中,木匠最后说了句:“这个世界到底是怎么了?”⑥现在,我想说的话就跟他一样。要是我不用再讲学说汇纂课,那该有多好啊！因为在课上,我不得不在所有的先占方式旁边都画个叉:它们都已经死了。同时,我还得提醒我的听众:不要在生活中行使自己的先占权,以免违反了我们的刑法典。法律中的诗意全消失了。正如**席勒**在《希腊的群神》里所哀叹的,我也要借他的诗来哀叹一番,只不过我要做一点小小的改动:

美丽的世界,而今安在?
哦！对大自然的先占权,重回我们身边吧!
唉！只有在学说的童话世界里,

⑥ 《玛利亚 · 玛格达莲》(Maria Magdalene),系德国文学家弗里德里希 · 黑贝尔(Friedrich Hebbel,1813-1863,一译“赫贝尔”)创作于1844年的一部戏剧,中译本为[德]赫贝尔:《玛利亚 · 玛格达莲》,廖辅叔译,作家出版社1956年版。——译者注

还寻得到你的神迹。
荒凉的大地如此悲伤，
我看不见任何的战利品，
就连蜜蜂、蘑菇和野生动物，我也看不见。
先占权呼喊着：国家啊，把你的手拿开！⑦

137 第二幕 古代继承法中的陷阱〔7〕

不知我可否假定您至今还记得大学里学过的“作为继承人的获利性时效取得”（usucapio pro herede lucrativa）。与大多数事物不同，在大学里学到的知识往往是用得越少就忘得越多，它并非“因使用而消耗或减少的物”，而是“因**不**使用而消耗或减少的物”。⑧ 所以，请允许我帮您复习一下咱们要聊的这个制度。

对此，我们的法源（最主要的就是《盖尤斯法学阶梯》〔8〕）给我们描绘了这样一幅景象：如果某人死亡时并未留下自家继承人，那么任何想要这笔遗产的人都可以抢在有资格继承的人之前

---

⑦ 席勒的原诗为：“美丽的世界，而今安在？大自然美好的盛世，重回到我们当中！可叹，只有在诗歌仙境里面，还寻得到你神奇莫测的仙踪。大地悲恸自己的一片荒凉，我的眼前看不见一位神道，唉，那种温暖的生机勃勃的形象，只留下了幻影缥缈。”引自钱春绮先生的译本，参见张玉书选编：《席勒文集 1：诗歌小说卷》，人民文学出版社 2005 年版，第 42–43 页。——译者注

〔7〕 A. a. O. Nr. 12–15.

⑧ “因使用而消耗或减少的物”的拉丁原文为“res, quae usu consumuntur vel minuuntur”，出自《学说汇纂》D. 7, 5 的标题“De usu fructu earum rerum, quae usu consumuntur vel minuuntur”（对于因使用而消耗或减少的物之用益权）。“因**不**使用而消耗或减少的物”的拉丁文为“res, quae **non**-usu consumuntur vel minuuntur”，是耶林仿照上述标题所生造的一个概念。——译者注

〔8〕 参见 Gaius 2, 52–58 和 Gaius 3, 201。

占有遗产的客体,这样的行为并不构成盗窃。只有对于那些先前已经占有了死者财产的人来说,占有关系才不会发生变化;或者用罗马人的话说,只有这些人的占有**名义**不会变成“作为继承人的名义”(titulus pro herede),正所谓“没有人能够自己为自己改变占有原因”(nemo sibi ipse causam possessionis mutare potest)。这就是说,将构成他人遗产的财产据为己有的行为应当是一种**可见的外部行为**:将来的继承人应当要能知道,是谁夺走了对这些财产的占有,自己可以向谁主张返还占有。为了达到这个目的,罗 138
马法才为他规定了一年的期限。如果他在此期间内怠于主张返还——例如他过了一年才接受遗产,又如他过了一年才提起诉讼——那么他的权利就消灭了;此时,占有人就可以通过作为继承人的时效取得成为所有权人,不仅如此,他甚至还成了继承人。也就是说,这种时效取得的客体并非具体的财产,而是遗产本身,即在这种情况下,遗产本身被时效取得了。这种做法的后果是,本来是经过两年才能被时效取得的不动产变成只需要经过一年就可被时效取得。但如果继承人此前接受并占有了遗产,那么这样的“先占权”(这正是我对这种时效取得的称呼〔9〕)就被排除了;这个时候,谁要是还去抢夺继承人的遗产,他就构成了盗窃,就跟有自家继承人时的情况一样。

关于这一制度,以上就是法源向我们展示的大致轮廓。尽管其中还留有一些尚未解决的问题,但我并不关心,因为我并不打

---

〔9〕 罗马人不仅在“将某**无主**物据为己有”的场合下使用“occupare”(占取)一词,而且在“剥夺他人**占有**”的场合下使用该词,例如剥夺他人现时占有的物或是并未现时占有的物等。参见 D. 41, 2, 3, 8:“... dominum a latronibus occupatam(……某个房屋被强盗占取了)。”D. 43, 3, 1, 2:“... quod quis legatorum nomine occupavit(……以使某人以遗赠的名义所占取的[这个东西])。”

算为您作一个关于“作为继承人的获利性时效取得”的学术报告,而仅仅是想和您聊一聊我对该制度某个特殊方面的看法。据我所知,目前还没有人注意到这个方面。

对于该制度,除了我们刚刚说过的这些,盖尤斯只补充了一
139 点,那就是关于其立法目的的评论。他问道,古代法怎么会规定这样一种不敬神的制度(“如此不公正的占有和时效取得”)呢?他的回答是:因为这一制度能够给有资格继承的人施加压力,迫使其尽快接受遗产。⑨ 此外,该制度不仅有利于债权人,还有利于祭祀的照常举办。

法史素材能告诉我们的信息就到此为止了。现在,我要给自己点上一根雪茄——您知道这意味着什么。

真是太神奇了! 我才用力地抽了几口,雪茄的效果就产生了。在烟雾中,我看见了盖尤斯——一个高高瘦瘦的男人,他长着一张教书先生的脸,额头上略带色斑,双腿向内弯曲。

再抽上几口,我就感觉到自己正在跟他对话。

我:您就是盖尤斯?

盖尤斯:我的确叫这个名字。

我:我不知道是否可以这样称呼您,因为近来有位作者声称,“盖尤斯”只是个“粗俗的名字”。〔10〕 或者像我们在生活里常说

---

⑨　参见 Gaius 2, 55。——译者注

〔10〕　参见**邓伯克**的专著《盖尤斯的法学阶梯:一本来自公元 161 年的课堂笔记》(H. **Dernburg**, Die Institutionen des Gaius ein Kollegienheft aus dem Jahre 161 nach Christi Geburt, Halle 1869)。该书的第 96 页写道:“这是口语里的称呼。”第 97 页又写道:“除了学生会这么亲切地直呼其名,我们再也找不到其他更好的解释了。要知道,我们这位法学家的授课活动就是为了教育他的学生们。优秀的老师都是被学生直呼其名的,学生称他为‘盖尤斯’,就像他们称呼自己的朋友一样。由于学生圈都这么称呼他,这个名字就在后来的学生中以及图书市场上流传开来。”

的那样，他认为"盖尤斯"只是个绰号，是您的学生给您取的，就像在今天，学生也常常给自己喜欢的老师取绰号一样。

盖尤斯：学生？学生是什么人？

我：学生就是您的听众，也就是听了您法学阶梯课的人。我 140
们要感谢他们写下了关于《法学阶梯》的笔记。[11]

盖尤斯：笔记？笔记是什么东西？

我：笔记就是听众的书面记录。这要么就是老师当堂口授给他们的，要么就是他们自己在课后记下来的。

盖尤斯：可是我的听众都习惯于听我讲课，而不是写下我讲的内容。

我：您的意思是，您讲课的时候都是自由发挥的喽！这么说的话，这本《法学阶梯》是出自您自己的手笔？

盖尤斯：正是如此。对于这本书，你们还知道些什么吗？看来这本书距今已久。

我：大概有1700年了。自从尼布尔⑩在维罗纳再次发现您的《法学阶梯》之后，这本书就成了我们罗马法学者的家常便饭。您就是我最尊敬的人！

盖尤斯：罗马法学者？这是些什么人？

我：他们都是您的当代追随者。我们这些日耳曼人眼下还在维也纳的金鸭酒店里谈论着罗马法——维也纳可是我们最美的城市之一——就像您的同胞在他们那个时代所做的一样。在法学院里讲授罗马法的教授就被称为"罗马法学者"。我很荣幸地

---

〔11〕 刚刚提到的那位作者[即邓伯克——译者按]的观点。

⑩ 巴特霍尔特·格奥尔格·尼布尔（Barthold Georg Niebuhr，1776－1831），德国历史学家，主要著作有三卷本的《罗马史》（Römische Geschichte，1811－1832）。1816年，他在意大利维罗纳的一座教堂里发现了抄在羊皮卷上的《盖尤斯法学阶梯》。——译者注

向您介绍，我自己就是其中一位，我每年都要讲授法学阶梯和学说汇纂这两门课。

盖尤斯：也就是说，你是我的同事？很高兴认识你！你读过我的《法学阶梯》？

我：就像我刚才说的，您的《法学阶梯》简直是我们的家常便饭。我从中获益匪浅，非常感谢！但遗憾的是，抄本里有很多遗漏。那些老僧侣对您真是不上心！他们把一个基督教圣人也就是圣哲罗姆的作品抄在了您的作品之上，导致您书里的许多内容
141 都被覆盖掉了。之后，布卢默[11]——正如普特卡莫尔（Puttkamer）所预料的那样，此人后来将自己改名为“布鲁默”——一直致力于修复您的作品。如果您愿意自己补上这些遗漏，那可算是帮了我们的大忙。

盖尤斯：还是让我再考虑考虑吧。眼下我既没时间也没兴趣。说吧，你把我从阎王爷那里请回来，到底所为何事呀？

我：我请您来是想问您个问题，是关于作为继承人的获利性时效取得的。您在这方面的论述是非常有价值的——就古代法而言，您的见解是相当新颖的。虽然我尊重您的权威，但是在我看来，您对该制度立法根据的看法并不正确。

盖尤斯：我怎么就错了呢？

我：尊敬的大师，如果您允许，我就来谈谈自己的看法。

盖尤斯：尽管说吧！

---

⑪ 弗里德里希·布卢默（Friedrich Bluhme, 1797 - 1874），作为姓氏的“Bluhme”（布卢默）有时也写成“Blume”（布鲁默），德国罗马法学家、法律史学家，主要著作有《学说汇纂各标题下的片段编排》（Die Ordnung der Fragmente in den Pandektentiteln, 1820）、四卷本的《意大利道路》（Iter Italicum, 1824-1836）和三卷本的《德意志现行法百科》（Enzyklopädie der in Deutschland geltenden Rechte, 1847-1858）。此外，他还为复原《盖尤斯法学阶梯》做出了重要贡献。——译者注

我:关于该制度的立法根据,您的观点是从这个前提出发的:曾几何时,罗马继承法上的其他规则都已经形成了,唯独作为继承人的时效取得还不存在。假如有过这样的时代,那么当时的人们肯定有过这样的糟糕经历,即有资格继承的人过分地推迟接受遗产的时间。因为对这些继承人来说,那会儿还不存在接受继承的期限——毕竟遗嘱人没有为其设定决定继承的期限(cretio)。他们这么做是为了自己,因为越是推迟付清作为遗产债务的遗赠,他们就越能从遗产的孳息和利息中获利;此外,这么做同时也能为其省下举办祭祀的费用。“再这样下去可不行!”债权人说,“我们想要回自己的钱!”祭司们在一旁附和道:“我们也忍不了了,长期中断祭祀可不行!”与此同时,受遗赠人和补充继承人也异口同声地加入了进来。这时,整个城市的家长都聚到了一起, 142
开始共同商议:“现在该怎么办?”假如他们向我们两个征求意见,我们早就告诉他们正确的解决方法了。我们会这么回答:“给接受遗产设个法定期限吧! 或者是把这件事交给裁判官(后来,裁判官自己也采取了这种明智的做法),由他根据利害关系人的申请而设置一个用于考虑的期间,或者像我们今天说的‘考虑期’(spatium deliberandi),并且规定:若有资格继承的人在此期间内怠于接受遗产,则丧失继承权。此外,为了关心祭祀的祭司们的利益,还要对怠于接受遗产者规定宗教基金方面按月累进的罚金,这种滚雪球式的罚金就跟德国目前的‘利滚利’很像。这么一来,问题就解决了!”

然而,家长们的商议结果却跟我们说的不一样。他们说:“我们想创设作为继承人的获利性时效取得制度。借此,任何人都可以占有遗产,其效果是:若继承人未在一年期间内接受遗产并从占有人那里重新夺回遗产,那么该占有人就应当成为遗产的所有权人和继承人。因为既然被指定的继承人不接受遗产,那么遗产就是无主物,任何想要的人都可以将之据为己有。”

尊敬的大师,对于您的观点,我说得没错吧?

盖尤斯:没错。

我:那么请允许我提一个问题:关于这件事,您有看到过什么专门的资料吗?

盖尤斯:我遵循的是瓦罗[12]的说法。

我:我想也是!他说的很多东西都是异想天开的。

盖尤斯:你就是个……对了,我差点忘了,社交礼仪不允许我在这种场合下实话实说——你们俾斯麦的说法用在这里倒是很贴切

143 的。你竟然敢说自己比瓦罗更了解古罗马的东西?无论是生前还是死后,整个罗马可都对他赞不绝口!西塞罗称他为“最勤奋的古代探索者”(diligentissimus investigator antiquitatis),昆体良则称他为“罗马最博学的人”(vir Romanorum eruditissimus)。

我:是的,自尼布尔的时代以来,我们一直都有这样的自信。假如瓦罗还活着,他本可以从我们这些今人身上学到很多东西。比如,关于罗马的建城,我们今天知道的就比他多得多。尽管在材料的丰富程度上,他可能更占优势;但是在方法上,我们却更胜一筹。凭借这种方法,我们能够纠正所有古代学者的说法,比如瓦罗、费斯图斯和李维,[13]当然也包括您。这种方法就是“**历史批**

---

[12] 马库斯·特伦提乌斯·瓦罗(Marcus Terentius Varro,前116-前27),古罗马作家、博物学者,被誉为“古罗马最博学的人之一”,主要著作有《论农业》(De re rustica)和《论拉丁语》(De lingua Latina)。——译者注

[13] 塞克斯图斯·彭培乌斯·费斯图斯(Sextus Pompeius Festus),2世纪的罗马语法学家,主要著作是《论词义》(De verborum significatu);提图斯·李维乌斯(Titus Livius,前59-17),通译“李维”,古罗马历史学家,撰有古罗马历史巨著《自建城以来》(Ab urbe condita)。——译者注

判方法”,但我眼下不能向您作进一步说明;如果您下次还来找我玩,我再给您补上这一课。

现在,我要说回您对这一制度起源和目的的看法。即便是当着您的面,我也敢断言:您所想象的这个场景是不可能出现的,您的解释方法带有历史谬误的烙印。在今天,我们会把这样的解释方法归入**理性解释**的范畴。

盖尤斯:你的这个新表述我又不明白了,它是什么意思?

我:现在我没法告诉您,您可不要怪我,因为我的雪茄已经抽了一半了,在我抽完之前,我必须把作为继承人的时效取得讲完。接下来,我要批判您的观点,或许您可以从中领会到这个表述的含义。我会坦诚地表达我的看法,就像我站在自己的学生面前一样。

我认为,您混淆了“目的”和“结果”。打个比方来说:当然是先有了小偷,才有了老实人给门上锁的这一**结果**;没有人会说,为了让 144
这些人去给门上锁,人们才发明了盗窃。同理,如果您主张创设作为继承人的时效取得是为了加快遗产的接受,那么您的观点也没比上面那种说法好到哪里去。实际上,加快遗产的接受只是该制度所造成的**结果**,而非它的**目的**。盗窃不需要被发明,它自己就能出现;同理,您的祖先也不需要等到法律的明文授权才会去占有尚未被继承人接受的遗产——他们早就知道该怎么做了。

盖尤斯:不准恶意影射我的祖先!况且你也没影射对,因为古罗马人根本不是我的祖先。特奥多尔·蒙森已经证实,我只是个行省法学家。[12] 好了,说回正题!我要提醒你,关于这个问题,你刚才所说的一切不过就是涉及“将他人遗产占为己有”的这个**事实**,也就是只涉及了“对尚未被继承人接受之遗产的

---

〔12〕 Jahrbuch des gemeinen deutschen Rechtes, III, S. 1 ff.

先占”这个层面；而我却论及了该制度的法律构造“**时效取得**”，也就是对遗产所有权和继承权的取得，这才是该制度所具备的法律特征。

我：这也正是我想说的。恰恰因为这一点，您的观点才是站不住脚的。假如作为继承人的时效取得在古代法上的目的不过是敦促有继承资格的人尽快接受遗产，那么只要他们规定不惩罚将遗产据为己有的行为就足以达到这一目的了。我把这样的行
145 为称作“继承法上的掠夺”——谁要是害怕海盗，就应该想方设法让自己的船迅速靠岸。如果这么做还达不到目的，那么他们最多还会规定“对构成遗产的**具体财产**的时效取得”。然而难以解释的是，他们为什么要出于**这个**原因而创设“对**遗产本身**的时效取得”呢？这是相当令人费解的。这是一个至关重要的问题，您却对此只字未提！您要怎么解释这一点呢，盖尤斯？

盖尤斯：你老是向我发问，老是要我作出解释，真是烦人！好像我必须通过你的考试似的。你是个教授，而我正身处日耳曼这个北部蛮族的国土之上，这些话你本来没必要告诉我，因为从你的说话口吻、从你在谈话期间所喝过的那些没掺水的酒，我早就已经看出来了。与其回答你的问题，我宁可中断我们之间的对话，并且我还得确保它不再发生。就算你抽上十支雪茄，我也不会再现身了！

说完这句话，他就消失了！

这真是个摆脱困境的好办法！当一个人不知道该怎么回答时，他就直接消失，而且不忘骂一下让自己难堪的发问者以作为临别赠言。编辑先生，请您替我作证，在我和盖尤斯的谈话中，我丝毫没有逾越学术辩论的界限，而且也始终保持着友好的口吻。

这个盖尤斯啊，实在是草木皆兵！

还是继续聊我们的吧。现在您可算知道了，盖尤斯的观点是存在内在矛盾的——如果他不是自己也察觉到了，他也就没有必 146
要灰溜溜地逃走了。只是我的雪茄已经抽完了。您可以借我点儿火吗？好了，现在我又能吞云吐雾了，请您稍等片刻。嗯，我又看见了某个景象的微弱轮廓，它越来越鲜明、越来越清晰……哈！我看到了它完整的样子。

我来到了原始时代的古罗马人中间。一个男人死了，他没有老婆和孩子。此时，他在民众大会前所立的遗嘱中所指定的那个继承人正在前线攻打敌军。而他的家里却发生了这样一幕：无论是债权人还是受遗赠人，无论是邻居还是好朋友，所有人都空手而来，满载而归。这是财产的空窗期，今天我们把它叫作“待继承的遗产”，任何人都可以从这里头捞点好处。

我就混在这群人之中。

我冲他们喊道：“你们怎么能拿走所有的东西？你们这帮无耻的小偷，这些都不是你们的，你们侵犯了别人的财产！”

古罗马人：你说我们“侵犯了别人的财产”？听得出来，你不是个罗马人。没有所有权人，也就无所谓所有权，就像没有皇帝，也就无所谓失去皇权。如果被指定的继承人从战场上回来了，并且也接受了遗产，那么他大可从我们手里拿回这些东西，可是眼下他不是还没回来嘛！难道你们日耳曼人不是这样做的吗？要是有一艘船在你们荒芜的海岸边搁浅，你们不是也会跑过去拿走船上的东西吗？你们管这叫“海滩权”（Strandrecht）。我们的做法和你们的并没有什么两样，这是我们继承法上的“海滩权”——无主的遗产正朝着我们踏浪而来。

我:但拿了这些东西对你们又有什么好处呢?一旦继承人回来,你们不还是得还给他吗?

147 古罗马人:他回不回得来还是个问题呢,他可是在打仗!他可能会战死,也可能会被俘虏。即便他回来了,那也还得看我们要不要还给他呢!

我:你们有什么理由夺走这些东西呢?你们的法律我是知道的,虽然你们不必害怕他提起盗窃之诉——你们的法律太过仁慈了,以至于不承认这种行径属于盗窃——但你们可别忘了,他还可以向你们提起请求遗产之诉。

债权人:那样的话,他就要先清偿我的债权,因为我是被继承人的债权人。正是为了确保我的债权能够受偿,或者像你们说的那样,正是为了给我的债权"寻求掩护",我才会这么做的,这是无可厚非的!

我:那你呢,你也是债权人吗?

受遗赠人甲:我可不是债权人。但这位死者在去世前把我正在占有的这些东西都遗赠给了我,我是不会把它们还回去的。

我:但你肯定是要还的吧,因为裁判官给你发布了关于遗赠的令状。〔13〕

受遗赠人乙:我们这个时代还没有这种令状呢!你把罗马法史的不同时期混为一谈了,我们现在还没走得这么远。

我:那你呢?你是不是也因为自己是债权人或是受遗赠人才把东西拿走的?

---

〔13〕 参见D. 43, 3, 1, 2:"以使某人以遗赠的名义、却并未遵循继承人意愿所占取的这个东西被返还给继承人(Ut quod quis legatorum nomine non ex voluntate heredis occupavit, id restituat heredi)。"

路人甲：非也！我**就这么**拿走了——你们德国人不也是这么说的嘛！〔14〕 我就这么一直等着，最坏的结果也不过就是物归原主嘛！ 148

谢天谢地！这幅景象终于消失了，我简直受不了跟这帮人待在一起。

紧接着，我的眼前又浮现出了另一幅景象。场景还是发生在罗马，但是是在几千年之后的罗马，具体地点是在梵蒂冈。教皇死了。您肯定没法想象下面这一幕是真的：他刚一闭上眼，所有的人就在宫殿里到处跑，把能拿的都拿了。我问他们："你们凭什么这么做？"他们的回答是："就凭侵夺权！"〔15〕真不愧是罗马人的好孙子！

---

〔14〕 我不清楚奥地利人是否也知道这个极具特色的措辞——"**就这么**"(**bloß so**)，我将用下面这个例子解释它的用法。有一位来自乡下的未婚女送货员，她一直独自一人给顾客配送鸡蛋，然而有一天却有个年轻小伙陪她一起送货。顾客问："这个小伙子是谁的老公？"送货员回答："我的老公。"顾客惊讶地说："我压根不知道您已经结婚了。"送货员回答："我也不知道，他**就这么**成了我的老公。"罗马法学者可能会用"自然[而然]地"(naturaliter)，而不是"市民[法上]的"(civiliter)来解释"就这么"的用法。

〔15〕 针对神职人员的遗产而行使的侵夺权很早就已产生，对此参见**弗里特贝克**(**Friedberg**)在赫尔佐克(Herzog)主编的刊物上所发表的文章(Real-Encyklopädie für protestantische Thelogie und Kirche, Bd. 14, S. 683-688)。这种惯例在早期即已形成：一旦有神职人员去世，其他人就作为已继承了该遗产的教堂之代表肆无忌惮地夺取死者的遗产。451 年的迦克墩大公会议(Konzil von Chalcedon)就已经提及这一现象了："主教死后，教士不被允许将其遗产据为己有(non liceat clericis post mortem episcopi rapere res pertinentes ad eum)。"524 年的莱里达会议(Synode von Ilerda)也哀叹过："当神父处于弥留之际时，所有的严格纪律都被严重违反了，我们发现很多教士冲进了教宗的家里抢夺财物(occumbente sacerdote exspectoratoque affectu totaque disciplina severitate posthabita immaniter quae in domo pontificali reperiuntur invadunt et abradunt)"(参见该文第 681 页)。后来，世俗的王侯也效仿神职人员主张自己的侵夺权，正如英诺森三世所言，这种行为"就像暴怒的海盗……残忍地掠夺所有动物一样(more praedonum debacchantes … crudeliter abductentes animalia universa etc.)"。按照 1279 年布雷斯劳会议(Breislauer Konzil)的说法，此项权利已经达到了这样的程度："对教堂财产的盗窃被认为是机智聪明且名正言顺的暴力抢夺行为(quod in rebus ecclesiae furtum reputatur sagacitas, rapina probitas, et violentia foritudo)。"甚至在罗马这个圣城，**甚至是针对教皇的遗产**，普通的教徒和教士也可以共同行使侵夺权。901 年的罗马会议(Concilium Romanum)将这一侵夺权称为"臭名昭著的惯例"(scelestissima consuetudo)。后来，就连教皇自己也主张侵夺权了。对此详见弗里特贝克的论文。

149 我不忍心再往下看了！我不关心近代，也不关心海滩权，更不关心侵夺之诉！我只想知道作为继承人的获利性时效取得是什么样的。

雪茄再次派上了用场。我的眼前出现了一幅新的景象，它发生在《十二表法》之后的某个时代里。这里有不少法学家正在集会，其中有几位是我们非常熟悉的人物，比如阿皮乌斯·克劳迪乌斯（Appius Claudius）和他的抄写员弗拉维乌斯（Flavius）。前者是《弗拉维乌斯法》（jus Flavianum）的作者，后者则是这本书的出版者。[16]

---

[16] 弗拉维乌斯是怎么“**出版**”这部法律的，上过罗马法史课的您肯定还记得：他“偷走了这本书，并把它交给了人民（subreptum librum populo dedit）”（参见 D. 1, 2, 2, 7）。这是历史上第一个有据可查的盗版案件。借此机会，我要提醒所有参加罗马法史考试的考生注意，有一个很好的考题至今还没有被出过，即“谁是世界上第一个盗版者？”答案是：格奈乌斯·弗拉维乌斯（Gnaeus Flavius）。对此参见 1870 年 6 月 11 日颁布的德意志帝国法律的第 4 条：“任何未经权利人许可而机械复制其作品的行为均构成盗版，应当受到禁止……当抄写用于代替印刷时，该行为也被视为机械复制。”有了这样的替代方案，弗拉维乌斯在没有印刷机的时代里也可以实施盗版行为。**凡宁-英根海姆（Wening-Ingenheim）**是海泽（Heyse）“学说汇纂讲义”的出版者，他将这些讲义**以自己的名义**出版了，书名是《共同私法教科书》（Lehrbuch des gemeinen Civilrechts）。“偷走了这本书，并把它交给了人民”，这句话说的就是凡宁-英根海姆！同样都是偷，但他却比弗拉维乌斯更为轻松，因为他只要抄一遍就够了，剩下的交给排字工人就行了。他把这本书当做一份礼物献给了原作者，这样的做法被莫尔施塔特（Morstadt）精辟地比喻成“就像接生婆将新生儿放进爸爸的怀里”。时任吕贝克高等上诉法院院长的海泽并没有将该书的后续几个版本纳入自己的藏书室，他觉得这本书已经不再是他的了，因为凡宁-英根海姆在出版该书的过程中并没有遵循那位罗马榜样的做法，而是在书中补充了一些自己的观点。弗拉维乌斯坚定地抵制住了这种诱惑（他“并没有给这本书增加任何自己的东西”，参见 D. 1, 2, 2, 7），但凡宁-英根海姆却没能抵挡得了，这是二者的唯一区别。除此之外，他们如此相同，以至于我们都可以把凡宁-英根海姆称为“德国的弗拉维乌斯”，而将弗拉维乌斯称为“罗马的凡宁-英根海姆”。这两起明目张胆的盗窃行为都对人类作出了巨大贡献（“这个礼物是如此受到人民的欢迎”，D. 1, 2, 2, 7），因为无论是阿皮乌斯·克劳迪乌斯还是海泽——这两个人是不相上下的——他们都发现自己的作品是没必要由自己来出版的；相反，他们只需要借他人之手就能将自己的作品公之于众。在这两种情形中，作品都不是按原作者的名字命名的，而是按出版者的名字命名的，因为该作品的出版被认为是后者的功劳；在这两种情形中，出版者都得到了相应的回报：弗拉维乌斯成了罗马的护民官，而凡宁-英根海姆则成了慕尼黑大学的教授。

让我们看看,他们正在讨论什么重要的事。

“人们又把全部遗产洗劫一空了”,其中一位法学家说道—— 150
其余的人都叫他执政官沃伦尼乌斯(L. Volumnius)——“我们必须阻止这种事再度发生!这根本就是古代蛮族的残余,这种做法跟我们这个时代的先进观念是无法相容的。在这种情况下,我们根本不可能井然有序地处理遗产事务。现在,每个人都要从遗产里头拿点什么走。就算继承人之后回得来,他也得挨家挨户地去要回这些东西。再说了,一旦继承人接受遗产,他不也马上就要对债权人负责吗?所以,不能再这样下去了!作为执政官,我要向人民提出一项法案:我建议废除继承法上的先占权。今后,任何这样的行为都要作为盗窃来惩罚。”

“尊敬的同事,我不同意您的观点。”说话的是阿皮乌斯·克
劳迪乌斯,[17]“您的提案人民是不会接受的,因为几百年来,他们 151
已经习惯这么做了,他们把这种做法称为‘合法的特色’。连君主国都对吞并省份的行为不加追究,就更别提我们的共和国了。就让人民自娱自乐好了,只不过我们还是要去搞点事情来败坏败坏他们的兴致。我们要采取的做法和《关于遗嘱的富利乌斯法》(lex Furia testamentaria)相同。该法原本是要为遗赠设置最高限额的,但正是在这一点上,它违反了《十二表法》的规定,即‘正如某人以遗赠处分自己的财产并为其指定管理人,这样的行为是具有法律效力的’(uti legassit super pecunia tutelave suae rei, ita jus esto)。⑭ 因此,为了不与《十二表法》相抵触,该法最后就作出了这样的规定:若受遗赠人接受的遗赠超出了法定的数额,则应对

---

[17] 由此可知,这一幕发生在罗马建城后的第446年。因为根据李维的《自建城以来》(Livius 9, 42),阿皮乌斯·克劳迪乌斯与卢·沃伦尼乌斯曾同时担任执政官。

⑭ 参见《十二表法》第5表第3条。——译者注

其处以罚金，罚金的数额为超出部分的四倍。这样一来，立法者就挽救了这部法律，他们的目的也就达到了。针对当前的情形，我们也可以这么做。我们不去触动旧的制度，而是完全按照人民的想法去做。既然他们的想法是'继承人还没取得占有的遗产客体是无主的，任何人都可以拿走它'，那么我们就要更进一步，也就是规定'遗产本身是无主的'。这样规定的结果就是：谁拿走了它并且占有了一年以上，谁就因时效取得成为了继承人。我们可以将'遗产'归入'其他的物'这一概念之下，《十二表法》为后者规定的时效期间正是一年"。⑮

沃伦尼乌斯：亲爱的阿皮乌斯啊！可是"遗产"并不属于法律规定的"物"，它不是有体的！

克劳迪乌斯：请不要打断我，沃伦尼乌斯。将"物"的概念扩张到包括"权利"在内，这并非没有先例。你看，尽管"对妻子的夫
152 权"并不属于"物"，而属于"权利"，但我们这些法学家不也已经把它归入"其他的物"这个概念之下了吗？后来，我们称这些权利为"无体物"；一千年以后，它们也还是叫这个名。〔18〕 所以在目前的情况下，我们只需要依样画葫芦，这事儿就妥了。

先生们，你们肯定已经猜到我为什么要这么做了。因为一旦通过时效取得遗产的人成了继承人，他就必须对债务和祭祀负责。我要特别提醒在场的祭司大人们注意这一点，我的建议能否通过，关键就看你们同不同意了。

祭司们回答："我们完全同意。"

克劳迪乌斯：我非常高兴，其实我早就猜到你们会同意了。您想发表什么高见，瓦勒利乌斯（M. Valerius）先生？作为一位当

---

⑮ 参见《十二表法》第6表第3条。——译者注

〔18〕 参见 Inst. 2, 2, 2。

过四次裁判官的人,您的意见对我们来说肯定是非常重要的。

瓦勒利乌斯:我只是想说,您的这个建议几乎很难被人民接受。他们肯定能看出它真正的目的,接着护民官就会行使自己的否决权。要知道,这些护民官可没少破坏我们精心安排的计划。

克劳迪乌斯:我从来就不打算把这事儿交给人民。这个问题必须由我们法学家做主,人民和护民官都是没法插话的,因为这个问题属于"解释"《十二表法》的问题。任何一个读过彭波尼乌斯《单卷本手册》的法学家都知道,"解释法律"属于祭司和法学家的职权范围。〔19〕 在这件事上,我们已经对人民做了很大的让 153
步。跟之前相比,我们已经给了他们更多的东西,这些占有遗产的人现在连遗产的所有权和继承权都到手了,他们还想要什么?

"这真是个巨大的糖衣炮弹啊!"人群中突然冒出了这么一声。但是当独裁官帕皮利乌斯(Papirius)开始发言的时候,这个声音立马就沉寂了下去。

帕皮利乌斯:阿皮乌斯·克劳迪乌斯,您可真是无与伦比!论精明,没人能和您相比。要不是我们必须把"精明的狐狸"这个称号留给您的曾孙塞克斯图斯·埃利乌斯·派图斯(Sextus Aelius Paetus)——正是他写出了《埃利阿努斯法》(jus Aelianum),而且人们还赋予他"卡图斯"的称号〔20〕——那我们肯定会把这个名号送给您。

阿皮乌斯回应道:"我只关心这件事本身。另外,这个建议的

---

〔19〕 参见 D. 1, 2, 2, 5-6。

〔20〕 Varro de ling. lat. VII, 46:"卡图斯·埃利乌斯·塞克斯图斯并不像人们说的那样是'充满智慧的',而是'精明的'(Catus Aelius Sextus, non, ut aiunt, sapiens, sed acutus)。"直到读了瓦罗的这段话,我们才知道,原来塞克斯图斯是阿皮乌斯的曾孙。[拉丁人名"catus"(卡图斯)作形容词时即表示"聪明的、博学的"。——译者注]

理由我还没说完，我还有一个非常充分的理由来支持它。先生们，你们是知道的，有资格继承的人不愿马上接受遗产，这并不是什么少见的事，因为无论是偿还债务还是交出属于遗赠范围的财产，甚至是履行对神明的祭祀义务，他们都想尽可能地拖延。尽管很遗憾，但我还是不得不提，他们最后的这种行为反映了我们的时代精神是多么地糟糕、多么地不敬神啊！只要大家接受我的建议，那么我们同样能遏制这种能拖则拖的做法。一旦采纳了我的建议，那么只要有人占有他人遗产满一年，原告就可以直接向这些已成为继承人的人主张自己的权利，而不必先证明存在遗产接受的行为。除此之外，我还有一点理由要说。先生们，过去这
154 几年里发生了好几起有名的案子，从中你们也了解到了，假如这个一直被世人视为十分确定无疑的遗产取得方式在多年之后被某个现在才有能力主张其继承权的继承人撤销，那么后果将有多麻烦！在此期间，大多数物品已经被卖掉了，债务也还清了，债权也收回来了，而如今，某个在外游手好闲的真正继承人却一回来就主张，一切都要从头再来。先生们，这不能忍啊！拥有权利的人应该在适当的时候主张自己的权利，如果他怠于行使权利，那么他就失去了这一权利。我们总不能永远为他保留权利呀，因为权利就像水果一样经不起久放。”

“我觉得，这对一个被俘多年、才刚回家的战俘来说是非常不公平的。”我忍不住插话。

整个会场的目光都投向了我，直到这时我才意识到，自己是多么地忘乎所以！

发言者转向我，对我说：“大家都看到了，您不是罗马人，而是个外邦人，所以您根本没资格在这儿发言，根本没资格以这样的方式参与我们的集会。您说的这种情况在我们罗马很少发生。

可能出现的情况只有两种：要么他的亲属有能力而且也愿意为这位战俘支付赎金，这样他就会立即被赎回；要么他们就没能力或者不愿意支付赎金，这样他就永远也回不来了。在我的整个实践生涯中，战俘在多年之后又回来的情况我只碰到过一次。那是一个平民，他狡猾地从敌人那儿偷跑了回来。但是，这样的情况毕竟少之又少，而且几乎只发生在平民的最底层，所以我们不能因此而放弃在一般情况下所采取的措施。请看看凯尔苏斯在 D. 1, 155
3, 4 和 D. 1, 3, 5 这两个片段里所说的格言吧！〔21〕 您将从中领会到我们的处事原则。顺便一提，这件事后来是由裁判官负责的，他将授予战俘这样一种权利，即基于失踪的恢复原状（restitutio propter absentiam）；但现在还没到那个时候，我们仍身处罗马建城后的第 447 年，目前裁判官还不能这么做。”

“当然不能！”在场的人众口一词地说道，“这么一来，整个罗马法史的顺序就全乱套了！正如后世所说的那样，在我们生活的这个时代里，‘裁判官告示仍未被使用’（edicta praetoris nondum in usu habebantur）”。〔22〕

接着，阿皮乌斯重新接过话茬：“我没什么可补充的了。还有谁想发言的吗？没有了吗？好，那么该提案就正式进入表决程序……我看到，大家普遍接受了我的提案……我很高兴，它马上就要发挥作用了。我谨宣布：此次会议到此结束，请允许我的抄写员弗拉维乌斯宣读会议记录。弗拉维乌斯，请宣读会议记录。”

这场会议就这么结束了，我的雪茄也抽完了。在重新点上一根

---

〔21〕 “法不会基于那些只可能在某种情形下才会发生的事而被创设，因为，法更应当适用于那些经常且容易发生的事，而非那些极少才出现的事（Ex his, quae forte uno aliquo casu accidere possunt, jura non constituuntur. Nam ad ea potius debet aptari jus, quae et frequenter et facile, quam quae perraro eveniunt）。”

〔22〕 参见 Gaius 4, 11。

看到新的景象之前,我要利用这个间隙对刚刚听到的内容作一反思。

当我目睹那一幕时,我的内心就有了一个想法:我打算给您讲一讲古罗马法里的阴谋诡计。这些古罗马的法学家个个老奸巨猾,这可是千真万确的! 在这个方面,我们今天的法学家根本没法和他
156 们相提并论,必须到北美才能找到他们的同类——一个真正的美国律师抵得上我们这里的十个律师和一百个教授! 阿皮乌斯·克劳迪乌斯让旧制度变得无害的诀窍让人联想到了这样一种做法,即为了防止工业用盐或农业用盐被当成食用盐使用,人们就往里掺煤或者其他破坏味道的东西。用专业术语来说就是:他们将这些盐“变性”了。古罗马的法学家们也以同样的方式将“对构成遗产之财产的先占”给“变性”了,他们这么做是为了防止今后的罗马人民从遗产里挑出“一根骨头”乃至满满“一堆骨头”。将“鸡蛋里挑骨头”的最高级形式用在这里是合适的,这样的用法我也是从别人那儿听来的。有位滑稽的老先生,他的婚姻从来都没有让他感到幸福。直到妻子去世,他的生活才终于恢复了他渴望已久的平静和安宁。当他被再度催婚时,他就是用这样一句陈词滥调来回绝的:“我从婚姻里不只挑出了一根骨头,甚至还挑出了一堆骨头!”

您问我:这根骨头是不是一开始就出现在获利性时效取得制度里了? 我会斩钉截铁地回答:不是的! 将时效取得适用于无体的遗产,其中蕴含了成熟而精湛的法学抽象思维,这样的思维是不可能出现在原始时代的,甚至是塞涅卡时代的人都还觉得这是
157 一种诡辩。〔23〕 时效取得的概念原本只适用于能够为感官所感受

〔23〕 Seneca de beneficiis VI, 5:“那些精明但愚蠢的法学家否认遗产本身是可以被时效取得的,却认为那些构成遗产的财产是可以被时效取得的,就好像遗产本身和构成遗产的财产有任何区别似的(Jureconsultorum istae acutae ineptiae sunt, qui hereditatem negant usucapi posse, sed ea quae in heredidate sunt, tanquam quidquam aliud sit hereditas quam ea quae in hereditate sunt)。”

到的对象,当法学家将这一概念扩用到仅仅存在于观念之中的对象,扩用到在法学技术意义上以纯粹的抽象思维为基础的遗产本身之前,“时效取得”和“遗产”这两个概念必须已经彻底发展成熟。换言之,这样的扩用只有在抽象的法学思维达到很高的发展程度时才可能出现。

因此,如果说这个将“先占”和“时效取得”合二为一的整个制度并非产生于原始时代,而是产生于罗马法学高度发展的时期,那么就只剩下两种可能性:它要么就是法学家在这个时期所创造出来的全新制度,要么就是他们将“时效取得”这枝新芽嫁接在了“先占”这棵早已长成的老树上。前者是盖尤斯的观点,对此我已经表达过自己的看法。我觉得,大家只要仔细地想一想,就知道这肯定是不可能的。假如盖尤斯的说法是正确的,那么这也意味着几百年来,罗马人一直都很尊重继承人的权利,任何人都知道不能乱拿别人的遗产,否则他就会受到盗窃的惩罚。等到了文化的高级阶段,“先占”和“作为继承人的时效取得”才被创设出来,也就是到了这个时候,掠夺他人遗产的行为才是被允许的;为了实现这一目的,他们才废除了将该行为认定为盗窃的规定。但假如只是为了实现这样一个目的,这些罗马人其实完全可以用比这更加稳妥、更为简便的方式。就盖尤斯的这一观点而言,他简直 158
堪比几千年后对法律史一无所知的那些法学家。当这样一个法学家在18世纪的文献中发现海滩权的说法时,由于他并不了解以前是否已经有了这样的权利,他就会马上断言:“海滩权是18世纪才有的制度,此前它是不存在的。我们祖先的海滩权跟罗马继承法上的先占权一样,都是原始时代粗俗观念的残余。”

既然这个作为统一创造物的制度既非产生于原始时代,又非直接诞生于罗马法学的高度发展时期,那么就只剩下一种可能了,我认为这才是唯一说得通的解释,即**该制度的两个方面分别产生于不同的时期**。一方面,“对**构成遗产的财产**进行先占不会受到惩罚”(这一点或许和所有权的时效取得有关)是这一制度的原始树干,它是原始时代的残余;另一方面,“对**遗产本身**的时效取得”是长在这根树干上的新芽。

我绝不是要否认,除了我刚才借阿皮乌斯·克劳迪乌斯之口所说的“防止将他人遗产占为已有的行为出现”这个动机之外,就不存在促成这一变化的其他原因了。尤其是,我并不否认还可能存在这样一些原因:例如,在尚不确定继承人是否会行使请求权的情况下,立法者也许希望借这一制度尽快地使法律状态确定下来;又如,在经常出现的根本没有继承人的情形中,立法者或许想通过这一制度来弥补古代无遗嘱继承法的不足,因为这样一来,死者的单纯血亲就有资格根据民众大会的批准而非法律的规定来占有遗产了。相反,我想说的仅仅是:如果规定了这一制度,那
159 么遗产的时效取得人就有可能要对遗产的债务负责,光是这样一种可能性就足以产生威慑作用。假如时效取得人成为了继承人,那么他要承担债务和祭祀责任就是不言自明的了。

我并不是说,只有当有继承资格的人拒绝了遗产,这样的后果才会发生。相反,我们必须假定,即使他们接受了遗产,也会出现这一后果。此外,我也并不是说,这些遗产占有人只能按其各自所占财产的价值比例而成为继承人,因为这不符合罗马继承法的基本原理。众所周知,根据该原理,遗产的**份额**并不取决于继承人实际得到的**财产**。所以,即便是那些只偷了一点点东西的家伙也得做好心理准备,在一年到期之后,债权人和祭司就会向作为全部遗产之继承人的他主张权利。

这样一来,遗产就被贴上了一张“不要碰我”的标签,它得到

了一种无形的保护，在某些情况下，这种保护甚至比盗窃之诉还要有效得多。在罗马，偷了东西的人总能预料到自己被发现之后需要承担多少责任：即使在最坏的情况下，他要赔的罚金也不过就是所偷之物价值的四倍；而在最好的情况下，他只需要赔偿其两倍的罚金。反之，就算某人从他人的遗产里拿走的东西再怎么微不足道，他也可能因为自己臆想的这么点好处而落得倾家荡产的下场。

对于这个古代继承法中的陷阱，我还需要向您多作解释吗？它的操作原理是非常简单的："构成遗产的财产"就好比熏肉，"拿走这些财产的人"就相当于老鼠，而"这些人将成为继承人"的规定就是夹住老鼠的夹子。[16]

但是我目前所描述的这个危险并不是唯一的，这些遗产占有 160
人还面临了另一重危险。作为继承人的获利性时效取得真是个狡猾的制度，每个想占有他人遗产的人都必须小心！如果他在夺取遗产时正好碰上了死者的亲属或债权人，那么即使他被后者简单粗暴地赶了出来，他也不能有半点怨言。有些人被赶出来的时候甚至都已经是鼻青脸肿了，哪里还谈得上拿点什么东西回家。就算是他很走运，毫发无损地捡到了心仪的战利品，这也绝不能保证他只要物归原主就能彻底躲过继承人。因为假如后者在不知情的情况下接受并占有了遗产，那么第三人将该遗产据为己有的行为就构成了盗窃：要是他被继承人逮个正着，那么他就是现行盗窃；要是没被逮个正着，那就属于非现行盗窃。在第一种情况下，他要赔偿的罚金是该物价值的四倍；在第二种情况下，他也得赔上两倍的罚金。听说在古代，他还可以有这样的借口："我完

[16] 在德语里，"Mausefalle"（陷阱）一词的字面含义即为"捕鼠器"。——译者注

全不知道自己剥夺了继承人对遗产的占有。”但我很怀疑这一借口的真实性。〔24〕 在这样做之前,他完全可以预料到自己可能会被粗暴地扫地出门或是被揍到鼻青脸肿,还可能要赔偿两倍或四倍的罚金,甚至可能要对债务和祭祀负责。为了满足作为继承人的时效取得的条件,他的确需要下一个很大的赌注。盖尤斯把这一制度称为“获利性的”(lucrativa),但我却认为,在某些情况下,它更应该被称为“悲剧性的”(luctuosa)。

正是因为这一制度太过严厉且太过危险,所以后来的罗马人才失去了对它的兴趣,就像他们对那么多难以理解的制度所
161 采取的态度一样。盖尤斯告诉我们,对遗产的时效取得后来被废除了,能够被时效取得的仅限于构成遗产的财产。然而他对这一变化的原因却只字未提,按他的说法,这一变化仿佛是法学家在理论上的疑虑所促成的。他的原话是:“postea creditum ipsas hereditates usucapi **non** posse”(后来的法学家们认为,遗产本身是**不能**被时效取得的)。⑰ 但这样的看法肯定是错误的,就跟他关于该制度为什么会被创设出来的观点一样。

如此一来,作为继承人的时效取得这一制度就达到了顶峰,它的黄金时代到来了。在这个时代里,它的样子才配得上“获利性”这个名字。因为现在只要一有可能,人们就会肆无忌惮地拿走构成他人遗产的那些财产;如果该财产在一年内没有被继承人夺回,那么他就的的确确地获利了,他就相当于吃了顿免费的午餐。即使是在占有土地的情形下,也要适用一年的取得时效。在

---

〔24〕 在“认识错误”这一点上,D. 47, 2, 83 pr.这个片段里的处理方式不同于此处关于“对继承人死亡的认识错误”的处理。在这个片段中,漂布者和裁缝仅仅因偶然使用他人之物就会被视为盗窃。然而古代法学家是不会可怜他们的。既然如此,为什么非得允许这些遗产占有人拥有这样一个托词呢?

⑰ 该句出自 Gaius 2, 54 这一片段。——译者注

那首关于无主物的哀歌中,我已经看到了此事会发展到这个地步。〔25〕 现在您总该明白,我为什么会对作为继承人的时效取得有着如此浓厚的兴趣了吧? 在我年轻的时候,我对任何罗马法制度的喜爱程度都比不上对这个制度的喜爱。我是多么羡慕罗马人啊! 他们可以以继承人的名义时效取得他人的遗产,我也多么乐意这样做啊!

然而在尘世上,好景总是不长。

堕落的帝政时代并不理解获利性时效取得那深思熟虑和天真无邪的性格。在这个时代里,将他人遗产据为己有的行为有了 162
另外一个名称:掠夺遗产罪(crimen expilatae hereditatis)。好端端的一个制度就这样告别了罗马的土壤,从此一去不复返。这个制度的雏形产生于原始时代,接着又经过了两次改造,并且还想凭借自己作为罗马法制度的顽强生命力一直苟活下去。

西塞罗的一个篇章向我们证实了该制度还存在另一个特殊的发展阶段,这个阶段是以神法为基础的。〔26〕 在遗产时效取得人的祭祀责任方面,祭司们创设了一个规定。这个规定是在作为继承人的时效取得扩用于继承权之时立即被创设的,还是后来才被创设的,我们不得而知,但无论如何,既然西塞罗提到了科伦卡尼乌斯⑱,所以这一规定在罗马建城后的第六个世纪初就已经出现了。该规定的内容是:只有在没有继承人的前提下,遗产的时效取得人

〔25〕 参见“罗马法史上的景象”第一幕,即第 127 页及以下。

〔26〕 Cicero de legib. II. C. 19-21.[指西塞罗《论法律》第 2 卷的第 19 节至第 21 节,可参见王焕生先生的中译文(上海人民出版社 2006 年版,第 145-153 页)。——译者注]

⑱ 提贝里乌斯·科伦卡尼乌斯(Tiberius Coruncanius,约于公元前 241 年去世),罗马执政官,于公元前 254 年担任罗马历史上第一位平民大祭司,也是古罗马第一位公开系统讲授法学课程的法学家,对罗马法学的世俗化做出了巨大贡献。——译者注

才需要对遗产债务和祭祀活动负责;当存在多个时效取得人时,只有取得他人财产最多的那个人才需承担该责任。我认为,从根本上说,祭司所创设的这个规定偏离了法学家为继承人的法律地位所确立的原则。我们无法确定祭司在创设该规定时的主要考量是什么,但无论如何,他们忽略了世俗法领域所遵循的法律原则,因为根据该原则,被继承人的债务本应由全部继承人共同承担。因此,不仅在根本没有继承人接受遗产的情况下才由时效取得人承担责任,也不仅当存在多个时效取得人时才由取得最多的人承
163 担责任,而是即便在被指定的继承人接受继承的情况下,也应当由**全体**时效取得人共同承担责任,因为时效取得人此时也成为继承人了。在承担责任这件事上,一个人无论是基于遗嘱、法律还是时效取得而成为继承人,都无关紧要。祭司在该规定中确立了应承担祭祀责任的不同主体,其中虽然没有**明说**"**除了**继承人之外,时效取得人不应承担责任",但我们还是可以从中看出,这些人承担责任的顺序是位于继承人**之后**的。〔27〕

规定时效取得最多财产的人应当承担责任,这还可能会在实践中引发巨大争议。谁是时效取得最多的那个人?假如有人认为,祭司想要在自己制定的这一规范中为自己施加一种通常根本无法证明的证明负担,那么他一定太不了解古罗马人了。因为,无论在何种情况下,要证明"谁是时效取得最多的那个人"都是非常麻烦、极为不便和相当无望的。所以,这个规定就只剩下了这

〔27〕 在该规范最初的形式里,在承担祭祀责任的人之中,时效取得人处于第二顺位(古代法学家的表述是:"如果获得大部分财产的人"[si majorem partem pecuniae capiat],对此我们还应该自行脑补"根据时效取得原则"[usu]一词);而在后来的新形式里,时效取得人则处于第三顺位(祭司们用了更明确的表述:"**根据时效取得原则**占有[他人遗产]最多的那个人"[qui de bonis … **usu** ceperit plurimum possidendo])。当然就证明我们的观点而言,这一不同之处是没有意义的。

一种意义：被祭司抓到的那个人，如果他能证明别人时效取得的财产比他的**更多**，那么他就**无需承担责任**。在后期的监护法中存在“责任更重的控告”（potioris nominatio）制度，根据该制度，如果某个需要承担责任的监护人被有权机关抓住，那么他可以向该机关控告另一个责任更重的监护人——用我们习惯的话说就是“更适合”承担责任的那个监护人——这样一来，他就不用自己承担责任了。就像英格兰法上国王的证人以及罗马刑事程序中的告密者（index）所拥有的特权一样，我们也可以把这一制度称作“**对告发者的奖励**”。通过“一个人告发另一个人”的手段，遗产被掠夺的过程肯定就会一目了然了，因为此时，问题的关键仅仅是去 164
抓住唯一要承担责任的那个人。这就好比只要抓住线球的任何一端，它就能自动解开了。

尽管这一规定仅仅是为了祭祀而被创设的，但它对债权人来说同样极为有利，因为每一次新的告发都会给他们带来一个新的债务人。在这些遗产客体都被呈上宗教法庭之后，这种官方的调查程序（我们可以用这个名称来指代这样的相互告发现象）还为债权人提供了相应的证据，以便他们通过民事诉讼的途径实现自己的请求权。这又是古代法上的一种诡计——像这样的诡计我还可以给您再举几个——它要的结果是必然会出现的，它的正当性是不容否认的，因为在祭祀领域这一祭司的职权范围内，有谁会去质疑连祭司自己都觉得合理的决定呢？此时，奸邪狡诈又一次躲到了宅心仁厚的面具之下。“区区小事，何必当真！”还有什么能比这句话更适合用在这里呢？这样的做法正好跟我们今天的做法完全相反：我们的规矩是“吊死小贼，放走大盗”，而这些祭司的规矩则是“抓住大盗，放走小贼”。对他们来说，谁吃得最多，谁就必须买单，蹭吃的人是不必付钱的，他们的账要全算到前者的头上。可是,要怎么证明谁才是吃得最多的那个人呢?为此才要整“相互告发”这么一出。

在祭司们制定的这一关于祭祀的规范中还包含了另一项规定,它和我刚刚研究的那个规定一样,至今仍未被正确理解。根
165 据该规定,第四顺位的责任人是“qui de creditoribus plurimum servet”。人们一直不知道该如何看待这一规定。它的意思不可能是说,在遗产清算程序中受偿最多(在这个意义上的“保有最多”)的那个债权人应当承担祭祀责任。因为既然所有债权人都是按各自的债权比例受偿,所以**得到**最多的那个人也就是**损失**最多的那个人。对于这样一个非但没有因遗产而**获利**,反倒还因此而**遭受损失**的人来说,人们是不可能要他承担责任的,因为这样一来,他可能还得再贴进去不少!面对这一解释困境,**萨维尼**建议对西塞罗的文本做一个校勘。他认为,此处的这句话不该读作“qui de creditoribus plurimum servet”(债权人中保有最多[财产]的人),而应当校勘成“qui creditoribus plurimum servet”(通过[购买]债权人[的债权]而保有最多[财产]的人)。[19] 也就是说,萨维尼将该责任主体理解为某位出价最高并拍得债权的财产买受人,就好像只要让财产买受人来承担责任,遗产无法满足祭祀所需的事实给债权人造成的不公就可以被避免似的。实际上,财产买受人在出价的时候当然也会把祭祀的费用算进自己所出的价格上;换言之,他会按照转移间接税的方式将这部分额外支出转嫁到债权人头上。

其实事情是非常简单的。让我们想想实践中的例子吧!假

---

⑲ 关于萨维尼的这一观点,参见 Savigny, Ueber die juristische Behandlung der sacra privata bey den Römern, und über einige damit verwandte Gegenstände, ZGR 2 (1816), S. 377。该文后被收入其《论文集》第 1 卷,参见 Savigny, Vermischte Schriften, Bd. 1, 1850, S. 169。——译者注

如某个古罗马人去世了，由于他的遗产目测不足以清偿全部债务，所以没有继承人接受并占有它。那么这个时候债权人会怎么做？他们肯定不会把手伸过去的。相反，他们的正确做法应该是 166 **共同**采取措施来确保他们的债权，比如任命一个值得信赖的人（也就是后来裁判官告示里的"负责人"[magister]，"财产是通过他被拍卖掉的"[per quem bona veneant]，参见 Gaius 3, 79），他的任务是看护遗产并处理其他相关事务。然而，有的债权人也可能只考虑自己的利益，为了满足自己的债权，他们会去占有这些财产。[28] 换言之，"servare"这个词在此处的真正含义应当是"确保[债权]"，而非"保有[财产]"。[29] 法律应该对这样的债权人采取什么手段？毫无疑问，法律必须用他能感受到的不利来威胁他，以防止他这么做。那么法律又该采取哪一种对他不利的措施呢？也用对付时效取得遗产之人的办法来对付他吗？这显然是不合适的，因为他并没有作为继承人（pro herede），而是——请允许我使用这样的表述——作为债权人（pro creditore）。换言之，他并不想从他人的遗产中获利，而只是想从该遗产中拿走一部分财产作为自己债权的担保。这样一来，如果之后继承人接受了遗产，他就可以要求继承人赎回这些财产了。但是在这件事上，法律务必要败坏一下他的兴致。为了实现这一目的，祭司就规定了"qui de creditoribus plurimum servet"（债权人中[为了]确保[自己的债权而拿走]最多[财产]的人），也就是为了确保自己的债权

---

〔28〕 在《学说汇纂》中，D. 46, 3, 95, 8 这个片段提到了这种情况。

〔29〕 众所周知，"servare"在专业术语中正是在这个意义上被使用的。请读者回想一下 D. 42, 4, 1 和 D. 42, 4, 8 这两个片段中的"cautio legatorum **servandorum** causa"（为了**确保**遗赠的担保）和"missio **creditorum** rei **servandae** causa"（为了**确保债权人**财产的命令），以及 D. 29, 4, 1, 9 这个片段中的"**crediti servandi** causa venisse in possessionem"（为了**确保债权**而占有）。相反，萨维尼对"servare"的解释在罗马法源方面是毫无根据的。

而拿走最多财产的那个债权人应当承担祭祀费用。因此在这里,
掩盖了所有矛盾的神法再次影响了市民法,市民法无论如何都要
167 抱着感激的心情来接受这样的影响。该规则的真正含义其实是:
"哪个债权人单方面侵占债务人遗产的,就有承担祭祀责任的危
险;如果其他债权人也做了同样的事,那么他可以通过证明其他
人比自己拿得更多而使自己免责。"

当然,对于责任的承担而言,他有没有达到牺牲其他债权人来掩护自己的目的并不重要,即使他侵占的财产事后被其他债权人全部夺走,他也仍然逃不出这个陷阱。因为要承担责任的不是"qui servaverit"(确保了[自己债权]的那个人),而是"qui servet"(确保[自己债权]的那个人)。也就是说,谁要将这些财产**据为己有**,谁就要承担责任,而不需要考虑此后发生的事。正因如此,占有这些财产也无需和遗产的时效取得一样必须经过一年。[30]再说,要求占有一年又是为了什么呢?毕竟法律上根本不存在"作为债权人的**时效取得**"这种制度。

无论债权人从他人遗产中拿走的财产有多少,只要他不能证明其他债权人比他拿得更多,那他就要承担责任。因为当其他人都没拿走任何东西时,即便某人拿走的东西只值一分钱,他也是"is, qui plurimum servet"([为了]确保[自己的债权而拿走]最多[财产]的那个人)。如果其他债权人也做了同样的事,那么上述的告发途径就为他敞开了大门。此时,他就可以将这一负担转嫁给其他拿得更多的人。如此一来,整件事就豁然开朗了,那些忍住没去抢遗产的老实人就能知道这些财产都是被谁拿走的了,而

---

〔30〕 **莱斯特**在他为**格吕克**所续写的《学说汇纂评注》中表达的观点是多么地错误啊!这种观点是毫无法源根据的(**Leist**, Glück'sche Pandekten, Serie der Bücher 37 und 38, Theil 1, Erlangen 1870, S. 202)。

且也能知道自己可以向哪些人求助了,因为宗教法庭会把这些人的地址告诉他们的。

无论是在作为继承人的时效取得的情况下,还是在债权人占有遗产的情形中,上文所述的神法对市民法所产生的反作用力仅 168
仅是这些制度所导致的**结果**呢(我通常将这样的结果称为"反射效力"[20]),还是这些制度的**意图**或者说**目的**呢?就这一问题,我不会和任何人展开无益的争论。我自己是持第一种观点的,但是我知道,相比那些赞同我的人,反对我的人更能让我的观点为学界所接受,所以我在此主张第二种观点,并且期待下一个研究"作为继承人的时效取得"的人能够指出我的错误。假如我有这么聪明,以至于能把自己即将提出的新观点彻底**驳倒**,而不是等到别人来反驳我,我才能彻底**驳倒**他们的观点,那么我本可以减少这些反对人士的工作量!

我的雪茄抽完了,我不得不结束这场闲谈。

但是在作为继承人的时效取得难以理解的特征方面,我还有一些东西要和您分享,它们直接证实了我的观点。最近,人们发现了一份来自古罗马的珍贵文本,它和我们的话题密切相关,而我要给您看的正是它的副本。去年,人们在梵蒂冈《圣经七十士译本》(F. 115)的某个多层抄本中发现了一个抄于底层的文本,该文本位于抄有《诗篇》第 137 篇的那一页上。将位于底层的这一文本复原之后,他们发现了一首用拉丁文书写的赞美诗。这首诗是某个大型赞美诗集的其中一首,编号为 34,标题是《没有继承人的债务人去世后的债权人之歌》(Carmen creditorum debitoris

---

[20] 关于"反射效力"(Reflexwirkung)这一概念,参见耶林发表于 1871 年的论文《法律事实对第三人的反射效力或反作用力》,即 Rudolf Jhering, Die Reflexwirkungen oder die Rückwirkung rechtlicher Tatsachen auf dritte Personen, JherJb 10 (1871), S. 245-354。——译者注

sine herede defuncti）。怎么会有这样的巧合？这太神奇了！上层
169 的文本和下层的文本在内容上如此一致，以至于人们可能还以为，其中一个是仿照另一个写的。无论如何，它们的第一行是完全对应的；而在抄本中，二者甚至在被抄写的位置上也彼此重合，其中一行恰好被抄在另一行之上。它们的唯一区别在于：下层的文本是罗马债权人的**欢歌**，而上层的《诗篇》则是被俘的犹太人在巴比伦的**悲歌**。

我为您列出了《诗篇》的第一行，这样您就会相信我说的这种一致性了。被复原的拉丁文本目前还没有被编辑出版，在此我先将其意译出来。

《诗篇》第 137 篇：**被俘犹太人的悲歌**。

> 1.我们曾在巴比伦的河边坐下，一追想锡安就哭了；
>
> 2.我们把琴挂在那里的柳树上。㉑

《赞美诗》第 34 首：**债权人的欢歌**。

> 1.我们静静地坐在家里，担心继承人会不接受遗产，因此不清偿我们的债权。
>
> 2.我们把债权证书放在结实的箱子里，〔31〕这样它们就安全了，可以随时为我们所用。
>
> 3.但是没人过来接受遗产（既没有遗嘱继承人，也没有法

㉑　中译文引自和合本《圣经 · 诗篇》137：1-2。——译者注

〔31〕　此处显然暗示的是“现金支付记录”（nomina arcaria）。根据 Gaius 3，131 这一片段，**现金支付记录**［Kistenforderungen，德语的字面含义是“**箱子**债权”。——译者按］和**债权誊账**［Buchforderungen，德语的字面含义是“**记账**债权”。——译者按］是不同的。

定继承人)，因为所有人都知道，自己什么也拿不到了。

4.甚至连遗产占有人都不见踪影，[32]甚至连妻子都不来 170
申请占有丈夫的遗产。我们内心的最后一丝希望都破灭了。

5.这时，有个人上钩了![33] 是他拯救了我们。

6.他看到田里有一把我们债务人(这个无赖)[34]的犁。其实，这把犁是我们故意放在那里诱他上钩的。[35]

7.他顿时满心欢喜，决定在恰当的时机将其据为己有。

8.等到月黑风高之时，他就往田里走，拿走了那把犁，还把它藏到了马厩的草堆里。

9.但是，我们安排在那里的密探[36]回来了，他将此事告诉了我们——黑夜里发生的一切，他都能用自己那双密涅瓦猫头鹰般的眼睛看得清清楚楚。

10.这个消息，我们是张大了耳朵听到的，但是我们却把它埋进了心底，就像把种子埋进了地里——我们等待着它的成熟。

11.我们就这样静静地坐着，一动不动，直到天上的太阳走过了一年。[37]

---

[32] 由此可知，这首赞歌出自已存在裁判官法的时代，它可能来自罗马建城后的第七百年或第八百年。

[33] 这句话我是意译的，原文是“cui contigit in laqueos incidere”(一个掉进陷阱的人)。

[34] 原文是“homo nequam”(卑鄙的人)。

[35] 原文是“scientes dolo bono”(明知用它来欺骗财产的)。

[36] 原文是“speculator”(监视者)。由此可以推断，罗马人在特定情形下会派人放哨。在 D. 41, 2, 51 这个片段中，在木堆边放哨的人被称为“custodia”(看管者)。

[37] 这里明显指的是“一年的取得时效”(annus usucapionis)，由此可以看出债权人的狡猾：为了完全确保自己的债权，他们不去阻挠时效取得人的占有，而是任其占满一年。

171 12.“我的犁被偷了，卡尤斯(Cajus)把它藏在了草堆里；我要系上麻布、手拿盘子亲自过去找。”[38]

13.密探按自己的话去做了，我们其余的人就作为证人跟着。

14.他从草堆里找出了那把犁，但它并不属于密探所有，他自己也承认了错误。“你已经成为了它的主人。根据法律，它已经是你的了，因为你已经成为斯提库斯(Stichus)的继承人了。”

15.“这就是法律想要的结果！”我们所有人异口同声地喊道，“你是继承人，所以你就是债务人。你看，所有的债权证书都在这里”。

16.“遗产的所有人，你是多么幸运啊；但我们的运气也并不比你差，因为我们找到了继承人。”

债权人的欢歌就这样结束了。我建议把这首歌命名为《继承法的诗篇》，或者是《古代继承法中的陷阱之高歌》。

384 补　遗

我要感谢一位友好的读者，关于遗产时效取得的目的，他为我提供了一个有趣的例子，这个例子与我上文的观点不谋而合。

---

[38] 如此庄重的搜宅形式指的是 Gaius 3, 192-193 这两个片段中的“以盘子和麻布的方式查获盗窃”(furtum lance et licio conceptum)，这同样是一种邪恶的诡计。因为搜查被占有的**遗产**是不可能发生的，原因是将他人遗产据为己有并不构成盗窃；而只有当涉及**被偷**的东西时，失主才有权主张搜宅。正因如此，密探才说自己的犁**被偷**了。

根据古苏格兰法，未经有权机关同意就将他人遗产据为己有的人要承担死者的所有债务。鲍斯威尔在他的《塞缪尔·约翰逊传》里记载了这一规则（James Boswell, The Life of Samuel Johnson, Bd. 1, S. 119），这位读者寄给我的正是与此相关的段落，我把它印在下面。考虑到不懂英语的读者，我还附上了德文翻译。

> 这是古苏格兰法中一个相当古老的、适用了很长一段时间的原则：在负责保护财产的上级机关尚未介入的情况下，无论是谁侵占了死者的遗产，他都有义务支付死者生前的所有债务，用专业的话说，他就相当于犯了严重的侵犯财产罪。[22]

因此，根据古苏格兰法，遗产同样被贴上了“不要碰我”的标签，就跟它在古罗马法上的情况一样，只是后者除了“侵犯财产”之外还要求“占满一年”。也就是说，古罗马法还允许占有人将占为己有的财产还给继承人或债权人，好让他借此摆脱对遗产债务的责任。有些人曾反对我的观点，他们打从心底觉得我说的都是无稽之谈，然而现在，这一关于古苏格兰法的证据已经替我驳倒了他们。在这一点上，古罗马法甚至比古苏格兰法还要落伍，因为根据古苏格兰法，遗产的占有人要立即承担死者的所有债务，而根据古罗马法，他在一年之后才需承担这样的责任。 385

㉒ 原书所引的这段话为英德对照版，中译文主要根据英文原文译出，并参考了德文译文，此处不再保留原文。——译者注

给编辑的一封信[39]

172　您问我，我怎么突然不出声了？其实没这回事。我只是被吓到了，我不敢再像之前那样与您闲谈了。因为我听说，我的闲谈在某些领域激起了公愤。我甚至还收到了一份来自布拉格的直接证词，这是某位读者好心好意写给我的，为的就是要告诉我这个令人痛心的事实。由于这位读者并未提及自己的名字——他在署名时只用了一个统称，即“《法学报》以往的读者们”——所以我没法在私下里回应他。因此，我要借此机会告诉他：“我不住在吉森，而是住在哥廷根，但你却把信寄到了吉森。”㉓假如吉森的邮政局没有比他更了解我目前的住所，那我就永远都收不到这封信了，那我就永远都不知道我的闲谈给布拉格“以往的读者们”造成什么印象了。以这样一种名义给我写信的人显然是想善意地告诉我，他很讨厌我的闲谈。假如他的机智能和他的善意位于同一水平线，那么这封信就完美了。在我读完了这封信之后，我才意识到，他没法在我的闲谈里找到乐趣；换作我是他，我肯定也会
173　这样。对此，我想起了一个故事：有人在一个机智的人面前说另一个人怎么“垂下了头”，这个机智的人就说：“假如我有这样的

[39]　Juristische Blätter 1880 Nr. 23-27.

㉓　耶林 1852 年至 1868 年任教于吉森大学，1868 年至 1872 年任教于维也纳大学，1872 年之后则任教于哥廷根大学。在写作《一位罗马法学者的闲谈》时（1880 年），他住在哥廷根而不是吉森，但给他写信的这个人误以为他仍住在吉森，所以把信寄到了吉森，故耶林有这样的说法。——译者注

头，我也会让它这么垂着！”[24]同样的道理，假如我也有这位布拉格匿名读者一样的脑袋，那么法学界在我这个罗马法学者的闲谈里就会像在他那里一样安全了。

假如只是他一个人感到不满，我还不至于把这件事当真。但是根据这封信的署名，您这份报纸在布拉格的全体订阅者都通过他表达了退订的意愿，那么为了您的利益考虑，我就有义务恳请您不要继续刊发我的闲谈了，因为再这么下去，您就可能会失去这些布拉格的订阅者，甚至失去那些跟他们有着相同品味的订阅者了。对您来说，这可不是件小事。既然这些订阅者要求恢复他们每周都习惯吃的法学便饭，那么您上的菜就必须合他们的胃口。但同时，您又希望继续连载《一位罗马法学者的闲谈》（从您催我继续供稿就可以推断出这一点），那么为了满足这两类读者的兴趣和口味，就只能采取这样的做法了，也就是将同一期报纸发行两个不同的版本，一个**有**我的闲谈，另一个**没有**我的闲谈。这样一来，无论是坚持要吃以往套餐的读者，还是想尝尝别的小菜的读者，就都能够满意了。我说这些话的目的就是希望您认真考虑我的建议，为了这份报纸的利益，您必须尽快这么做。同一期报纸发行两个版本并非没有先例。曾几何时，在我们德意志卖得最好的那几份报纸中，有一份报纸的每一期都会发行两个版本， 174
一个是给梅特涅[25]统治下的奥地利人看的，其内容是温和、善意

---

[24] “Kopf”在德语中既指具体的“头”和“脑袋”，也指抽象的“智商”和“脑子”；“Kopfhänger”在德语中的字面含义是“垂下了头的人”，引申义为“垂头丧气的人”。因此这句话在德文中的另一重意思是“假如我有这样的脑子（假如我像他这么蠢），我也会垂头丧气！”——译者注

[25] 克莱门斯·冯·梅特涅（Klemens von Metternich，1773-1859），奥地利著名外交家，自 1809 年起担任奥地利帝国的外交大臣，1815 年主持维也纳会议，1821 年起兼任奥地利帝国首相。他反对民族主义、自由主义和革命运动，在欧洲形成以“正统主义”和“大国均势”为核心的“梅特涅体系”（维也纳体系）长达三十余年。——译者注

且无害的；另一个则是给其他国家的人看的，尽管读起来有点可怕，却是很有料的。此外，在文献史上也有过这样的例子，即同一部作品针对不同的读者印制了不同的版本。通过这种方法，任何作者都能实现这样一个看似无解的奢望了，即把自己的同一部作品献给不同的人——我指的不是献给由不同的人组成的集体，而是指分别献给各个不同的人。他只需要给每一本样书都印制一张特别的献词页，上面分别印上他要敬献的那个人的名字，这事儿就成了。在文献领域中，这种做法是对共同连带之债的有益模仿，但要想达到它的目的，其前提必须是被题献的那些人彼此都不认识，这一点跟共同连带之债里的情况有所不同。至于您，您是完全没有必要在发行两个版本前如此小心的。您只需要在报纸上公开地宣布此事，客人自己知道什么菜最合他们的口味。

题外话就此打住。我们两个在金鸭酒店里继续闲聊。如果您觉得我聊的东西比之前更加严肃了，那么您就只能怪我收到的那封信了，正是它破坏了我的心情。

175　第三幕　古罗马民事诉讼法上的贫富有别[26]

您是否很惊讶，我要跟您聊的是这样一个话题？毕竟这不是

[26] 标题原文为“Reich und arm im altrömischen Civilprocezeß”，其中的“Reich und arm”是耶林改动了“Arm und Reich”这个固定短语的顺序后形成的。在旧时的德语中，“Arm und Reich”的字面含义是“贫穷与富有”，引申义为“（无论是贫穷还是富有，）所有人都一视同仁”。而改动之后的“Reich und arm”与原来的短语是反过来的，即字面含义变成了“富有与贫穷”。通过这一文字游戏，耶林暗指在古罗马的民事诉讼法上，穷人和富人的待遇其实是有差别的，因此译作“贫富有别”。——译者注

我上次提到过的那个话题。您提醒我，我曾承诺过要向您展示我法学百宝箱里的第二件宝贝——《罗马民事诉讼法里的圈套》。但今天我还是把它放在家里了，因为我担心过犹不及，好东西也不能一下子就说完。待读者们从继承法陷阱的惊吓中恢复过来，我再继续聊这个话题。㉗ 顺便一提，关于那个陷阱，我不得不羞愧地承认，在“债权人的欢歌”这一点上（参见本报 1880 年第 15 期的末尾处），我犯了糊涂；正如我后来了解到的，这首赞美诗从头到尾都是虚构的，它出自桑楚尼亚松或西莫尼德斯的作品，㉘抑或出自其他的伪作，就连那些懂行的人也都栽了跟头——近年来出土于摩押的文物就是一个很好的例子。在道歉的同时，我还想补充一句：那首赞美诗不仅骗倒了我，而且也骗倒了很多其他像我这样的人。我收到的问题来自四面八方，〔40〕比如，“在哪里可以找到这首赞美诗的拉丁原文？”再如，“这首诗是不是已经被印出来了？”又如，“是否要等到布伦斯㉙将其编入新版的《古罗马法源》，这首诗才能成为学界的共同财富？”这些问题促使我做了后续的跟踪调查，但结果是令人遗憾的，我刚才已经告诉过您了。真是太可惜了！假如这首诗是真的，那该多好啊！一想到这首诗 176
能够支持我关于作为继承人的获利性时效取得的观点，我就更不

㉗ 耶林于 1884 年成书时补写了这个题目，即本书第二部分的第四幕。——译者注

㉘ 桑楚尼亚松（Sanchuniathon，活动时期为前 14 世纪或前 13 世纪），古代腓尼基作家，生平事迹不详；西莫尼德斯（Simonides，前 556－前 468），古希腊抒情诗人，创作有赞美诗、警句诗和挽歌等。——译者注

〔40〕 这是千真万确的！

㉙ 卡尔·格尔奥格·布伦斯（Carl Georg Bruns，1816－1880），德国罗马法学家、法史学家，主要著作有《中世纪和当代的占有法》（Das Recht des Besitzes im Mittelalter und in der Gegenwart，1848）和《罗马法与当代法中的占有之诉》（Die Besitzklagen des römischen und heutigen Rechts，1874），另编有《古罗马法源》（Fontes juris romani antiqui，1860）。——译者注

能接受这样的结果了。这首诗本**可以**是真的，因为它拥有**内在的**真理，它比某些基于真实的原始文本所复原出来的内容更具有说服力。因此，即使是面对极其著名的学者所复原的某些法源文本，它也不必感到羞耻。

现在就让我们进入正题吧。

"古罗马民事诉讼法上的贫富有别？"您惊讶地对我说，"我从来没听说过古代法上有过这样的区别对待。在古罗马，富人和穷人所适用的诉讼法难道是不一样的吗？难道我们今天的诉讼救济法还把触手伸到了灰暗的古代？"您的惊讶是有道理的，其实我也从来没听说过这个题目，这是我自己发明的。给您讲个类似的故事吧！从前，有个荷兰人戴着一枚从未有人见过的勋章来到了卡尔斯巴德，这枚勋章引起了不少人的注意，于是就有人冒昧地问道："您这枚勋章是从哪里来的？"他骄傲地回答："这是我自己发明的！"[30]现在，我就好比这样一个荷兰人。您肯定知道我是怎么发明出来的，因为我用了法律史雪茄。要发明当前的这个题目，我们用不着上好的哈瓦那雪茄，而是来一根普通的奥地利雪茄就够了。换个不太形象的说法就是：我下面要讲的东西，您不用费很大的劲就能找到。为了理解这些内容，您不需要绞尽脑汁，而只需要稍加反思。当然，许多内容都隐藏在我们罗马法源的字里行间，您必须读得出来才行，光从法源本身的寥寥数语中
177 是完全看不出我要从中推断出的结论的。正是因为从未有人读出过隐藏在字里行间的内容，所以我要聊的这个题目至今仍不为学界所知。我希望我这么做可以让这个主题得到应有的尊重，这样，今后就再也没有人会忽略它了。但假如我这篇文章的价值仅

---

[30] 此句原文为卢森堡语"myne eegene Inventie"，直译是"我自己的发明"。——译者注

仅在于阐明了古罗马诉讼中至今仍被忽略的一面,那么我或许不会在读者面前谈论这个主题,尤其是在奥地利的法学家面前。然而,我最后之所以还是要这么做,是因为该主题所涉及的范围已经远远超出了古罗马的诉讼程序,我要向您介绍的其实是整个罗马历史中的一个片段。换言之,这篇文章论述的是贵族与平民之间的阶级斗争史。

以下研究所涉及的领域是古罗马的诉讼程序,也就是"法定诉讼"。关于这种诉讼程序的特殊性,我无需在此赘述,因为我已经在另一部著作里论述过了。[41] 您是知道的,该程序所奉行的是这样一个原则,即"没有法律,就没有诉讼"(nulla actio sine lege)。或者正如我在那部著作里所说的,该程序的特殊性就在于其"**法定引用模式**"。根据这一模式,法律已经事先规定好了当事人在法庭上要说的话,因此他们无论提出任何诉讼请求,都必须严格引用这些套语。

根据《盖尤斯法学阶梯》(参见 Gaius 4, 12),该程序共有五种不同的类型。我首先要聊的是其中的两种:誓金法定诉讼(legis actio sacramento)和拘禁法定诉讼(legis actio per manus injectionem)。由于我并不知道您和您的读者在大学毕业 178
之后是否还记得它们,所以我觉得有必要先说明跟我们谈话有关的这部分知识。

先来看誓金法定诉讼。它是古罗马诉讼程序的一般形式(Gaius 4, 13 中的原文是"generalis erat"[一般的诉讼形式]),换言之,若无其他特别规定,该诉讼形式均可适用。这一诉讼形式的特征是:败诉的一方将失去誓金(sacramentum),也就是赌金。

---

〔41〕 参见我在《罗马法的精神》一书中的相关论述:Geist des römischen Rechts, Theil 2, Abth. 2, S. 631-663 (Aufl. 4, Leipzig 1880)。

当争议标的的价值为 1000 或 1000 以上阿斯时，失去的誓金为 500 阿斯；当争议标的的价值低于 1000 阿斯时，失去的誓金为 50 阿斯。从形式上看，整个诉讼并不围绕着该争议本身，而是围绕着哪一方会**丧失**誓金的问题，因为判决是这么写的："sacramentum (Auli Ageii, Numerii Negidii) justum esse"（[奥卢斯·阿格利乌斯或努梅利乌斯·内基迪乌斯的] 誓金是合法的）。[31] 这类似于根据预备审庄重允诺（sponsio praejudicialis）而提起的程式诉讼，在这种程式诉讼中，争议同样表现为当事人相互打赌的形式，审判员同样只是根据这场赌局的输赢而间接地对争议做出判决。但二者的不同之处在于，在后者这个较晚出现的诉讼赌局中，赌金最后是判给其中一方**当事人**的，并且赌金的数额非常小，由此可以看出其真正的意义，即它仅仅具有形式和诉讼方面的意义。然而在前者的场合下，情况就有所不同了，那时赌金并不归当事人所有，而是归**国库**所有（Gaius 4, 13 中的原文是"in publicum cedebat"[归国家所有]）。我认为，誓金最早是宗教基金的一部分，它最初是被用于祭祀的，这正是"sacramentum"这个名称的由
179 来，[32]费斯图斯也明确记载了这一用途。[42] 此外，瓦罗还对此做了另一个补充（参见 de lingua latina V, 180），即当事人是为了"in sacro"（献祭）或"ad pontem"（修桥）才把他们的誓金寄存起来

---

[31] 这句拉丁语既可译作"（奥卢斯·阿格利乌斯或努梅利乌斯·内基迪乌斯的）誓金是合法的"，也可译作"（奥卢斯·阿格利乌斯或努梅利乌斯·内基迪乌斯的）誓言是真的"，此处根据上下文语境采第一种译法。耶林对该问题的详细分析，详见下文的"补遗之一"。——译者注

[32] "sacramentum"这个拉丁文单词是由"sacra"（祭祀、圣事）和表示"手段、工具"的后缀"-mentum"组成，因此从构词法上看，该词原本的字面含义即为"用于祭祀或圣事的东西"，故耶林有此说。——译者注

[42] 费斯图斯关于"sacramentum"的论述："……它被用于神事（... consumebatur id in rebus divinis）。"

的,寄存的地点是苏布里基乌斯桥,那儿是祭司的住所。在我看来,瓦罗的这一补充能够将该制度的原始形态完整地重构出来。据此,誓金必须寄存到祭司那里。在诉讼结束后,胜诉方可以拿回自己的誓金,败诉方则失去自己的誓金。而在该制度的后期形态中,当事人不再需要于诉讼开始前就寄存誓金了;相反,他们只需向裁判官提供担保,这也正是盖尤斯所看到的形态。根据《帕皮利乌斯法》(lex Papiria),诉讼结束后,被授予执行权的三人死刑审判庭(triumviri capitales)㉝会追收败诉方的财产并将其纳入国库。

"在诉讼前立即寄存"和"在诉讼后追收事先用于设立担保的财产"这两种获取誓金的形式代表了该制度的两个不同发展阶段:前者出现得更早,后者出现得更晚。对于这一结论,法律史学家们几乎众口一词,〔43〕所以我觉得没有必要再进一步详述其理由了。任何略懂罗马法史的人都不会怀疑,当同一个制度存在两种不同形态的时候——其中一种表现为神圣或宗教的形态,另一种则表现为普通或世俗的形态——那么前者应当出现得更早,后者则出现得更晚。从**语言**上看,"**sacramentum**"这个名称就已经包含了其最初的宗教含义;此外,还有一个**法律**方面的证据可以 180
证明它是被用于**祭祀目的**并且是被主管**宗教**事务的祭司所收取的。对此,我曾提出了一个假设,即誓金法定诉讼是一种适用于宗教法庭的程序。〔44〕 无论人们对这一假设持何种看法,总之它

㉝　拉丁文"triumviri capitales"亦有学者译成"三人法庭",但这种译法并未将该词组中"capitales"(与死刑有关的、负责判处死刑的)一词的字面含义译出,而耶林在下文还要从该词的字面含义入手分析相关问题,因此本书将该词译为"三人死刑审判庭"。——译者注

〔43〕　最近,**胡施克**提出了一个相反的看法,下文将论及他的观点。

〔44〕　参见我在《罗马法的精神》一书中的论述:Geist des römischen Rechtes, Theil 1, S. 302-307 (Auflage 4).

是符合法源的。〔45〕根据法源，古代的祭司在法律事务方面占据主导地位，在这一法学的宗教阶段之后才出现了以科伦卡尼乌斯为起点的世俗法学阶段。誓金法定诉讼的原始形态即产生于宗教阶段，我们可以称其为**宗教**形态；与之对应，我们可以将盖尤斯记载的誓金法定诉讼称为**世俗**形态。从前者到后者的发展不仅体现在誓金的最终归属发生了变化（从归宗教基金所有变成了归国库所有）以及负责收取誓金的**主体**也相应发生了变化（由祭司变为裁判官），而且体现在收取誓金的时点发生了变化（从诉讼开始前变为诉讼结束后）。我认为，主流观点对后面这种变化的关注太少了，它只在其中看到了**收取**模式的变化，而没有看到**应用**模式的变化。自从发生了后面这一变化之后，在誓金法定诉讼中所收取的誓金就归国库所有了，这也就是盖尤斯所说的“归**国家**所有”。瓦罗在其著作中也持相同看法，即誓金“回到了**金库**之
181 中”（ad **aerarium** redibat），只是他的观点是针对誓金仍由祭司收取的那个时代而言的，所以我认为他的观点是错误的，因为将（费斯图斯所谓的“用于神事”的）这些钱纳入国库会导致其被用于世俗目的，这是和宗教法规相冲突的。因此，就誓金由祭司收取转变为由**裁判官**收取这一变化，我们可以用一个现代的表述来称呼，即“誓金的**世俗化**”。

是什么促使国家采取了这一措施？这肯定不是因为国家有牺牲教会利益而使自己获利的需求，因为跟全盛时期的罗马国家所拥有的巨大收入来源相比，来自誓金的收入如此微不足道，以

〔45〕D. 1, 2, 2, 6：“然而，所有关于法律的事务——无论是解释它们的知识还是诉讼——均由祭司团掌握，该团中每年都会有一名祭司被任命以负责私人间的法律事务（Omnium tamen darum et interpretandi scientia et actiones apud collegium pontificum erant, ex quibus constituebatur, quis quoquo anno praeesset privatis）。”

至于国家权力根本不会为了这么点蝇头小利而去侵犯教会的权利。这背后肯定有别的原因。有人可能会认为,这其实是因为出现了这样一种转变,即祭司团失去了在法律领域的主导地位。根据我们的法源,这一法律基础的转变大约出现在《十二表法》颁布之后的一个世纪。这些人认为,一旦祭司团在法律领域的主导地位不复存在,也就是说一旦祭司不再负责保管当事人按照诉讼程序而寄存的誓金,那么从今往后,他们收取誓金的法律名义也就寿终正寝了。尽管如此,我还是正确地认识到了法学的世俗化(使用这个表述是为了论述的便利)和收取誓金的变化之间的联系。当然,仅仅是这个联系还不足以解释誓金法定诉讼**其余的**形态变化。为什么要用提供担保这种**信贷**的方式来取代此前的誓 182
金**寄存**呢?这个问题完全与这一变化无关。以往的法律史著作没有回答过这个问题,甚至也没有提出过这个问题,它们仅仅满足于简单的事实,而不去探究事实背后的原因。然而,这个事实的确值得我们反思。我希望可以在下文中向您阐明,该措施具有深远的社会意义。

关于誓金法定诉讼,跟我闲谈有关的必要知识就说到这里了。现在我来说说拘禁法定诉讼。

谁要是想否认自己向对方承认过的金钱之债,或者否认在法庭上自认的金钱之债,抑或否认在司秤和五个证人面前以常见的要式现金借贷形式订立的金钱之债(间接遗赠也可归入其中),或者用我们今天的话说就是,谁要是想否认**票据债务**,就不能光靠自己,而是应当提供一个**应诉保证人**。这样一来,如果他败诉,该保证人就必须跟他**共同**清偿债务,这是对该保证人侵犯债权人权利的惩罚。在后期的罗马法上,否认了某些请求的债务人在败诉后是要承担双倍罚金的(ubi lis crescit inficiando in duplum),这些请求的原始形态正是以上这些情形。

这就意味着,拘禁法定诉讼和誓金法定诉讼的共同之处在于,它们都拿罚金来威胁败诉方,并且该罚金还跟他否认对方请求时的主观状态无关。也就是说,无论否认的一方是出于善意还是恶意,只要他最后得到的结果是因不合法而败诉,那么他就对
183 此有过错,因而必须受到惩罚。〔46〕 之所以要这么做,是因为否认权利的行为会刺激到被否认一方的法感,他会觉得否认方是在企图剥夺自己的权利。此外,这样的做法也符合公共利益,因为在罗马民族野蛮又粗俗的低级文化阶段,争吵癖和诉讼癖的现象是层出不穷的,对于国家的繁荣而言,这种现象的背后隐藏了巨大的危险,所以,尽可能地控制住这样的现象对国家就有着极大的好处。无论在什么时候,无论在什么情况下,争吵都是一个祸端,因为人们在这上面浪费了许多力气,而他们本来是可以省下这些力气去做更重要的事的。而就我现在讨论的这个时代而言,这个祸端所蕴含的危险就更大了,因为不和之火一旦被点燃,就很容易蔓延开来,除了燃及当事人,还会烧到其他人,当事人的朋友、亲戚和同党无一能够幸免。这就是所谓的"星星之火,可以燎原"。如今在我们国家,诉讼通常只发生在当事人双方之间,其他人无论和当事人有多么亲近,都不会被波及。换言之,我们今天的诉讼就好比那种不会传染的病。但是在野蛮时代里,像这样的争吵仍能造成很大的心理刺激:争吵就是对过剩野蛮力量的一种发泄,就是能够证明个人勇气和性格的一项角力,就是在法庭面

〔46〕 对这一论点的深入论证,参见我的论文《罗马私法中的过错要素》(Das Schuldmoment im römischen Privatrecht, Gießen 1867)。该论文收录于我的《法律文集》(vermischte Schriften, Leipzig 1879)第155页及以下,尤其参见该文集的第163-176页;对该文在希腊法和古代北欧法方面的补遗,同样参见该文集的第230-234页。

前的一场决斗。在那个时代里，法律的主要任务必须首先是驯服 184
个人，并使整个民族习惯于遵守纪律和秩序；在那个时代里，即使是表现为法律形式的争吵都包含了这样一种危险：它可能会引起一场毁灭性的瘟疫，这场瘟疫将冲出发源地，四处蔓延，影响大片区域。如今，我们对这样的危险知之甚少，这就跟我们同样不了解中世纪的“黑死病”一样。在那个时代里，一个原本只在两个人之间爆发的诉讼可能会演变成一场普遍的灾难。因此面对这样的情况，当时的法律所采取的措施和我们今天的卫生警察所采取的措施是一样的，目的都是防止瘟疫的蔓延。正因如此，我们可以将罗马法上的这些措施称为“民事诉讼领域的卫生措施”。

从这个角度看，**诉讼罚金**〔47〕（若要描述它的本质，就必须使用这一名称，而不能用“**诉讼费用**”）就解释得通了。我们在许多不发达的法律中都能看到诉讼罚金的身影，它的目的是**在经济上对起诉加以威慑**，它是对给国家带来危险的诉讼行为的一种**惩罚**。为了打消读者的疑虑，我的另一个论据是：《十二表法》中关于罚金的规定同样支持了我的结论。该法规定：若砍伐他人树木，则每棵处25阿斯罚金；㉞若实施普通的侵辱行为，亦处相同的罚金；㉟若打断自由人一骨，则处300阿斯罚金；若打断奴隶一骨，
则处150阿斯罚金。㊱ 在誓金法定诉讼中，若争议标的的价值为 185
1000或1000以上阿斯，则罚金是500阿斯；而在拘禁法定诉讼中，罚金甚至高到和整个债务的数额相同，也就是可能高到好几

〔47〕 盖尤斯就是这样称呼誓金的。例如，在Gaius 4, 13这个片段中，他写道：“［誓金是］以**罚金**的名义［被支付的］”（**poenae** nomine）。又如，在Gaius 4, 14这个片段中，他称誓金为“**罚金**”（**poena**）。

㉞ 参见《十二表法》第8表第11条。——译者注

㉟ 参见《十二表法》第8表第4条。——译者注

㊱ 参见《十二表法》第8表第3条。——译者注

千阿斯，这个数目远远超过了法定的罚金数额。为了准确理解诉讼罚金的高额特征，我还要补充那个时代的两个规定。根据《阿特尼乌斯·塔培尤斯法》(lex Aternia Tarpeja，颁布于罗马建城后的第300年)，打死一只羊要支付(具有罚金性质的)10阿斯，打死一头牛要支付100阿斯。或许这样的估价在当时是合理的，但是跟二者在目前的价值相比，这明显是不成比例的。

除了这种**经济上的**威慑手段，罗马法中还有**道德上的**威慑手段，也就是诬告宣誓。

如果我说，古罗马人正确地认识到了起诉会给国家带来危险，并且还知道如何有力地预防它，那么您肯定会同意的。在古罗马，诉讼是每个人深思熟虑之后才会做出的决定。跟诉讼相比，他宁愿打断对方的胳膊或大腿，或者是扇对方几个耳光并打上几拳，因为即使这么做，他也只需赔上300或25阿斯就可以彻底了结此事。但如果他要提起诉讼，风险可就大得多了。在诉讼中，就算争议标的的价值再小，誓金也已经是50阿斯了；如果争议标的值1000阿斯，那誓金就高达500阿斯。此外，这笔钱还得立即以**现金**支付。这个问题非常重要，然而以往学界对其关注太少。下面，我们就把全部注意力都放在这个问题上。

186 在给钱这一点上，是要马上拿现金支付还是可以推迟到将来支付，这无疑是有很大区别的。作为一名实务工作者，您肯定会同意我的这个说法：在诉讼未决的情况下，如果您的委托人必须立即以现金形式支付最终的全部诉讼费用，而不是先支付一笔相对较少的、为咨询您的法律意见所需的费用，那么他们中有很多人就会开始三思“自己要不要起诉”，甚至可能会放弃诉讼。许多当事人对诉讼费用能涨到多高是完全没有概念的，他们根本不知道打一场官司要投入多大的赌注。但古罗马人知道！

然而,“知道很费钱”和“的确费了很多钱”之间仍然存在巨大的差别。在仅仅知道很费钱的情况下,人们经常会用这种典型的方式来安慰自己:“这种事以后才会发生。”这就好比著名的汇票,人们在开出之后总是到未来才履行。但是在现金支付的情况下,来自“未来”的自我安慰就消失不见了,“当前”伸出了贪婪的双手,汇票并不能让它满足。古罗马的诉讼就像一个赌场,进来赌博的人都得用现金;在诉讼开始前,这些人就必须下好赌注。请允许我做这样一个比喻:诉讼罚金必须在法庭的入口处上交,而不是在出口处上交。既然传教士曾经自夸,上帝仁慈和充满智慧的证据是他把死亡安排在了人类生命的终点而不是起点,那么对于古罗马的诉讼,我们也会忍不住想夸一夸立法者的智慧,因为他们把诉讼费用的支付安排在了诉讼的开始而不是结束。

您问我,我说的这些都是认真的吗?老实说:并不是!我有 187
一个习惯,那就是当需要对同一个制度的不同方面作出公正的评价时,我会有意识地只考虑眼下正要论述的这个方面,换句话说就是让自己爱上她,就好像她就是那个唯一可以考虑的对象一样。对于接下来要论述的其他方面,我同样会这么做,到那时,我就会完全忘了先前的那个对象——这在恋爱中也经常发生!——这样我才能确定,她们之中的任何一个都不差。刚才我就是这么做的,我强调了这个罗马法制度的优点,以至于任何听我说到这儿的读者都不得不相信,我再也找不到比她更好的了。然而到了下文您就会知道,我同样看到了这一制度的消极方面,并且我也会努力地揭示出这一面,就像我刚刚对它的积极方面所做的一样。

我要让一个来自罗马建城后四百年的古罗马人,一个出身于平民阶层的穷人来替我发言。只需要抽上几口雪茄,他就出现了。

这一幕发生在裁判官的法庭上。在裁判官面前的是我们这位穷人,他是原告,跟他一起的还有一位被他传唤到法庭上来的贵族富人。在原告当兵打仗的时候,他的父亲去世了,所以他的邻居(也就是现在的被告)就利用这个机会将原告的地据为己有。由于被告拒绝返还,所以原告起诉了他。原告向裁判官说明了案件事实,所以就有了下面这个对话。因为裁判官是有身份的人,所以我们应该让他先发言。

188 裁判官:你的地值多少钱?高于1000阿斯还是低于1000阿斯?

穷人:至少值1500阿斯。

裁判官:既然如此,在本案审理之前,你必须先到祭司那里寄存500阿斯。请你到他们那儿缴纳这笔钱,然后把寄存证书带回来,这样我才可以受理你的起诉。

穷人:我不可能搞到那么多钱。我的全部家当都在被告手里,我这个可怜人要到哪里找这500阿斯呢?

裁判官:那是你的事。如果你不寄存誓金,我就不能受理你的起诉。

穷人:但这件事是天底下最清楚的事了。我带来的证人已经准备好对我说过的每一句话都进行发誓。最后败诉的不是我,而是被告!只有他才需要支付誓金。

裁判官:所有人都是这么说的。在这方面我恐怕没法帮你,因为我受到了约束。你去找祭司帮忙吧,也许他们会免除你的誓金寄存义务。

至此,我们的第一个场景就结束了。第二个场景发生在苏布里基乌斯桥边,原告来到当年被委以处理法律事务的祭司面前,两人的对话围绕誓金的寄存而展开。

原告请求祭司免除自己的寄存义务,因为他没有这么多现金。

祭司:你是富人也好,穷人也罢,都没有任何区别。在我们这里,声誉是不顶用的,正所谓“法律面前人人平等”嘛!

穷人:好一个“法律面前人人平等”!这对富人来说的确是小事一桩,可对穷人来说却是难于上青天!这样的平等就相当于让一个弱不禁风的孩子去承受一个身强力壮的大人所要承受的负担。这个“500 阿斯”的规定是富人发明的,他们这么做的目的就 189
是想让我们这些穷人没法起诉。

祭司:请不要恶意中伤罗马的法律,否则你的下场会很惨。我的职责是适用法律,而不是制定法律。

穷人:赊给我 500 阿斯吧!这是不会有风险的,因为我是不可能败诉的。

祭司:神明不接受赊账,它们只收现金,我无权过问它们的权利,圣书禁止我这么做。你还是找别人借吧!

穷人:谁会借给我啊?假如我有遗产在手,那找别人借点钱根本不是什么难事,但我要继承的这笔遗产恰恰被人拿走了。

祭司:那的确谁也帮不了你了,你走吧!

于是穷人就这么走了。下午,这位博爱的祭司去了被告也就是他的堂弟那里,把上午发生的事情告诉了他。

祭司:那个穷人没能筹到誓金,所以恭喜你,他的那块地差不多已经是你的了。这你可得感谢我们,还有我们明智的誓金制度。为了表示感谢,你可以把你的一头肥牛献给教会。

富人:这不是什么难事,我会向你们表示感谢的,毕竟在这件事上,我得到的好处已经足够买一头牛了。

至此,第二个场景也结束了。穷人筹不到钱,富人可以继续保有这块地。这就是纳坦关于富人和穷人羔羊的寓言。[37] 而在罗马,这样的寓言上演了不止一次,而是成千上万次。

190 在筹集誓金这个问题上,我们的法律史学家并没有感到丝毫的困难。我还没发现有任何人反对他们的观点。这些理论家轻轻松松就想出了请求权存在的前提和主张该请求权的前提——**他只需要在脑子里想一想,这些前提就存在了**。这不禁让人想起《诗篇》作者的那句名言:“他说有,就有。命立,就立。”[38]**思维和存在是同一的**。就轻松自如地思考同一性哲学而言,任何人的脑子都比不上法学理论家的脑子。他所提出的抽象前提要如何才能被具体地**证实**,他在概念中所发现的细微差别要如何才能被**分辨**,难道他会在意这些问题吗?这都是实务工作者的事,理论家只关心自己是怎么想出来的,他的眼里只有**想不想得出来**的问题。如果他必须解释自己的思想要如何付诸实践,那么他那奔放的想象力就会彻底受阻,他肩上的担子就太重了。[48]

但不幸的是,这件事实际上并没有那么简单。最完美的权利可能正因为某个可怜的前提无法被满足而落空,而这个前提正是理论家所不屑一顾的。500 阿斯对于只需要在脑子里**想想**的人来说当然是小事一桩,但是对于那些必须**缴纳**这笔钱的人来说,它有时就是个天文数字。我们最博学的法律史学家**胡施克**(说他是
191 所有法律史学者中最博学的一位,肯定不会有人反对)就向我们展示了这种令人惊叹的能力,即理论家的那种仅仅运用纯粹思维

㊲　原文为“Die Fabel des Nathan von dem reichen Mann und dem Schäflein des Armen”,出处不详。莱辛(Gotthlod Ephraim Lessing,1729–1781)的名著《智者纳坦》(Nathan der Weise,1779)似无该情节。——译者注

㊳　该句出自《圣经·诗篇》33:9,中译文引自和合本。——译者注

〔48〕［在本书的最后一部分,我会再次讨论这个问题。］

就能解决实际问题的能力。[49] 他相当认真地说：在罗马，誓金的**寄存**根本没有为法律所规定，这是当事人**自愿**寄存的，“为的是表明他们相信自己的誓金才是符合正义的”。照他这么想，在罗马，每个人（当然也包括穷人）都会留出这500阿斯用来寄存，即使法律并没有要求他这样做。既然胡施克认为古罗马人觉得赚钱不重要，所以他也就会认为，这些人是不会在乎留出这笔钱所导致的利息损失的。是啊，对于一个只关心“自己是不是正义”的古罗马人来说，利息有什么重要的呢？这简直就是无关痛痒的东西，就像资本一样。在胡施克看来，**拥有**500阿斯的资本对于古罗马人来说如此简单，就跟造物主**想象**自己手里有这么一笔钱那样简单！

如果有的读者还没听过这位学者的大名，那么我来给你们补补课。靠着凭空想象出来的**赶牛蛇**，㊴他还丰富了动物学的研究。据他所言，赶牛蛇这种动物后来灭绝了，甚至连化石都没有留下，尽管如此，出于**理性的原因**，它**必然**是存在过的。在他的《塞尔维乌斯·图利乌斯王的宪法》（Die Verfassung des Königs Servius Tullius, Heidelberg 1838）一书中，他得出了这样的结论：为了与监察官的五个等级相对应，属于要式物的动物也必须有五种，这样一来，每个等级的监察官就都有属于自己的动物了，就像《圣经》的四个福音书作者都有一部属于自己的福音书。事实上，罗马人只承认四种动物是要式物。然而这一点并没有难倒胡施克，他通过发明出缺了的那第五种动物而填补了这个漏洞。在论证了这

〔49〕 Die multa und das sacramentum. Leipzig, 1874, S. 441.

㊴ 原文为“Bovigus”，这是胡施克生造出来的一个拉丁文，用于指称他想象出来的一种动物。根据他的论述，这种动物属于“蛇类”（Boa），具有“赶牛”（bovem agere）的作用，因此将该词译作“赶牛蛇”。对此参见 Huschke, Die Verfassung des Königs Servius Tullius, 1838, S. 252 ff。——译者注 192

种动物为何在逻辑上必然存在之后，他又在该书的第 252 页将其引入了真正的生物界，并且还对它做了一番生动的描述。为什么赶牛蛇在逻辑上必须存在呢？因为在胡施克看来，“在耕地的过程中，人必须走在牛的旁边，不但要驱赶它，还要控制住犁，而根据人类的**普遍**性质，他的这种体力劳动必须彻底由别的动物来承担”，否则，“他这个诞生于上帝之手的创造物就会不完美了”。然而遗憾的是，胡施克却没有考虑到这样的问题，即根据人类的普遍性质，砍柴、烤面包或者擦鞋子等苦力最初也都应该是由特殊的动物来承担的，否则，作为上帝创造物的人就会不完美了。如果说真有这样一种动物减轻了农民的负担，那么城市的居民同样有理由要求某种特殊的动物来减轻自己的工作。照胡施克的说法，当造物主完成创世的计划之时，必然就有了一批有趣的家畜，它们“会彻底承担人类的体力劳动”。既然农民有权得到这样一种特殊的动物，那么伐木工人、烘焙师和鞋匠同样有这样的权利。尽管如此，农民还是很幸运地得到了这样一种动物，“它减少了人的三种**体力**劳动（在牛边上走、赶牛以及控制犁），只给人留下了一个**精神**指导的任务”。赶牛蛇“大概是用嘴巴和獠牙赶的牛……此外，它**无疑**是通过强壮的尾巴来控制犁的”，而人则只需要坐在它“柔软”的背上，这是造物主专门为此目的而设计
193 的。在该书的补遗部分（第 716 页），胡施克修正了自己的观点：之前他认为“赶牛蛇这种完美的创造物是用尾巴来控制犁的”，但现在他却认为，“经过重新审视，这一观点是错误的，其实起这一作用的是它的嘴巴”。这个新结论是他运用极为合理的思辨理由证明出来的。

关于胡施克，现在您总该有足够的了解了吧！既然如此，当您听到他说，罗马人即使没有法律上的义务也愿意去寄存誓金，您也

就见怪不怪了。毕竟,对于相信存在“赶牛蛇”这样一种动物的人来说,这又算得了什么呢！但是,那些没那么容易相信的人却会禁不住表达自己的重大疑惑。古罗马人会在没有必要的情况下交出钱来？光是考虑由此损失的利息,甚至连最富有的人也不会这么做,因为存在神庙里的钱是没法生出利息的。然而,这一不符合当事人目的的利息损失跟胡施克有什么相干呢？“赫卡贝跟他有什么相干呢？”[40]假如胡施克的说法是正确的,那么连最富有的人都不会去做的事,穷人反倒会去做了！当然了,如果从天上往下看(胡施克就是这么看罗马法的),我们自然无法感受到富有和贫穷之间的区别,因为这一区别早已被彻底消除了。到了天上,具体事物中的一切尘世属性就消失殆尽了,只有**法律概念**能够在那里存活,只有这种被神化的生物能够在法学的天国里居住、在纯粹的苍穹里遨游。注视着法律概念的精神有福了！只要它安守本分,不谈及实际的东西,不在尘世上迷失自我,它就可以摆脱尘 194
世的烦恼,和这些概念一起住进法学的天国里。〔50〕

顺便一提,为了正确地评价胡施克,我必须再补充一点:他还为自己的观点列举了第二点理由。在原创性上,这个理由跟他所提出的观点相比真是一点都不逊色。他发现,在誓金诉讼被受理之后,当事人即把自身献给了神明,从而使自己处于受诅咒之人(homo sacer)的状态(胡施克书第367页)。他们之所以事先寄存誓金,就是希望能够在败诉的情况下立即摆脱这一状态。我们的确应该非常认真地建议他们这么做！因为受诅咒之

---

[40] 语出莎士比亚剧作《哈姆雷特》第2幕第2场第553-554行。中译文引自黄国彬译注:《解读〈哈姆雷特〉——莎士比亚原著汉译及详注(上)》,清华大学出版社2013年版,第349-350页。“赫卡贝跟他有什么相干呢？”这个问句背后的意思实际上是“这件事跟他毫不相干”。——译者注

〔50〕［我将在本书的第三部分论述这一“理论法学的天国”。］

人就是一个丧尽天良的恶棍，罪恶滔天、罪无可恕，任何人都可以打死他。[51]

在古罗马，跟民事诉讼里的这个受诅咒之人类似的是和婆婆吵架的儿媳妇。因为根据近来另一位学者的发现，[52]这样的儿媳妇也会失去法律的保护（成为“受诅咒之人”）。这也就意味
195 着，每个人都可以打死她，婆婆一点都用不着发火。一想到那些罗马女人的可怜命运，我就会感到害怕：只要跟婆婆吵上几句，她们就会被处死。不和儿媳妇吵架的婆婆多么好啊，这样的婆婆简直就是女人中的天使！古罗马的婆婆和我们这里的婆婆真是有天壤之别啊！罗马真是个幸福的地方！光凭这一点，我们都想去罗马生活了，更别提在那儿，连最穷的人都有这么多的备用现金。

还是从儿媳妇说回诉讼里的穷人吧！我相信，通过上文的论述，您已经看到穷人提起誓金法定诉讼有多么难了。接下来，我要借拘禁法定诉讼再次证明这一结论。

---

〔51〕 Dionysius II, 10 明确提到了这一点。更详细的论述，参见我的《罗马法的精神》一书：Geist des römischen Rechtes, I. S. 279-287 (Aufl. 4)。

〔52〕 参见 **Moritz Voigt**：Über die leges regiae (Abh. der philol.-histor. Klasse der königl. sächs. Gesellschaft der Wissenschaften, Bd. 7, Nr. VI), Leipz. 1876, Nr. I, S. 41-45。费斯图斯在解释“plorare”（痛哭）一词的含义时记载了这样一个不完整的片段：“si nurus ... sacra divis parentum estod（如果儿媳妇……，她就应当受到神明父母的诅咒）。”现在，弗伊克特（Voigt）却以一种令人惊讶的方式填上了这段话里的空缺，即他抓住了（保罗·狄阿考努斯[Paulus Diaconus]编辑的）费斯图斯作品里记载并解释过的“obambulare”一词，并将这段话重构为：“si nurus Socrui obambulassit（如果儿媳妇遇到了婆婆）。”由于费斯图斯把“obambulare”这个词解释为“adversum alios ambulare et quasi ambulanti se opponere”（向着某人走去并且在走的过程中是面朝这个人的），即“**遇到**”某人，所以假如弗伊克特的重构是正确的，那么在罗马，任何一个儿媳妇**遇到**自己的婆婆都会完蛋，她们看到自己的婆婆就像是看到戈耳工或者美杜莎一样。所以，对于一个爱惜性命的儿媳妇来说，不会再有比这更好的建议了：“无论如何都要避开你的婆婆！”这种谨慎的做法的确是非常充满智慧的，我们这里的一些儿媳妇也经常这么做，只不过她们的理由并没有那么迫切。

在拘禁法定诉讼中，败诉的被告要缴纳的罚金数额如此巨大，以至于一个穷人只有在案件结果完全确定的情况下才会考虑诉讼。在誓金诉讼中，当争议标的的价值在1000阿斯以下时，他的风险只有50阿斯的罚金。但是在拘禁法定诉讼中，当债务数额仅为50阿斯时，他的风险就已经达到了这个数；而当债务数额为500阿斯时，拘禁法定诉讼的罚金即已达到了誓金诉讼里罚金的最高数额；因此当债务数额超过500阿斯时，拘禁法定诉讼的罚金就超过了誓金诉讼里的罚金数额。此外，跟原告相比，还有 196
一个因素使得被告在拘禁法定诉讼里的地位远不如他在誓金诉讼里的那么有利：在誓金诉讼里，至少原告所冒的风险跟被告是一样大的，但在拘禁法定诉讼里，原告却完全没有风险，因为如果作为原告的债权人败诉，那么他只会被简单地驳回起诉。然而根据平等原则，败诉的债权人本应向被告支付罚金，且罚金数额应当跟他以此种不正当方式向被告主张的债务数额完全相同，就像债务人或其应诉保证人在败诉时也是要支付这笔罚金的。尽管“债权人在拘禁法定诉讼中不承担任何风险”没有被明确地记载，但即便不考虑从法源的沉默中推出这一点，这一结论也是显而易见的，因为在针对应诉保证人所提起的这一诉讼中，债权人是作为**原告**申请对被告作出**判罚**的，而根据罗马的诉讼原则，他自己是不会被判罚的。在后期的诉讼中，被告在某些情形下的确会因否认对方的主张而被判处两倍罚金，但这样一种作为拘禁法定诉讼现代化形式的判罚制度在古代还没有出现。因此，在程序正义被公然无视的前提下，双方当事人的地位是非常不平等的，攻方的实力远远超过了守方。从实践上看，这就好比资本家相对于穷人所具有的优势地位。换言之，正义之路对资本家来说是畅通无阻的，但对穷人来说却是寸步难行的。对于富有的债权人来说，

以拘禁法定诉讼的形式主张一个尚不确定或根本不成立的债权是毫无风险的;但是对于要否认这一债权的穷人来说,风险却是
197 巨大的。在拘禁法定诉讼中,穷人所遭受的法律不公达到了最高程度。誓金诉讼主要涉及所有权、继承权、家庭和自由,对于这些关系,立法者在立法的过程中还是比较注意分寸的;甚至在有关自由权的诉讼中,即便是某个奴隶或自由人有着极高的价值,他们也仅仅规定了 50 阿斯这一较低的罚金(参见 Gaius 4, 14)。但相反,一旦到了涉及罗马资本家利益的拘禁法定诉讼中,对被告的所有保护就都消失了。此时,浮现在我们面前的是一个暴利者的形象,他就是罗马社会的“吸血鬼”,关于这种人的无情和贪婪,我们已经从当时的记载中知道得够多了;拘禁法定诉讼的双倍罚金正是为这种人量身定制的,而他却从这里头编出了一根绳索,还把它套在了不幸的受害者的脖子上。

在这种法定诉讼中,穷人的地位似乎只在一个方面比他在誓金诉讼里的更有利,即他不需要任何现金就能进行诉讼。然而,这只是个假象。给您讲个故事吧:在某个新上司上任之时,一个下属用公家的钱给自己买了一顶帽子。后来,上司把帽子的开支从账单里划掉了。可是到了第二年,账单里又出现了一顶帽子,于是上司又一次划掉了它,并且非常严肃地告诉这个下属:“帽子不能再出现在账单里了!”因此,下一张账单里就没有帽子了。上司看了看说:“现在终于一切正常了,账单里没有帽子了。”但是下属却回答:“啊! 帽子还藏在里面呢,只是阁下您看不见它罢了。”同样的道理,现金也还藏在拘禁法定诉讼里呢,只是从外面是看
198 不见它的。让我们跟着债务人一起努力去寻找应诉保证人吧,这顶帽子始终是会露出马脚的!

由于应诉保证人在败诉的情况下必须自己承担责任,所以他

当然会要求他的委托人提供担保。如果委托人是个富人，那么他只要做出单纯的担保承诺就够了；如果委托人是个贫穷的贵族，那么他的亲属或氏族也会以同样的方式给他找一个应诉保证人。可如果委托人是个贫穷的平民，他要怎么办才好呢？他会挨家挨户地敲门，甚至还会去找那些因法律知识而出名的人，但他得到的回答永远都是："你不提供担保，我就没法给你的诉讼作保证，因为一旦败诉，我就必须自己清偿债务，毕竟我也否认了债权人的债权。给我担保吧！"

穷人：但我肯定是会胜诉的，你是不会有任何风险的。

被恳求对象：每个人都是这么说的。你或许会胜诉，但谁又能保证呢？在法庭上，什么事都有可能发生，我们不是没见过这样的例子。

穷人：既然如此，我给你提供一个保证人吧！

被恳求对象：我是不会同意的。如果我为你承担了败诉责任，难道我还能指望拿回这笔钱吗？你是知道的，我不能这么做。更何况，既然有朋友愿意为你保证，你为什么不找他们借钱呢？

穷人：他们自己也没钱。

被恳求对象：就是因为这样，我才不接受他们当保证人。

因此，这个结果就跟穷人在上文的誓金诉讼里筹不到500阿斯的情况完全相同：**没有现金，就不能诉讼**。法定诉讼的最高原则是"没有法律，就没有诉讼"，现在，它在诉讼领域又有了个伴 199
儿，那就是"没有金钱，就没有诉讼"（nulla actio sine aere）。

这下您该相信那位下属的话了吧："帽子还藏在里面呢，只是阁下您看不见它罢了。"这句话用在这里也是非常准确的。

因此，对于穷人来说，事先寄存一笔钱的要求同样也在拘禁法定诉讼里重现了，只不过这笔钱现在是要存到应诉保证人那里，而在誓金诉讼中，这笔钱则是存到祭司那里。当然，对于作为当事人的穷人来说，不管是存到哪里，结果都是一样的。

法律上的这种要求会在实践里产生何种影响，我就不需要向您多做解释了。在需要现金来达到目的的情况下，没有现金或筹不到现金的人自然就被排除在外了，无论这些人是需要**暂时**支付这笔钱还是**寄存**这笔钱，抑或存了之后可以再拿回来，都无关紧要。我们可以想象一下，假如因为主人的慷慨，维也纳的私人画廊或私人花园都向公众开放，但参观者必须缴纳 100 古尔登或者更高的入场费才能进入——当然这些钱会在参观者离开时退还给他们——那么这个措施所导致的必然后果就是：许多经常来这里的人将不得不放弃参观这些地方，穷人和大多数保姆也将从此不在这些地方出现。没有人会怀疑这类措施的真实意图就是“禁止**穷人**入内”，只不过想出这个点子的人担心说得这么直白会伤了穷人，所以就找了这么个“返还入场费”的借口。与其不加掩饰地说出这句话，还不如规定一个穷人都交不起的入场费，这样就
200 足以将他们拒之门外了，这就跟火车一等座的票价为什么很高、高档酒店的收费为什么很贵是一样的道理。同样地，罗马人也非常清楚，把“拥有现金”规定为诉讼的前提将意味着什么：对富人而言，这**不是什么障碍**；但对穷人来说，这却是个**巨大的负担**。我认为，这一规定的目的正在于此，这整个制度的目的就是要让富人在诉讼中比穷人更具**优势**。

您问我，我是不是把人心想得太黑暗了？那您就来教教我真实的古罗马人是什么样的吧！从精神层面上说，目前我已经在罗马社会待了四十年了，他们的思维方式我想我还是知道的。整个古代都回荡着平民对于贵族压迫和贵族执法官专横的抱

怨。到了罗马共和国初期，这种让人无法忍受的压迫就越发严重了。在平民的天然保护者随着王一同被废除之后，贵族的压迫甚至达到了这样一种程度，以至于绝望的平民决定撤离罗马，即所谓的“往圣山撤离”（secessio in montem sacrum），用现代的话来说就是“决定罢工”。顺便一提，这是历史上经证实的最古老的罢工事件之一。但是，人类必须把“**发明**罢工”的这个名头让给**驴**，因为据希罗多德所言，在建造巴比伦的过程中，驴拒绝了超负荷的工作。这个罢工的先例不时地提醒我们，人类世界是怎么发展过来的。平民的罢工在罗马起了作用，就跟驴的罢工在巴比伦所起到的效果一样——贵族让步了。但是后来，类似的撤离事件又发生了两次。穷人总是不停地抱怨富人在经济上压榨自己、关于债务的法律对自己太过严苛以及贵族执法官 201
老是偏袒贵族。不成文法的不确定性给贵族执法官提供了舒适的避难所，本来，制定《十二表法》就是为了要堵死这个避难所的大门，[53]然而，最后它却还是给他们留下了足够的空间，以便他们继续玩自己的老把戏。祭司团在法律知识方面的主导地位，也就是他们对官方法律知识的垄断，以及他们向人民施加的法律强制，在《十二表法》颁布后仍延续了一个多世纪。更有甚者，司法也在很长一段时间内被贵族垄断。尽管有了《十二表法》，但贵族们总是随意滥用司法。在著名的维吉尼娅案中，十人委员会的委员阿皮乌斯·克劳迪乌斯已经用自己的公然恣意行为说明了

---

〔53〕 D. 1, 2, 2, 3：“……**不确定的**法（... **incerto** jure）”；D. 1, 2, 2, 4：“后来，**为了使这种状况不再持续下去**，就成立了一个具有公共权威的十人委员会（Postea **ne diutius id fieret**, placuit publica auctoritate decem constitui viros）。”对此参见我在《罗马法的精神》一书中的论述（Geist des römischen Rechts II, 1 § 25）。

这一点。[41]

如果将所有这些特征以及其他诸多特征（为了不离题太远，本文并未对此加以论述）做一个总结，那么我看到的就是这样一幅古代景象，正是这幅景象让我确信我在上文描述的古罗马诉讼制度的真实意图和真正目的无疑是正确的。无论是谁在臭名昭著的偷猎者身上发现了猎枪，都不可能问出“你要拿它来干什么”这样的问题，因为很显然，它不是用来打麻雀和打靶的！这个古罗马经济领域的偷猎者，我已经看得够清楚了，所以，我在他身上找到的这把猎枪有什么用，我也已经一清二楚了。

202 通过这个比喻，我也就揭示了本文要研究的这个问题正处于什么样的状态。尽管法源里没有任何直接证据证明我的观点，即古罗马诉讼制度的目的是让富人取得对穷人的绝对优势地位，但正如在诉讼中间接证据可以取代直接证据，在历史研究中同样如此——出现在我们面前的就是这样一个历史领域的间接证据。

至此，在盖尤斯提到的五种法定诉讼中，我只论述了两种。其他三种诉讼又是怎样的呢？或许它们会把我目前得出的所有结论都给推翻。

我先不讨论请求返还法定诉讼（legis actio per condictionem），因为我要到后面再来论述它。这样，我接下去要谈的就只有扣押法定诉讼（legis actio per pignoris capionem）和要求承审员法定诉讼（legis actio per judicis postulationem）了。

关于要求承审员法定诉讼，盖尤斯没有告诉我们任何信息，

---

[41] 公元前445年，《十二表法》起草委员会的成员之一、贵族阿皮乌斯·克劳迪乌斯看上了一名平民女子维吉尼娅（Virginia）。他让朋友谎称维吉尼娅是自己逃亡奴隶的女儿，然后由他本人审判这起案子，企图把维吉尼娅抢回家中。最后维吉尼娅的父亲杀死了女儿，并说：“只有这样才能让你自由。”这次未遂的强奸成了古罗马政治变革的催化剂，十人委员会因此被解散。——译者注

因为抄本在此有所缺漏。因此,我们能做的只有推测。对于拥有深邃洞察力和精准预见力的法律史学家来说,这真是个诱人的领域! 如果您想听听我的看法,那么我不妨告诉您,这种诉讼形式不是为了那些涉及某个请求**是否成立**的案件而准备的,因为在这类案件中,承审员只需要在判决里写上"是"或"否";相反,这种诉讼形式是为了这样的一些案件而准备的:在这些案件中,请求已经成立了,但承审员必须自己确定该请求的**数额**或是决定采用哪种**特殊**形式来实现这一请求。比如,两个共同继承人希望分割其遗产(遗产分割之诉);再如,两个共有人希望分割其所有权(共有财产分割之诉);又如,两个邻居希望确定彼此的地界(地界调整之诉)。难道这些人要以誓金诉讼的形式提起诉讼吗? 如果真是这样,那么败诉的一方将要支付 50 或 500 阿斯的罚金。但是在 203
以上情形中,没有任何一方会**败诉**,因为每一方的主张都不会跟对方的相冲突。也就是说在这些情形中,双方的主张是相同的,他们都**要求**承审员做同一件事,也就是**分割**。因此,我们怎么可以说其中一方(更准确地说应该是双方)被**判处了罚金**呢? 迄今为止,我们所知道的败诉风险实际上都体现为罚金,并且这种诉讼上的不利也正是以惩罚为目的的,这一点我已经在上文里说过了。所以在目前的情形下,我们需要的是不同于誓金诉讼的另一种诉讼形式,而这种形式只能是"要求承审员或仲裁员法定诉讼(legis actio per judicis arbitrive postulationem)。[54] 再到后来,这一

---

〔54〕 在 Gaius 4, 12 这一片段中,这种诉讼形式的名字里只带有"per judicis postulationem"(通过要求承审员),但考虑到瓦勒利乌斯·普罗布斯所记载的套语(Valerius Probus § 4)"judicem **arbitrumve** postulo, uti des"(我要求承审员**或仲裁员**,请你给我吧!),所以我们通常称其为"per judicis arbitrive postulationem"(通过要求承审员或仲裁员)。几乎可以肯定,这种诉讼形式也可以适用于古代法针对各种情形而规定的"arbitria"(仲裁员之诉)。

分割之诉的名称甚至直接就成了“承审员之诉”（judicia）或“仲裁员之诉”（arbitria），而这样的名称正是对该诉讼古时名称的一种回忆。在下文中，我们可以将这种法定诉讼意义上的承审员或仲裁员统称为“审判员”，当事人不会因为他的判决而支付任何罚金——这个判决不花钱！

在原始罗马法上，还有另一类案件也无疑只能适用这种诉讼形式，那就是《十二表法》里的“毁伤肢体”（membrum ruptum）。该法规定：“［若加害人毁伤他人肢体］而不能与其达成和解，则［受害人］应［对加害人］施以同态复仇”（ni cum eo pacit, talio esto）。㊷ 原告主张其请求的形式不可能是誓金法定诉讼，因为他
204 的请求不具备财产性质，所以无论如何都缺少了衡量誓金的依据。尽管在实践中，同态复仇已经被法官所承认的**罚款**取代，〔55〕但是我们也不能将这种普遍适用于此类请求的诉讼形式和誓金法定诉讼相混淆，因为在前者的场合下，当事人事先已享有了**法定的**权利。我推测，这种诉讼形式同样可以用于对盗窃的惩罚。在古代法上，盗窃行为将要受到如下惩罚：如果是现行盗窃，那么盗窃犯将失去自由；如果是非现行盗窃，那么盗窃犯将被判处相当于盗窃物价值两倍的罚金。我之所以认为这种诉讼形式也能适用于对盗窃的惩罚，是因为在程式诉讼中，盗窃之诉的原告请求用了较为特殊的措辞：它写的并不是“**dare** oportere”（应当**给予**），因为如果是这样，那么**数额**肯定也要被写出来；相反，它的措

㊷　参见《十二表法》第 8 表第 2 条。——译者注

〔55〕　参见**格利乌斯**在《阿提卡之夜》一书里的论述（Gellius XX, 1, § 38）：“因此，如果不愿妥协的被告不遵守承审员作出的同态复仇判决，那么承审员就会对争议标的进行估价，并对被告判处罚金。在这种情况下……法律的严厉性就只能体现为罚款了（Nam si reus, qui depecisci noluerat, judici talionem imperanti non parebat, aestimata lite judex hominem pecuniae damnabat atque ita ... severitas legis ad pecuniae multam redibat）。”

辞是“**damnum** pro fure decidere oportere”(应当赔偿盗窃造成的**损失**),因而是一个不确定的请求,这样一来就可以在根本上避免写明数额了。而对于确定誓金的数额来说,争议的数额是必不可少的。

我认为,这种法定诉讼的适用范围并没有因此被列举穷尽,这是毋庸置疑的。《十二表法》里提到了一系列诉讼,其中有一些一看就知道不可能适用誓金法定诉讼,例如,排放雨水之诉、拾取果实之诉、砍伐树木之诉、潜在损害之诉、他权人损害之诉、动物损害之诉以及那些连扣押法定诉讼和拘禁法定诉讼都不可能适用的诉。对于这些诉,就只剩下要求承审员法定诉讼可以适用了。在复原《十二表法》的过程中,我们会发现所有这些情形都出现在第 7 表中,紧随其后的就是第 8 表规定的各种私犯。因此,这两表可能都是要求承审员法定诉讼的适用范围。此外,《十二表 205
法》意义上的“**三名仲裁员**”㊸(他们和晚期法上的仲裁员有着本质的区别)也可能属于要求承审员法定诉讼中的“**承审员**”或“**仲裁员**”,对于这一点,瓦勒利乌斯·普罗布斯早就在上述套语中给我们提供了有用的线索。在《学说汇纂》里,分割之诉(第 10 卷)也和某些私犯之诉(第 9 卷和第 11 卷)排在一起,对此,**海弗特尔**(Heffter)早在几年前就已经敏锐地推断出它们在诉讼上的最初关联了。〔56〕 这一结论还得到了以下事实的支持:正如其他一些作者所指出的,〔57〕在《学说汇纂》里,誓金法定诉讼的主要适用情形(第 5 卷里的请求遗产之诉、第 6 卷里的返还所有物之诉以及第 7 卷和第 8 卷里的役权之诉)应该是被排在这些可能适用要求

㊸ 参见《十二表法》第 7 表第 5b 条。——译者注

〔56〕 Rhein. Museum I, S. 54 und 55.

〔57〕 **Leist**: Versuch einer Geschichte der römischen Rechtssysteme. Rostock und Schwerin 1850, S. 36 und 37.

承审员法定诉讼的情形(第9卷至第11卷)**之前**的,排在它们**之后**的则是第12卷和第13卷里适用最晚出现的法定诉讼(请求返还法定诉讼)的那些情形。

综上所述,我的结论是:要求承审员法定诉讼有属于自己的较为确定的适用范围,而且它的适用并不取决于当事人的选择。比如,在某些可以适用誓金法定诉讼的情况下,当事人不能选择适用要求承审员法定诉讼,而不适用誓金法定诉讼。要不然,即便不考虑上文(第183页)具有立法政策性质的诉讼罚金,他们也会让宗教基金丧失这部分来自誓金的收入。不用说,对于这样的结果,祭司肯定是不能容忍的。

206 至此,我们已经看到要求承审员法定诉讼并不涉及**诉讼罚金**,而扣押法定诉讼同样具备这个优点。对于权利人的某些请求,法律允许其实施自力扣押。如果对方对这一请求加以否认,那么双方就进入一个特别的程序中,即所谓的扣押**法定诉讼**。在这种诉讼形式中,作为原告的扣押人必须证立他的请求,并要求判处被告败诉。〔58〕因此同样地,即使任何一方在这种诉讼里败诉,他也无需支付罚金。然而非常有特色的是,只有跟军队、宗教和公共利益相关的请求才能享受这种优待,私法上的请求是享受不到的。〔59〕

〔58〕 关于我的这一观点,参见 Geist des römischen Rechtes, I. S. 158-162 (Aufl. 4)。扣押**行为本身**不是法定诉讼,也就是说,扣押行为并非**诉讼行为**,因为如果被扣押人清偿了债务,他们根本就不会进入法定诉讼当中。

〔59〕 盖尤斯在 Gaius 4, 27-28 这两个片段里提到了这些情形。在这些情形中,我尤其要强调的是军人对军饷的请求(aes militare)、对饲料款的请求(aes hordearium)以及对购马款的请求(aes equestre)。法律之所以赋予军人基于这些请求的扣押权,是要对他作出补偿,因为这样一来,军人就用不着再羡慕那些因为没有服役能力而不需要服兵役的人(寡妇和被监护人)了。此外,我还要强调的是包税人对税收的请求。顺便一提,"不能服兵役的人对于打仗来说是一种负担"的思想是罗马人的一个非常有益的社会政治思想,到今天我们都还在模仿他们,但遗憾的是,我们并没有成功。

只有当私法上的请求间接涉及宗教或国家利益时，罗马人才会放弃这一严格的要求，但是通常的私法请求是无法享受这种特权的。罗马人对待这两类请求的不同态度为我们揭示了整个诉讼惩罚的发展趋势：如果为了实现私人利益，那么走法律途径可谓 207
难上加难；但如果为了实现宗教和国家的利益，那么走这条路简直轻而易举。

我已经描述完古罗马的诉讼形式了，由此得出的结论是：这些制度的目的就在于给穷人阶层的起诉制造困难。现在您总该可以确定这个结论站不站得住脚了吧！无论如何，我自己是没法摆脱这一确信的。我在古罗马法里到处都能嗅到阴谋诡计和危机四伏的味道，这已经成了我的第二天性。我曾怀着虔诚的信仰走进罗马法，里面的事物呈现什么样，我就单纯地以为它们是什么样。然而随着时间的推移，我已经完全失去了这样的信仰。如今，无论碰到什么规则，我都要问："它的背后藏了什么？"我在这些规则背后发现的东西通常跟第一眼看上去的截然不同。之后，我打算给您写一篇关于**古罗马法中的阴谋诡计**的文章，这样您就能知道我这种多疑的态度到底有没有道理了。对于眼下的这个问题，我很遗憾不能再写点儿什么了；对于那些目前无法被我说服的人，我也必须容忍。尽管如此，对于以下这两个反对意见，我还是要回应一下的，因为我不想让它们继续存在下去了。

第一个反对意见是：诉讼成本的高额性在其他地方也出现了，但它们却不是出于我根据古罗马诉讼而得出的那种目的，例如英国。英国的诉讼费用高得难以想象，一旦被卷入诉讼，就有可能倾家荡产。那些腰缠万贯的人宁可把钱花在其他奢侈品上， 208
也不愿意去打官司——在英国，诉讼对富人来说也是件奢侈品！

在英国,走法律途径的难度到底有多大,只要看看他们有我们所没有的这个制度就一清二楚了:为贫穷的陌生人提供诉讼支持的社团。既然如此,就没有人还会主张说,英国的诉讼成本如此之高,其目的是增加穷人的诉讼难度。难道这样的观点也能用来解释古罗马诉讼的目的?假如我的以上结论仅仅是根据“古罗马的诉讼成本很高”这一**事实**所得出的话,那么这个反对意见倒是切中要害的,然而,我的论据恰恰不只是这一事实本身。相反,我的结论是建立在真实的古罗马地基之上的,而这个事实就发生在那里。正是这一事实所处的历史背景和历史环境才决定了我要赋予它这种意义。换言之,我的观点是建立在历史基础之上的,这个基础就是富人对穷人有计划的经济剥削,对此,罗马人自己也可以作证。

我可能听到的**第二个**反对意见是:誓金法定诉讼是非常古老的,当初人们在创设这一制度的时候肯定不是出于这种卑鄙的意图。当然不是!但我们也绝不能排除这样的可能性,也就是当立法者在制定《十二表法》或是它先前的法律时,他们的确是出于这种卑鄙的意图才这么规定誓金的**数额**的。他们规定的是 50 阿斯或 500 阿斯,但其实他们原本也可以只规定 10 阿斯或 50 阿斯。即便这种诉讼的基础是宗教(我已经在另一部著作
209 里论述过这一点[60]),可宗教和誓金的**数额**又有什么关系呢?此外,为什么誓金要事先寄存呢?为什么在拘禁法定诉讼里要有应诉保证人,这类保证人又为什么要支付两倍的巨额罚金呢?

我还是认为,古罗马的诉讼成本如此之高,其**目的**正是要给穷人的诉讼造成困难。尽管这个问题目前仍未有定论,但我可以

〔60〕 Geist des römischen Rechtes I, S. 302 ff.

更加肯定的是,它至少已经导致了这样的**结果**。

我们要搞清楚的是:什么叫作“导致了这样的结果”?让我们来思考一下,先前描述过的这些诉讼制度会给罗马社会造成什么影响?在思考的过程中,我们不考虑它们对个人的影响,而是要考虑它们给生活中真实的财产制度带来了何种效果,它们对财产的分配产生了何种影响。简言之,我们要从**社会经济的角度**评价古罗马的诉讼制度。

在轮盘赌中,如果游戏的时间持续得足够长,那么庄家就必然会赢,此时玩家(我不是指具体的某个玩家,而是指抽象的全部玩家)所下的全部赌注都会归庄家所有。这是为什么呢?因为赌盘就是这么设计的,即庄家一定有一个获胜的**机会**(在赌盘转到**零位格**的时候)。因此根据大数法则,如果游戏玩得足够久,庄家不可避免就会赢。大众都把诉讼幽默地比喻成赌博,谈起诉讼时,大家总是说“这局赢了还是输了”“这场赌输了”;而我们法律人知道,这个比喻是有一定道理的。如今,在一个司法运作正常、法官道德良好的国家里,当事人的**个人**情况是不会对诉讼造成任 210
何影响的,无论他们有钱还是没钱,也不管他们高贵还是贫贱,双方都不一定能获胜。而根据诉讼救济法,穷人反而还处于一个更加优势的地位。对于古罗马财产水平**相当**的当事人来说,这一点同样适用。也就是说,在穷人和穷人或富人和富人的诉讼中,诉讼双方的地位是完全平等的,任何一方都不占优势:于前者,双方都是轻装上阵;于后者,双方均为全副武装。但是在穷人和富人的诉讼中,情况就有所不同了,此时双方的胜率并不相同:在这场轮盘赌局中,是(作为一个阶层的)富人而不是(作为一个阶层的)穷人占据了庄家的零位格。在获胜的概率方面,诉讼规则对富人的保障并不亚于赌博规则对庄家的保障。至于这些诉讼规则是怎么确保富人获胜的,我已经在上面说过了。即使在不确定谁输谁赢的情况下,富人也可以放心大胆地下注,但穷人就必须小心谨慎了,因为跟富人相比,失去誓金对他的意义是完全不同的。因此,如果我们说"在不确定谁输谁赢的情况下,诉讼这个赌盘有很大概率会转到富人的零位格上",那么这种说法是非常准确的。

穷人在法庭里赌博除了会碰上这第一重障碍,他还将面临第二重障碍,即必须拿现金下注。正如我们所看到的,在罗马的赌场里只能用现金。这么一来,富人的赌注就放在自己的口袋里,但穷人却必须先凑齐赌本,要是凑不到钱,那他就只能放弃赌博的想法了。看,赌盘又一次转到了富人的零位格上!

211 为了达到这样的后果,掌管司法的贵族执法官用不着去偏袒富人,贵族祭司和贵族法学家也用不着去给富人出坏点子或暗中帮忙,这就跟在轮盘赌中庄家用不着出老千也能获胜的道理一样。相反,只要把诉讼机制设计成这样就可以了,即无论法官多么公正,无论律师多么正直,都**必然**会导致这样的结果。换言之,只要在**制度**上动手脚就可以了,而不用去管**人**诚不诚实、公不公正。这就好比,如果实力相当的两个人拿到的武器不同,那么谁拿到的武器更差,谁就必然会输,而他的对手则必然会赢。

我们可以把古罗马诉讼的这一致命后果比作富人手里的水泵,他们正用它对着穷人喷。您也许会感到奇怪,为什么罗马人不告诉我们这一点呢?尽管他们会经常想起穷人所遭受的困境和痛苦以及富人对穷人的压迫和掠夺,甚至会不厌其烦地列举富人为了实现这一目的所用过的各种手段,特别是高额的利率和古代法上严厉的人身执行制度,〔61〕但是对于我所描述的古代诉讼制度对穷人的压迫,他们却只字不提。我们能否由此得出结论说,这样的压迫是不存在的?或者退一步说,罗马人并没有意识到这样的压迫?我想听我说了这么多之后,每个读者都会有自己 212
的答案。我自己当然是坚信,这一不公不仅已被那些深有体会的人所完全认清,而且在经过一段时间之后,它还成了引发平民不满的导火线之一,因此护民官就将其作为煽动平民的工具和改革提案的对象。由此,我得出的结论就是:在罗马,**民事诉讼领域的改革问题**是由**社会原因**引起的,而不像我们这里是由技术原因引起的;并且,这个问题最终引发了罗马人对民事诉讼的改革。讲到这里,我就进入了本次闲谈的第二个部分,它的主题是:**为了减轻穷人阶级在诉讼上的困难而对原始罗马民事诉讼法作出改革**。

我已经把上述诉讼制度所涉及的阶级对立归纳为穷人阶级与富人阶级的对立,但您是知道的,在罗马,这两个阶级之间的对立与平民和贵族之间的对立并**不**一致,因为在较早的时代里,罗马就已经有了富有的平民和贫穷的贵族。尽管如此,我也并不觉得自己的观点是错误的,因为我认为,实际上只有贫穷的平民才不得不承受这些诉讼制度给他们造成的压迫。贫穷的贵族可以到自己的氏族那里找到依靠,这样一来,他就可以避免因为缺钱而失去权利的危险。因此,我认为上述这一民事诉讼改革问题可以被称为"特殊的**平民**问题",证据是:正是**护民官**推动了此项改革的进行。

他们在这一方向的改革试图达到两个目标:第一,改誓金的 213

---

〔61〕 关于压迫穷人的各种制度(在这里提到的这几种也属于其中),参见我在《罗马法的精神》一书中的论述(Geist des römischen Rechtes II, § 34)。

现金支付为誓金的临时**信贷**;第二,**降低**誓金的数额。

费斯图斯(在解释"sacramentum"一词的含义时)提到了一部法律的名称,这部法律创设了一个专门以收取誓金为目的的机构,即三人死刑审判庭。它就是由护民官帕皮利乌斯提议制定的《帕皮利乌斯法》。学者对这部法律的真实情况存在极大争议,[62]唯一可以肯定的是,这部法律应当颁布于外事裁判官出现(罗马建城后的第 507 年)之后,因为根据该法的规定,负责前述机构每年民众选举的不是不带修饰的"裁判官",而是"负责[**罗马**]**市民之间**法律[事务]的裁判官"(praetor, **qui inter cives** jus dicet),即内事裁判官(praetor urbanus),[63]所以这也就反过来暗示了当时已经有了外事裁判官(praetor peregrinus)。对于这部法律的不同观点,我就不再一一罗列了,我只是想告诉您我的看法。

誓金的信贷是否完全由《帕皮利乌斯法》所创设,还是说这部法律仅仅是对先前就已被创设出来的这一制度作了必要的补充即增设了收取机构,对此可以存疑。我自己是支持前一种观点的,因为我无法想象,罗马人在做出如此重要的立法革新时,也就是当他们把誓金的寄存修改为誓金的信贷时,却不同时对此作出更详细的规定。而后一种观点则相当于认为,罗马人起初只是**在**
214 **原则上**决定以信贷的方式取代寄存的方式,但是却把所有与这一原则的实现有关的问题都拖到以后再作规定。在我看来,这样一个不完善的改革措施就好比立法者想要创设时效制度,却不规定与之相关的期限。

---

〔62〕 1867 年以前的文献可参见 **Danz**, Zeitschrift für Rechtsgeschichte, VI, S. 33;之后的文献则参见 **Huschke**, die Multa und das Sakramentum, Leipzig 1874, S. 473-479。

〔63〕 这也是誓金法定诉讼不能适用于外邦人的论据之一。

沿着第一种观点的思路，我得出了以下结论。为了清楚起见，我将其表述为几个具体的命题。

1.《帕皮利乌斯法》的目的是用誓金的**信贷**取代它的立即**寄存**。

根据上文的论述，旧的诉讼制度是对穷人阶级的压迫，因此，这部法律试图做出这一革新是毫无疑问的。它的用意就在于要减轻穷人阶级在诉讼上的困难。换言之，它是一项**社会**措施。所以您就理解了，为什么我会认为这个因素是非常重要的了，即这一措施是由**护民官**提议的。我们必须回忆一下当时的时代背景，这样我们才能理解，为什么以前的状况不能再维持下去了。我们要正确地看到，在外事裁判官的审判程序中，誓金诉讼、拘禁法定诉讼以及与之相关的**诉讼罚金**原则都不能适用了。因为假如还要继续适用，就会出现一个奇怪的现象，即在诉讼上，外邦人要比罗马人更具优势，外国人要比本国人受到更好的待遇。当然，有人可能会用这些理由来粉饰这样的现象：要缴纳誓金的为什么不是外邦人而是罗马人呢？那是因为，罗马国家的神当然应该由罗马人自己来侍奉喽；再说了，罗马人交给祭司的这些钱都是有回 215
报的，因为罗马人在处理法律事务时需要用到法律知识，而祭司正是这些知识的保管者。这些钱都是祭司应得的，毕竟他们不是为了自己，而是为了神明才向罗马人要的誓金。“**曾经的确是**这样，”作为平民代言人的帕皮利乌斯对着祭司们说，“但是你们对法律知识的垄断已经被打破了，你们的那些诉讼套语早已被弗拉维乌斯公布出来了，在我们这个时代（罗马建城后的第 500 年），科伦卡尼乌斯已经让法律知识成了公共财产。你们的时代已经一去不复返了，如今，你们所收取的誓金也和你们曾经的法律垄断一样，它们都成了不正当的东西。从今以后，即使没了你们，国家也有足够的人手来掌管司法。既然收取誓金的权利已经转移至国家，那么无论你们再怎么反对誓金信贷（第189页）也是于事无补的。你们说神明是不接受信贷的，但是国家却可以接受。我要向人民提出一项法案，规定誓金归国库所有，这样一来，誓金的信贷就有可能实现了。”

2.誓金的数额不再像过去那样在**诉讼开始**前就能确定，而是要到**诉讼结束**后才能确定，但是为了这笔**将来的**款项，诉讼双方都要向裁判官提供保证人；在确定了誓金的数额之后，就由三人死刑审判庭（由裁判官在该年年初向人民建议的那三个人所组成的一个委员会）〔64〕来负责收取誓金。

216　在诉讼制度改革前，誓金的数额取决于对争议标的的估价。很显然，在这样的前提下，当争议标的的价值处在1000阿斯上下的时候就会引发激烈争论，因为此时的估价正可谓“失之毫厘，差之千里”。比如，如果把它估算成1000阿斯而不是980阿斯，那么誓金的数额就会一下子从50阿斯飙升到500阿斯。换言之，在估价上只差了20阿斯这么点，在誓金上却差了450阿斯那么多——好贵的20阿斯啊！既然誓金是交给祭司的，那么对争议标的进行估价的事当然也归他们管了，无论是由他们亲自估价，还是由那些被他们特别任命的估价员来估价，都无关紧要，重要的仅仅是，他们无论如何都不会让自己的利益在估价的过程中受到损害。因此，我认为自己的观点并没有错，对争议标的的估价的确会经常引发当事人的激烈争吵；由此我也能解释，为什么帕皮利乌斯会将他的改革建议同样扩大到估价这一点上：他不仅赋

〔64〕　就收取誓金这一职能而言，“三人**死刑**审判庭”的名称显得非常奇怪。实际上，这一名称来源于该机构最初在刑事定罪方面的职能。然而，特奥多尔·**蒙森**却认为这两种职能都是高级官吏在法庭上的辅助工具，对此参见Th. Mommsen, Staatsrecht II, S. 559。

予了三人死刑审判庭收取誓金的职能（费斯图斯的原文是“exigunto sacramenta”［追收誓金］），而且赋予了该机构确定誓金数额的职能（费斯图斯的原文是“sacramenta **judicanto**que”［并**裁断**誓金］）。对于后者的表述，学界迄今为止仍未正确地理解。在情急之下，他们忽略了一开始就能想到的解释，而采用了最做作、最站不住脚的解释。〔65〕其实，只要我们从实践的角度对此加以 217
思考，就不难发现，在具体的情形中，争议标的值不值 1000 阿斯是不确定的，估价的问题会引发当事人和估价机构的激烈争议。只要想想今天在征收所得税的过程中所出现的估价争议，我们就会明白：在一部规定了如何**收取**费用的法律中同样不能缺少的规定是，谁有权在发生争议时对**数额**作出**裁断**。对于我的观点，读者唯一可能的质疑是：费斯图斯在原文里写的是“sacramenta exigunto judicantoque”（追收并裁断誓金），而在这句话里，“judicare”（裁断）是发生在“exigere”（追收）之后的；但是在这件事上，似乎“先裁断再追收”才更加合理。为了打消这个疑虑，我的回应是：“追收”**总是**必要的，但是“裁断”却只有在争议标的为

〔65〕 **普赫塔**把“并裁断誓金”理解为“将誓金分配给宗教基金”（**Puchta**, Cursus der Institutionen II, § 161 g），就好像在收取誓金之后还需要一个特别的（分配）裁判似的！**党茨**则认为，“并裁断誓金”意味着要对誓金的“数量、币种以及这一类的事项作出认定，以便当事人能够准确、完整地支付誓金”（**Danz** a. a. O. S. 373.），照他这么说的话，我们必须赋予每个国库官员司法职能。**胡施克**甚至还认为，这一机构可以对无效申诉作出裁断（**Huschke** a. a. O. S. 478.）！**蒙森**提到了“裁断”一词，却没有表达对其含义的看法（**Mommsen** a. a. O. S. 561, Anm. 5）。**朗厄**同样承认了这一机构有权“行使类似于审判员的职务”，但却没有作进一步说明（**Lange**：Röm. Alterthümer I, Aufl. 2, S. 759［Aufl. 1, S. 652］）。**凯勒**对《帕皮利乌斯法》一无所知（**Keller**：Röm. Civilprozeß, § 13），即使在**瓦赫**（**Wach**）修订过的版本里也是一样。**鲁多夫**则认为，“在收取誓金之后，这一机构是有可能和国库发生争议的”（**Rudorff**：Röm. Rechtsgeschichte II, § 21, 4），但是他却没说为什么会发生争议——他给的借口真是随便！**贝特曼-霍尔维克**则以沉默的方式对“裁断”一词避而不谈（**Bethmann-Hollweg**：Röm. Civilprozeß I, S. 122）。

1000阿斯左右时才会出现。在大多数情形中，需要缴纳的誓金数额是毫无疑问的，此时根本不会引发争议，因此只要“追收”就足够了；只有在极为罕见的例外情形中，也就是当争议标的的价值
218 在1000阿斯附近上下浮动，因而败诉方可能会主张自己要交的是50阿斯而非三人死刑审判庭所要求的500阿斯时，才需要这一机构对誓金的数额做出裁断。当然，这个裁断是以整个委员会的名义做出的，适用的是多数决；但是在收取或接受誓金这件事上，只需要一个委员来做就可以了。瓦罗在《论拉丁语》里（Varro de L. L. IX, 85）提到的“**judicium** triumvirum”（三人死刑审判庭的**裁断**）说的就是这样一种例外情形。

在这个方面，《帕皮利乌斯法》无疑也是一种进步。原本有权裁断誓金的是对祭司团负责的**某一位**祭司，为了确保教会的利益，他总是会严格地加以裁断；[66] 取而代之的是，该法创设了一个完全不受这一影响的机构。

那么，该法又为什么要规定誓金应在诉讼结束后才确定，而不像以前那样在诉讼开始前就确定呢？有人可能会说，跟旧法相比，这个新规定简直太糟了，因为以前，当事人至少在诉讼开始前就能知道自己将会面临什么风险，可是现在，“要交多少誓金”这样一个重要问题却一直悬而未决，直到诉讼结束前它都是不确定的。然而，我却认为这一新规定是有其道理的，因为争议标的的价值往往只有在诉讼的过程中才能被确定下来。我们不妨想想请求遗产之诉：在这一诉讼中，原告主张整个遗产的价值总额远

---

〔66〕 D. 1, 2, 2, 6：“［在祭司团中］每年都会有一名祭司负责私人间的法律事务（… quis quoquo anno praeesset privatis）。”正如**彭恰特**在其校长就职演说中正确地指出，对于这句话，我们还应当把祭司的“裁断权”考虑进去。对此参见 **Puntschart**, Der entscheidende Einfluß der Gesetzgebung der staatlichen Einrichtungen der römischen Republik auf die universale Bedeutung des römischen Privatrechts. Innsbruck 1880, S. 14。

远超过了 1000 阿斯,然而在审理过程中却可能发现,遗产里只有 219
唯一的一件财产,并且它的价值还不足 1000 阿斯。或者我们还可以想想对遗产的善意占有:在诉讼过程中,被占有的遗产或许会因意外事故而灭失,这时候善意占有人所占有的遗产价值也可能会不足 1000 阿斯。除此之外,我们可以再想想返还所有物之诉:在原告提起返还羊群之诉后,被告又对其中的某些羊提起了反诉,[67] 在这种情况下,需要被返还的羊的价值就只能在作出判决之后才能确定了。因此毋庸置疑,诉讼**结束后**再确定誓金比诉讼开始前就确定要更符合当事人的真实利益。这样一来,他们就不会有丧失一大笔誓金的风险了,因为事后才查明的争议标的价值往往要比在事前查明的低得多。

现在我再来谈谈拘禁法定诉讼,以证明《帕皮利乌斯法》在誓金诉讼里所实现的**寄存制度向信贷制度**的过渡同样出现在了拘禁法定诉讼里。

在拘禁法定诉讼里,这一过渡是通过废除**应诉保证人**实现的。按照盖尤斯的说法,必须提供这类保证人的情形在当时只剩下了两种(参见 Gaius, 4, 25),而在其他情况下,债务人都被允许自己来扮演这类保证人的角色,也就是说,他可以自己进行诉讼(盖尤斯的原文是"manum sibi depellere"[解除对自己的拘禁])。当然,一旦他败诉,他就必须支付相当于争议债务数额两倍的罚金,因为他具有债务人和保证人的双重身份。但是对他来说,这一规定也是有很大好处的,因为即使手头没有现金,他也能应诉了。因此,有了《帕皮利乌斯法》,就算是面对他人以誓金诉讼形式提出的无理要求,那些最穷的人也可以应诉了,而且即便没有 220

[67] 参见 D. 6, 1, 2。

现金,他们也可能会胜诉;同样地,自从该法颁布以后,即使是面对他人以拘禁法定诉讼形式提出的请求,穷人也能够奋起反抗并且赢得胜利了。换言之,根据该法,即使穷人手里没钱,他也具备**诉讼能力**。根据盖尤斯的说法(参见 Gaius 4, 25),这个重要的创新是由《瓦利乌斯法》(lex Vallia)引入的。〔68〕 由于我们在罗马的显赫阶层里从来没见到过瓦利乌斯一族,所以我们有理由相信,提议制定这部法律的应该是一位平民,它应该是由**护民官**提议,平民会决议通过的,就跟《帕皮利乌斯法》的情况一样。当然,在制定《瓦利乌斯法》之前,罗马人就已经制定了一些特殊的法律了,他们一开始也只是打算借这些法律来简化某些特定案件的程序,而没有想到要采取一般的简化措施。盖尤斯提到了其中的两部(参见 Gaius 4, 23):《富利乌斯法》(lex Furia)和《马尔基乌斯法》(lex Marcia)。二者的共同点在于,它们都规定了违反法律所得到的钱款是可以被撤销的。前者规定,通过遗赠获得的钱款不能超过 1000 阿斯,如果某人通过遗赠获得了超过 1000 阿斯的钱款,那么这部分钱款是可以被撤销的;后者则规定,超过法律规定的那部分利息是可以被撤销的。我们知道,富利乌斯一族曾是旧贵族,那么是什么原因促使一个贵族放宽了拘禁法定诉讼的严格要求呢?难道是他们对穷人的同情心泛滥了?难道是这些富人的正义感觉醒了?当然不是!《富利乌斯法》关心的不是穷人的
221 利益,而是富人的利益,因为法律根本用不着去限制穷人的遗赠数额!直到《瓦利乌斯法》颁布之前,应诉保证人对于穷人来说都是必要的,然而对富人来说,这种保证人却是多余的,因为即使富

〔68〕 之前,这部法律的名称仍是不确定的,但最近,施图德蒙特(Studemund)已经通过对比《盖尤斯法学阶梯》的抄本确定了它的名称。在罗马,“瓦利乌斯”(Vallius)通常是底层人士的名字,在一些铭文中也经常能看到这样的名字。

人接受的遗赠超过了1000阿斯，并且还因此被起诉要求返还超出部分四倍的钱，他也被允许亲自进行诉讼。同样地，《马尔基乌斯法》关心的也是放高利贷者的利益，因为当他起诉穷人时，穷人必须提供应诉保证人，但是当穷人诉请他返还违法的利息时，他却不需要提供应诉保证人！这部法律同样暴露了自己对富人的偏心，因为马尔基乌斯一族很早就已成了最富有、最高贵的平民氏族之一，他们是跟贵族一起共事的。〔69〕因此，纯粹的拘禁法定诉讼（manus injectio pura）正是富人为了**自己的**利益才创设的，对他们来说，阻碍穷人诉讼的应诉保证人制度是毫无意义的。然而，法律创新也给他们带来了苦果：他们为自己所发明的东西也被《瓦利乌斯法》扩大适用于穷人了，因此富有债权人在诉讼上对贫穷债务人的优势也随之被打破了，因为这一优势正是建立在穷人难以提供应诉保证人这一点之上的（第198页）。在法定诉讼消亡之前，只有在两种情形中还仍然要求应诉者提供应诉保证人（参见Gaius 4，25）。随着程式诉讼的出现，这一旧法的残余才最终消失。

就这样，诉讼上的**这个**负担也就不存在了。现在让我们来看看，**诉讼罚金**最后变成了什么样。

诉讼罚金的存在丝毫不受**收取**方式变化的影响，因为二者有着根本的不同。的确，**寄存**誓金会增加诉讼的困难，但这种困难对诉讼双方来说都是相同的；相反，诉讼罚金则仅针对败诉的一方，也就是那个输掉了诉讼的人。因此，立法者完全可以规定胜诉方无需缴纳誓金，但同时仍规定败诉方应缴纳誓金。 222

---

〔69〕关于他们对贵族的倚仗，参见特奥多尔·**蒙森**的论述（Th. **Mommsen**，Röm. Forschungen II，S. 149 und 150）。

可是罗马人并没有这么做。诉讼罚金一直存活在罗马法之中,哪怕它只是苟延残喘,却还是奄奄一息地坚持到了优士丁尼的时代。

在法定诉讼程序中,诉讼罚金在誓金诉讼和拘禁法定诉讼里的形式一直保持不变。但是在誓金诉讼里,由于铜币的持续贬值和币值的不断下跌,罚金实际上是逐渐减少的,以至于到了罗马共和国第六个世纪的中期,当时的 500 阿斯不会比古代的 50 阿斯更值钱。如果换算成今天的货币单位,那么罗马古代的有效币值大约相当于 3 古尔登或 6 马克,而罗马共和国第六个世纪中期的有效币值则为 30 古尔登或 60 马克。

老普林尼在他的《博物志》一书中也提到了一部《**帕皮利乌斯法**》(lex **Papiria**)。〔70〕根据他的说法,这部法律将阿斯的重量减少到了半盎司,也就是该货币原始重量的 1/24。基于这一说法,我们有理由认为这部法律颁布于罗马建城后第 600 年的中后期,
223 这也是学界以往的普遍观点。〔71〕而根据伯格西(Borghesi)的最新研究,如今这部法律被确定为颁布于罗马建城后的第 665 年。〔72〕我的一个想法是,出现在费斯图斯著作里的那部规定了诉讼结束后才收取誓金的《帕皮利乌斯法》和出现在老普林尼著作里的这部规定了减少货币重量的《帕皮利乌斯法》会不会是同一部法律? 这样一来,这两个措施就彼此关联在一起了,二者相

---

〔70〕 H. N. 33, 46 (ed. Bipont. 33, 13):“**不久之后**,根据《帕皮利乌斯法》,被铸造的阿斯的重量是原来的二十四分之一(mox lege Papiria semunciarii asses facti)。”而在该书的上一段中(H. N. 33, 45),他还提到了一部颁布于第二次布匿战争时期(罗马建城后第 537 年)的法律,这部法律将阿斯的重量减少到了一盎司。所以,老普林尼口中的这部《帕皮利乌斯法》肯定是颁布于罗马建城后的第六个世纪。

〔71〕 **Marquardt**: Röm. Staatsverwaltung, Bd. 2, Leipzig 1876, S. 17, Note 4.

〔72〕 **Marquardt** a. a. O.:“这是毫无疑问的。”

互解释、互为补充。据我所知，这样一种关联迄今为止仍未引起学界的注意。《帕皮利乌斯法》的立法思想是**为了减轻穷人在诉讼上的困难**，为了实现这一目的，它的第一个措施是将誓金推迟到诉讼结束后再收取，第二个措施是将阿斯的币值降得尽可能地低，以使得旧制度**表面上**仍然被维持，**实质上**却已被废除。换言之，虽然从**外部**看，旧的诉讼制度依然如故，但是从**内部**看，它对诉讼所施加的压力却已不复存在了。阿斯的重量被减少到其最初重量的1/24，意味着罗马已经来到这样一个时代：由于国家财富的巨大增长和银币的出现（罗马建城后的第五世纪末），货币的内在价值也大幅下降，对誓金而言更是如此，贬值后的誓金远远不及它原来价值的1/24。

因此，这不仅解释了，为什么尽管存在改革的必要，古老的誓金诉讼却仍然被保留了下来，甚至在程式诉讼出现之后，这种诉讼形式仍被百人法庭所沿用；而且这还解释了，为什么罗马人要改革古代的铜币——其实从实践上看，它已经因为银币的出 224
现而退居幕后了——因为对他们来说，这一改革的紧迫性要远远大于当时布匿战争所造成的紧迫性。此外，我的这一推测同样揭示了这一货币改革背后的实际理由，因为通过这一推测，为费斯图斯所证实的诉讼改革的意义也就被总结得一清二楚了。另外，这一改革是由一个叫**帕皮利乌斯**的人做出的，这一点同样不是无关紧要的。因为此前（罗马建城后第324年）创设了货币税以替代牛羊作为罚款（multa，一种因违反上级命令而需缴纳的罚款）的也正是一个叫帕皮利乌斯的人（他用10阿斯来代替一只羊，用100阿斯来代替一头牛），而这种罚款跟誓金是很像的。在罗马史上，一个并不罕见的现象是，某个氏族成员再度采纳了其祖先的优秀立法思想(例如,瓦勒利乌斯一族就有人这样做,参见 Liv. 10, 9:"[这部法律已经是]第三次被提出来了……而且总是被同一个家族提出来[tertio ... lata est semper a familia eadem]"),因此在关于诉讼和国库的改革措施方面,一个生活在罗马建城后第六个世纪的帕皮利乌斯也可能把自己两百年前的祖先当成榜样。

所以,古代的誓金诉讼就是这样继续在**外表**上保持不变,却彻底改变了自己的**内在**。它属于那种表面上没有被废除,但在实践中却几乎不再适用的制度。

尽管如此,罗马人还是将一个重要的领域排除出誓金诉讼的适用范围了。为了与受拘禁法定诉讼保护的优先债权形成对比,我们可以把这个领域称为**普通债权**。在以前,一个普
225 通的借贷,即不是以要式现金借贷形式缔结的金钱借贷必须适用誓金诉讼的形式;此外,必须适用这种诉讼形式的还有当时唯一可诉的给予之债和特定物之债。后来,适用于这一普通债权领域的诉讼形式发生了显著的简化倾向,简化的结果就是形成了第五种法定诉讼:**请求返还**法定诉讼。在我看来,这个结果是各民族间的法律交往所带来的,因为在这一交往中,诉讼罚金是不被承认的。这种新的诉讼形式最早是由《**西利乌斯**法》(lex **Silia**)为金钱之债所创设的(参见 Gaius 4, 19)。它不仅适用于金钱借贷,而且适用于任何一种数额非常确定的金钱债权,而本来,即便是原告拥有这样的金钱债权(也就是在诚信合同变得可诉之后的时代里),他也只能提起**不确定**金额之诉("不确定物"指的是"应当给予或做出的**任何东西**"[**quidquid** dare

facere oportet]）。[73]

通过《**卡普尔尼乌斯法**》（lex **Calpurnia**），这一改革结果同样也适用于所有其他涉及“确定物”的债权（参见 Gaius 4, 19），特别是那些涉及“给予”（dare）确定物的要式口约（不是那些仅仅涉及“获得”[habere licere]确定物的买卖合同），也就是那些标的具体确定或是涉及一定数量的可替代物的要式口约。跟所有其他的程式诉讼一样（预备诉讼除外），虽然在关于这些要式口约的诉讼中，审判员也要在判决里写明具体金额，但原告自己是不必在诉讼请求中给出具体数额的。相反，他只需要在原告请求里写上“跟争议标的价值相同的数额”（quanti es res est），而把估价的任务交给审判员。 226

提议制定这两部法律的都是**平民**，也就是说关于这两部法律的议案都是由**护民官**提出的。您马上就会知道，为什么我要特别强调这个事实，因为我将其作为以下结论的依据：这两个

---

〔73〕 这样一来，我们就能把著名的 D. 12, 1, 9 pr. 给解释清楚了：“请求返还确定物之诉可以基于任何原因、任何的债而被提起，基于该诉，[原告]可以请求返还某个确定物，无论该物是基于确定的合同还是不确定的合同；因此，只要债是可履行的，我们就被允许基于所有合同提起请求返还确定物之诉（Certi condictio competit ex omni causa, ex omni obligatione, ex qua certum petitur, sive ex certo contractu petatur sive ex incerto; licet enim nobis ex omni contractu certum condicere, dummodo praesens sit obligatio）。”在这个片段中，确定的合同例如有消费借贷，不确定的合同例如有买卖合同、合伙合同以及委托合同。相应的例子我们还能在法源里找到很多，例如 D. 12, 1, 9, 1 和 Inst. 4, 7, 8 这两个片段里规定的：“那些根据家长或主人的命令**而被订立的合同**（quod jussu patris dominive **contractum** fuerit）。”在这些情形中，一旦原告选择提起请求返还之诉，那么他就扼杀了对方在**这一**程序中提起反诉的可能，但是他也就因此放弃了对其有利的利益清算（特别是因被告迟延履行所产生的利息），并且还把自己置于“过分请求”（plus petitio）的险境。这就是说，只要他主张的请求超出其真实的权利范围，哪怕只超出了一点点，他就会败诉。换言之，如果原告提起的是请求返还之诉，那么双方的关系就要根据严法诉讼来判断；但如果原告提起的是合同之诉，那么双方的关系就要根据诚信原则来判断。

措施都追求同一个目的，那就是**减轻穷人在诉讼上的困难**。正如上文所述，这个目的也正是这两位护民官各自的祖先所追求的。

在减轻穷人的诉讼困难这一点上，《卡普尔尼乌斯法》无疑做到了，但《西利乌斯法》有没有做到则是存在争议的。就模仿了请求返还法定诉讼的确定金额的借贷请求返还之诉（condictio certae creditae pecuniae）这一程式诉讼形式，盖尤斯在三个片段里都提到了（参见 Gaius 4，13、Gaius 4，171 以及 Gaius 4，180），败诉方必须支付原告请求数额的 1/3 作为罚金，这一罚金是在诉讼开始时就由双方通过要式口约和反要式口约主动承担的。虽然盖尤斯并没有说这一制度在《西利乌斯法》中就已被采纳，但这是非常有可能的。[74] 然而极为重要的是，这一制度并不像通常认为的那
227 样具有**强制性**。对此，盖尤斯所用的措辞是（参见 Gaius 4，171）"sponsionem facere **permittitur**"（[当事人]**被允许**做出庄重允诺），根据这一措辞，我们可以得出的结论是：这一附加的罚金**可能**会出现，但并不是**必然**会出现。也就是说，当事人可以自愿做出或者不做出关于罚金的允诺。[75] 但跟誓金法定诉讼和拘禁法定诉讼里的强制附加罚金比起来，这一诉讼无论如何都是一个进步。[76] 和拘禁法定诉讼相比，它的进步之处在于，当事人从该

---

〔74〕 **Benthmann-Hollweg**, Röm. Civilpr. I, S. 153, Anm. 18.

〔75〕 这就类似于盖尤斯在 Gaius 4，162-165 这几个片段里所描述的占有令状程序。据此，在这类程序中可能会"有风险"（即相当于有附加的罚金）。在这类程序中，被告有权在更严格的形式（即"有风险"）和较温和的形式（即"无风险"）之间进行选择，而正如盖尤斯在 Gaius 4，163 这个片段中所说的，通常他都会"选择更温和的方式进行诉讼"。

〔76〕 在**彭恰特**上述著作的第 71 页，他却反过来将这一诉讼的产生原因归结为货币贬值所必然导致的诉讼罚金的**提高**，也就是他认为，是诉讼变得更加**困难**才导致了这一诉讼的产生，这跟我们上文所揭示的发展趋势不符。

诉讼本身就可以看出罚金的**数额**，因为它把罚金降到了债务**总额的1/3**。该诉讼形式的另一个进步之处在于，原告在败诉时所遭受的风险与被告相同。也就是说，在这一诉讼中，风险对双方当事人而言是均等的；但是在拘禁法定诉讼中，风险却是单方面的，因为早期法只对债务人施加惩罚，却任由败诉的债权人逍遥法外。因此现在，这种不公平的现象再也不会出现了，诉讼双方开始势均力敌了。

在《卡普尔尼乌斯法》规定的请求返还法定诉讼中，法定诉讼程序已经实现了自我超越，即它已经超越了作为其**根本**基础的**诉讼罚金原则**，而架起了通往程式诉讼的桥梁，而后者的**根本**基础是**无诉讼罚金原则**。我相信，在对这两个诉讼体系之间的差异加以论述的过程中，我肯定会遭到坚决反对。以下说明或许有助于 228
读者接受我的观点。

的确，程式诉讼同样在不少地方保留了诉讼罚金，其中有一些是对早期程序里诉讼罚金的沿用，只是在形式上做出了相应改变。例如，若某人否认以前为拘禁法定诉讼所保护的某些特定请求，他将要支付两倍罚金；又如，在确定金额借贷请求返还之诉中亦存在关于额外支付1/3数额的庄重允诺(sponsio tertiae partis)；再如，对于返还所有物之诉中败诉的占有人来说，他要赔偿的数额已经不再是孳息的两倍了，取代这种早期罚金形式的是占有之诉中的孳息竞价(参见Gaius 4, 166–170)。另外一些则是新出现的，至少我们在早期法中没有见过它们，例如，令状程序中关于罚金的庄重允诺(参见Gaius 4, 162–165)、在反诉(参见Gaius 4, 177–178)和诬告诉讼(参见Gaius 4, 175; 178)中1/5或1/10的罚金以及在裁判官创造的已确定偿付日期金额之诉(actio de pecunia constituta)中关于额外支付1/2数额的庄重允诺(sponsio dimidiae partis，参见 Gaius 4，171）。尽管有这么多例子可以证明晚期的罗马法并没有抛弃“应由败诉方承担罚金”的这种古老思想，我还是认为我的观点是站得住脚的。要注意的是，我并不是说诉讼罚金原则与程式诉讼**格格不入**，而是说这个原则在程式诉讼里已经不再像它在法定诉讼里那样依旧是一个**根本的**环节和**有机的**构造了。**与罚金格格不入**的其实是**程式**——我认为在这一点上，程式才是最关键的。因为除了那些模仿拘禁法定诉讼而创设的两倍罚金之诉，若要败诉方支付罚金，则原告必须**在外部**做出**某个特殊的行为**或是在主诉之外附加**某个特殊的诉**——誓金法定诉讼和拘禁法定诉讼**天然地**满足了这个条件，因为二者均**同时**包含了主诉和罚金。

229 撇开刚才提到的旧法残余不谈，在程式诉讼中，连罚金的严厉程度也大大地降低了。罚金数额变得比以前更少了（1/10、1/5、1/3以及 1/2），在任何情况下都不可能达到早期的两倍之多。另外，当事人也被允许自行决定罚金的数额，就跟在孳息竞价中一样，他们想定多高就定多高，甚至完全规避掉罚金也是可能的。例如，在确定金额借贷请求返还之诉中，他们可以不做出关于额外支付 1/3 数额的庄重允诺；又如，在关于已确定偿付日期金额之诉中，他们可以不做出关于额外支付 1/2 数额的庄重允诺（因为 Gaius 4，171 这个片段里写的是：当事人**被允许**做出庄重允诺）；再如，在令状诉讼中，他们可以选择“无风险程序”以排除“有风险程序”的适用（参见 Gaius 4，162－164）。此外，丝毫未被古代法所留意的**主观过错**要素也在程式诉讼里得到了一定的关注，至少在某些情形中是这样的。例如，被宣告无罪的被告若要向败诉的原告提起诬告之诉，他就必须证明对方的**主观不法**（参见 Gaius 4，178）；又如，在其他人都必须做出罚金允诺的情形中，作为被告的继承人、妇女以及被监护人仅需做出诬告宣誓就能脱身(参见 Gaius 4, 172)。

因此我认为,整个程式诉讼最初即起源于外事裁判官所创设的诉讼程序,[77]并且外事裁判官创设该程序的目的不在于别的,而就是希望自己为民族间的法律交往所开创的程序能被罗马人接纳——当然,前提是他们对这些程序做出一定的修正,以使其与古罗马的诉讼相接轨。如果我的观点是正确的,那么它同时也 230
就解释了为什么罗马晚期的诉讼形式对诉讼罚金采取了完全不同的态度。因为从根本上说,**罚金**与各民族间的交往格格不入。所以当外邦人实施市民法上的私犯行为时,外事裁判官才会不得不借助**拟制**来对其加以必要的惩罚(参见 Gaius 4, 37)。在外邦人可以在罗马提起的所有诉讼中,我们根本就找不到诉讼罚金的一丝身影,无论是在债法领域的诚信诉讼中,还是在所有权领域的通过请求程式进行的返还所有物之诉中,结果都是如此。正因如此,我相信以下说法是正确的:如果说法定诉讼最初是建立在**诉讼罚金**原则之上的,那么程式诉讼最初就是建立在**无诉讼罚金**原则之上的。对于前半句话,反对者不能拿前面说过的要求承审员法定诉讼和扣押法定诉讼缺少诉讼罚金的例子加以反驳;同样地,对于后半句话,反对者也不能拿上述仍存在诉讼罚金的个例加以反驳。因为以上提到的这些都是**例外情形**,而这些例外不能排除这两个诉讼体系在原则上存在这一对立的可能性。最后,我还想告诉您这样一件事:古典时期仍存在于程式诉讼中的所有诉讼罚金(我们必须把"过分请求"也算进去)在后来的优士丁尼法中都被废除了,甚至连那些毫无意义的残渣都不复存在了——然而您却还能在任何一本教科书里找到它们,比如在**安茨**的《学说

[77] 我准备在另一部作品里论证这一点。

汇纂教科书》里(**Arndts**, Lehrbuch der Pandekten § 252)。

好了,该结束了,我们的聊天目的已经达到了。通过这次闲
231 谈,您已经从另一个角度观察了古罗马的诉讼。另外还要再补充一句:跟我们目前的文献所能提供的视角相比,我们的这个视角是更富有教益的。假如我设想的目标已经实现,那么在回家的路上,您肯定还能回忆起这样一幅画面:尽管实力相差悬殊,但古罗马的穷人(或平民)还是为了自己的权利而去跟富人(或贵族)作斗争。我不确定自己会不会梦到这样的景象。在睡觉前,如果我再抽上一根法律史雪茄,那么我的梦里就会出现这样两幅景象:第一幅,穷人受到富人的迫害、追捕和剥削,在此过程中,法律还向富人伸出了援手;第二幅,帕皮利乌斯、瓦利乌斯、西利乌斯和卡普尔尼乌斯这四位护民官用他们的法律提案结束了这种状态。

除了对我的以上论述做一回顾总结,最后我还要展望一下未来。我预感,今后肯定会有人攻击我的观点,这种进攻也许会体现为博士论文的形式。这篇论文的题目或许会是“Refutata Jheringii opinio asserentis aliam fuisse in legis actionibus conditionem pauperum quam divitum”(反驳耶林的这一观点:在法定诉讼中,穷人的诉讼条件跟富人的不一样)。[44] 如果这位作者想用德语来写,那么我会建议他用这个题目:“所谓法定诉讼中的**富豪**倾向之根源——由董更多[45]博士证明”。因为我用过的“古罗马民事诉讼法上的贫富有别”他已经不能再用了。如果他采纳了我建议的这个题目,那他的论文就很有学术范儿了;并且,这样一个题目甚至可

---

[44] 这个拉丁文的博士论文题目其实是耶林自己编造的。——译者注

[45] 这一德语人名的原文为“Weißesbesser”,是耶林根据德语的构词法生造出来的。该词由“weiß”(知道)、“es”(这个东西或这件事)以及“besser”(更多、更好)这三个词组成,字面含义是“在这件事上知道得更多的人”,即“懂得更多的人”。在中国的常见姓氏里,“董”和“懂”同音,故将该姓氏译作“董更多”。——译者注

以被法学院拿来当悬赏征文的题目。您肯定得承认这是个好题目,因为它胜在新颖。众所周知,大多数博士论文都没有这样的优点。可惜我已经写完我的博士论文了！对于这样一个毫无法源依据的观点,我也多么想去反驳一下啊！这难道还不简单吗?我只需要说它没有法源依据就可以了,因为在法源里找不到的, 232
就都是瞎想出来的。在当前的情形里正是如此,这种观点是靠了法律史雪茄才被想出来的。对此,我只能这样来安慰自己:即使我不再有能力写出一篇博士论文,但我至少还可以给别人提供点有用的素材;即使我的新观点没法被人接受,但至少有**一件事**是确定无疑的,即我的观点肯定会遭到反驳——否则,那些没有自己观点的人要靠什么活下去呢?

补遗之一　誓金诉讼的起源;神判 385

自本书首版以来,我对誓金诉讼的起源有了新的看法,下面我就来跟您聊聊。之前我是从这样一个事实出发的:"sacramentum"(誓金)这个名称毫无疑问地表明了它是一笔寄存在祭司处的赌金,并且被用于宗教目的。[46] 也就是说,誓金最初是和宗教有关的。基于这个事实,我曾经以为它最初可能是借助了誓言才得以形成的,〔78〕但是后来我又收回了这个观点,〔79〕并且认

---

[46] "sacramentum"这个拉丁文单词是由"sacra"(祭祀、圣事)和表示"手段、工具"的后缀"-mentum"组成,因此从构词法上看,该词原本的字面含义即为"用于祭祀或圣事的东西",故耶林有此说。——译者注

〔78〕 参见我在《罗马法的精神》第1卷第1版里的论述:Geist des röm. Rechts Band I, Aufl. 1 (1852), S. 262 ff.

〔79〕 参见我在《罗马法的精神》第1卷第2版里的论述:Geist des röm. Rechts Band I, Aufl. 2 (1866), S. 297.在后续的版本中,我也始终持这一看法。 386

为誓金的起源只可能是这样的:作为古代的经师(Schriftgelehrte),祭司的主要职责就是对法律难题做出裁决,因此,誓金就是一笔需要交给宗教基金的判决费用。当时我以为,誓金在宗教方面的意义就在于,当祭司因处理法律事务而无暇顾及神明事务时,它可以用来弥补神明。现在,我认为这样的看法同样是不妥当的,理由如下:第一,在这一观点看来,誓金在宗教方面仅有上述这种微乎其微的意义,因为它的成立必须基于这样一种偶然情形,即负责裁判的审判员恰好同时也是一名祭司。第二,当争议标的值1000阿斯时,誓金的数额为500阿斯,假如誓金是判决费用,那这500阿斯对判决费用来说也太高了点。请您想想,原本需要被当成罚金支付的牛和羊也只是被规定为相当于100阿斯和10阿斯,打断自由人一骨只需赔偿300阿斯,打断奴隶一骨则只要赔150阿斯,侵辱和砍伐树木的罚金甚至只有25阿斯。所以,我们很难想象判决费用会被规定为500阿斯。我相信,对于这个我尝试了两次但都以失败而告终的谜题,现在我终于找到它的谜底了:**誓金诉讼取代的是原始时代的神判,誓金的性质是一种补偿费,是罗马人用于换取神明裁判权的一笔钱**。换言之,誓金诉讼是**以金钱补偿**(**luere in aere**)取代了**以身体补偿**(**luere in corpore**)。

神判是古雅利安人的一种制度。在雅利安民族的所有分支里,也就是后来从雅利安人中分裂出来的印度人、伊朗人和印欧人那里都有关于神判的记载。[80] 尽管神判在四个印欧民族(希腊人、凯尔特人、日耳曼人和斯拉夫人)那里被保留了很长时间,

---

〔80〕 参见**凯莱吉**极具启发性的研究:**A. Krägi**, Alter und Herkunft der germanischen Gottesurteile, in der Festschrift zur Begrüßung der XXXIX. Versammlung
387 deutscher Philologen und Schulmänner in Zürich, Septbr. 1887.

但是在罗马人这里，它却在史前时代就被抛弃了。[81] 罗马人的这一壮举配得上他们法律民族的身份，在罗马人创造的辉煌业绩中，这个壮举占据了一席之地，因为它不仅是跟过去的一刀两断——否则罗马人就要继续担惊受怕下去了——而且更重要的是，它还废除了一个具有**宗教性质的**制度，这真是堪比赫拉克勒斯在摇篮里所完成的壮举啊！[47] "神判是无用的"——一个民族要多么相信这一点才能迈出这样的一步啊！在此之前，司法裁判一直都具有神圣性，而罗马人这么做就是要将司法裁判去神圣化，这正是对神法的侵犯。那么，作为神法代理人的祭司又怎么会同意他们这么做呢？

答案是：神明所拥有的裁判权不是被简单地**废除**了，而是被**取代**了，但罗马人不是一次性就取代了整个神判权，而是分多次才取代完的。誓金的目的就在于此。败诉方需要缴纳的誓金曾体现为献祭牲畜的形式：当争议标的的价值为 1000 阿斯或在 388
1000 阿斯以上时，败诉方需要献上五头牛；当争议标的的价值为 500 阿斯或在 500 阿斯以下时，败诉方则需要献上五只羊。这样一来，神明的状况就要比那些在神判中遭受了损失的败诉方更好了。从费斯图斯的著作里我们可以知道，在罗马的某一个时期，

---

[81] **凯莱吉**从阿克隆（Akron）的著作中摘引了这样一个事实：为了洗刷奴隶的盗窃嫌疑，罗马人会对其适用圣餐验罪法。但这一事实充其量只能证明罗马在较晚的时期存在这样一种民族习俗，而这种习俗要归因于罗马民族与其他民族的接触，罗马人只是从这些民族那里借鉴了这样的做法。

[47] 赫拉克勒斯（古希腊语：Ηρακλής，德语：Herkules），古希腊神话中的大力神。赫拉克勒斯在摇篮里吮吸了天后赫拉的乳汁，因此摆脱了凡胎，力大无比，后来完成了"十二大功"。——译者注

罗马人缺少了献祭牲畜，而“sacramentum”正好出现在这个时期。〔82〕 然而在费斯图斯看来，这并不意味着“sacramentum”在一开始就取代了献祭牲畜，而是意味着“sacramentum”这个名称被用到了那笔取代献祭牲畜的金钱上。但这样还是完全无法解释这一语言学事实与献祭牲畜消失之间所具备的联系，它肯定另有原因，只不过费斯图斯也还没找到罢了。在他能接触到的原始文献中，他找到的记载是：在缺少献祭牲畜的地方出现了“sacramentum”。接着，他就用刚才的方式解释了其中的联系，也就是用**语言学的**方式解释了**法律上的**联系。

在誓金诉讼中，献祭牲畜为什么会被叫成“sacramentum”？难道只是因为它被用于献祭？假如是这样，那么献祭牲畜在任何时候都应该叫这个名字。但是众所周知，事实并非如此。那么，为什么只有在誓金诉讼里，献祭牲畜才被叫成“sacramentum”？

显然，这个问题只能和誓金诉讼本身有关。誓金诉讼的基础肯定是宗教，这个特征使它区别于其他的诉讼程序。但是如果只
389 看《盖尤斯法学阶梯》，我们是发现不了这种特征的。因为按照盖尤斯的说法，誓金诉讼是一种世俗的诉讼形式，跟所有其他的诉讼形式一样。所以，我们只有在誓金诉讼的史前史里才能发现它的这一宗教特征：**誓金诉讼肯定是取代了原始时代的某个宗教程序**。根据史料记载，神判这种宗教程序曾出现在所有的印欧民族那里，却唯独没有出现在罗马人这里。它去了哪里？被罗马人彻底废除了？这可不符合罗马人的做事风格，因为他们从来不会跟

---

〔82〕 Fest, p. 344：“誓金最初是指一笔钱，由于罗马人要举行**很多祭祀**但又**缺钱**，所以誓金就被用于神事（sacramenti autem nomine id aes dici coeptum est quod et propter **aerarii inopiam** et sacrorum **publicorum multitudinem** consumebatur id in rebus divinis）。”

过去彻底地决裂，在他们这里，新制度和旧制度之间总是一脉相承的。难道对于这样一个沿用了四千年之久的神判制度，他们就会一反常态？只有不了解罗马人的人才会持肯定回答。因此，唯一的可能就只剩下：神判应该是被罗马人用另一种程序给**取代**了，而这种程序正是誓金诉讼。誓金诉讼的革新之处并不在于剥夺了神明迄今为止所拥有的司法裁判权，相反，在这一诉讼形式中，神明**原则上**仍拥有裁判权，只不过在某些情形中，罗马人用献祭给他们的牲畜**换取**了这一裁判权。

这就解释了，为什么只有在誓金诉讼里的献祭牲畜才被叫成“sacramentum”。因为在这种场合下献祭牲畜有着极为特殊的目的，而这样一种目的是所有其他献祭牲畜都不具备的，即对于**神明**来说，“sacramentum”是对它们不行使裁判权的补偿；对于**当事人**来说，“sacramentum”则是对他们的财产惩罚，用以取代他们原本在神判里败诉后所要遭受的人身处罚，即誓金是以财产补偿（luere in bonis）取代了身体补偿。此外，这也解释了为什么誓金的数额会这么大（起初是五头牛，后来是 500 阿斯），把它说成判决费用是行不通的（第 386 页）。但如果把誓金理解成对神明的 390
补偿，那么它的数额巨大也就理所当然了。只要回想一下当事人在火审（和水审，见下文）时将要面临多大的危险，我们就会明白誓金为什么会被定得这么高了。这样一来，500 阿斯的誓金跟 300 阿斯的骨折赔偿在表面上的不成比例也就得到了很好的解释。

在誓金诉讼里，在寄存的对象从最初的牲畜转变为金钱之后（一头牛 = 100 阿斯，一只羊 = 10 阿斯，即较高的誓金数额为 500 阿斯，较低的誓金数额为 50 阿斯），在诉讼开始前的誓金寄存制度被诉讼结束时才需支付誓金的制度所取代之后，收取誓金的任务就被委托给了一个独立的机构，也就是三人**死刑**审判庭。为什么不把这个任务交给财务官?毕竟财务官是负责追收所有其他罚金的。为什么要为收取誓金单独设置一个特殊的机构?为什么这个机构的职能仅仅是收取誓金,而不包括追收其他类型的罚金?“收取**金钱**”的职能要怎么才能对得上这一机构的名称——“三人**死刑**审判庭”以及该机构的其他职能?

学界迄今为止都没有提出过这样的问题,更遑论对它们作出解答了。所以,现在我们面对的正是一个法律史之谜。尽管如此,它的谜底其实已经隐藏在上文的论述之中了。神判里就包含了判处死刑的原因(causa capitalis),这个程序就是事关生死的!这就是这笔取代了**人身**惩罚的誓金要由三人**死刑**审判庭来追收的原因,这就是该机构的职能仅仅局限于追收**这种**金钱的原因。换言之,这个机构之所以被这样命名,是因为当时的罗马人还带
391 有对原始时代神判的记忆。当这些罗马人赋予该机构收取誓金的职能时,他们关于神判的记忆一定还是非常鲜活的,要不然他们肯定会让财务官来负责这件事。

难道这些语言方面的记忆不应该被保留下来吗?假如神判还继续存活在誓金诉讼里,那么最有可能发生的就是,它会把自己用至当时的名称转用到后面这个新程序上。这就跟“请求返还之诉”这一程式诉讼取代“请求返还法定诉讼”过程中所发生的情况一样,即新程序沿用了旧程序的名称。在当前的情形中,所有的证据也都支持了这一假设,即在誓金法定诉讼中,“sacramentum”(誓金)这个名称也跟“condictio”(请求返还)的情况一样,它不是到后来才出现的,而是从神判那里借来的。

众所周知,“sacramentum”这个词在拉丁语里还有另一种意思,即“誓言”。这个意义上的“sacramentum”不也跟神判有关吗?索福克勒斯在论述英雄时代的古希腊人时同样向我们证明了神

判和誓言之间的关联,因此这一点是毫无疑问的。在《安提戈涅》中,他让守卫说出了下面几句话(该剧第265行及以下):

我们准备手举**红铁**,
身穿火焰,**凭天神起誓**:
我们没有做过这件事。[48]

从这几句话里可以看出,神判在古希腊人那里似乎是对某个事先所发出的誓言内容为真的确认。如果用我们今天的法律术语来说,神判就是对某个**无罪起誓**内容为真的确认。所以,我之前的推测并不是完全错误的,誓金诉讼和誓言之间的确存在某种关联;相反,我只是在这一点上错了,也就是我先前以为,誓言只 392
跟誓金诉讼有关,但实际上,正确的观点应该是:誓言与誓金诉讼之前的形式有关。

据我所知,在其余三个仍保留了神判的印欧民族当中,只有在日耳曼人那里出现了誓言制度,而这种制度在凯尔特人和斯拉夫人那儿是不存在的。日耳曼人在以下两种情形中适用誓言制度:第一,当事人在由决斗所引发的神判里必须发誓(它仍被保留于“《萨克森明镜》1, 63”这个法条里);第二,根据弗里斯兰人的法律(lex Frisionum 4, § 8, 9),当事人因犯有被当场发现的盗窃行为(相当于罗马人的现行盗窃)而受沸水审时也必须发誓(见下文)。在这些情形中,当事人双方均应发誓,然后由神判来证明其誓言的真实性。在古雅利安人的法律里是没有决斗的,它只规定了火审和水审(见下文),但这一事实并不能证明该法里同样不存

[48] 中译文引自[古希腊]索福克勒斯:《安提戈涅》,罗念生译,载《罗念生全集·第3卷》,上海人民出版社2016年版,第29页。——译者注

在誓言。所以我们有理由得出这样的结论：当日耳曼人将决斗规定为第三种验罪方法时（这种情况在史前时期就发生了，参见Vellej. Pat. II 118："通常是**靠武力**来定分止争的"［solita **armis** discerni］），出现在前两种方法中的誓言也被运用到决斗里了。在日耳曼人被基督教同化的过程中，誓言的地位变得很尴尬，因为比起鼓励发誓，基督教会更倾向于压制誓言，这就像沸水审里的誓言在弗里斯兰人的法律里所遇到的情况一样。因此我们看到了，当事人应当在神判中发誓是印欧人原始时代的一项制度。那么，为什么凯尔特人和斯拉夫人没有关于誓言的记载呢？以及，为什么大多数日耳曼民族的法律在描述火审和水审的仪式时都没有提到誓言呢？原因只可能有二：要么是因为在当时，誓言早已人尽皆知，所以根本就不需要法律去提；要么是因为基督教会把它给废除了。但无论如何，索福克勒斯所写的这几句话已经足
393 以证明，在史前时期的神判里，发誓是一种普遍现象。

正因如此，上文才说史前时期的神判是**对所发誓言内容为真的确认**。因此，神判的基本思想并不是要召唤神明来对人类无法查清的案件做出裁判，它并不是人类因认识能力的不足而陷入绝境时的避难所；相反，是当事人在神明面前发出誓言才致使神明前来干预。此时，神明不仅要对案件本身做出**哪方有理**的裁判，而且要对当事人所发的誓言做出**是否属实**的裁判。对于这些问题，只有神明才有裁判权，并且它们的裁判结果是根据当事人的验罪结果而做出的：如果当事人发的是真誓，那么他就通过了神明的考验；如果他发的是假誓，那么就无法通过。神明是公正的，它们会保护无辜的人，连烧红的铁块都无法伤其分毫；只有有罪的人才会在此过程中受伤，他所遭受的痛苦和伤害正是神明对他发假誓的报复。

这么一来，也就是当神判和誓言相结合之后，神判才获得了

令人满意的形式。这不仅解释了为什么要在神判中召唤神明，因为只有它们才能对誓言的真假做出裁判；而且也解释了为什么经不住考验的人要受这么大的罪，因为这是对他发假誓的应有惩罚，[83]而不可能是当事人因败诉所要遭受的惩罚——对单纯的 394
败诉来说，这样的惩罚显然是太重了。此外，这也就意外解释了誓金诉讼为什么会有这样的判决用语，因为众所周知，它不像其他已有的判决形式那样用的是“开释”或“判罚”，而是在应当开释的情形中使用了“sacramentum justum esse”（誓言是合法的）的表述，在应当判罚的情形中使用了“sacramentum injustum esse”（誓言是不合法的）的表述。为什么在誓金诉讼的判决中要用这种间接的表述，而不是用“开释”或“判罚”这类直接的表述？对于这个问题，我曾四处寻找答案而不得；但根据上文的论述，现在我已经找到了答案：在神判中，神明所面对的问题不是哪一方有理，而是当事人所发的誓言到底是真是假，即“**sacramentum justum an injustum esse**”（**誓言是真的或是假的**）。而当誓言和神判被誓金诉讼所取代之后，这个问题的表达方式以及与之相关的判决用语也就一并被誓金诉讼沿袭。因此，誓金诉讼的间接判决形式不过就是此前神判里誓言的残余。

当事人在神判里发誓并不是在做一个简单的判断，而是在**表明自己无罪**。如果用我们今天的话来说，针对原告所提出的指控，被告就是用发誓的方式来洗刷自己的罪责的。也就是说，不

---

〔83〕 在 Gaius 4, 13 这个不完整的片段中，有一句话里只有“falsi”这个词可以被辨认出来，胡施克将其补充为“falsi**loquo propter jurisjurandum** periculosa erat”（**在发誓时说假话**是有危险的）。但是，紧跟在“falsi”之后的那几个词是否就是胡施克所认为的那样涉及“发假誓”，我是持怀疑态度的。盖尤斯在这句话中将“誓金”和“不真实”联系了起来，很显然，他想说的肯定是关于“不真实”的罚金；又因为他在任何地方都没有提到“发誓”，所以他所谓的“不真实”只能是对当事人双方的**主张**而言的。

395 是原告为了证明自己的请求成立而要求被告发誓的,[84] 而是被告为了使原告的指控无效才**主动起誓**的。假如面对任何指控,被告都必须做无罪起誓,并因此将自己置于无罪的考验之中,那么即便是品行绝佳、德高望重的人也会随时面临危险,因为任何一个想要对他不利的人都在掌握着他的身体、生命和名誉;假如是这样,那么任何人都可以将他人置于这样的境地,神判将会无休无止,谎言、恶行和复仇欲将会横行无忌——这简直就是无法无天!为了避免出现这一危险,我们需要一个这样的保障措施:指
396 控他人的人必须证明能够支持该指控的事实,无论是间接证据还是证人的口供。为了反对原告所提供的证据,被告主动发誓以证清白——他召唤神明作为自己的证人,并服从神明根据验罪结果所作的裁判。在索福克勒斯的《安提戈涅》中所发生的正是这样的一幕:尸体丢失的这个事实已经**证明**了守卫的疏忽,所以他们才要向天神起誓,以证自己的清白。

---

[84] 在上文(第 392 页)提到的日耳曼法中,有两种情况是原告也要发誓的,我认为这是对神判基本思想的一种背离,在下文的论述过程中,我会给出支持这一看法的论据。从实践层面看,在决斗中,这一革新至少还是可执行的,因为决斗双方只有一个人能够胜出;但是在沸水审之中,让原告也发誓的做法就是十分令人费解的,因为假如双方的手都被烫伤了,那这个案子还怎么判呢?此时,诉讼就会因判决无法做出而终止,原因是双方都发了假誓:原告发誓说被告偷了他的东西是假的,被告发誓说他自己没有偷也是假的。或许,只有祭司的药膏才能避免发生这个荒唐的结局——他认为哪一方的誓言为真,就把药膏涂在他的手上。此外我们还知道,败诉方还需缴纳 60 个金币,因此假如原告也要发誓,那么双方都要缴纳这 60 个金币。在这种前提下,谁还敢对现行盗窃犯提起诉讼?依我看,此时的盗窃之诉跟《十二表法》里的"应[把债务人]切成块"有得一拼(关于"切成块",参见本书第二部分第四幕),我们应该管它叫"法律里的圈套",而立法者设置这个圈套的目的其实是希望不要有人掉进去。这可是 60 个金币啊!请想象一下这是多大的一笔钱,另外还要加上受伤的手和他人的嘲笑。仅仅是起诉拿回现行盗窃犯手里的东西就要付出这样的代价,谁还敢这么做啊?盗窃之诉在告诉你:"**不要**起诉,冷静一下,你好歹还有别的东西呢!"

因此在这个意义上,当事人在神判中所发的誓是表明自己无罪的起誓,它的功能在于借助神明来洗刷掉被告身上的罪责,也就是使对方的证据无效。因为这个罪责的标签是作为人类的原告贴到被告身上的,而能够判断出它是真是假的就只有那些神明了。然而——这一点对于正确理解神判的意义而言非常重要——作为人类的原被告所开启的诉讼程序与终结这一争议的神判程序并不是**同一个**程序的前后两个阶段,相反,在被告被判刑时,第一个程序就已经结束了,神判开启的是第二个程序,在这个新的程序中,被判刑的被告向神明提起申诉。质言之,神判不是**一审**程序的裁判,而是**再审**程序的裁判。对此,一个极为有力的证据是誓金诉讼里的庄重套语"**provocare** sacramento"(Gaius 4, 16 的原文写的是:"D. aeris sacramento te **provoco**"[我要用500阿斯的誓金向你**提出挑战**])。尽管这个措辞本该引起反思,但是它却一直被学界所忽视。在古代法上,"provocare"是一个提起申诉时的专门术语。当事人若要对王的刑事判决、由王任命的负责判处危害国家罪的二人审判庭的刑事判决(Liv., I 26:"如果[他]对二人审判庭[的判决]提出申诉,那么[他]就是以申诉的方式为自己辩护"[si a duumviris provocaverit, provocatione certato])以及执法官的刑事判决向人民申诉,那么他就会使用这样的表述。因此,既然这个词也被用在了誓金诉讼中,那么这也 397
就证明了,它是作为一种**申诉程序**而被引入的。也只有当神判在原始时代被视为一种申诉程序,后来才会出现我所描述的这种誓金诉讼与神判的关系。据此,"provocare sacramento"在原始时代即意味着以起誓的方式**向神明提出申诉**。当罗马人用誓金诉讼取代神判时,他们也像保留"sacramentum justum, injustum esse"(誓言是真的或是假的)一样保留了这种用法。

尽管“provocare”这个词在后来的使用中又有了一个朴素的新含义,即“提出要求”,甚至连法学家们也都是在这个意义上使用这个词的(Gaius 4, 93 和 Gaius 4, 165 里的原文是:“provocare sponsione”[以庄重允诺的方式提出挑战]),但是在**套语**中,它从未在这个意义上被使用过,至少我们肯定不能把**古代**法里的这个词理解为这种不精确的含义。既然我们希望将誓金诉讼定性为申诉程序,而它自己又无法给我们提供任何线索,那么我们就只能到在它之前出现的诉讼程序里寻找解释了。“**provocare** sacramento”(以发誓的方式**提出申诉**)就跟“**sacramentum**”(**誓言**)、“sacramentum **justum**, **injustum** esse”(誓言是**真的**或是**假的**)以及“triumviri **capitales**”(三人**死刑**审判庭)这些表述一样来自神判时代。

在我看来,与上文提到的洗刷罪责观念相关的是原始时代只存在**火审**和**水审**这一事实。圣餐和决斗是后来才出现的验罪方法,在雅利安人那里还找不到它们的踪影。为什么当时的验罪法只有火审和水审?为什么雅利安人偏偏选择了这两种验罪法?有人可能会说:“好狂妄的一个问题啊!我们怎么可能查明古雅
398 利安人在选择验罪法时的指导思想呢?”然而在我看来,答案却是显而易见的。他们的指导思想显然不是验罪法的**危险性**,因为只有火审才具有危险性,而水审是没有危险性的。在水审中,被控诉者无论经不经得住考验,都不会面临任何危险(见下文)。假如危险性是选择标准,那么他们除选择火审之外,一定还会选择另一种比水审更具危险性的验罪法。所以,这两种验罪法的共同点肯定在别处。只要我们看到火审和水审对验罪法的目的而言所具有的意义,我们就能找到这个共同点了。验罪法的目的在于验明被控诉者是无罪的,也就是**清白的,而水和火正是两种纯洁的**

元素,从它们对待被控诉者的态度中可以看出他是否真的是**清白的**。[49]

水审的操作方式是把被告扔进水里:如果他沉到水底,那么就认定他无罪(前提当然是他马上就会被捞上来,否则他即使无罪也肯定会淹死);如果他没有沉下去,那么就认定他有罪。好奇怪啊!我们本来还以为,沉到水底才是有罪,浮在水面才是无罪!"沉下去"一定是有罪的证据,"浮上来"一定是无罪的证据,因为有罪之人才应该沉到水底淹死,无罪之人才应该浮在水面上毫发未损。但事实恰恰跟这一看似理所当然的观念相反,正因如此,上述关于水的意义的结论才站得住脚:纯洁的水会把清白之人**纳入自身之中**,与其和谐共处;但是不清白之人却会弄脏纯洁的水,因此水是无法忍受他待在自身之中的,于是就把他**抛了出去**。

火审则有不同的类型。沸水审也是火审的一种,但此前学界 399
却一直误以为它属于水审。〔85〕火审和水审的基本思想是相同的:火和水一样,也受不了任何的不净。只有不清白之人的伤口才会在烧伤和烫伤之后腐烂,清白之人是不会被火所伤的,因为他并没有沾染不净,所以用不着火来清除。

因此,这两种验罪法都遵循了神判的基本思想:**检验被控诉者是否清白**。同时,它们还支持了我上文的观点:**发誓**是在表明自己**无罪**。无罪起誓以及通过水和火这两种纯洁的元素对此加以验证,这两者都是同一个程序的组成部分,它们互为依托、殊途同归,均旨在证明**被告的清白**。

那么,什么时候要用火审,什么时候又要用水审呢?对此我们一无所知。但我认为一定存在固定的适用规则,因为假如没有

---

[49] 在德语里,"纯洁的"和"清白的"均为同一个词"rein"。——译者注

〔85〕 **Krägi**, S. 52.

固定的适用规则，假如**被告**有权选择验罪方式，那么他当然总是会选择水审，因为水审至少不会给他带来任何不利，除非他自己提不出反证。同理，选择适用何种验罪方式的权利同样不能由**原告**来行使，因为假如这样，他一定总是会选择火审。此外，这一选择权同样不能交给**法官**或者**祭司**，因为他们是共同参与神判的人，假如他们有权选择何种验罪方式，那么他们就能掌握被告的命运了：如果他们想对他好，就会选择水审；如果他们不想对他
400 好，就会选择火审。所以，关于何时适用火审、何时适用水审以及何时应适用何种火审，肯定都存在固定的规则。实际上，这样的规则我们也是能够从文献里找到的。从日耳曼人的法源里我们可以得知，在沸水审之中存在一种“习惯的测量方式”（mos solitus mensurae）。在“**一重**诉讼”中，被告只要把手伸到沸水没过手腕的深度就能取到滚烫的石块；而在“**三重**诉讼”中，被告则必须把手伸到沸水没过手肘的深度才能取到石块。[86] 在盎格鲁-萨克逊法关于烧红铁块的规定里同样存在类似的区别：在“**一重**诉讼”中，被告只需要拿一个一磅重的铁块；而在“**三重**诉讼”中，他则必须拿一个三磅重的铁块（in **simplo** unum pondus, in **triplo** tria）。[87] 因此，这就证明了**诉讼的不同类型**是决定**各验罪法**于何时适用的关键。因为，既然不同的诉可以决定同一种验罪法**内部的**适用强度，那么举**重**以明**轻**，它当然也可以决定在什么时候该适用**哪一种**验罪法了。

现在让我们来看看，火审和水审到誓金诉讼里都变成了什么样子。

就誓金的数额而言，火审对应的是五头牛（500 阿斯），水审

〔86〕 **Krägi**, S. 52.

〔87〕 **Krägi**, S. 46.

对应的则是五只羊（50 阿斯）。这就解释了：

1.为什么在誓金诉讼里只有**两种誓金数额**。学界迄今为止都没有注意到这里是有问题的，尽管这一点本该被察觉到，因为这种只规定两种数额的做法跟罗马法上的其他情形是存在明显矛盾的，这是一种独一无二的现象。在古代法乃至晚期法的各处，如果罚金是以争议标的的价值为基础的，那么它通常是**按比例**来确定的，有 401
时是标的价值的**几倍**，[88]有时则是标的价值的**几分之一**。[89]只有在誓金诉讼中，尽管誓金也是以争议标的的价值为基础的，但它的数额大小却不是按比例确定的，而是按抽象的标准来确定的：50 阿斯和 500 阿斯。为什么会这样？因为誓金的目的是替代神判中的验罪法，所以**两种验罪法就对应了两种誓金数额**。假如“标的价值”是决定性因素，那么无论在什么场合下，誓金都应该按比例确定。然而事实并非如此，具有决定性的其实是“誓金取代验罪法”这一观念。正因如此，在没那么危险的水审中，誓金的数额才更低，而在更加危险的火审中，誓金的数额则更高。争议标的的价值只能用来确定在什么时候该适用哪一种誓金数额。

2.这两种誓金数额之间为什么会存在如此巨大的差异。五只羊（50 阿斯）的价值是五头牛（500 阿斯）的 **1/10**。既然要给誓金规定固定的数额，那么为什么不以标的价值为标准规定不同的誓金等级呢？例如，可以规定每个誓金等级之间差 100 阿斯或是 250 阿斯。我们只要想象一下这两种非此即彼的誓金数额在个案

---

〔88〕 在现行盗窃和胁迫之诉中，罚金是标的价值的四倍；在查获盗窃、转移盗窃和暴力抢劫之诉中，罚金是标的价值的四倍；在非现行盗窃中，罚金是标的价值的两倍；在返还两倍孳息之诉、追夺之诉以及拘禁法定诉讼中，“在出现争议的地方，罚金就要涨到两倍”（ubi lis crescit in duplum）。

〔89〕 在已确定偿付日期金额之诉中，罚金是标的价值的 1/2；在请求返还特定物之诉中，罚金是标的价值的 1/3；在诬告之诉或者反诉中，罚金是标的价值的 1/5 或 1/10（参见 Gaius 4，175 和 Gaius 4，177）。

402 中会导致什么样的后果,就能理解这背后有着多么强大的理由,否则罗马人是肯定不会这么做的。如果返还所有物之诉的对象是一只羊,那么誓金的数额就是它的五倍;如果是价值为 950 阿斯的一块地,那么誓金的数额就是它的 1/19。但如果这块地的价值为 1000 阿斯,那么誓金的数额就是它的 1/2;如果遗产的价值为 50,000 阿斯,那么誓金的数额就只有其 1%了。这样的结果多么不合理啊!誓金的数额和标的的价值多么不合比例啊!一个像罗马那样具有健全实践意识的民族怎么会有这样的想法呢?假如他们在这件事上还有得选,他们肯定是不会这么做的。然而,罗马人在这件事上恰恰没得选,因为既然誓金是取代验罪法的,那么有多少种验罪法也就有多少种誓金数额——验罪法有两种,誓金数额也就只有两种。无论把誓金定得是高是低,他们必须保有两种誓金数额。神明享有神判权,因此,当祭司同意当事人用献祭牲畜来取代神判权的时候,他其实是在维护神明的这一权利。假如说他们完全没有考虑神明的权利,那么我们根本就无法理解,罗马人为什么会采用这样一种跟出自他们之手的所有其他制度都那么不协调的制度。

3.为什么取代了水审的誓金**数额较小**,取代了火审的誓金**数额较大**。这一点跟它们的危险程度有关。只要想想在《十二表法》里"打断一骨"才要赔 300 阿斯,我们就必须承认,取代了火审的 500 阿斯的确是太高了;对于取代了水审的誓金数额来说,结论也是一样的。因为祭司们要确保神明不会在神判权被取代时有所损失。

这样一来,不仅誓金数额的双重性以及这两种数额之间的悬殊
403 差距以一种令人满意的方式嵌入了我所揭示的历史关联之中,而且
我还相信,我已经在其中找到了支持我上述观点的绝佳论据。

至此，可能引起质疑的就只剩下这一点了：在神判中，只有被告需要经受验罪法的考验，原告是不需要的；而在誓金诉讼中，原被告的地位是完全相同的，双方都必须寄存誓金。用法律术语来说就是：神判是一种**单方**程序，而誓金诉讼是一种**双方**程序。二者的差异如此明显，以至于人们不可能想到后者是对前者的模仿，甚至根本不可能把二者联系在一起。

之前（第395页）我已经对双方在神判中的证明义务做过论述，这一论述能够消除以上质疑。实际上，即使在神判的时代里，需要提供证据的也不仅仅是被告一方，而是原被告双方；只有当原告提出他这一方的证据时，被告才需要借助神判来使这一证据无效。因此在这个意义上，我们同样可以将神判定性为双方程序：双方要做的事是完全一样的，只不过被告提出的反证跟原告提出的证据在性质上不一样罢了。随着神判的废除，这一举证的区别也随之消失，从此以后，双方的证明方式变得完全一样了。因此，在原告提出证据之后被告才能以一种特殊程序的形式提出反证的强制做法到后来也就不存在了，此时只需要一个程序就够了。这个程序的基本思想是双方的完全平等，双方都是原告和被告（即**双重**诉讼），双方必须**同时**、**同等**地（用相同的证明方式）证 404
明各自的主张，双方都必须投入相同的赌金，而无论是哪一方败诉，他都将失去这笔钱。最后这一点是有点奇怪的，因为如果说誓金的目的是取代验罪法，那么为何要让原告来承担这一誓金责任呢？毕竟原告是不需要经受验罪法考验的呀！答案是显而易见的：假如只有被告需要寄存誓金，那么在他被开释的情形中，神明就会遭受损失。所以，无论如何都要确保神明拿到这笔钱，因为它们就是为了这笔钱才不行使自己的裁判权的。换言之，必须确保无论是哪一方败诉，神明都能获得这笔钱。此外，尽管原告在先于神判的那个程序中不需要经受验罪法的考验,但他在该程序中也的确要承担其他的义务,也就是在神判开始之前,他必须先证明自己的主张。而到了誓金诉讼中,即使原告**没有证据证明**自己的主张,他的起诉也会被受理:如果他在诉讼中证明了自己的主张,那么他就跟在先前的程序中一样不会遭受不利;如果不能证明,那么此时的结果不仅是公平的——因为原告所遭受的不利就跟被告在相同情况下要遭受的一样了——而且这也有利于保护被告的利益,因为这一程序无疑确保了他不会因为一些根本不成立的请求而被起诉,否则即使在败诉的情况下原告也不会有任何损失,而被告却有失去誓金的风险,这就跟假如原告在以前的程序中不用证明自己的主张就能把被告置于神判的境地差不多。所以,原告要寄存的誓金其实是他换取新程序中有利之处的代价。因为在神判中,他必须先**证明**自己的主张才能将被告置于这样的境地,而在誓金诉讼里,他**无需证明**自己的主张就可以将被告置于**同样的境地**。

405 我的论述到此结束。现在,我想请读者自己思考一下要不要接受我的观点。我没有为其提供直接的证据,它不过是一种假设。谁要是想彻底拒绝这个假设,就必须把它驳倒。对于那些有判断力的读者,我是用不着担心他们会来反驳我的。我们知道,在法庭查明事实的过程中,间接证据也具有一定的证明力,因此同理,在探究历史真相的过程中,假设也有这样的资格,我们可以把假设称为历史研究中的**间接**证据。与试图直接证明事实的**直接**证据不同,**间接**证据试图从既定事实中推断出待证事实。无论是证据法里的间接证据还是历史研究中的间接证据,它们所推出的结论都必须具备说服力。也就是说,只有当某个事实能够推出待证事实,并且除此之外不存在其他可能性的时候,它才能成为间接证据。一个没能排除掉其他可能性的假设只能为我们提供其中一种**可能性**,但即便如此,这样一个假设在科学上仍是有价值的,因为它拓展了视野,并为研究开辟了新道路;而一个排除了其他可能性的假设所证明的事实才是**真实的**,它和直接证据有着相同的效果。

我认为,我提出的这个假设是属于第二种类型的假设。最后,请允许我总结一下支持这一假设的关键性理由,这些理由分为两个方面。

一是**语言方面**的理由。

1.献祭牲畜只有在誓金诉讼中才会被叫成“**sacramentum”(誓金),**在其他情况下则不叫这个名字,这说明该词最初不是用于指称献祭牲畜,而是到了后来才转用于献祭牲畜的。这个词的 406
另外一种含义是“誓言”。由此得出的结论是:誓金诉讼肯定同誓言有关。

2.誓金诉讼的判决用语是“sacramentum **justum**, **injustum** esse”(誓言是**真的**或是**假的**)。这种表述恰好符合誓言和神判,因为神判涉及的就是对当事人誓言真假的判断。但这种表述却不符合旨在实现某种请求的诉讼程序,因为这类程序的判决用语只可能是“开释”或者“判罚”。

3.“sacramento te **provoco**”(以发誓的方式对你**提出申诉**)这个套语用在誓金诉讼程序里是莫名其妙的,只有将它和神判联系起来,它才是可以理解的。实际上这应该是一个申诉程序,但后来被誓金诉讼给取代了。

4.“triumviri **capitales**”(三人**死刑**审判庭)这个名称也与誓金诉讼有关,对此参见上文的论述(第390页)。

二是**法律方面**的理由。

1.在罗马人那里不存在**神判**。任何一位讲授罗马法史的老师都会在课堂上提及这一事实,甚至那些不接受我以上假设的人也不能对此避而不谈;此外,就算某个事实是**不**可知的,但如果我们确实有理由相信它(就像在当前的情况中一样),那么我们也应该提及它(第 387 页)。在我看来,对消极方面关注过少是许多历史研究的缺陷,因为在某些情况下,对消极方面的研究要比对积极方面的研究更有价值。对于揭示罗马人早期的精神特质来说,他们在原始时代就已废除了神判的这个事实一点儿也不比他们在
407 法律领域做出了许多积极贡献的这一事实要逊色。然而,他们的确不能就这么直接地根除神判,因为这样的做法会和一直以来影响其法律改革的传统力量产生激烈冲突,而且这么做也完全不符合该制度的**宗教**特征。因此,他们只能对它加以改造,以使其能够兼顾神明和人类的利益、平衡法律与宗教之间的关系。改造的方式就是:以誓金换取神判。

2.誓金与**神明**相关。因为誓金需要寄存在祭司那里,并且它也被用于献祭的目的。在其他所有诉讼中都缺少这一层关系,也就是说,神明与其他诉讼无关。

3.誓金的数额有**两种**,神判中的验罪法也有两种,二者互相吻合。

4.两种誓金数额之间**差距甚大**,火审和水审之间的危险性也相差甚大,二者彼此相符。

上文列举的所有这些点都像圆的半径,指向我提出的这个作为圆心的假设:神判是被誓金诉讼所取代的。如果我们不采取这样的观察视角,那么无论是在语言方面还是在法律方面,这些制度都是难以理解的;但如果我们采取了这样的视角,那么誓金诉讼留给学界的难题就能迎刃而解了。与此同时,神判在罗马人那

里消失了这一引人注目的事实也就得到了解释。

补遗之二　罗马私犯法上的贫富有别：以对物私犯和对人私犯的罚金数额为例 408

接下来，我要和您聊一聊罗马私犯法上的贫富有别，这个实体法上的贫富有别正对应了民事诉讼法上的贫富有别。众所周知，古罗马的惩罚法分为私人惩罚法和公共惩罚法。也就是说在古罗马，违法行为分为两类：在其中一类违法行为（私犯）中，受害人有权亲自对加害人实施报复，比如以自助行为或普通私人诉讼的方式，在这种情况下，加害人会受到相应的惩罚；另一类违法行为（犯罪）的实施者要么会被国家权力机关提起公诉，要么会被施以献祭刑。当然在我们当代，这一区分已经不再有意义了。在古罗马，私人惩罚法规范的是这样两种违法行为：对物私犯和对人私犯。当时的立法者给这两种私犯都规定了罚金，在下文中，我要从“贫富有别”的视角对此加以批判。通过这一批判，您将又一次看到罗马的法律都是富人立的。换言之，法律规定的罚金数额符合富人阶级的利益。

若某人打断了别人的手臂或大腿，那么根据《十二表法》，他只需被罚 300 阿斯。[50] 但如果某人在盗窃的过程中被抓获，即便他盗窃的数额很小（Gaius 3, 184 所举的例子是盗窃橄榄或葡萄），或者他偷的东西在庄重搜宅的过程中被发现（以麻布和盘子的方式查获盗窃），那么他就会受到体罚并且失去自由，也就是成为失主的**奴隶**；如果某人在夜间盗窃庄稼，他甚至会被处死。跟

[50] 参见《十二表法》第 8 表第 3 条。——译者注 409

财产的价值相比,人是多么不值钱啊！打断别人的骨头会让这个人永远都不能工作,然而这个受害者却只能得到 300 阿斯的赔偿,跟他的损失比起来,赔他的这么点钱简直就是对他的嘲讽。[90] 相反,偷东西的人却要受到极其严重的惩罚,他这一辈子都会被失主无情地剥削,甚至还可能遭受虐待和暴行。对此,任何人都会禁不住想问:这也太不合理了,这么规定的理由是什么？这样一个问题早就被提出来了,然而我们的法律史学家却对此充耳不闻,这就是为什么他们总以为自己已经彻底完成了任务,因为他们觉得只要把实证法上的规定简单罗列出来就完事儿了,这背后的理由不是他们该关心的。但也许,这个问题根本没有答案？有没有答案要试一试才知道。让我们试试从“贫富有别”的角度去解释这一现象,看看它是否能给我们想要的答案。

富人是不会去偷的,只有穷人才会去偷。所以反过来看,担心自己被偷的不可能是穷人,而只能是富人,并且穷人是不可能会去偷穷人的,他们只会去偷富人。因此,这就说明古代法上为
410 盗窃所设的过度惩罚是针对穷人的:富人被想象成了失主,穷人被想象成了小偷。正因如此,作为富人之堡垒的财产才被他们用栅栏给围了起来,任何试图翻越栅栏的人都有被刺伤的危险。罗马的富人很懂得保护自己的财产。

但是这些富人好像不太懂得怎么保护自己的人身,因为如果别人打断了他的骨头,他就只能拿到 300 阿斯的赔偿。然而,300 阿斯对他来说有什么意义呢？这点钱不过就是用来打发叫花子

---

〔90〕 对此,**鲁多夫**有一个振奋人心的观点,他认为这里的 300 阿斯具有“痛苦抚慰金”的性质(**Rudorff**, Röm. Rechtsgeschichte II S. 255),就好像被打瘸了腿一辈子不能工作的人只需要忍受痛苦似的。

的。难道300阿斯就能补偿他所遭受的痛苦和肢体上的残疾吗？假如他有这种担心，那么罚金数额肯定会是另一种样子了。但实际上，他根本不用担心被人打断骨头。**富人**是不用担心自己被打的，因为就像今天一样，在罗马，德高望重的人是不会被人打断骨头的；**穷人**也不用担心自己被打，因为就像今天一样，他们很尊重富人的财富和地位。因此，可能被打的就只有那些处于较低阶层的人了。如果只有这些人可能被打，那么罚金数额的大小就不会影响到富人的利益了，因为无论罚金定得是高是低，对富人来说都不算什么事儿。但事实并非如此，把罚金数额定得尽可能地低对富人还是很有好处的。为了理解这一点，我们必须知道，在奴隶尚且不多的古代，富人的农庄对劳动力的需求就跟后来一样，都是由较低等级的自由人来满足的：临时工和计件工〔91〕、被家长解放后处于富人家长权之下的男仆和女佣〔92〕以及债务奴隶〔93〕 411
等。在这三类关系中，我们只对第二类和第三类关系感兴趣。二者都建立了一种类似于奴隶关系的人身关系，只是专横又易怒的

---

〔91〕 瓦罗在《论农业》(de re rustica)一书中经常提到这类人。

〔92〕 家长**实际上**是以**租赁合同**的形式**出卖**家子的，合同随着人口普查的结束而到期，也就是说在极端的情形下，这一租赁合同的期限可以有5年。我们可以从犹太法里找到类似的例子，他们那里的家长也是以租赁合同的形式出卖家子的，租赁期限到第7年(安息年)结束，也就是说在极端的情形下，合同的期限可以长达6年。

〔93〕 瓦罗在《论拉丁语》中写道(Varro de L. L. VII § 105)："那些为了还掉欠款而以自己的劳务受特定奴役的人在还清这笔钱之前被称为债务奴隶，就像那些因为欠了钱而被叫成债务仆人的人一样(Liber, qui suas operas in servitute pro pecunia quadam debebat, dum solveret, nexus vocatur ut ab aere obaeratus)。"在这句话中，"特定"(quadam)这个词是为"奴役"(servitute)而加的，因为"自由人"(liber)和"受奴役"(servitus)是相互矛盾的，所以必须加上"特定"(quaedam)一词，这个词指的是**类似于**奴隶的关系。无论是在语言上，还是在法律上，这种关系对应的都是Gaius 1, 138这个片段里"处于支配权之下的人"(causa mancipii)，因为"他们被认为**具有**奴隶的**地位**"(qui servorum **loco** habentur)。

主人也许太容易忘记自己是在跟自由人打交道。尽管法律规定了主人不可以虐待这些人，但是他们所处的这种关系很容易导致冲动的主人对法律规定视而不见，因而对这类自由人动手。如果主人打了他们，那么他就必须为此付出代价。然而，他的代价是什么呢？就算他把这些人打得鼻青脸肿，他也只需要赔个 25 阿斯（见下文）；就算他打断这些人的手臂或大腿，那也只需要赔上 300 阿斯。

因此，为什么在古代法上打断一骨的罚金会被定得这么低，我想我已经找到理由了。在当时的立法者眼里，这种违法行为只会发生在富人的家里，加害人是富人自己，受害人则是富人家里的那些债务奴隶、男仆和女佣。假如所有早期法上的罚金都被定
412 得这么低，那么我们就没有理由为它们寻找一个共同的动机了。然而，盗窃之诉的惩罚却与其他的惩罚形成了鲜明的对比，这就说明隐藏在这一双重惩罚标准背后的无疑是同一个目的。在这两种情形中，惩罚标准都因富人的利益而定，在**他自己**对穷人施加侵害的情形中罚金有多么低，在**穷人**对他施加侵害的情形中罚金就有多么高。这就意味着：古罗马的正义有着双重砝码，重的那个是给富人的，轻的那个则是给穷人的。光从外部看，我们是根本看不出来富人在法律上比穷人更有优势的，因为二者适用的都是同一个标准；无论是贫穷还是富有，所有人在法律面前是完全平等的。但是这样一种"法律面前人人平等"实际上却包含了极度的不平等，正所谓"**绝对的正义就是绝对的不正义**"。

到目前为止，除了稍微提了一句侵辱行为的罚金是 25 阿斯，[51]我只谈到了对人私犯中打断骨头的罚金是 300 阿斯，因为在我看来，它能为我的观点提供不容置疑的证据。除了打断骨头，

---

[51] 参见《十二表法》第 8 表第 4 条。——译者注

早期的罗马法还规定了另一种侵害他人身体的行为，即“membrum ruptum”。对于下面要讨论的这个问题，我们的法律史学家们通常都会绕着走。在这些人之中，只有**鲁多夫**一人对此做出了回答（**Rudorff**，Röm. Rechtsgeschichte II S. 355）。他认为，“membrum ruptum”指的应该是“使肢体残废”。假如他是正确的，那么“membrum ruptum”就会和“os fractum”（打断骨头）发生重叠，因为“骨折”也就意味着“肢体的残废”；假如他是正确的，那么即使是最严重的刺伤或砍伤，也就只能被认定为罚金只有25阿斯的侵辱行为了，因为此时既没有出现骨头被打断的事实，也 413
没有出现我们通常意义上的“肢体”变残废的事实。换言之，假如鲁多夫的观点是正确的，那么在这种情形中，留给受害人的就只有伤痛了。然而，“rumpere”这个词在早期法上的含义并不是“打断”，否则它就和“frangere”在含义上发生重叠了。实际上，不仅是《十二表法》区分了“os fractum”和“membrum rumptum”，而且《阿奎利乌斯法》也对“fregerit”和“ruperit”这两个词作出了明确的区分。因此，“rumpere”这个词的含义应该是一般意义上的“伤害”，〔94〕因而“membrum ruptum”的意思也就是“**毁伤肢体**”。但很显然，“打断骨头”同样是在“毁伤肢体”，那么这两个概念又该如何区分呢？其实区分的标准很简单：“打断骨头”指的是对肢体的**内在**毁伤，对于这种毁伤，外人虽然能够**感受**到，但是却**看**不见；而“毁伤肢体”指的则是对肢体的**外在**毁伤，也就是**肉眼可见**

---

〔94〕　相关史料如下：第一，Festus p. 265：“《十二表法》中的‘rupitias’指的是‘**给予损伤**’（Rupitias in XII significat **damnum dederit**）。”第二，Nonius 124，6：“如果某人伤害或杀害［他人］（si quis rumpet occidetve）。”这句话明显是区分了“rumpere”（伤害）和“occidere”（杀害）这两个概念的。第三，《阿奎利乌斯法》是通过“corruperit”（毁伤）这个词来解释“ruperit”的（参见 D. 9，2，27，13）。

的那种毁伤。[95] 二者的共同之处在于，它们都给受害人留下了能够**被感官所感受到的伤痕**，正因如此，它们才和《十二表法》里的第三个私犯概念相区别，即“injuriae”（侵辱行为），因为侵辱行为不会导致这样的结果。众所周知，侵辱行为不仅包括言辞侵辱，还包括物理侵辱。[96] 所以，那些不能给肢体留下可见伤痕的殴打和棒击就可以被归入“侵辱行为”的概念之下，而那些能够给肢体留下可见伤痕的殴打和棒击则会被归入“毁伤肢体”的概念
414 之下。这样一来，这三种私犯的区别也就一目了然了，在具体的适用过程中，这三个概念无疑是泾渭分明的。

鉴于“毁伤肢体”有着相当宽泛的适用范围（轻至毫不起眼的小伤，重至皮开肉绽的重伤，甚至还包括砍断肢体和挖出眼睛），我们也就不难理解，为什么立法者会放弃规定固定的罚金，而是规定了同态复仇。[52] 但实际上，“同态复仇”是立法者送到受害人手里的一把双刃剑，虽然他可以用它给加害人施加同样的伤害，但如果他给加害人造成的伤害大过了加害人对他造成的伤害，那么他就必须因此受到惩罚。因此，他所面临的危险就跟夏洛克要割下安东尼那一磅肉时所面临的危险一模一样。[53] 假如看不到其中的危险，就不算真正地了解罗马人。古罗马人是多么在意受害人有没有过度行使权利啊！从下面这个事实就能清楚地看出这一点：《十二表法》的立法者认为有必要为“切成块”（in partes secare）补上一个安全条款，即“无论块大或是块小，都不算欺诈”

〔95〕 如果说“membrum”（肢体）的确是从“membrana”（皮肤）一词演变而来的，那么“membrum”这个词最初指的就是“动物全身的**表皮**”。

〔96〕 Gaius 3, 220：“当某人**被拳头揍了**、**被棍棒打了**或者是**被鞭打了**（cum quis **pugno** puta aut **fuste percussus** vel etiam **verberatus** erit）。”

[52] 参见《十二表法》第 8 表第 2 条。——译者注

[53] 夏洛克要割肉的情节出自莎士比亚的剧作《威尼斯商人》。——译者注

(si plus minusve secuerint, sine freude esto)。[54] 但是在同态复仇中,立法者却没有规定这样的“救命条款”,所以受害人在实施同态复仇时给加害人造成的伤害必须同加害人对他造成的伤害完全一样,一旦有所超出,它就会像一颗反弹回来的子弹一样伤到作为射手的受害人自己。仅仅考虑到这一点,受害人就会更倾向于接受而不是拒绝加害人的赔钱建议,因为一旦他拒绝,他就会一无所获。之所以有这样的选择也并不奇怪,因为“毁伤肢体”和“打断骨头”的受害人通常都是较低阶层的人。既然同意了对方的赔偿,那么现在的问题就是他能得到多少赔偿。通常来说,这 415
取决于双方的协商。而这也正是法律的目的:促使双方达成和解。立法者给“[受害人]应[对加害人]施以同态复仇”(talio esto)加了个条件——“[若加害人毁伤他人肢体]而不能与其达成和解”(ni cum eo pacit),他们这么做无非就是想要达到这个目的。也就是说,关于“同态复仇”的规定跟关于“切成块”的规定并无二致,二者同样都是施压手段,为的是迫使当事人心平气和地达成和解,“应施以同态复仇”实际上意味着“**不要**同态复仇”,就跟“应切成块”实际上意味着“**不要**切成块”一样。同样地,上文(第 395 页)提到的弗里斯兰法中的盗窃之诉其实意味着“**不要**起诉”,作为继承人的获利性时效取得其实意味着“**不要**拿别人的遗产”。总之,立法者事先已经给这四种情形都贴上了“不要碰我”的标签。既然如此,他们为什么还要规定这些权利呢?因为他们觉得,这样的法律后果是无法避免的,但实际上他们的目的却是让当事人不要去这么做,因为只有这样,当事人的利益才不会受损。在“毁伤肢体”的情形中,假如当事人不能心平气和地就

---

[54] 参见《十二表法》第 3 表第 6 条。——译者注

赔偿数额达成一致，那么根据格利乌斯在《阿提卡之夜》一书中的记载（XX，1），审判员就会对此加以确定。

一旦我们把握住这样一个很可能属于法律发展后期的制度构造，那么我们就可以发现，在“打断骨头”和“毁伤肢体”这两种情况下，罚金的区别是：前者是由立法者**抽象**规定的，后者则是由审判员**具体**确定的。在受害人是穷人、加害人是富人的情况下，审判员会如何确定罚金呢？鉴于我们已经知道古代的贵族执法官多么偏心，这一点是根本用不着说的。

416 综上所述，我的观点可以总结为这样一句话：富人不想为自己对穷人实施的违法行为承担不利后果，所以他们就把法律设计成有利于自己的样子。这样的法律就跟之前提到的诉讼制度和财产保护制度一样，虽然披着一件“法律面前人人平等”的外衣，但实际上却隐藏着最大的不平等。

古罗马的有钱人仅仅把法律当成维护自身利益的工具，对于这样的做法我是持批评态度的。接下来，我还要为此提供一个论据，〔97〕而这个论据至今尚未引起学界的注意。所以说，上文（第407页）强调的那种学界惯例又一次得到了遵循，也就是对消极方面的不重视。

《十二表法》对许多私犯行为都规定了相应的惩罚，但唯独对一种私犯行为只字未提，而这种私犯行为却一直出现在日耳曼人的法律中，它就是**强奸**。我认为，《十二表法》的立法者是故意不对强奸行为加以处罚的，这一点毋庸置疑，因为假如《十二表法》里有这方面的规定，那么我们一定能在后来的作家那里找到蛛丝

〔97〕 另一个论据我已经在其他著作里给出过了，即用益承租人和使用承租人对于富有的土地占有人和房屋占有人是不享有任何权利的。对此参见我在《占有意思》一书中的论述（Besitzwille，Jena 1889，S. 120）。

马迹。难道是因为十人委员会觉得不会发生强奸行为,所以他们才忽略了要对此加以规定?肯定不是的,因为作为委员之一的阿皮乌斯·克劳迪乌斯自己就曾想过要强奸维吉尼娅。对女人来说,男人的感官欲望多么危险啊!通过卢克莱提娅事件,罗马人已经体会到了这种危险性,并且此事所导致的后果也已永久地烙印在了罗马民族的记忆深处。[55] 经过维吉尼娅事件,这样的危险 417
又一次出现在罗马人面前,难道他们会视而不见?当然不会,他们知道会发生强奸,只不过他们不想去遏制它。为什么不去遏制?只要想象一下富人家里的女佣,答案就出来了。自从有了小塔克文被驱逐的恐怖先例,社会地位较高的女性完全不必担心自己被强奸,她们的亲戚就是她们最好的靠山,没有哪个男人敢对她们动这样的念头。此外,对于穷人的妻子和女儿来说,只要她们生活在自己的家里,那么她们在事实上同样不会有这样的危险。然而,对于那些处于富人的支配权之下并且还生活在富人家里的女佣来说,她们就极有可能被强奸。要是主人强奸了女佣,法律会对他怎么样?由于强奸并不属于"毁伤肢体"或"打断骨头",所以,此时唯一可以适用的就是关于侵辱的罚金了。也就是说,这位干了坏事的主人只需要赔个 25 阿斯就什么事都没了;女佣生下来的孩子也跟他无关,因为当时的法律并不允许非婚生子女向其生父主张抚养费。这就意味着,只要花上 25 阿斯,古罗马的富人就可以在他们的女佣身上发泄自己的性欲。对他们来说,

---

[55] 罗马王政时期的塔克文国王有一个儿子叫塞克斯图斯·塔克文(Sextus Tarquinius),他看上了卢克莱提娅(Lucretia),于是趁其丈夫科拉提努斯(Collatinus)不在的时候强奸了卢克莱提娅。事后卢克莱提娅向父亲和丈夫说明了一切,并恳求二者惩罚塞克斯图斯·塔克文,说完就自杀了。科拉提努斯将妻子的尸体运到广场,向人们控诉暴君儿子的罪行,鼓动民众造反。在布鲁图斯(Lucius Iunius Brutus)的带领下,罗马人民放逐了国王塔克文及其妻子和孩子,推翻了王政,建立了共和政体,其第一任执政官即为布鲁图斯和科拉提努斯。——译者注

这简直就是免费的消遣！大家不妨来看看，对此还有没有别的解释。

在《古罗马民事诉讼法上的贫富有别》一文中，我已经指出：在古代，富人已经意识到要借助诉讼制度让自己在起诉阶段就胜过穷人，但他们的这种优势后来被打破了。这样的结局同样发生在我刚才说过的情形中：以前，为了维护自身的利益，富人把自己财产的价值定得远远高于穷人的人身价值，但是后来，这两种法
418 益的地位却完全颠倒了过来。在古罗马，任何一种侵犯财产的行为都会激起所有权人的情绪，就好像这样的行为也威胁到了他的一部分人格似的，这种激动的情绪决定了当时关于财产的法律该作何规定；但是到了后来，罗马人的财产生活发生了许多变化，侵犯财产的行为再也不能让所有权人情绪激动了。换言之，在财产问题上，晚期罗马人和古代罗马人的评价标准是截然不同的。此外，随着政治环境的骤变，罗马人对人格价值的看法也发生了变化，只不过在转变方向上恰好同他们对财产价值的态度相反。也就是说，财产和人格的地位已经完全颠倒过来了：在以前，**财产**的价值**高**，**人格**的价值**低**；到后来，**财产**的价值**低**，**人格**的价值**高**。

让我们先来看一下**财产**。

古代法上并不区分夺走他人财产的人是出于善意还是恶意，只要他败诉，他就要向原告赔偿两倍的孳息；如果该物因意外事故灭失，则他要赔偿与该物价值相等的金钱。所有权人的激动情绪盖过了他们的过错观念，他只要求被告对自己的财产作出补偿，而不管对方是出于善意还是恶意。当时的法律顺应了所有权人的这个要求。在晚期法上，情况就完全变了。在财产保护这个问题上，适用于**善意**占有人和**恶意**占有人的标准是不同的；而且，对于那些就算及时返还给所有权人，他本来也不能获得的利益，

即使是恶意占有人也无需负责。在破产的情形中同样如此，只有那些因过错导致自己破产的人才会遭受财产拍卖的命运，而无过错的人则享有财产让与的好处。甚至盗窃行为也被另眼相待了。 419
根据裁判官告示，被抓获的小偷需要赔偿赃物价值四倍的罚金，但是当赃物很不值钱时，他要赔的罚金也是少之又少。换言之，裁判官走向了不同于古代法的另一个极端：惩罚过轻。这样的做法不利于维护社会安定。直到后来，这个错误才被纠正，因为在后期的罗马法上，盗窃行为不仅会被追究民事责任，而且会被追究刑事责任。

下面让我们再来看看发展过程与此相反的**人格权**。到了后来，《十二表法》上关于“打断骨头”“毁伤肢体”和“侵辱行为”的规定被更为完善的新规定所取代了：前两者被扩用的阿奎利乌斯法之诉（actio legis Aquiliae utilis）取代，后者则被侵辱估价之诉（actio injuriarum aestimatoria）取代。在这两种诉讼中，审判员都能够在最大范围内公平地对待受害者的请求。除了私法上的保护，人格权还享有刑法上的保护：不仅早期法上根本没有规定的一些私犯行为要受到刑事处罚，例如《法比乌斯法》（lex Fabia）里规定的非法拘禁、《关于公共暴力的尤利乌斯法》（lex Julia de vi publica）里规定的强奸等，而且就连严重损害他人名誉的行为也要受到刑事处罚，例如《关于侵辱行为的科尔内利乌斯法》（lex Cornelia de injuriis）就对此有过规定。实际上，这部《科尔内利乌斯法》里规定的惩罚形式并非罚金[98]（由于已经有了侵辱之诉，再这么规定就完全是多此一举了），而是流放，这就相当于死

---

〔98〕 **鲁多夫**在其《罗马法史》中就持这种错误看法，对此参见 **Rudoff** Röm. R. G. I § 100。

罪。[99] 而在帝政时代，因这种行为实际所受的惩罚甚至比流放
420 还要严重。[100] 此外，即使被打的是一个最不起眼的罗马人，打他的人也会被流放。[101] 这跟古代的惩罚形成了多么鲜明的对比啊！在以前，只要 25 阿斯就可以把别人打得鼻青脸肿！罗马人后来的名誉感要变得有多强，或者更准确地说，他们得有多么在乎自己的名誉才会要求这样的惩罚啊！㊹ 这些惩罚完全超出了理性的范围。罗马人对自身名誉如此敏感的另一个标志是，"损害他人名誉"这个概念有着极大的适用范围。[102] 对于那些在古代根本不会被认为是损害他人名誉的行为，现在也可以因此提起侵辱之诉了，例如，无关痛痒的"传唤到法庭"、绕开主债权人直接向保证人催款以及故意向他人主张不成立的债权等。[103]

为什么罗马人的名誉感会如此泛滥？难道仅仅是因为他们对自己的名誉越来越敏感了吗？我认为不是的。相反，我觉得造成这一结果的根本原因是到了后期，罗马公民在政治上的自尊心已经达到了顶点。我们必须走进他的灵魂，才能体会当他说出这句"我是罗马公民"时，他的内心有多么骄傲。他口中的"罗马公

---

[99] Macrobius Sat. II 9："……被认为是**死刑**（... **capital** putavit）。"

[100] 参见 D. 47, 10, 45［原著里误写为 D. 47, 1, 45——译者按］以及 Paulus S. R. V, 4 § 7, 13, 14, 16, 17, 22。

[101] Ovid. Amor. I 7, 29："即使**我打了一个极不起眼的**罗马平民，我也会受到惩罚（Si **pulsassem minimum** de plebe Quiritem, plecterer）。"关于"殴打"（pulsare）的含义，参见 D. 47, 10, 5, 1："鞭打是造成剧痛的，**殴打是不造成剧痛的**（verbrare est cum dolore caedere, **pulsare sine dolore**）。"

㊹ "名誉感"的德语原文是"Ehrgefühl"，该词是由"Ehre"（名誉）和"Gefühl"（感受）组合而成，也可意译成"自尊心"，但下文又出现了另一个表示"自尊心"的"Selbstgefühl"，所以此处按其字面含义译作"名誉感"，这个译名也可以和"损害他人名誉"的说法相对应。——译者注

[102] 对这些无关痛痒的侵权行为的深入分析，参见我发表于《年刊》第 23 卷的第六篇论文（B. 23 VI）。

[103] 参见我发表在《年刊》第 23 卷的那篇论文，第 157 页及以下。

民”意味着这样一种人：享有没人敢来冒犯的安全和自由，需要服从的只有法律，有权在民众大会上对最重要的国家事务做出决 421
定，例如接受或否决法律提案、选举和问责国家公务人员以及执掌公民的生死大权等。他心想：“至高无上的罗马人统治了世界，作为其中的一员，我也是这个世界的统治者！”

名誉感其实也就是恰当的自尊心。名誉感无法容忍那些与自我评价不符的行为，无论是**他人**的行为还是**自己**的行为；把自己的价值定得越高，就会越看重自己的名誉，无论是个人还是民族都一样。

我认为，这样一来，晚期法为何尤其加大了对人格的保护也就得到了解释。人格本身的价值已经发生了改变，而立法者意识到了这一点，所以就在法律中加大了对名誉的保护力度。与之对应的是，在后期，罗马人越来越呼吁应避免一切与名誉不相协调的事情发生，以维护**自己的**名誉。对此，只要提提下面这些例子就足够了：监察官记过、关于不名誉的著名告示以及不名誉在生活中的适用范围以污名的形式被扩大了。

如上所述，在帝政时代，侵辱之诉里的“损害他人名誉”概念发生了极度扩张，其原因在于罗马人的**政治自尊心**得到了提高。然而我认为，其中有一处扩张是另有原因的，因为在出现这种扩张的年代里，罗马人的政治自尊心非但没有提高，反而还降低了。
所以，我觉得这样一种扩张是“**上等人**”的**社会**名誉感爆棚所导致 422
的。在共和时代，“上等人”渴望出名的心态还是比较健康的，当时，身居要职并抱有促进公共利益的意识就能满足他们的愿望；然而到了帝政时代，这种健康的心态却演变成了病态的沽名钓誉，这会儿的“上等人”都喜欢华而不实，他们只想要无私的**美名**和权力的**表象**。所以，为了让这些“上等人”依赖自己，皇帝经常会投其所好。既然罗马法学家已经将“损害他人名誉”的概念扩大到了“侮辱他人”（参见第420页所举的例子），那么皇帝需要做的就只是把“上等人”在名誉感上的过激反应认定为“受到侮辱”即可。共和时期的法学家，甚至是帝政初期的法学家都绝不会把“名誉”的概念扩张到这种地步，这样的扩张只能是自己时代的产儿。共和时期的法学家所吸的是新鲜空气，而帝政时期的法学家所吸的则是闷热的空气，由法学家护养的温室植物只有在这个时代的温室环境里才能长大。然而这样的植物是没有什么生命力的，我们今天的司法实践就不承认这么宽泛的“名誉”概念。

由于人格在罗马人眼中的价值增长了，所以他们就在法律中提高了对人格的估价；同样地，由于罗马人对财产的敏感度降低了，所以他们也就降低了对财产的估价。为什么他们对财产的敏感度会降低呢？那是因为随着时代的发展，罗马人的财产生活发生了两个极为重要的变化。第一个变化是**国民财富的巨大增长**。
423 在罗马取得霸权地位之后，国家和个人所拥有的财富跟他们在《十二表法》时代相比可谓发生了翻天覆地的变化：每打一次胜仗，罗马人都会得到大量的战利品，全世界的黄金和财宝有一半都涌进了罗马。第二个变化是**财富的获取方式发生了改变**。古代的罗马人都是**亲自**耕种土地的，也就是说，以前的罗马人都是自己**付出劳动**的。但是到了后来，罗马人改让奴隶去耕地了；此外，他们还把受到蔑视的手工活交给解放自由人来完成，抑或以工厂的形式来发展手工业，即奴隶负责劳动、资本家负责经营。总之，在成为霸主之后，罗马人自己就**不再劳动**了。他们有了其他的财富来源，而且这些生财之道还不用他们付出繁重的劳动。例如，作为总督或总督的随行人员，他们可以用各种暴力和压榨的手段来掠夺行省的财富；又如，作为资本家，他们可以从事赚钱的生意、批发贸易和海上贸易，经营海上保险和公共税收的用益租赁，负责公共运输和计件工作等；再如，作为军人，他们可以得到军饷，并且有望获得战利品和国家分配的土地；最后，作为有说话权的民众大会成员或是法庭审判员，他们还可以借此收受贿赂。罗马数以万计的无产阶级都是靠着国家的施舍和富人的慷慨才能活下去的——在罗马，就算穷人不去摇尾乞怜，他们也不会饿死。

正是由于上述两个原因，劳动和获得财富的关系才变得截然相反：在以前，只有努力劳动才能获得相应的财富；到后来，无尽的荣华富贵却唾手可得。很显然，物质生活中的这样一种变化必然会导致罗马人不再那么看重财产的价值。古代的罗马人觉得 424
财产的价值很高，因为他知道自己为此付出了多少汗水，所以他不仅节省，而且很吝啬。对他来说，“送点东西给别人”简直是不可想象的。波利比乌斯（Polybius）告诉过我们，罗马有好几个世纪都没出现过赠与。所以，这就能解释为什么古代的立法者没有为赠与规定特殊的形式。古代的罗马人根本不知道什么叫作奢侈和浪费，要是有哪个家长做了这样的事并因此而负债，那么他就会被监察官问责，甚至还可能被置于监护之下。到了后期，情况就完全不同了。对于现在的罗马人来说，赚钱真是太容易了，所以钱也就不那么重要了，奢侈和浪费简直成了他们的家常便饭，以至于立法者不得不制定一系列的法律（例如，《欧皮乌斯法》[lex Oppia]、《欧尔奇乌斯法》[lex Orchia]、《法尼乌斯法》[lex Fannia]、《狄迪乌斯法》[lex Didia]、《李基尼乌斯法》[lex Licinia]、《科尔内利乌斯法》[lex Cornelia]以及《尤利乌斯法》[lex Julia]等）来干预此现象。甚至对于慷慨的习气——这种慷慨并不是出于舍己为人的动机，而是被虚荣心驱使的炫富，其目的不过是引起别人的关注——立法者也认为有必要加以反对,例如,他们对生者间的赠与(《金奇乌斯法》[lex Cincia])、遗嘱解放(《富利乌斯和卡尼尼乌斯法》)以及遗赠(《富利乌斯法》、《沃科尼乌斯法》[lex Voconia]和《法尔奇迪乌斯法》[lex Falcidia])均作了限制。

对财产敏感度的减弱、**对名誉敏感度的增加**,都是**物质**生活变化导致的结果,二者均明显地体现在后期的罗马法之中——这就是我的最终结论。

“贫富有别”,这个既影响了私法、又影响了诉讼法的重要因素在罗马的晚期法上再也不见踪影了。只有在帝政时代的公
425 共刑法领域,它才又一次改头换面地出现。这一次,它变成了“上下有别”,即法律为“**上等人**”和“**下等人**”规定的刑罚程度是有差别的。属于“上等人”的是尊贵者(honestiores)和具有尊贵地位者(honestiore loco positi),属于“下等人”的有出身卑微者(humiles)、出身贫贱者(tenuiores)以及平民等。[104] 这样的做法完全不符合正义的要求,就像古代法上的“贫富有别”给穷人造成的不公一样。因此,基于这一点,我们可以说,罗马法上始终存在阶级差异。难道现在我们已经消灭了这种差异?如果谁对这个问题感兴趣,并且愿意为此投入时间和精力,那么我会给他推荐这样一个题目:《**当代刑法上的贫富有别——以财产刑为例**》。我想,这方面的素材是不会少的。

---

[104] 这是罗马首次出现的“上下有别”现象,经过我的研究,我认为其原因可以追溯到希腊人在希腊化阶段的社会生活。在罗马的帝政时代,罗马人欣然接受了希腊人的这一生活方式。

第四幕　罗马民事诉讼法里的圈套[105] 232

罗马民事诉讼法里的圈套？在这种地方也会出现圈套？真是闻所未闻！

“圈套”这个词在外语词典中的定义是：为了欺骗他人而设置的东西或旨在戏弄他人的东西。[57] 让我们来看看，在罗马的民事诉讼里有没有符合这个定义的制度。

我想呈现的景象就是为了要让读者意识到，在罗马的民事诉讼法里存在戏弄人的制度。在这幅景象里，一伙放了高利贷的古罗马债权人正准备到无力还债的债务人那儿满足一下自己的复仇欲，他们正策划着要根据《十二表法》里众所周知的规定把债务人“切成块”。[58]

我点上一根法律史雪茄。我看见债权人带着债务人来到了 233
广场上。但目前看来似乎还不会上演“切成块”的场景，因为这些债权人一点都不像夏洛克那样随身带着刀。[59]

我：这算什么？我想问：难道你们不切吗？法律可是允许你们这么做的！然而在我看来，你们根本不知道什么叫人性的冲动。

债权人甲：要不你来替我们切一切？罗马人准会把你撕成碎

〔105〕 此次成书时新写的内容，我已经在第 175 页里说过要写这个题目了。

[57] 德语中的“Attrappe”（圈套、陷阱）一词来源于法语的“attrape”（陷阱、用来愚弄别人的东西），因此耶林提及它在“外语词典”中的定义。——译者注

[58] 参见《十二表法》第 3 表第 6 条。——译者注

[59] 夏洛克是莎士比亚的戏剧《威尼斯商人》里的债权人，为了割掉债务人安东尼的肉，他随身带着刀。——译者注

片！把债务人切成块？这在原始时代或许会发生,但现在可就免谈了。愚蠢的现代人性观念已经把这件事搞得彻底不可能了,但我们勇敢的祖先对此却是一无所知的。

我:那真是太糟糕了！这样的话,你们的权利就成了稻草人,鸟儿们很快就会知道,它是不会给它们造成任何伤害的。你们的债务人肯定也会像鸟儿一样聪明,他们肯定会嘲笑这个中看不中用的稻草人。

债权人甲:倒也没那么糟。虽然我们不敢从他身上割下一块肉——毕竟这会导致他立即死亡——但如果他有藏匿财产的嫌疑,或者我们有理由相信他的亲朋好友会为他做些什么,那么我们就可以扬言要割下他的耳朵、鼻子或者其他的身体部位,用来威慑他和他的亲戚朋友,我们这么做是谁也阻碍不了的。因此,单纯的威胁就足以打消他们的歪主意。

234 我:可是,如果威胁的手段也没有用,那你们又该怎么办呢？比如在债务人自己没钱,他的亲朋好友也不来帮他的情况下,你们就只能放他走了,因为法律没有赋予你们卖掉他的权利,而且你们还得考虑到罗马人民会阻止你们将他“切成块”。《十二表法》里说得很明确:“到了第三个集市日,应[将债务人]切成块(tertiis nundinis partes secanto)。”[60]要是过了第三个集市日你们还没把他“切成块”,那你们就不再享有这个权利了。到那个时候,你们就只能自己吃亏了。

债权人甲:我们已经事先做好了预防措施。在到期之前,我们一定会办妥这件事的。

我:你们要怎么才能办妥？你们只能把债务人“切成块”,而不能卖掉他。据我所知,只有当债权人仅为一人的时候才可以卖

[60] 参见《十二表法》第3表第5条。——译者注

掉债务人。

债权人甲：正是这一规定给我们指明了出路，这正是我们要走的路。请想象一下，假如执行的客体不是我们眼前的这位债务人，而是一匹马、一幅画或者一座雕像，并且法律规定**一个**债权人有权卖掉它，而多个债权人却只能将其切开或者砸烂，你会怎么做？你会用什么方式让卖掉它的行为变得合法？

我：我会设法满足“一个债权人”的前提，也就是全部债权人将自己的债权转让给其中的一个人。

债权人甲：尽管我们不承认债权转让，但所用的方法是大同小异的。我们的做法是：由我们其中的一个人先补偿其他人，这样，原本属于我们全部债权人的债务人就归他一人所有了。这相当于说，这个债务人现在已经分配裁判给**他**了。

我：可是，如果关于“切成块”的规定最终只能导致这样的结果，那么在这种情况下，立法者为什么不允许你们这些债权人卖 235
掉债务人呢？这就跟在只有一个债权人时的做法一样。

债权人甲：你的意思是，《十二表法》本来应该规定，当存在多个债权人时，他们也有权卖掉债务人？

我：没错。

债权人甲：假如《十二表法》这么规定，那它肯定是部糟糕的法律。他们要怎么才能卖掉债务人呢？在罗马这儿是肯定卖不出去的。

我：为什么卖不出去？难道是因为这里不允许把人当成奴隶？〔106〕

债权人甲：不是这个原因。在罗马，至少被抓住的小偷就可

---

〔106〕 **普赫塔**就持这样的观点，参见 **Puchta**, Cursus der Institutionen I, § 179, Aufl. 9 von **P. Krüger** S. 552。

以成为失主的奴隶。在我们这种情形中,之所以卖不出去是基于另一个原因。假如所有无力还债的债务人都被卖作奴隶,并且还继续留在罗马,那么他们对我们来说就会非常危险。他们会不断地冲我们发怒,搞阴谋诡计来陷害我们,甚至还会和他们的亲朋好友一起煽动民众来反对我们,并向大众展示:有这么多的人都成了债务的牺牲品。可以说,这些人完全就是人身执行领域行走的统计数据。已经给我们带来这么多麻烦的护民官怎么可能不利用这样的机会去鼓动群众来反对我们呢?!这无疑会破坏一个正当商人的生意和生活。不!必须把这个债务人赶出罗马——眼不见,心不烦!这样一来,人们马上就会忘了他,他的所有馊主意都算不到我们头上来了。在我们先进的债法里,“卖到异地”无疑属于最明智的规定;要是没有这一规定,我们的债法肯定是一文不值的。

236 我:我相信,为了你们,把债务人卖到异地是有必要的。被抓住的小偷可以留在罗马,因为所有人都乐于看到他们的这种下场;但是被卖掉的债务人就不行了,因为所有的底层民众都会同情他们。

债权人甲:我很高兴你同意我们的看法。但不管是卖到异地还是卖到外邦,要走的路都是比较远的,最后的关键还是得找到买家顺利出手——买家可不会从天而降。假设由我们之中的某个人负责寻找买家,那么他就要带着债务人一起出发,当然后者的手脚是被绑住的,以免其逃跑。首先他会去往附近的费德那。由于我们罗马人眼下正在那里受苦(假设现在是罗马建城后的第320年),所以他们能接受的价格并不是很让人心动。对于这个在罗马至少值1000阿斯的债务人,他们却只愿意给600阿斯!接着,我们的这位债权人又会去往威伊,那里的买家给出的价格是

650 阿斯——还是太低了。这位债权人不想让自己的辛苦白费，于是他又前往法勒里，那里的买家给出的价格是 670 阿斯——依然太低！因此，他就这么一路向北，先后来到了克鲁斯翁、阿雷提翁和法苏拉。据说奴隶的价格在北埃特鲁里亚要比在南埃特鲁里亚更高。其他债权人也是这么想的，但他们想得倒轻松，这些人原本需要付出的旅途辛劳，现在全让我们的这位债权人承受了。由于四处碰壁，这位债权人最终疲惫不堪地回到了罗马。看，他正在那儿讲述自己的所见所闻呢。让我们来听听，他都经历了些什么。

众债权人齐声道：这么个健壮的人最多只能卖到 670 阿斯？这个价我们肯定是不卖的。你真是够笨的！要么你压根就没有为卖得更贵付出过一点努力。

债权人乙：我走得那么辛苦，你们就是这么感谢我的？我再也不会干这种事了。你们派另一个人去吧，我倒要看看他能不能卖个更好的价钱。

众债权人：我们正是这么打算的。既然这关系到我们所有人 237
的利益，我们就一定能找到一个乐意为此付出的人。谁愿意自告奋勇地站出来？

（各债权人的声音）

——我老得走不动路了。

——因为生意，我走不开。

——过几天我还得去一趟法院。

——我的地还等着我去耕呢。

只有唯一的一个债权人说："我愿意去，但我不会白白浪费自己的宝贵时间，你们必须报销我的旅行开支。"

众债权人：你说这话是什么意思，我们可是一清二楚！为了你自己的生意，你反正是要到克鲁斯翁去的，而你这一路上的花销却要我们来买单。要是你最后没办成事，结果会怎样呢？那我们就跟之前没什么两样了，更惨的是，我们的钱还打了水漂。所以，照你这么做是不会有好结果的。

债权人甲：好了，外地人，既然你自认为能够改善我们的权利，那么现在该怎么办呢？

我：现在我信了，通过债权人团体把债务人卖到异地的确有它的困难。

债权人甲：还有一种情况你根本没考虑到。根据法律规定，债务人必须在被卖掉的那一天永远离开罗马。但是按照你的设想，在买家给出合适的价格并且债权人也接受这个价格之前，这个债务人总是要回到罗马的。

我：的确，我的想法是行不通的。但是，如果你们这些债权人把卖掉债务人的事务委托给一个你们都很信任的人，那么你们就可以轻轻松松地避免这个困难了。

债权人甲：尊敬的债权人朋友们，对于这个新提议，你们怎么看？

238 众债权人齐声道：这人看起来不太懂怎么做生意，他应该亲自来试一试才行。按他的意思，我们该怎么办？

我：你们应该委托你们中的一员去卖掉债务人。

债权人甲：有没有最低的价格限制？

我：当然要有限制。

债权人甲：很好！既然如此，那我们就定一个最低价吧！大家有什么看法？

（各债权人的声音）

——我建议定为1000阿斯。

——1000 阿斯肯定是卖不出去的。我觉得 800 阿斯比较合适。

——太低了点。低于 950 阿斯我是不会卖的。

——说得容易！把最低价定得这么高，万一卖不出去怎么办？我们必须定得尽可能地低，还是定 700 阿斯比较好。

——还是定 750 阿斯吧！

——定 850 阿斯才对！

债权人甲：好了，外地人，现在到你做决定了。最低价应该定多少呢？

我：如果债权人不能达成一致，那就不存在最低的价格限制。剩下要做的不过就是选出一个你们都很信任的人，并授权他视情况凭自己的经验和良心去完成这场交易。

（各债权人的声音）这样的话，那就选我吧！我不用你们给我报销路费。

众债权人齐声道：信你才怪呢！在这种前提下，这事儿我们所有人都愿意干。毕竟，还有什么能比这档子生意更赚钱呢？这样的前提意味着什么，我们清楚得很！我们怎么能保证我们信任的这个人不会把卖得的钱放一半到自己的口袋里呢？

我：所以说，你们必须选一个老实可靠的人。

众债权人齐声道：老实可靠的人？我们所有人都是这样的人。 239
如果这就是唯一的选人标准，那我们每个人都可以是这个人。

我：那就选一个嘛！

（各债权人的声音）

——我选我自己。

——我也是……

——我也是……

——我也是……

我:像你们这个样子是选不出来的。

债权人甲:你到现在才意识到这一点?你早该知道了!在我们这些人里,每个人都只信任自己,没有人会信任其他人。

我:如果你们这么不信任彼此,那么除了你们所有人一起上路以便相互监督,就别无他法了。

债权人甲:好了,外地人,这个游戏到此结束。现在你总该相信你不适合成为立法者了吧?我们罗马人要比你更加懂得如何制定我们自己的法。由债权人团体来卖掉债务人的做法简直荒谬至极。一方面,这么多债权人不可能都一起上路;另一方面,他们又无法接受让其中的一个债权人去处理这件事,因为他们知道,这么做会有多大的风险。只有被个人利益驱动的人才有可能完成“把债务人卖到异地”的任务。这就是我们迄今为止解决这个难题的方式,并且我认为,这也是唯一正确的方式。现在,我们正打算用这一方式来解决问题,这个点正巧被你给赶上了。让我来做个开场白吧!

前来参会的先生们,你们全部的债权数额加起来有多少?

众债权人:一共是 2000 阿斯。

债权人甲:有哪个人愿意用这个价钱买下这位债务人?

债权人丙:1000 阿斯我都嫌贵,900 阿斯我就买。

债权人丁:卖 950 阿斯我就要。

240 债权人戊:我可以接受 1000 阿斯。

债权人甲:还有其他人吗?

债权人己:这个价格太低了,这个债务人至少值 1100 阿斯。

债权人甲:1100 阿斯你买吗?

债权人己:不买!

债权人甲：好了，那就1000阿斯吧！我们就以这个价格卖掉债务人。

债权人庚：我反对！从法律上说，你们是不能强迫我同意的。在这种情况下，我宁可行使我的法定权利，也就是把债务人切成块。

众债权人：我们知道你这么说的目的。你无非就是想让我们付清你的全部债权，好阻止你真的把债务人切成块。但这个如意算盘你可算是打错了。虽然在个人利益与公共利益产生冲突时，任何人都有可能为了一己私利而牺牲他人的利益，但是在当前的情形中，我们所有人都坐在同一条船上。所以，你说“把债务人切成块”只不过是危言耸听，无非就是想吓唬吓唬我们。但是，我们可不会被吓倒！我们很清楚，你跟我们一样，比起一块人肉，你还是更喜欢钱。你尽管试试！你将为此付出沉痛的代价。我们会报复你一辈子，就因为你夺走了原本属于我们的东西！

债权人庚：我就敢这么做。

众债权人：行啊你，那就切吧。刀给你。罗马公民啊，你们都过来呀，这里有好戏看啦！斯普利乌斯·普斯图密乌斯（Spurius Postumius）要开始切人啦！

怎么啦，犹豫了？我们一早就料到了，你的威胁不过就是些
骗小孩的东西。以后别再捣乱了！在我们面前，捣乱是没用的， 241
这只会耽误事儿。

债权人甲：出价最高的是谁来着？

债权人戊：是我，提图斯·奥菲迪乌斯（Titus Aufidius）。我会马上付钱给你们，数额是你们各自债权的50%……来，这里是你们的钱。

* * *

债权人甲：好了，外地人，对此你有何感想？我们这么做是对还是不对？

我：简直太对了！这件事最后的出路就跟财产拍卖一个样。当然，你们还不知道这种程序，因为它是在裁判官告示里才出现的。在拍卖程序中，破产财团会被公开出售。在债权人之中，谁出价最高，谁就能拍下它。之前我还以为这个程序是裁判官发明的，更准确地说，我曾经以为这个程序是外事裁判官最先采用的。如今我却坚信，他们不过是借鉴了你们的做法。

但是我还有几个问题。第一个问题是：为什么你们只拍卖债务人的人身，而不拍卖他的财产呢？

债权人甲：因为债务人的财产之前已经被我们几个债权人抢光了。假如他还有任何财产，那么这些财产也会落到那些找到他的债权人手里，最后一样要被列入拍卖公告中。总之，债务人的一切都要归债权人所有，无论是他的人身还是他的财产。

我：我看到这个债务人的妻子和孩子正站在他身边和他告别。既然他的一切都要归你们所有，那么你们原本也可以把他的妻子和孩子给卖了。

债权人甲：这个人早就料到了会有这样的结局，所以当他意
242 识到自己已经无力回天的时候，他就把他们都给解放了，反正到头来吃亏的是我们。在较为贫穷的阶级中，一些妇女因为害怕自己可能会跟着丈夫一起去做奴隶，所以在当初结婚的时候就不选择缔结有夫权婚姻，以此确保自己不必遭受这样的命运。此外，基于其嫁资债权，债务人的妻子或岳父同样会要求我们从破产财团里分一杯羹给他们，就连这样的行为，我们也得容忍！他们是通过要式口约的形式即妻物担保（cautiones rei uxoriae）来实现这一目的的。在过去的美好年代里，妻子光凭嫁资是分不到

破产财团里的任何东西的；但如今时代不同了，人都变得聪明起来了。

我：我还有个问题。如果说十人委员在《十二表法》里对债务人所规定的人身惩罚不是认真的，如果说他们已经预见你们现在的惯常做法，那他们为什么不明说呢？

债权人甲：你明显不是个罗马人。请你再仔细看看《十二表法》的这个条文，没错，就是我指给你看的这条。它是怎么写的？

我：“若［加害人］毁伤［他人］肢体而不能与其达成和解，则［受害人］应［对加害人］施以同态复仇”（si membrum rupit, ni cum eo pacit talio esto）。[61] 这跟我的问题有什么关系？

债权人甲：你马上就会知道了。虽然法律以同态复仇相威胁，但事实上这种情况几乎不会出现。通常来说，当事人都会就赔偿金额达成一致。当然，最终为双方所接受的数额会根据他们的经济状况和是否相互妥协而有很大的不同。尽管的确会出现不能达成一致的情况，尽管再往前走一步就是同态复仇，但往往就是在这个节骨眼上，某一方就会开始让步：要么是这一方放弃了自己过分要求的债权，要么是另一方愿意再多给些钱。这才是 243
法律想要达到的目的，作为威胁的同态复仇仅仅充当了施压手段的角色，为的是迫使当事人心平气和地达成和解。这一点，我们可以从这个附加条件——“而不能与其达成和解”里看得非常清楚。然而出于慎重，十人委员会并没有直接规定“［双方］应达成和解”（pacere），因为假如没有“同态复仇”在背后撑腰，光是规定“［双方］应达成和解”是完全没有效果的，只有前者才能牵制住双方。同样地，在“应［将债务人］切成块”这个威胁中，情况也是完全相同的，这一规定的目的同样是在施压。对于法律中明文规

---

[61] 参见《十二表法》第 8 表第 2 条。——译者注

定的这句话,你必须还得考虑到,它也有一个相同的前提,即“若[各债权人]不能达成和解”(ni pacunt)。法律的目的正是要让债权人达成和解,为了达到这一目的,它所选择的手段如此正确,以至于它从未失手过,这一点你已经看到了。

我:这个手段的确很高明,它让我想起了我们这个时代的一项制度,即英国的陪审团。众所周知,在陪审团达成一致之前,法官是不能下判决的。为了实现这一目的,英国的法律规定:在所有陪审员达成一致之前,任何一个陪审员都不许离开会议室。

我的雪茄抽完了,这幅景象也消失了。但我不会再点一根新的,因为我用不着它了。我已经发现了自己身上的天赋,那就是我能在梦中幻想出各种法学景象。这可比点雪茄方便多了,因为我在睡梦中就可以看见它们,这样就省下了我白天的工作时间。接下来,我就要向您描述这个梦——正是通过它,我才发现了自己有这样的天赋。

第 三 部 分 245

在法学的概念天国中：一幅幻想景象

331 尾 注

我死了。在我的灵魂脱离肉体之际，一个发光体过来迎接了它。 247

向导精灵：现在，你已经摆脱了你的感官束缚。将你的灵魂捆绑在肉体之上的那把枷锁已经被彻底粉碎了，从今以后，你就是精神了。作为精神，你再也不用费力地寻找事物的"精神"了，因为围绕着你的所有事物——这整个世界——都是精神，即真正的存在。[1] 实际上，你自以为感知到的那个世界不过只存在于你的想象之中。就像时间与空间，它们只是你的主观形式，就连你自己也是一样。要是你读懂了康德和叔本华，那么你肯定已经知道：一切都是幻觉和假象。真正的存在是非物质形式的，整个世界都是精神，而你自己也是其中的一部分。所思即所在，思维和存在是**同一的**。意志将自

---

[1] **C. F. Christiansen**, Institutionen des röm. Rechts, Altona 1843, S. 7："精神(Geist)是真正的**存在**，因为它不是'**某个特定之物**的存在'，而是'**存在本身**的存在'；精神才是真正的存在(**Ge**-ist)。"[这里耶林引用的是他在基尔大学任教时的同事克里斯蒂安森的著作《罗马法阶梯》(该书的准确出版时间是 1843 年，原书错印为 1848 年，中译本径直更正)。在这段引文中，克里斯蒂安森将德文的"Geist"(精神)一词看成是"ge-"(表示强调的前缀)和"-ist"(表示"存在"或"是"的动词"sein"的第三人称单数现在时变位)组合后的形式，即强调精神才是真正的存在。——译者注]

己提升至自身高度的那种力量正是基于这一点。在尘世的初级阶段里，你所认识到的只是非完全形态的意志，这是它在表象世
248 界里的初始模样。对你而言，“意志的痛苦”（那些眼前只有尘世意志的哲学家们就是这么说的）从此结束。从今以后，你的纯粹思维就是意欲：所思即所欲，所欲即现实，思维和现实是同一的。

我：谢谢指点。对这件事，我大概也是这么想的。但能从你嘴里得到证实，我还是很高兴的。我该怎么称呼你呢？

向导精灵：我们精灵是没有名字的。与人类不同，我们不再是“个体”。跟所有其他事物一样，“个体性”也是一种受限的尘世存在形式，它也是基于精神和肉体的结合。当精神从肉体中分离出来，它就融入了精神本体这个真正的世界，它就像汇入了大海的一滴水。我就是你，你就是我，我们是不分彼此的，我们是同一个精神本体。“我是独立的个体”——你过去就沉浸在这种观念里——这样的想法的确还会影响你一段时间，但是很快你就会认识到，这只是一种错觉；你将会意识到，不是**你**存在、**你**思维，而是**它**存在、**它**思维。相对于普遍的存在和思维，你的存在和思维就像河流中的一滴水、大海上的一道浪那样没有独立性。你明白了吗？

我：我不太明白。

向导精灵：你本该在尘世上多学点哲学，因为理解“非个人的存在和思维”对你们那些哲学家来说并不是什么难事。但久而久
249 之，你也能做到的。从“主体性”过渡到“非个体性存在”，这对于没受过训练的人来说并没有那么容易，我自己也是被迫习惯于此的。

目前你还处于过渡阶段，也就是蛹的阶段：你已经不再是毛毛虫，但还没有化成蝴蝶。在这种状态下，你不知道自己是醒着

的还是在做梦,你不知道自己的所见所闻是想象的还是真实的——这是主体意识衰退的初始症状。你将会知道,所有艰难的过渡都要经由中间阶段才能实现。

顺便一提,为了让你能够听懂我说的话,我将屈尊接受你以前的世界观。也就是说,我会让自己适应“时间”“空间”“个体性”这些观念。因此,你可以把我看成是一个“个体”。尽管我们实际上是同一的,但为了更好地区分我们俩,你可以叫我的名字。

我:那我该怎么称呼你呢?

向导精灵:叫我灵魂向导吧。我就是引导你去往目的地的那个人。我说“地点”和“引导”,是为了让即将发生在你身上的事跟你的思维方式相适应。如果你继续往前走,你就会知道,“假定空间里存在某个特定的点”基于的是不完美的人类思维;你还将知道,你甚至连我的引导也不需要,因为你只需要想象一下你的目的地,你就能到那儿了。

我:我想要试一试。我要想象自己去到哪里呢?

向导精灵:既然你是个罗马法学者,那你就到法学的概念天国里去吧。你在尘世里研究过那么多的法学概念,在那里你又能重新遇上它们了。然而,这些概念的形态并不像它们在尘世上为立法者和实务工作者所熟知的那样不完美和有缺陷,而是完美无 250
瑕和绝对纯粹的。在那里,法学理论家会因为他们在尘世中的劳作而被嘉奖;在那里,他们将彻底看清自己在尘世里只能看到模糊轮廓的概念,他们将面对面地看着它们,与它们交往,就像同他们自己这类人交往一样。在尘世,他们徒劳地寻找着某些问题的答案;在那里,他们却可以从概念本身找到答案。那里不再有民法谜语,对“待继承的遗产”“共同连带之债”“在权利上的权利”的建构,“占有的本质”“临时占有与使用借贷的区别”“在自己之物上的担保物权”,以及所有其他给科学信徒的尘世生涯造成如此困扰的问题,在那里都得到了解答。

作为理论家,这就是你即将进入的天国。

我:也就是说,这个天国只有理论工作者才能进?那实务工作者要去哪里呢?

向导精灵:他们有自己的天国。他们的天国仍属于太阳系,太阳的光芒仍能照到那里。那儿有大气层,体格粗野的实务工作者适合在那里生存;一旦他们处于真空状态(这种状态对于概念来说是必需的),他们就不能存活。那儿的生活跟地球上的完全一样。总之,实务工作者在尘世上所需要的所有生存条件那里都具备。在理论的天国里,他们将不能呼吸;由于他们的双眼无法适应深深笼罩在那里的黑暗,所以他们也将寸步难行。

我:那儿很黑吗?

向导精灵:特别黑!那里被最黑的夜晚笼罩。理论天国所在
251 的天体不再属于太阳系,阳光照不到那里。太阳是一切生命之源,但是概念无法与生命共存,它们需要一个属于自己的世界。在这个世界里,它们完全为了自己而存在,因此也就远离了一切生命。①

我:但是,去那里的理论家究竟要怎样才能在黑暗中看得见呢?

向导精灵:在尘世里,他们的眼睛就已经习惯了在黑暗里看东西。他要论述的对象越模糊,它的魅力就越大,他就越能通过它来彰显自己目光的敏锐;他就像密涅瓦的猫头鹰,在黑暗中也

① “生命”在原文中是“Leben”一词,该词在德语里可同时指“生命”和“生活”。本书里的“生命”亦可理解为“生活”,反之亦然。——译者注

能看得见。② 假如所有问题他都可以在法源里找到清楚、明确的答案，那么法律史对他来说还有什么吸引力呢？正是法源里的漏洞和彻底的空白才给了这件事最大的魅力，正是最模糊的部分才是最有趣的，因为正是它们才允许想象力无拘无束地到处游荡，而拥有想象力的真正乐趣就在于此。如果光明取代了黑暗，那么一切都会消失！甚至学说汇纂课也会消失！假如没有黑暗，假如法源里不存在含义模糊的片段，那么教授们在讲授这些片段的学说汇纂课上还能讲些什么呢？正是它们才是课堂的调味品，正是它们才能让这些老师保持持久的快乐。假如这些片段——千百年来，成千上万的罗马法学者正是通过它们来展现自己的洞察力——如今被解释得不再有任何怀疑的余地，那么科学将蒙受多少损失啊！那罗马法学者就无事可做了，这些片段的魅力也就消失了！

好了，说得够多了！请你准备好，我们要上路了。为了到达 252
目的地，你什么都不用做，只需要尽全力地想象一下我刚刚给你描述过的那个天国，它就会出现了。

我：我试试看。

* * *

向导精灵：我们已经到了！我的任务到此结束。如果你没通过考试，也许我还会再回来接你的。

我：天国里还有考试？我的意思是，在尘世上，人们已经考得够多了，死了之后总该不用再考试了吧！

向导精灵：你难道认为，所有法律人都是不加区分地进入概念天国的吗？如果真是这样，那么实务工作者也会过来申请入

---

② 在原文中，“黑暗的”和“模糊的”都是用的同一个词“dunkel”，下文根据语境采不同的译名。——译者注

内。只有理论工作者才能进入这个天国,并且只有被选中的人才能进入。只有通过考试,你才能证明自己是他们的一员;否则,你就必须去往普通的法律天国。看见那个守卫了吧?去他那儿报个到吧。

* * *

我:我要在你这里报到。我想进去。

守卫:你能不能进入天国,一会儿才能知道。现在,你必须先接受隔离,再参加考试。

我:隔离?为什么要隔离?

守卫:为了确保你没有把空气带进来。

我:难道你们连空气都不能承受吗?

守卫:是的,对我们来说,空气就是毒药。正因如此,我们的天国才会建在世界上最偏僻的角落,这么做就是为了它不受气流
253 和光线的侵袭。概念无法承受与现实世界的接触,在它们生存和统治的地方,现实世界以及现实世界里的任何事物都要被彻底地隔离。在概念的世界里,也就是你现在所在的地方,没有你们那种意义上的生命。这里是抽象思维和抽象概念的王国,它独立于现实世界。通过逻辑的自然生发,概念世界从自己之中产生了自己,因此它惧怕与尘世的任何接触。想要进入这里的人甚至连尘世的记忆都要彻底忘掉,否则他就不配拥有,也不能拥有在我们天国观赏这些纯粹概念的无上快乐。对于那些还没彻底忘掉尘世的人,我们还在这儿安了口井,它就像希腊"冥府"里的忘川河,只要喝上里头的一口水,就足以让他把现实生活的残余观念忘得一干二净。但是在请求入内的人之中,只有极少的一部分才觉得有必要使用这口井。

我:来你们这儿的人很多吗?

守卫:只有少数,而且这些人几乎来自德国,并且他们也是最近一段时间才来的。之前的几百年连一个德国人都没来,那时的理论工作者都跟着实务工作者一起去往普通的法律天国。直到五六十年前才来了第一批德国人,第一个来我这里报到的是**普赫塔**。十分可喜的是,在他之后,进入概念天国的德国人就越来越多了。尽管如此,有几个过来报到的人是必须被拒之门外的。

我:太有趣了！你还记得他们的名字吗?

守卫:我只记得其中的两个人,他们是**安茨**和**威希特尔**。[③]

我:**威希特尔**?他被拒之门外我是可以理解的,因为这个人 254
根本无法欣赏法学中更为高级的东西,他的精神一直都停留在更为低级的实践领域。但是连**安茨**都被拒之门外,这我可是不相信的,他的《学说汇纂教科书》不就是对普赫塔的《学说汇纂教科书》做了个修订吗?

守卫:他肯定是在某种程度上偏离了普赫塔。人们指责他的观点不够理论,指责他以牺牲纯粹的理论为代价,对实践生活的需求做了太大的让步。总之,他没有通过考试。

我:那我也很担心自己会过不了。因为在尘世上,我的不少观点都更倾向于**安茨**而不是**普赫塔**。

萨维尼肯定也在这里吧?

守卫:是的,但他当时遇到了很大的困难。他没有正确地理解"建构",所以差点就没通过。但是最后,他那本关于占有的著

---

③ 卡尔·路德维希·安茨(Karl Ludwig Arndts,1803-1878),奥地利罗马法学家,主要著作有《学说汇纂教科书》(Lehrbuch der Pandekten,1852)和三卷本的《遗赠理论》(Die Lehre von den Vermächtnissen,1869-1878);卡尔·格奥尔格·冯·威希特尔(Karl Georg von Wächter,1797-1880),德国罗马法学家、刑法学家、国际私法学家,主要著作有两卷本的《符腾堡私法的历史、法源和文献》(Geschichte, Quellen und Literatur des Württembergischen Privatrechts,1839-1842)和两卷本的《学说汇纂教科书》(Pandekten,1880-1881)。——译者注

作起到了决定性作用。大家一致认为，通过这部著作，他已经充分证明了每个想进入概念天国的人都必须证明的能力，即不关注某项法律制度在实践中的意义，而纯粹是基于法源或是概念来建构该制度。〔2〕 正是考虑到这一点，我们才对他睁一只眼、闭一只眼。他的《论我辈从事立法与法学之禀赋》④一书同样因其良好的意图以及对同时代人所产生的积极影响而为他加了分。大家都觉得，假如没有这本书，那么在德国清除罗马法并制定一部民族法典的提案早该成为现实了。

255 我：难道你们这里也对保留罗马法感兴趣吗？

守卫：你怎么能问出这样的问题！要是不再保留罗马法，那我们会变成什么样子啊？我根本无法想象会有这么一天，到时我们在这儿肯定会非常寂寞。

我：莫非你们只考虑接纳罗马法学者？

守卫：也不完全是，但主要还是罗马法学者，因为罗马法留给我们的东西是最好的。但我们并不排外，我们还接纳日耳曼法学者、刑法学者等，只要他们共享了罗马法学者的信仰，也就是相信概念是具有统治地位的。被接纳的人里头大多都是教授，但是你也能在这里碰到帝国议会和众议院的成员。谢天谢地，他们并没有被俾斯麦所误导，从而放弃自己的信仰，即"世界是被抽象原则所统治的"。在这里，你遇到的所有人都有一个共同点，那就是对"概念和抽象原则统治世界"的坚定信仰。这样一来，他们就能完

---

〔2〕 参见本部分的尾注1。

④ 《论我辈从事立法与法学之禀赋》(Vom Beruf unserer Zeit für Gesetzgebung und Rechtswissenschaft，一译"论立法与法学的当代使命")是萨维尼1814年出版的一本论战性质的著作。在该书的影响下，蒂博(Thibaut)等人所主张的"制定德意志通用民法典"的建议迟迟未能实现。该书的德文直译本为[德]萨维尼：《论我辈从事立法与法学之禀赋》，袁治杰译，载《中德私法研究》2015年第12卷，第131-154页；《中德私法研究》2016年第13卷，第107-159页。——译者注

全不受这种念头的诱惑，即“要去关心概念和原则的实践后果”。当然通常来说，这样的想法也没法诱惑他们，而只能诱惑其他人。

现在，请你到隔离区报到吧！残留在你身上的空气将会在那里被蒸发掉，然后你会拿到一张入场券，带上它，你就能去大门口报到了。

* * *

我：我可以进去吗？

门卫：你的入场券没问题。第 119 号罗马法教授，你可以进去了。你是想马上开始你的考试，还是想先看看我们的天国？如果你想看，也可以先去看看。

我：既然如此，我想先看看。256

门卫：我派一个精灵陪着你，它会带你四处参观，并给你作详细解说；它跟你一样，生前也是个罗马法教授。

我：亲爱的同事，您叫什么名字？

解说精灵：自从喝了忘尘水，我不仅忘了自己的全部过往，而且也忘了自己的名字。在尘世里，我很可能是个教授。作为拥有这样一种身份的人，我肯定还写过厚厚的书，不然我也不会在这里了。我猜，我写的书应该是关于共同连带之债的，因为每次在概念大厅里看到这个概念，我都会有一种非常特别的感觉——一种喜爱之情在我心里油然而生，就好像我们之间曾有过更为亲密的关系。

我：但很多人都会有同样的感受，因为几乎没有一个罗马法学者是不知道这个概念的，也没有哪一年是没出版过关于这一主题的著作和论文的。

解说精灵：这都是它应得的！我们的天国里有着最为深奥的法学构造，这个概念就是其中之一。对于法律人来说，它所包含的问题是如此有趣、如此取之不尽,就像"三位一体问题"对于神学家来说一样。人们可以如此地沉浸其中,以至于对其他的一切都不再有感觉。在我们的天国里,谁要是面对面地看它一次,就会永远屈服于它的魔力,并失去对其他事物的感觉。

我:那就请你行行好,不要把我领到那儿去,我还不想失去对其他事物的感觉。

我们要去哪里?

257 解说精灵:首先是**运动场**。这是一个做体操用的操场,如果神圣的精灵观察概念时累了,就可以过来做做体操,放松一下。一会儿你还要回到这里参加考试。

我:这儿的东西好奇怪啊!这台古怪的机器是什么?

解说精灵:这是一台**头发分割机**。在考试时,你必须用这台机器将一根头发分为999,999等份,每根头发的重量要完全相同,哪怕有一根被旁边的天平称出来太轻,那你就通不过考试——要知道,它可是连一缕阳光的重量都能称得出来的。一开始,你拿到的头发还能用裸眼看清楚;但接着,它就被分得越来越细。由于你的视力没有受过训练,所以你只能用放大镜才能看得清。再往后,连放大镜你都不需要了。人的视力是如何不断增强的、分割头发的技巧是如何通过练习而提高的,这简直让人难以置信!在我们这里,有些人甚至还能把一小根分好的标准头发再次分为999,999等份。谁做得最好,谁就能得到一顶桂冠作为奖励,这顶桂冠是用他自己分离出来的头发编织的。只要没人打败他,他就能一直保有这顶桂冠。在我们这里,分割头发的比赛永远不会结束。

我:那根长杆是什么东西呀?

解说精灵:这是法律难题**爬杆**。这根爬杆是如此地光滑,以至于假如这里能照进一缕阳光，连它都会从上面滑下来。你有三次尝试机会，如果都失败，那就没法通过考试了。你看到了，爬杆有三个桅顶。在考试中，你必须爬上第一个桅顶，取下那里的任何一个问题，然后又重新把它放回去。其他两个桅顶只有那些已 258
经掌握了高超爬杆技巧的人才能够爬到。不用说你也知道，桅顶越高，难度就越大。最高的那个桅顶只有一个人爬上去过一次，后来他又费了很大的劲儿才把那个问题又放了回去。

我：为什么非得这么做呢？

解说精灵：你怎么会问出这种问题？要是上面不再有可以取下来的问题，那么所有的乐趣就都没了！这些问题仅仅是为了激励人们爬杆才存在的，而不是为了让他们解决用的。假如上面再也没有了问题，那么那些觉得自己天生就该爬杆的人又能去干什么呢？就是因为这样，这些问题才必须一再地被放回去。

我：你们这些问题就好比那三只兔子，这是我以前当教授的时候在某个地方听过的故事。这三只兔子是整个狩猎区里唯一的动物，这一点只有狩猎爱好者才知道。这些狩猎爱好者之间有一个默示协议，即他们只能追捕兔子并朝兔子射击，但不能打中它们。也就是说，他们想要保持狩猎的乐趣。曾经有个狩猎爱好者打中了一只兔子，尽管他坚决保证这是疏忽所导致的，但这个结果却还是引起了公愤。换言之，这里的兔子仅仅是为了被追捕，而不是为了被射杀才存在的，它们就跟你们这些问题的作用一样。

解说精灵：你说到点子上了！看来，你已经慢慢理解我们的法学天国了。

我：我可不可以再问一个问题：你们放在上面的法律难题是 259
实践类型的吗？它们对生活有意义吗？

解说精灵：现在，你又一次表现出你对我们的天国仍旧一无所知。“实践类型的问题”？你甚至连“实践”的名字都不能在这里提；一旦除我之外的其他人听到了这个词，你马上就会被逐出天国。“这些问题对生活的意义”？这里难道有生命存活吗？统治这里的只有纯粹的科学和法律的逻辑，而它们之所以能够统治、之所以自带光辉，恰恰是因为它们与生活没有半点关系。稍后，当我们用肉眼观察这些概念时，你就会看到，假如它们一定要顺从生活，它们会变成什么样子。在概念大厅里，你将目睹纯粹的概念，也就是那些彻底无关生活、只为自己而活的概念；在大厅旁边还有一个专门的概念病理解剖室，里面陈列了一些曾经在现实世界中发生扭曲和变形的概念，它们都是纯粹的标本。这些畸形的概念在尘世上就已经难以存活了，到了我们的天国里当然更加无法**存活**，因为在这里，只有科学上**健全的**概念才能够**存活**，也就是那些概念上纯粹、逻辑上正确的概念。你想象的生活就等于真正科学的死亡。用尘世生活中的低级需求这把耻辱的枷锁来束缚这些概念，而不是让它们像本该有的那样为自己而活，这样的做法正是对科学和概念的奴役！但是在这里，概念是为自己而活的。如果你不想断送进入天国的机会，那就不要向任何人提出这样的问题：“我在这里看到的一切都是为什么而**服务**的呢？”**服**
260 **务**？！“概念在我们的天国里也要**服务**于什么”的问题恰恰是不存在的。因为在这里，它们才是**统治者**；它们在尘世里必须忍受的服役状态，在这里得到了补偿。

让我们继续往前走。我会向你展示天国里的一些法律机器。我没法向你介绍全部的机器，况且它们也并不是同样有趣。就你的经验而言，你肯定已经知道其中几台机器对于法律的巨大价值了，没有我的帮助你也一样能够认出来，比如这里的**拟制器**。我只挑最有趣的几个向你介绍。

这边这个是**建构器**。我们来得正是时候，它正在运行中。让我们来看看，使用这台机器的精灵要拿它来做什么。

我：高贵的精灵，可以问一下你正在忙什么吗？

建构精灵：我在建构合同。

我：合同？这不是很简单吗？对它到底还有什么好建构的呢？

建构精灵：就是因为它太简单了，所以才有很多要建构的！你看上去像是这里的新手，要不然你肯定知道这个道理。正是最简单的事物才能成为建构技术最有趣、最值得感激的对象。简单的东西每个人都能理解，但是这样的理解也是太过简单的。只有行家才知道，最简单的法学现象中隐含着最艰巨的困难。就像这个在你看来如此简单的合同，我还压根不知道自己能不能成功地建构它，我差不多要宣称“合同”在逻辑上是不可能的了。[3]

我：但是，那……

解说精灵：别说话！我能猜到你想说什么。你不过是想说， 261
要是没了合同，人们怎么能生活得下去，对吧？“生活”这个词——就像我刚刚说过的——你是不许在这里说的，否则你就没法进入天国了。请改一下你的表述。

我：我……我……我想问的是：在完成这些建构任务之后，你都得出了什么结论呢？比如对“在权利上的权利”“待继承的遗产”“在自己之物上的担保物权”这些制度的建构。

建构精灵：这些建构简直不值一提！我早就完成了。关系越复杂，建构就越容易；关系越简单，建构就越困难。除了合同，唯

〔3〕 参见本部分的尾注2。

一还能吸引我的就只有债和直接代理了。

我:可以问一下,在建构的过程中你都得出了哪些结论吗?

建构精灵:关于债,我得出的结论是:它是在债务人行为之上的权利。

我:可是,这样的情形我完全想象不出来。因为在行为被实施之前,它还根本不存在,所以不可能有在它之上的权利。

建构精灵:“存在”?一听到这个词,就知道你不是我们的一员了。只要是我们能**想到**的,就是**存在**的。对于你这个似乎还没克服时间范畴的有限思维而言,债务人的行为只存在于未来。但是对于突破了思维局限的我来说,它在当下就已经存在了;我只需要去想象它,它就会出现——思维和存在是同一的。

我:用你这种方法的确能得出这个结论。那么,你对直接代理的建构结论又是什么呢?

建构精灵:根本不可能有这种概念,因为我们根本无法想象甲的行为就是乙的行为——尽管为了把甲的行为效果算到乙头上,这一点是必要的。正如一个人不能替另一个人吃药,他同样不能替另一个人做出行为:前者是物理上的不可能,后者则是逻
262 辑上的不可能——有因才有果,法律上的效果只能对触发其原因的人才能产生。如果实证法规定,在一个由他人委托、以他人名义订立的合同中,享有权利和承担义务的仅仅是委托人,而非受托人,那么这就太过专断了,这样的规定违反了法学思维的全部规律。所以,罗马人在这一点上是完全正确的,他们把合同的效果先归于代理人,然后通过他转移给被代理人。

我:可是在占有取得和所有权取得的问题上,罗马人却让效果直接对被代理人发生。

建构精灵:这真是太糟糕了!这说明那会儿罗马人的法学思

维正在走下坡路。

解说精灵:在这里,请不要和任何人争辩。你还没有达到概念思维的高度。

来,我们继续往前走。

你在这儿看到的是**辩证解释液压机**。借助它,人们可以从任何罗马法片段里解释出自己想要的内容。主缸旁边有两个泵,其中一个泵里装有**辩证输液装置**,也就是**注射器**。这一装置可以将某个片段的作者本人都不知道的思想、前提和限制输进这个片段。它是神学家的一项发明,这里的这个只是法学家的仿制品,它根本没法和神学家的那个相提并论,它的性能还不及后者的1/10——要知道,神学家可是借助这个装置把整个神学体系都输进了唯一的一句话里。但是对于完成法律的任务来说,它完全够用了。另一个泵是**消除装置**,也就是**消除器**。这一装置能够消除片段中某些令人讨厌的表述。如果操作得当,它还可以让极为矛 263
盾的片段变得和谐起来。

我:在它旁边的那台机器呢?

解说精灵:这是**辩证钻孔机**。它被用来钻到法律难题的底部,⑤是彻底解决科学问题的一种机械手段。顺便一提,必须用高超的技巧来操作它。如果不太熟练,钻进去的钻头就会从另一边钻出来,这个场面总是能把我们这些幸福的精灵给逗乐。为了羞辱不熟练的使用者并警告其他人,失败的样品都要被保存下来并用于展出——看,你面前的就是。

我:我一点都不惊讶,因为我已经预感到,在你们的天国里肯

---

⑤　原文为“um schwierigen Fragen auf den Grund zu kommen”,字面含义是“钻到法律难题的底部”,引申义为“探究法律难题的根本原因”。——译者注

定少不了被钻错了的东西。[6]

解说精灵:恶意影射的事儿你最好别干。为了不让你继续这么做,我就不再向你介绍其他的机器和装置了。我们直接去看最后一样东西吧,那就是**眩晕墙**。你得仔细地看看它,正是它围起了整个运动场。

我:它实在是太高了,我根本望不到头。

解说精灵:努力睁大你的眼睛!你没看到墙上有什么东西在动吗?

我:还真有!好像是你们精灵中的一个。他在那儿干嘛?

解说精灵:他在练习克服眩晕。这面墙是逐层上升的。在最底层,往上延伸的小路还像我们精灵的脚那么宽;但接下来,路就
264 变得越来越窄,最后窄到跟剃刀那样锋利。这就是辩证推演小路。在这条路上,理性只要稍有不慎,就会跌入无稽之谈的深渊。很多人都会在高处摔下来。请抬头看看,你正好能看到一个很好的例子:那个人摔下来了。

我:从这么高的地方摔下来!太可怕了!再加上他是头朝下摔的,肯定伤得不轻。

解说精灵:这点伤对他来说不算什么。你看,他马上又站起来重新尝试冒险了。我们的脑袋就是按照“能够承受撞击”的标准来设计的。在考试中,你也必须攀登眩晕墙,但只需要爬完最底层。

我:就你目前讲过的这些必考的样题,我感到非常害怕,以至于我对通过考试毫无信心;也许到了最后,我根本不会去报考。

---

[6] 原文为“Verbohrte”,该词是由“ver-”(表示“弄错”的前缀)和“bohren”(钻孔)组合后的名词化形式,字面含义是“被钻错了的东西”,引申义为“固执的东西”。——译者注

解说精灵：那是你的事。现在我带你去**法律史科学院**。

我：专门为法律史而建的科学院？

解说精灵：不完全是法律史，而仅仅是罗马法律史；况且也不全是罗马法律史，而仅仅是罗马法律史的一个分支。它对科学的价值、它为科学带来的好处远远超过了其他分支。

我：史前史？

解说精灵：不对！在这里，我们只把它放在第二位。占第一位的是对罗马法中的套语和罗马法原始文本的复原。在罗马法史的研究中，它被视为最困难和最有价值的部分——不擅长复原的人是不能成为科学院院士的。

我：你们这里的院士不多吧？ 265

解说精灵：当然很多！由于大多数人都缺少勇气或是语文学知识，所以没有很多人敢去复原原始文本，但是谢天谢地，我们并不缺少试图复原套语的人。因此，科学院有两个分部：一个是"文本复原部"，另一个是"套语复原部"，前者等级较高，后者等级较低。第一个部门的成员认为，只有自己的能力才是最全面的，所以他们在私底下称自己是"完人"，而把第二个部门的成员称为"半吊子"。后者也不是不知道有这样的称呼，他们对此非常敏感；为了弥补自己所受的伤害，这些人也鄙视起那些连套语都无法复原的法律史学者了。

我：我能进去看看吗？

解说精灵：当然！但由于你不是院士，所以你不许跟任何在场的人交谈；如果你想知道什么，就来问我。

我只带你去第一个部门，因为第二个部门没有太大的乐趣。

我：这里挂着的是什么板呀？

解说精灵：这是尝试复原文本用的板。上面写有需要被复原的有缺漏的罗马法文本。每个月，这块板都会因为复原了新的内容而有所变化。为了复原罗马法文本，那里放着各种残缺不全的手抄本：有几页只能辨认出几个字母，还有一些甚至连一个字母都看不出来。让我们仔细看看，这块板子上都写了些什么。

266

U N …………………………………………
………………………………………… F R U C
………………………………………… H T B
A R E …………………………………………
S P ………………………………………… I
E L E ………………………………………… R E ………………………………………… I
I ………………………………………… E N …

你敢不敢把上面缺了的字母都填上？⑦

我：我从来没试过复原文本，当然不敢了。我最多只能把字母S和P读作“Senatus Populus”（元老院[和]人民），因为它们后面脱落了表示“-que Romanus”（罗马的）的Q和R。⑧

解说精灵：几乎所有的院士都这么认为，这也是他们唯一达成共识的点。但是在其他方面，他们所复原的文本分歧就太大了。无论是当前的复原任务还是之前的复原任务，直到现在都还没人找到正确答案。谁要是能正确复原，谁就能当院长；只要其他人没法以相同的方式把他拉下马，他就能一直当下去——然而这个职位一直空着。

---

⑦　在没有填上其他字母之前，这块板上的现有字母连在一起构成了“unfruchtbare Spielereien”，在德语中意为“徒劳无益的游戏”。——译者注

⑧　“罗马元老院和人民”的拉丁文全称是“Senatus Populusque Romanus”，缩写为“SPQR”。——译者注

我：这真是太让人沮丧了！我还是不继续试了。

解说精灵：那是因为你不懂。他们每个人都坚信自己做出了正确的复原，这个信念给了他们满足感。一旦体验过这种研究的魅力，这些人就再也找不到更大的乐趣了，因为只有这才能让他们感觉到：只有他们才能让失落的古代文物重见天日，只有他们才能成为罗马法源领域的施里曼。⑨ **阅读**法源，这是每个人都能做到 267
的；但是**创造**法源，这可不是人人都懂的艺术。就像费斯图斯和瓦罗的作品里乱七八糟地堆满了各式各样的古代文字，对于那些不懂欣赏的人来说，它们简直就是没用的垃圾；但是，一个懂行的人却能借助这些文字为我们提供新的《十二表法》条文。盖尤斯的《法学阶梯》也能通过这种方式复原——哈！我看那边有位院士正在复原此书，他着手这项工作已经很长时间了。让我们看看他正在做什么。

我：高贵的精灵，你在忙什么呢？

复原精灵：我刚刚补充完《盖尤斯法学阶梯》的残缺部分，现在正在校订它的文本。我认为，盖尤斯有几个严重的疏忽。比如在转述罗马人的遗嘱套语时（Gaius 2, 104），他把“ex jure Quiritium meam esse ajo”（我主张，根据罗马市民法，[某物]是我的）这句话给漏掉了，而这正是我刚刚在文本中补充的。〔4〕

我：在我看来……

解说精灵：不要对他作任何评论，否则你会因这一无礼行为而被立即逐出。来，悄悄地告诉我，你是怎么想的？

我：在我看来，他的观点真是牛头不对马嘴。根据套语说出这

⑨　海因里希·施里曼（Heinrich Schliemann，1822－1890），德国考古学家。从小坚信荷马史诗的真实性，后自学多门外语，自费考古，使得荷马史诗中长期被认为是虚构的国度（特洛伊、迈锡尼和梯林斯）重见天日。——译者注

〔4〕　**Huschke**, Jur. Ant. a. a. O.

句话的家产买受人想要强调的恰恰是自己并非**所有权人**，而是——请允许我借用日耳曼法的表述——**财产管理人**或者**中间人**，他仅仅希望把遗产纳入自己的照管范围（“对于你的家产和财产，你是有权处分的，我是**有权照管的**……我买下这些财产”）。然而，“我主张，根据罗马市民法，［某物］是我的”这句话却正好表达
268 了相反的意思。假如家产买受人成了市民法上的所有权人，那么他就有权卖掉全部遗产，到时吃亏的就是继承人和受遗赠人。正因如此，家产买受人只应享有对遗产的照管权。

解说精灵：我的看法和你一样。但即便是这样的质疑也无法阻止他这么做。对他来说，“ex jure Quiritium meam esse”（根据罗马市民法，［某物］是我的）比单纯的“meum esse”（［某物］是我的）要悦耳得多。所以一旦他遇到缺失的部分，就会给它补上这句话。〔5〕

我：看，他把《盖尤斯法学阶梯》放在一边了。现在他要做什么呢？

解说精灵：他准备复原《保罗观点集》。他正在校订该书保留下来的关于禁治产的套语（S. R. III 4a, 7），该片段的最后一句话是“ob eam rem tibi ea re commercioque interdico”（“因此，我禁止你就该物作出交易”）。他认为，这句话中的“ea re”（该物）指的是“lare”（家神）。〔6〕

我：他是怎么想的呢？

解说精灵：他很可能以为“家神”的意思是“家庭礼拜”。对于这种观点，罗马人的惊讶程度或许也不亚于你。根据这种观点，浪费人不仅被剥夺了财产管理的资格，而且被禁止参与家庭礼拜。

---

〔5〕 参见本部分的尾注3。

〔6〕 **Huschke**, Jur. Ant. a. a. O.

我:被裁判官禁止吗?但是在罗马,宗教事务根本就和裁判官无关;众所周知,这些事务属于祭司的职权范围。我从来没听说过,裁判官会插手祭司的事务。但是在你们这个天国里,我总能学到一点我在尘世上完全不知道的东西——享有最高宗教权力的裁判官!是啊,为什么不可以呢?在我们那里不也有同样的情况发生吗?地方高级法院的院长或是国家总理不也被任命为最高教会会议的主席了吗?

解说精灵:在这里,我们不会被这种小事难倒;在尘世中给各 269
部门带来这么多麻烦的权限问题,到了天国就不再有了。

我:也许吧!尽管罗马法学家只说了"**bonis** interdicere"(禁止[管理]**财产**),但就像他们说"**aqua et igni** interdicere"(禁止**水和火**)一样,他们原本也可能甚至必须说的是"**lare bonis**que"([禁止]**家神**和**财产**)。

解说精灵:通过上述《盖尤斯法学阶梯》里的那个片段,你应该已经知道罗马法学家的话多么靠不住。

我:的确如此!但是这种不准确的说法会让人对他们的宗教意识产生不好的印象,就好像他们只关心钱却根本不关心家神似的。只有当浪费人来到裁判官面前,后者才会意识到,这不仅涉及"禁治产"的问题(如果只有这个问题,他就只需要听取法学家们的意见),而且涉及家神——对此,他同样有发言权。

解说精灵:他本该先去详细地打听一下。

我:没错!但即便你打消了我对裁判官和罗马法学家的质疑,我还是不明白为什么要把"宗教驱逐"和"浪费与禁治产"联系起来;假如真是这样的话,那么今天人们同样可以以这一理由禁止浪费人和破产者进教堂做礼拜。既然这个套语是以孩子的利益为标

准制定的，[7]那么禁止家长参与家庭礼拜对孩子来说有什么好处呢？倒不如说，这么做的效果与该目的正好相反。因为，要是家长
270 可以继续参与家庭礼拜的话，他或许还能反思自己的所作所为，并且完善自己；此外，如果说浪费人不配参与家庭礼拜，那么盗窃者、抢劫犯、杀人犯、通奸者、发假誓者也都应该不能参与才对！然而，我从没看到他们也被禁止参与家庭礼拜。

另外，还有一点我也不甚清楚，就是当浪费人的家庭神职地位被剥夺之后，谁来代替他主持家庭礼拜。他的保佐人？可是家庭礼拜与保佐人无关。他的家子？可是他还没有资格担任家长的职位。他的家妻？可是她只能以**辅助**丈夫的身份来做这件事。因此，假如浪费人真的无法参与家庭礼拜，那么他的家庭就不得不停止这一礼拜仪式。尽管这个结果在人们觉得祭祀是一种负担并试图摆脱它的宗教衰落时代尚可接受，但对祭司来说却是不能容忍的。

我的质疑还没完。借助该套语中的“ea re”（该物）一词——这个词在所有抄本中都是一致的——裁判官要禁止的仅仅是该片段前一句里提到的“bona paterna avitaque”（父辈和祖辈的财产），而浪费人自己获得的财产仍由他自己支配。实际上，禁治产制度最初的意义仅仅是为了将**祖产**保留在家庭内部。该祖产指的是**最狭义的**祖产，也就是浪费人通过**法定继承**的方式从**祖先**那里继承的财产。[8]

---

[7] “当你（？）因懒惰而挥霍父辈与祖辈的财产并**给你的孩子带来贫穷**时……”（Quando tibi（？）bona paterna avitaque nequitia tua dispeldis **liberosque tuas ad egestatem perducis**）。[该句亦出自《保罗观点集》III 4 a，7。——译者注]

[8] Ulp. XII，5：“……[如果某人]不是自然而然地根据无遗嘱[继承的方式]，**而是根据遗嘱**[继承的方式成为继承人]，[那么]按照法律规定，不能[为他]指定保佐人（… lege curator dari non poterat，cum ingenuus quidem non ab intestato，sed **ex testamento factus** sit）。”以下这个段落则强调了**祖产**，即 Valer. Max. III，5，2：“该财产**应当用于展现法比乌斯氏族的荣耀**（pecuniam，quae **Fabiae gentis splendori servire debebat**）。”上文所引的《保罗观点集》里的片段亦强调了**祖产**。

相反，对于不是根据法律，而是浪费人通过自己的行为（接受遗产 271
也属于此种行为）获得的财产，他仍可以不受限制地自由支配。然而家神却破坏了他的计划！借助“lare”（家神）一词，裁判官仅仅禁止浪费人就“父辈和祖辈的财产”作出交易的这一限制被取消了，这就导致“ea re”（该物）的范围被扩大到浪费人所拥有和获得的一切财产。正是因为那个学者把“e”改成了“l”，[10]浪费人才不得不为此付出惨痛的代价！

不过，这件事还是非常有趣的。由此我看到了，仅仅改变一个字母就会造成怎样的后果！这让我想起了一个排字工人，他把一首诗里的“i”错看成了“t”，于是就把“**Mairosen（五月玫瑰）**的醉人芳香”错排成了“**Matrosen（水手）**的醉人芳香”。我从中得到的另一个教训是：把一个字母改成另一个字母要比弄清这一改动的影响更加容易。

顺带说一句，我已经受够了你们的科学院。现在我总算知道了，为什么它被建在眩晕墙的附近。还有什么要看的吗？

解说精灵：我把最精彩、最好看的留在了最后。看见前面那座宏伟建筑了吧？建筑的中央是高高的圆形拱顶，它笼罩着我们至高无上的神殿，那就是概念大厅。大厅的一侧是**大脑研发室**，[11]另一侧是**概念病理解剖室**。我们先去大脑研发室吧。

我：哪里是入口？我到处都找不到门。

解说精灵：我们这里没有所谓的“门”，我们都习惯于用头撞墙，然后墙就会向我们屈服，让我们进去。假如你在尘世间拥有不

---

⑩　在拉丁文中，若把夺格形式的“ea re”（该物）中的第一个字母“e”改成“l”，该词就成了夺格形式的“lare”（家神），故耶林有此说。——译者注

⑪　原文为“Cerebrarium”，是耶林根据拉丁文的构词法生造出来的一个词。该词是由“cerebrum”（大脑）和表示“处所或地点”的后缀“-ium”组合而成，直译是“制造大脑的地方”，根据下文语境可意译为“大脑研发室”。——译者注

272 达目的不罢休的勇气，也就是说，你相信自己所走的道路是正确的，并且“坚定不移地”——或者像你们如今常说的那样——“不停地”⑫勇往直前，不顾左右，也不管这条路是否会通向沼泽和深渊。要是说得抽象一点儿，也就是“一条道走到黑，完全不考虑实际后果”。假如你在尘世间有这样的勇气，那么对你来说，在这儿用头撞墙、强行进入也是很简单的。现在先让我替你撞一次墙吧，跟我来！

* * *

解说精灵：我们到大脑研发室了。

我：这里是做什么的？

解说精灵：这是我们的精神实验室，理论家的脑髓就是在这儿制造的。

我：他们的大脑很特殊吗？

解说精灵：作为一辈子都带有这种大脑的理论家，你应该是知道的呀！你难道从来没有注意到，在大脑构造上，你和普通的实务人士是不一样的吗？

我：我有这样的感觉，但确实不知道。

解说精灵：在这儿，你正好可以给自己补补课。为了达到对比的目的，这里放了两个蜡制的大脑模型，一个是理论工作者的大脑，另一个是实务工作者的大脑。你没看出它们的区别吗？

我：当然看出来了！前者的脑髓有特殊的隆起。

解说精灵：这就是“观念隆起”（mons idealis）。根据这一特征，
273 我们可以将法学理论家与实务工作者区分开来。将来有资格成为理论家的法律人，他们的大脑里能逐渐长出观念隆起的脑髓质就是在这里被制造出来的。它能散发到空气中，正是由于这种特性，

⑫ 原文为“unentwegt”，字面含义是“不离开这条路的”，引申义为“不停地”。——译者注

受到恩赐的妇女才有可能生出理论家：在受孕时，她已经吸进了这种物质，只是当时她并没有意识到；后来，胎儿的躁动才让她感觉到自己所怀的孩子是有些特别的——它正迫不及待地引起他人的注意。正是通过这种方式，未来的理论家早在子宫里就已经预示了自己的到来。

我：观念隆起的作用是什么？

解说精灵：它赋予理论家"观念思维"的天赋，你不要把这种思维跟"抽象思维"搞混。后者对每个法律人来说都是必要的，尤其是实务人士。即使他天生的抽象思维能力并不出众，但是他的职业也会将其训练至实务工作所必需的程度。相反，观念思维则是法学理论家的特殊优势，它是以这种能力为基础的：在思考时，它能够使法学中的事物脱离实践前提。它根本不考虑适用问题和证明问题，因为它能想出来的，就是存在的。借此，它就摆脱了让实务人士如此大费周章的所有困难，摆脱了应如何在具体事物中对自己提出的"区别"加以判断的问题，以及摆脱了在抽象层面或许存在差异的"意思"在具体案件中要如何证明的问题——理论家只研究抽象的东西，他把具体的东西都丢给了实务工作者，他就是想看看他们是怎么解决的。通过这种方式，如此困扰凡人的"思维和存在的对立"到理论家这里就消失了，理论家站在了哲学观念论的顶峰。在这种观念论看 274
来，整个现实世界不过就是表象，不过就是主体的想象罢了。它用内涵更加丰富的"我思故它在"取代了笛卡尔的"我思故我在"。⑬ 一

⑬ 在此，耶林将法国哲学家笛卡尔（René Descartes，1596－1650）的名言"cogito ergo sum"（我思故我在）中的"sum"（拉丁文"esse"的单数第一人称现在时，意为"我在"）改成了"est"（拉丁文"esse"的单数第三人称现在时，意为"他/她/它在"），从而将这句话变成了"cogito ergo est"（我思故它在），意指"只要在主观上想一想，客观世界里的所有东西就都存在了"。笛卡尔的这句名言出自其1637年出版的《谈谈方法》一书的第四部分，我国哲学界目前也将此句译作"我想，所以我是"。——译者注

旦拥有了这种创造性的、能够设定并取代存在的思维力量,在法律领域里就再也没有什么能阻止理论家的各种思维推论了。就像飞往云端的雄鹰,他也飞向了观念思维的领域,沐浴在纯粹思维的苍穹里,而不顾那个深深位于他脚下、远远离开他视线的现实世界。

我:谢谢你的教导。对于这件事,我差不多也是这么想的。我总是把法学想象成法律的数学。法律人用自己的概念进行计算,就像数学家用他们的数字进行计算一样;只要结果在逻辑上是正确的,他就什么都不用管了。

解说精灵:如果他想证明自己配得上"法律人"这个称号,他**就必须**这么做;相反,实务工作者则太过软弱,以至于让自己的逻辑一致性思维被实践后果所误导。当然,这不是他们的错,因为他们的大脑里毕竟缺少了观念隆起。

我:能长出观念隆起的脑髓质是怎么制造的呢?

解说精灵:这个工序太复杂了,目前你是没法理解的。顺便一提,这里不仅制造为观念隆起所必需的脑髓质,而且制造为法律史直觉所必需的脑髓质;要在一般的理论脑髓质中添加适量的想象力,才可以造出后者。

我:只有法律史学家才需要想象力吗?我想起我在托马修斯[14]
275 的书里读到过,没有适当的想象力,任何法律人(当然也包括实务工作者)都没法应付工作;他说,"为了想出古怪的法律案例",这样的想象力是必需的。

---

[14] 克里斯蒂安·托马修斯(Christian Thomasius,1655-1728),德国哲学家、法学家,哲学家雅科布·托马修斯(Jakob Thomasius,1622-1684)之子,后者是哲学家莱布尼茨的老师。托马修斯主张法律与道德的分离,为废除猎巫制度和酷刑制度做出了重要贡献。其主要的法学著作有《神圣法学阶梯》(Institutiones iurisprudentiae divinae,1688)和《自然法与万民法基础》(Fundamenta iuris naturae et gentium,1705)。——译者注

解说精灵：托马修斯说的是“一般的或粗俗的想象力”（phantasia communis seu vulgaris），但这对于法律史学家来说是不够的。他需要的是非常特殊的想象力，而这里正是制造这种想象力的地方。要造出它，必须在法学理论性质的脑髓质里添加适量的**诗性**想象力，也就是“诗意的或卓越的想象力”（phantasia poetica seu eximia）。然而，若添加时没控制好比例，哪怕只超出了一点点，将来拥有这个大脑的人也会因此而承受不小的痛苦。这种诗性的想象力不满足于纯粹的法律史问题，它不会被这些问题所吸引和束缚，而是在其中发酵、咆哮和放肆——诗人和法律人吵得不可开交。此时，一切的关键就在于哪个角色更胜一筹。如果诗人的角色更为强大，那么诗性的脑髓质就能以一种不再危及法学的方式发泄出来：他会去作诗、写剧本或者撰写各种小说，就像其他专业的学者们一样，那些人也是以这种方式来满足自己的。但如果法律人的角色更占优势，情况就不妙了。这样一来，诗性的想象力就彻底过剩了；由于必须找个地方让它流出并将之窖藏，法学文献领域自然是他们的首选之地。这条弱小的溪流还没有足够的力量像大河那样在平原上开辟自己的河床，由于没有坚固的河岸将其包围，它就四处喷涌，形成了水洼、池塘和沼泽——这是半吊子诗人所造成的法学泛滥！真正的诗人对法学没有危害，因为他不会受诱惑去糟蹋法学题材。但是半吊子诗人却害人不浅！由于没有能 276
力创作纯粹的诗歌，他就把法学当成一种解脱。至于在哪儿发泄，他从不挑剔。任何东西（即使是最枯燥的法学事物）都难逃他那如痴如醉的眼神，为了使其焕发诗性的光彩，他惊动了整个天地。还有什么能比拟制更加质朴？然而，为了正确地揭示其本质，近来有一位作者却不畏艰难地召来了奥林匹斯山和山上的宙斯，召来了飓风和火山、闪电和雷雨，还召来了春天和嗡嗡的小蜜蜂——这真

是被孟加拉人照亮的拟制啊！〔9〕

当第一批这样的人来到我们这里时，我们建议他们去往诗人的天国；但是在那里，他们又遭到了反对，于是他们又被赶回了这里。据说，他们只是借用了诗人的外在装饰：说空话。相反，真正的诗人则会发自内心地抵制语言中的一切空话和大话，他知道形式和内容必须相符，他从不会拿诗人的破布过度装饰法学概念。所以，这些人又回到了我们这里，只有我们能容忍他们，但这里的大多数人还是会避开他们。他们通常会内向地坐在角落里沉思，直到有什么东西吸引了他们的注意，这时他们就会跳起来开始发作，陷入一种狂喜的状态。这可能会让那些完全不了解他们的人感到害怕，但实际上他们是完全无害的，他们不会给任何人造成伤
277 害。在发作结束之后，他们又能非常理智地说话了，而且经常要比那些嘲笑他们的人看得更远。跟那些只会用理智思考的人相比，他们还多出了想象力和灵活的思维；要是他们能学会控制自己的精神，那么他们打败这些人就绰绰有余了。然而他们缺少的恰恰是这样的能力。

现在我们去圆形大厅吧，也就是概念大厅。由于你还没有被天国所接纳，所以现在还无权进入大厅。这样吧，我先带你去长廊，你可以从那儿看到大厅里的东西。

＊　＊　＊

我：多么混乱啊！这让我想起了汉堡的证券交易所。只是在这里来回走动的形象跟我们在那个证券交易所里通常看到的完全不同。多么雄伟、多么壮观的景象啊！多么丰富的面部表情啊！它们相当准确地反映了概念的不同类型。跟这些表情相比，人类的面部表情简直是太没用了。

---

〔9〕　参见本部分的尾注4。

解说精灵：这没什么好惊讶的！脸是心灵的窗户，在漫长的一生中，人的内心是多么地变动不居啊！有多少感受和情绪萦绕他的心头，又有多少无穷无尽的对象在等着人类思维去探索啊！相反，概念的思维仅仅局限在它自己身上。从创世开始到现在，除**为自己而思考**之外，它们无事可做。只有当它们对各自的统治范围意见不一时，它们才有可能陷入激动和狂热之中。这个时候，它们确实是非常活泼的，甚至有时会变得让人厌恶。如果不考虑这种稍纵即逝的激动情绪，那就难怪这一始终不变、完全以自身为目的 278
的思维强度要通过面部表情来展示自己的本质了，甚至连它们的外在举止都把这种本质表现得精准无误。立马认出其中的大多数概念，这对你来说肯定不难。比方说，那里并排站着的三个概念，你觉得它们分别是什么？

我：其中一个长着一张狡猾的脸，它无疑就是欺诈，透过这张脸就可以看到它内心的诡计。另一个的表情极其单一，它只能是重大过失，因为只有重大过失的内心才是毫无想法的。至于这最后一个，我可以根据其漫不经心的面部表情和摇摇晃晃的走路姿态判断出它必然是轻微过失。

解说精灵：答对了！由此你还可以推断出，轻微过失将会踩到别的概念的脚，就是那个伸长双腿躺在角落里的概念。

我：那是什么概念？它看上去像是在睡觉。

解说精灵：那是迟延。通常它都是慵懒地躺在角落里的，要不是催告时不时地来吓吓它，它肯定动也不会动。

现在走到欺诈边上的那个概念，你肯定认得出来。

我：那一定是诚信。它那诚实而坦率的真实表情已经向我们宣示，它就是诚信无疑。

解说精灵：它的确很容易认。那个正站在大厅中央的概念，你也是不难认的。

我:它只能是所有权了,因为它符合我对所有权的印象:四肢
279 发达、又矮又胖,一副饱食终日、舒舒服服的样子。一看就知道,没有什么能撼动它。它觉得自己非常安全,跟其余站在它边上的以及那些惶恐不安的概念们形成了鲜明的对比。

解说精灵:那是债,它总是在担心自己的权利能否实现。唯一知道如何能让它放心的是保证和担保物权;在它们的陪伴下,债的心情总是很好。

我:我发现那边有好几个脾气相当不好的家伙正在角落里生闷气。

解说精灵:它们气的是自己受到的关注太少。在那儿并排站着的两个概念是人格减等和不名誉。以前它们的情况还好一点,但属于它们的时代已经过去了。看它们颤抖的双手和全部的体态你就知道,它们已经相当年老体弱了,连它们自己都不再指望能恢复名誉。当前,它们又燃起了新的希望,因为近来有一位法学家[10]在关于**当今**罗马法的教科书中和讲授课上给了它们一席之地,并对它们做了极为深情的论述。你本该看到,它们变得多么自信;当这位法学家来到我们这里时,它们又会为他准备多么隆重的欢迎仪式。然而到了这里,大家都对它们不屑一顾,把它们看成过气的明星。实际上,它们本该被埋葬在我们的法律史墓地里;仅仅是出于虔诚,大家才继续容忍它们。

我:这么说,你们这儿也有墓地?

280 解说精灵:当然了! 我还没带你去看,因为现在里面还是空的。我们不愿埋葬这些概念,即便它们已经失去了生命和力量。因为考虑到它们昔日的辉煌,大家还是允许它们像退休官员那样

---

〔10〕 von **Vangerow**, Lehrbuch des Pandektenrechts I, § 34, § 46-51.

继续在这里过悠闲自得的日子。居住权和动物劳务权这两个概念同样在那里生闷气，总有一天它们也会被埋葬，因为它们的葬礼已准备就绪。但由于它们至今仍出现在**当代**法的概念之中，所以葬礼还不能举行。

我：我发现那儿又有三个概念脱离群众了，它们正闷闷不乐、百无聊赖地站在角落里；但它们看上去还是生机勃勃、精力充沛的样子。

解说精灵：没错！它们是地上权、永佃权和使用权。它们气的是很少有人找它们说话，所以它们很嫉妒其他那些与别人相谈甚欢的他物权，尤其是地役权和担保物权。它们真是不折不扣的嫉妒鬼。除此之外，它们还是极度沉默寡言的家伙，我们最好避免跟它们说话。我自己就有过这样的经历，不妨说给你听听。最近，我和使用权就一个非常重要的问题发生了争论，即限制用益条款(ademtio fructus)会对用益权遗赠产生何种影响。它认为没有什么影响，而且对我的所有反对理由和观点都那么充耳不闻，以至于我中断了这一对话，并决定再也不和它交往。

我：我注意到这些概念在大小上存在明显的差异，这是巧合吗？还是另有原因？

解说精灵：在我们的字典里没有“巧合”这种说法！其实你自己就能找到答案：概念的大小取决于其各自的意义。据此特征，一 281
般概念跟特殊概念相比就显得很大。你眼前就有一个很好的例子：合同正在找消费借贷和使用借贷谈话。通常，一般概念是不会跟特殊概念交谈的，因为它们之间的关系是被规定好的，所以几乎不会出现什么争议。同样地，不同的特殊概念之间也很少会出现分歧。时至今日，只有临时占有[15]和使用借贷还没有就其各自的标

[15] 原文为“precarium”，指的是容许他人对自己的物进行临时或暂时的占有而可以随时收回的制度，民国时期的译名为“容假占有”，此处的“假”意为“临时”或“暂时”，而非“虚假”。为避免误解，本书将该词译为“临时占有”。——译者注

志性特征达成一致。相反，一般概念之间的争吵则更为常见。其中有一些争吵是最近才开始的，它们是被几个新近的著名理论家煽动的。比如你可以看到，无效和可撤销正在那里争得面红耳赤。但其实，它俩以前的关系非常和睦，它们是最近才开始吵架的。共同连带之债和单纯连带之债吵得就更厉害了，它们每天都要吵一架，永远没个头！但其实它们以前相处得很融洽，是不久前才来的一位法学家在它们之间煽的风；从那时起，属于它们的和平年代就一去不复返了，它们生活在极度紧张的关系中，彼此诉说着辛酸往事，一切和解的努力都无果而终。我自己早就厌倦了这场争吵，绝不会再参与调解了。

我：可是，在你们的天国里不该出现争吵呀。

解说精灵：你是不是傻！争论是科学真正的调味品。要是没
282 有它，谁都忍受不了我们天国里的无聊；长此以往地观察这些概念，就算是我们这样的精灵也会厌烦。只有争论和新人的到来才能给天国带来点活力和调剂。

我：这些概念只是彼此争论，还是也会和精灵们争论？

解说精灵：哦不，概念是不会和精灵争论的！它们觉得这有损自己的尊严，所以还没有一个概念敢这么做。但它们并不拒绝和精灵进行非常秘密的交谈，并告诉它们自己真正的本质。就在昨天，占有还跟**萨维尼**聊了很久，而且聊得很深入。

我：你知道他们都聊了些什么吗？

解说精灵：当然！他们聊到了这个问题：占有是权利还是事实？

我：可惜我没能听到他们的对话，要不然肯定可以学到不少东西！我最感兴趣的就是占有了。到现在我都还没看见它，快行行好，带我去见见它吧！

解说精灵:目前我还不知道它在哪。在我们这里,大多数概念都有固定的位置,类似于尘世间供职于证券交易所的商人,人们总能找到它们。只有少数概念不愿遵守秩序,它们有着不安分的本性,受不了老是待在同一个地方,所以一会儿跑到这,一会儿又跑到那。比如,现在你能看到担保物权正和物权待在一起,但我并不确定下一秒它会不会跑到债权那里去。继承权也一样,平时它都会安静地待在自己的位置上,但有一次却想着要跑到家庭权里头,还好之后它又平静了下来。在所有概念中,最讨厌的就是占有了,它是个极不安分的家伙,从来没在一个地方待久过。它一会儿跑到总则里[11],一会儿 283
跑到人格权里[12],一会儿又跑到物权里。[13] 在物权里,它通常是挨着所有权的,有时在所有权之前,有时在所有权之后,而且有一次还踏入了所有权的领地,[14]甚至闯进了债权里。[15]

我:我看见它了,它正待在物权里,就在所有权旁边。

这就是占有?奇怪了!它跟我本来想的不一样。我曾以为它是一项权利,但在这里它却表现为一种事实。[16]

解说精灵:你且等着。过一会儿你就会看到它是一项权利。它的样子是不断变化的,它就是我们概念中的普罗透斯。⑯

看看它现在是什么?

我:它现在的确是权利。[17]

---

〔11〕 **Thibaut**, System des Pandektenrechts, Aufl. 8, I, § 2 und 3 u. ff; **Kierulff**, Theorie des gemeinen Civilrechts Kap. V.

〔12〕 **Puchta**, Pandekten § 122 u. ff.

〔13〕 这是目前关于占有在私法体系中所处位置的通说。

〔14〕 **Arndt**'s Pandekten Buch II, Kap. 2.

〔15〕 **Savigny**, das Recht des Besitzes (Aufl. 7 von Rudorff S. 48).

〔16〕 参见本部分的尾注5。

⑯ 普罗透斯(古希腊语:Πρωτεύς,德语:Proteus),希腊神话中的一位海神,经常变化外形,使人无法捉到他。——译者注

〔17〕 参见本部分的尾注6。

解说精灵：等会儿你再看看。

现在它又是什么？

我：现在它既是事实，又是权利。“根据其**本质**，它是事实；但根据其**效果**，它同时又是权利。”〔18〕真是不可思议！刚才我本想
284 说，根据其本质，它是权利，因为它拥有一切属于权利的性质。〔19〕但这是无济于事的，因为占有的本质似乎恰恰就在于：它非其所是；又或者说，只要它变成什么，它就能是什么：一会儿它“在本质上不是权利”“不是法律关系”，而是一种事实，一会儿它又“像其他所有权利一样”是一项权利，最后它却“既是事实，又是权利”。它就像一条鳗鱼，嘲笑着所有试图抓住它的人；当你自以为已经掌握它的时候，它就会再次从你的指缝间溜走。

解说精灵：这你可就说对了。就占有的取得和丧失来说，它同样如此，你永远都不能确定占有是否存在。〔20〕在占有保护方面，情况也完全相同：此刻你认为这是**罗马裁判官天才式的作品**，下一秒你又会觉得这是**他们犯下的巨大错误**。但你要相信，你正在**被刺眼的假象所迷惑**。〔21〕

我：没错，这该死的占有保护！在尘世间，它同样给我带来了许多麻烦。我原本以为，作为一位法学家，我必须追问一下“占有

---

〔18〕 **Savigny**, a. a. O. § 5 的小标题就是：“占有既是权利，又是事实”。该书的第 44 页就是这么写的：“占有既是权利，又是事实。也就是说，根据其**本质**，它是**事实**；根据其**效果**，它同时又是**权利**。”

〔19〕 引自尾注 6 中萨维尼的原话：(1)“在**效果**上，它与权利是相同的”；(2)“它被**承认**为权利”；(3)“它的**取得**就跟所有权利的取得一样”。

〔20〕 参见本部分的尾注 7。

〔21〕 **E. J. Bekker**, Das Recht des Besitzes bei den Römern, Leipzig 1880, S. 99：“维持占有令状的发明简直是天才式的。”S. 234：“维持占有令状的畸形构造……是一个巨大的错误。”S. 235 的注释：“我**仍然**有种感觉，仿佛维持占有令状的创设**实际上**是一项天才式的作品；但是经过冷静的思考，**现在**我又觉得我是被刺眼的假象给迷惑了。”

保护的根据”，而且我也已经顺利地得出了结论；但其他人却反驳我说，这是一个哲学问题。〔22〕 假如这种反驳成立，那么我可以推出的结论就是：罗马法学家同样分不清法学和哲学的界限，因为他 285
们也不禁会去追问时效取得的“哲学根据”。〔23〕 正是他们在占有效果方面为我树立了榜样，我才在占有保护方面提出了这个问题，而且像我这么做的人也并不在少数。我们的一位法学家甚至还叫来了一条狗，试图在它的帮助下搞清楚“占有保护的根据”。〔24〕 但冷静下来之后，他又觉得这场结盟不太靠得住，所以后来他免去了狗的职务。如果毒舌们指责法学中的占有理论**连一条狗都不如**，⑰那么这位法学家是要为此负责任的，因为正是他一时兴起把狗用在了占有理论的引言当中。

解说精灵：这是占有理论自己活该。这些人为什么要去追问法律制度的根据呢？正如他们不怎么操心所有其他权利的根据一样，他们恰恰也不用去操心占有权的根据。〔25〕 尽管萨维尼自己也操心了一下这个问题，但是根据**萨维尼学派**的观点，也就是根据**所谓的“19世纪法学”**的观点，我们必须抛弃**“探究占有保护的根据”这一至今还很流行的方法**。〔26〕

我：的确如此，但我认为自己并不属于这一学派。“追问法律制度的立法根据”是我从来都无法抑制的冲动，“追问所有法律条文的目的”简直已经成了我的第二天性。 286

〔22〕 参见本部分的尾注8。

〔23〕 参见D. 41, 3, 1和D. 41, 10, 5 pr.

〔24〕 参见本部分的尾注9。

⑰ 原文为“auf den Hund kommen”，字面含义是“到了狗上面”，引申义为“进入了很差的状态”“极为萎靡不振”，这里以“连一条狗都不如”对译，试图兼顾其字面原意和引申义。——译者注

〔25〕 参见本部分的尾注10。

〔26〕 贝克尔语，参见**Bekker** a. a. O. S. 16.

解说精灵：你把目的和立法理由相等同了，从这一点可以看出，你是彻底没搞清楚现行法和应然法之间的重要区别。

我：对此我确实一无所知。

解说精灵：让我来教教你吧。**现行法的立法根据无论何时何地都与权利保护的历史根据相一致，那些对制定法的产生而言不可或缺的考量因素，我们没有理由将其从历史根据中排除出去。**〔27〕

我：对此我完全认同。我能够想象，立法的需求是直到发生了某个轰动案件才会显示出来的，我们通常称其为“立法契机”。然而，如果应然法的根据不是恰好体现在这个案件上，那么光是这样一个案件又怎么能导致法律的颁布呢？应然法的根据不会因为法律已经颁布就改变了性质，法律颁布**后**的所谓“现行法根据”不过就是法律颁布**前**的“应然法根据”。就像对于决定某人行为的动机，我们也可以有不同的叫法：在他做出该行为**之前**，我们可以称其为该行为的“**动机**”；而在他做出该行为**之后**，我们又可以称其为该行为的“**历史根据**”，实际上两者是一回事。对于我的这种尚未达到你们思维高度的理智来说，这不过就是个语言游戏罢了。

解说精灵：正是因为你的理智还没有达到这一高度，所以请不
287 要作任何判断。顺便说一句，我必须借此机会严正重申之前已经给过你的警告：在我们的天国里，永远不要问“**为什么**”。在这里，没有人会去问“为什么”。萨维尼学派，也就是所谓的“19 世纪的法学流派”早就已经不再问这种问题了。假如我们崇高的概念必须向你们这种凡夫俗子解释自己“从哪来”和“为什么”，那才是有问题的。而且它们早就料到了，最后你们对这个答案是不会满意的。你在这里所看到的概念，它们**就是**这样的，这就已经解释了一切。它们是绝对的真理——它们自古以来就是这样，以后也永远

〔27〕 贝克尔语，参见 **Bekker** a. a. O. S. 17。

会是这样。追问它们的“本质”和“根据”不会比问出“二乘二为什么等于四”好到哪里去。答案就是四！“**就是**”这个词就已经解释了一切，这个问题是不存在什么根据的。到了概念这里，情况也是一样的：作为绝对真理，它们存在于自身之中，无所谓任何的根据。对于一个会思考的法律人来说，他的唯一责任就是要全身心地投入概念之中，并将其中所蕴含的丰富内容展现出来，使其为世人所知。以这种方式所发现的内容就是真理，跟其他任何真理一样，这个真理也有权要求自己是绝对有效的。

我：在你们的天国里，这的确是可能的！但是在尘世……

解说精灵：别跟我提你的什么尘世！在尘世，真理的命运就跟被束缚的珀伽索斯一样；⑱在那里，它被你们的立法者和实务工作者所奴役。只有真理才能给法律提供指路明灯，而他们却完全不懂什么是真理。他们错误地以稍纵即逝的“有利于实践的东西”来取代永恒的真理。对于真理，立法者能做什么？他能规定“二乘二等于五”吗？此外，他同样不能让违背法律理性的制定法得以适 288
用。不管实务工作者是否会懦弱到服从这样一部荒谬的法律，那些想要证明自己并非浪得虚名的理论家们是肯定不会乖乖就范的，〔28〕因为在他们心里，真理已经战胜了他们对违法的恐惧。幸运的是，如今他们已经不必再在实践中适用法律了，这种理论和实践的分离正是当代最伟大的成就之一。正是通过这一分离，科学才获得了彻底的活动自由；对于促进真理的探索而言，这样的分离是多么不可或缺啊！站在了最坚实的理论基础之上，摆脱了对实践生活的顾虑，这些法律领域的研究者就好比努力探索自然奥秘

⑱ 珀伽索斯（古希腊语：Πήγασος，德语：Pegasus），在希腊神话中是一匹长有双翼的马，俗称“天马”或“飞马”。——译者注

〔28〕 参见本部分的尾注 11。

的自然科学家，除了探索法律世界中不可思议的秘密，除了揭示呈现逻辑结构的法律有机体之精巧血管，他们就再也没有别的目标了。令人惊讶的是，他们仅仅借助逻辑思维就做到了这一点——这真是最精致的辩证法编织品、人类洞察力的真正奇迹和19世纪智慧的纪念碑！跟经院哲学家的作品一样，即使到了最遥远的后世，这些作品也能赢得后人的钦佩并激励这些人去效仿。而所有这一切都要等到理论完全脱离实践并且彻底独立之后才有可能，因为自由的辩证创造活动正是以不接触任何实践生活为前提的。实践生活对理论家的毁灭性影响，跟那位权威人士所说的“战争对
289 士兵的毁灭性影响”是一模一样的。〔29〕在这个方面，备受赞扬的罗马法学家为我们提供了一个可怕的例子，即为了生活，他们常常以狭隘的效用主义原则为指导。所以在我们的天国里，你是碰不到这些人的。法学院审判团的废除让我们当今的法律科学不再有接触生活的危险。

我：我觉得，你夸大了法学院审判团所带来的危险。我自己就读过各个审判团所作的判决，从科学的角度看，这些判决真的相当令人满意了。〔30〕

解说精灵：或许吧。但是我指的不是真法律科学的复兴时代，而是指比它更早的时代。在那个时候，法学院审判团这一制度无论如何都被证明是有害的。审判团成员处于理论和实务的中间地带，这

〔29〕这位权威人士就是康斯坦丁大公，他是俄罗斯沙皇尼古拉一世的兄弟。他很擅长训练士兵。他把自己的士兵训练到了这样一种程度，以至于当他们在华沙的训练场里行军时，即便是往他们的军帽上放一杯满满的水，也不会溢出一滴来。但是他说，战争会摧毁士兵，因为所有能让其成为士兵的东西——严格的军姿、正步、无可挑剔的整洁军服、闪闪发光的纽扣——在战争中都会消失。战争摧毁了这一切，所以他恨战争！

〔30〕我已经在另一处表达过这一点了，参见我的《法律文集》(vermischte Schriften, Leipzig 1879, S. 242)。

样的地位虽然对其判决有利，但对其著述活动却是极为不利的。他们的许多观点都被证明是晚近以来的法学家们所犯的错误。〔31〕

我：现在我已经知道你们这里对理论家的要求了，我想要试一试，看看自己是否符合这些要求、能否运用正确的理论方法。给我 290
出个题吧！

解说精灵：那你就试试准占有吧。

我：假如按照我目前的看法，那么我会这样说：在法律没有规定准占有保护的情况下，就不能认为存在准占有。罗马法会将这一保护与不时的持续使用联系在一起，〔32〕因此从实践的角度看，没有使用就不存在准占有。但是，当我上升到理论的高度时，这个问题就完全变了个样。**就像取得对物本身的占有一样，通过相同的行为，人们也能取得这种类型的占有。跟其他所有的占有一样，这种占有类型的持续也是以此种不间断的可能性为前提的，即最初支配力的回复可能性；因此，随着这种可能性的消失，这种类型的占有也就丧失了。**〔33〕据此，行使一次役权就足以设立准占有了。只要回复到最初占有关系的可能性不消失，它就可以像物上占有那样一直持续着。所以，即使占有人长年不行使役权，他对役权的准占有也无疑是继续存在的。

解说精灵：作为新手，你已经做得相当好了。“持续使用”这个

---

〔31〕 参见本部分的尾注 12。

〔32〕 D. 43, 19, 1 pr.：“若你**在［过去的］这一年里**并未……使用［此处所涉及的］个人通行权和驱畜通行权（Quo itinere actuque privato … **hoc anno** usus es）”；D. 43, 20, 1 pr.：“正如你**在［过去的］这一年里**……引过水（Uti **hoc anno** aquam … duxisti）”；D. 43, 20, 29：“正如你**在去年夏天**……引过水（Uti **priore aestate** … duxisti）”；D. 43, 21, 1 pr.：“正如他**在去年夏天**……引过水，当他不能以除此之外的其他方式引水时（… non aliter, quam uti **priore aestate** … duxit）”；D. 43, 22, 22 pr.：“正如……你**在［过去的］这一年里**这样使用（Uti … **hoc anno** usus es）”。

〔33〕 参见本部分的尾注 13。

要素以及它在感官上的现实性只适合于尘世，我们已经摆脱它了，其方式是：我们不将“使用”与感官属性相关联，而是用隶属于法律
291 观念的准占有概念替换掉这个要素。这是从存在的现实性层面跃升到了思维的观念性层面。我们对现实作出的唯一让步就是，占有人仍须行使一次该权利。但是对准占有来说，行使唯一一次权利的意义不过就跟脐带对于婴儿的意义一样——只要我们剪断脐带，概念跟现实就永远分离了，它就像婴儿一样继续过自己的生活。告别了现实，概念为自己而存在。

现在让我再来考考你。准占有请求权和准占有令状之间是什么关系？

我：后者我并不关心。对我来说，只要准占有**存在**就够了；如何保护准占有是实证法的事，在研究准占有的概念时，理论不能被这些规定所迷惑。对于我们所承认的准占有，如果实证法不给予保护（罗马法也是不负责任地这么做的），那么它就必须默默地忍受这一点，就像尘世间的弱者必须忍受强者如此多的恣意行为一样。这对它来说并不难，因为它的内心受到了安抚，毕竟理论还承认它是准占有。

解说精灵：这次你做得还是很好！现在，我们又把准占有概念中令人讨厌的“保护”要素给去掉了。这样一来，今后任何的实践前提都不能再伤害它了。

但是我还没问完。你必须再说一下准占有和役权因不使用而消灭的关系。请想象这样一种情况：地役权人最后一次行使该权利是在 1799 年 12 月 31 日，在之后的十年里，他都没有行使该权
292 利。现在的问题是：在 1810 年 1 月 1 日，准占有和役权的情况如何呢？

我：太简单了！只要回复到最初占有状态的可能性仍在不间断地持续，他在 1810 年 1 月 1 日就能继续保持占有。役权因不使

用而消灭对准占有能有什么影响呢？根据准占有的概念，它是完全独立于役权的。既然无役权的准占有和无准占有的役权都是可能的，那么即使不存在役权，准占有的持续也是可能的。〔34〕没错，我甚至还要主张：准占有还可以让已消灭的役权再次产生。因为众所周知的是，役权可以通过时效取得而产生，所以只要占有存在，并且其他前提也都不缺的话，时效取得就可以因该占有而发生。〔35〕整件事的经过如下：在1800年至1810年这十年里，役权因不使用而消灭，但由于准占有还在持续，所以该役权通过时效取得又一次产生了，接着它再次消灭、再次产生，如此循环往复。由于占有人对不动产的准占有会当然地转移给继承人，〔36〕或者如果法人是役权的准占有人，那么直到世界末日，回复到最初状态的可能性始终都是存在的。在这种情况下，准占有是永恒的，它和借款之诉以及自然之债中的抵销抗辩成了同类！在借款合同中，只要债权人还没要求对方还款，他就没有遭受权利损害，所以借款之诉是不会因为消灭时效完成而消灭的；〔37〕同样地，自然之债中 293
的抵销抗辩也不存在消灭时效。对法律人来说，这是多么振奋人

〔34〕参见本部分的尾注14。

〔35〕参见本部分的尾注15。

〔36〕参见D. 43, 19, 3, 6-10；D. 43, 20, 1, 37；D. 8, 5, 2, 3；D. 8, 5, 3。以前是通过获得占有令状来实现这一点的，参见D. 43, 1, 2, 3。

〔37〕这是**萨维尼**的著名理论，参见**Savigny**, System des heutigen römischen Rechts V, § 239。该书第292页将该理论适用于借款之诉："该诉的消灭时效是**不可能**开始的，因为它要以疏忽为前提。然而，到哪里可以找到这样的疏忽呢？"第293页又说道："此时不存在起诉的理由，不存在损害。"该制度的公开目的以及优士丁尼的明确规定在反对法学理论方面起到了什么作用呢？它们能让"此时存在权利损害"成为通说吗？尽管优士丁尼的这一规定恰恰堵死了将诉权建构为永恒的可能性，参见C. 7, 40, 1, 1c："我们命令，**所有的**对人之诉——一些冗长的解释**试图**将其中的某些诉**解释为超出**三十年的界限——都应当限制在三十年之内（jubemus **omnes** personales actiones, quas verbosa quorundam **interpretatio extendere** extra metas triginta annorum **conabatur**, triginta annorum spatiis concludi）。"然而对于"已产生的诉权"（actio nata）这个**概念**，**制定法**是无能为力的！

心啊！王位会被推翻,民族亦会消失,整个世界都会随着事物的变化而变化,但是在法学的概念领域里,有一些法律关系根本不把尘世所发生的一切变化当回事。无论经过多少时代,它们都毫发无损。

解说精灵:不知不觉地,你就已经描述了我们概念世界中的一件精美样本,它是法学领域的**永动机**。力学迄今都无法解决的问题,法学已经在自己的领域里解决了。一旦准占有被设立,地役权就会以均匀的节奏不间断地持续下去,直到永远。在上一个十年里,它因时效取得而产生;在下一个十年里,它则因不使用而消灭。在上一个十年里,它显示出了准占有的一面;在下一个十年里,它则显示出了不使用的一面。

我:但是,它必须分清这两面;因为一旦搞错了,它就再也动不了了。

294 解说精灵:你的意思是,如果地役权的产生和消灭在同一个十年里重合,那么这两个彼此相反的力或者运动就会相互抵消?

我:正是如此。

解说精灵:我们这个永动机的最完美属性正是以此为基础的,它将永恒**运动**的可能性和永恒**静止**的可能性统一在一起。正因如此,它才让地役权实现了绝对自由的想法。对地役权来说,没有什么是**必需**的,它不仅可以产生和消灭,而且可以彻底地静止,总之它想怎么样就怎么样,没人可以事先知道它会做什么。比如不久前它就停工了一整年,这显然是因为它觉得自己需要休息一下,以享受时效休眠(praescriptio dormiens)所带来的安逸。然而过了没一会儿,它再度运行起来,并完成了十年的取得时效。

我:这确实是独一无二的法学现象！没有哪个概念能比准占有更厉害了,我要为它颁发“最佳概念奖”。

解说精灵：不要忘了，准占有所取得的一切成就都要归功于物上占有，它不过是对后者的机械模仿。一旦正确认识了物上占有的概念，将其适用于权利也就是理所当然的了。我们所有的精灵早就对此达成了一致：由于其不可思议的构造，这一概念把所有其他概念都甩在了身后，甚至连概念们自己也都异口同声地承认物上占有是第一名，相反，对其他概念的排序，它们却吵得不可开交。物上占有所作出的成就，其他概念都无法模仿：根据它的**产生**，它是一种事实；根据它的**本质**，它一会儿是**事实**，一会儿是**权利**，一会儿**既是事实又是权利**，最后则又成了“非真正的权利，是独立于事实和权利的第三种概念”。[38] 尽管感官**现实**是这一概念的出发 295
点，但它立马就从这一现实中挣脱了出来；对它来说，只要存在单纯的现实**可能性**就够了。我们不再需要“与物的可见关系”，也不再需要“做出任何行为”来维持它的生命——会思考的法律人只需通过想象就足以做到这一点。正因如此，物上占有甚至超越了权利。役权和诉权都会因为不行使而消灭，但即便缺少了物上占有所需要的事实关系，它也是毫发无损的。因此，物上占有和权利之间的等级关系跟人们的朴素看法正好相反：占有证明了自己要比权利**更强**，事实把权利甩在了身后。在这一点上，罗马法还没有达到观念论的高度。跟占有相比，罗马法赋予了权利更强的生命力或抵抗力：它为权利设置的消灭期间是占有的两倍。此外，罗马法还犯了第二个错误：它让权利受到了动产和不动产这一区分的影响（这种区分在概念上是无关紧要的），而且赋予后者的权利保护

[38] **Kierulff**, Theorie des gemeinen Civilrechts, S. 349.

期间是前者的两倍。〔39〕 为了给这些错误找个开脱的理由,人们或
296 许可以补充说:这些规定都是在罗马人尚未领悟纯粹概念思维的时代里产生的。而跟罗马人的占有相比,我们的占有是多么不同啊!在我们的占有中,概念彻底战胜了现实:如果凯撒时代的罗马城公奴将某物忘在了或是埋在了森林里,那么在该物之上的占有直到今天都还在持续。〔40〕 这是法学思维的胜利,它借助**可能性**的范畴战胜了**现实性**的范畴。它以"占有的观念"为起点,以"观念中的占有"为终点。〔41〕 尽管这一占有被剥夺了一切现实效果,但它仍保有力量,作为"抽象的占有"〔42〕一直持续下去。

好了,我们已经在概念大厅待得够久了,现在我们该去概念病理解剖室了。

* * *

解说精灵:到目前为止,你所看过的都是呈现为纯粹形式的概念;在这里,你将会看到畸形的概念,这是它们在尘世所不得不承受的形式。

我:罗马人的概念也是这样的吗?

---

〔39〕 在早期法上,不动产所有权因时效取得而消灭的期间是**两年**,动产所有权则是**一年**。地役权因不使用而消灭的期间是**两年**(根据《斯克里伯尼乌斯法》[lex Scribonia],这一期间同样适用于取得时效)。用益权因不使用而消灭的期间在不动产和动产上有所区别,在前者是**两年**,在后者是**一年**(参见 C. 3, 34, 13)。不动产的占有保护期间为**一年**(现状占有令状),动产的占有保护期间为**半年**(优者占有令状),役权准占有的占有保护期间为**一年**("**在[过去的]这一年里**",参见第 290 页的脚注)。确定期间长短的基本思想是显而易见的,但据我所知,它还没有被学界所认清,那就是:权利的强度是占有的两倍,不动产的强度是动产的两倍。因此,**动产**的**占有**保护期间就是**不动产所有权**保护期间的 1/4。

〔40〕 **Savigny** a. a. O., S. 541:"例如,若谁把某物忘在了森林里,但事后又想起了它,那么他就没有丧失在该物上的占有。"

〔41〕 我在《论占有保护的根据》一书中的原话,参见 Über den Grund des Besitzesschutzes, S. 177。

〔42〕 这是普赫塔的表述,参见本部分的尾注 14。

解说精灵：很遗憾，是的！假如只有当代立法上的概念以畸形的方式呈现，我是不会对此说什么的。可是就连罗马法学家也如 297
此软弱，以至于为了考虑纯粹的实践——他们称其为“效用”——他们就忽视了要在逻辑上严格贯彻法律概念。正因如此，你的眼前才会出现这种畸形的概念。

我：真的……好难看啊！在刚看完绝对纯粹、完美无瑕的概念之后，眼前又出现这种畸形的概念，我真是被吓到了。这些标本的颜色都是什么意思呢？

解说精灵：**黑色**表示的是那些虽然属于纯粹的**实证**类型，却没有和概念发生矛盾的法律规定。比如就这里的诉权消灭时效而言，关于消灭时效期间的具体规定是各不相同的；然而，它们都是和诉权消灭时效这一概念完全相协调的。同样地，就那边的法定继承权来说，关于法定继承的顺序也存在不同的规定，但这些规定也是和法定继承权的概念相协调的。你看，这类实证规定的数量还不少。真希望它们能再少一点，其中一些消失了更好。但是在尘世，人们不是因为法律本身，而仅仅是因为要适用法律才需要它们，所以一定数量的实证法规定是难以避免的。只要这些规定不擅自制造违反概念的东西，科学还是可以忍受它们的。然而，实证规定违反概念的情况却是多么常见、多么五花八门啊！你从带有另外两种颜色的标本里就可以看出这一点，也就是**红色**和**蓝色**的标本。红色表示这些概念在罗马人那里就已经是畸形的了，蓝色则表示概念的畸形是到了当代才出现的。换言之，在这两种颜色中，较浅的是立法者创造的畸形概念，较深的是法学家创造的畸形概念。后者是最难看的，也是最令人遗憾的，正是它们证实了法学家已经背弃了法学，而跑去跟实践生活眉来眼去。但其实，实践需 298
求根本与法学家无关，它仅仅是立法者该去操心的事。相反，法学家的根本任务恰恰就是要守护概念的纯粹性,并防止一切违反概念的东西出现。对于立法者暗杀概念的行为,我们最多只能选择原谅,因为立法者不知道有什么更好的办法,他们是在极为天真的状态下才干出了这种事;但是对于法学家这个概念的守护者来说,对概念的侵害是他们所能犯下的最严重的罪行,这是对圣灵所犯下的罪过。现在,你应该明白颜色的深浅都象征着什么了吧。它们象征了罪过的程度:浅色是为立法者准备的,深色则是为法学家准备的,二者的深浅程度是根据罪行的严重程度呈阶梯式变化的。我给你举几个例子吧。

首先来看这里的所有权。这个概念既没有受到立法者的侵害,也没有受到法学家的侵害。但是所有权的取得方式和返还所有物之诉所受的侵害就严重多了。先来看埋藏物。

我:在概念大厅里,我根本没看见它。

解说精灵:它总不能待在那里呀!因为它是一种不正常的现象,明显和所有权取得的其他原则相矛盾。众所周知,埋藏物的所有权是从第一个埋藏它的人那里转移给他的继承人的,即便后者对此并不知情。接着,这些继承人对埋藏物的所有权又将转移给他们各自的继承人,依此类推,直到永远。埋藏物的所有权是不会因为不使用而消灭的。如果埋藏物最终被发现了(即便是在一千年以后),那么在理论上毫无疑问的是,仍有人对它享有所有权。
299 或许每一次继承都有相当多的继承人参与,因此这一埋藏物如今可能有好几百万的所有权人(假设每次继承都有五个继承人,那么十次就会有上千万个继承人了)。当然,每个继承人所继承的所有权份额都是微不足道的,而且会随着继承次数的增加而越来越少;此外,要证明自己有资格继承也是很困难的,所以通常没人会去申报。然而,无论有资格的继承人去不去申报,都丝毫不影响我们在法学上对这一关系作出判断——我们就是知道埋藏物是有所有权人的，只是我们不认识他们罢了。

此刻在你眼前的概念就是罗马法学里一个明显的错误。它是这样说的：埋藏物不再有所有权人了。〔43〕一旦这一点成立，那么逻辑上的一致性就要求：根据无主物先占的原则，这一埋藏物就要归发现者所有。可是现在，实证法却又来瞎掺和了，它规定埋藏物的一半归发现者所有，另一半归其所有权人所有。这就是所谓的“一步错，步步错”。一旦脱离了逻辑一致性这个坚实的地基，恣意就会在下坡路上越走越远。

为了维护我们当今法学的名誉，我觉得有必要采取这样的做法：假如埋藏物对当今法学来说是一个尚无定论的问题，那么就应当对它贯彻唯一正确的理论观点。如上所述，当今法学正是这么对待借款之诉和消灭时效的（第 292 页）。这个观点就是：如果找不到某个权利的消灭根据，那么它就是继续存在的。因此，就像诉权的前提“权利受侵害”如果不存在，诉权也就不能因消灭时效而消灭，埋藏物的所有权同样是不可能消灭的。这样一来，所有权就 300
和对人之诉站在了同一条起跑线，埋藏物就能和不会完成消灭时效的诉权一争高下了。

我：我看到那边还有另一种所有权取得方式，它的身上有一条格外深红的线。

解说精灵：那是时效取得。它被罗马法学家害惨了。根据其概念，它是要以占有为前提的——无需占有的时效取得在逻辑上是极其不合理的，这就是个概念怪物。但即便是面对这样一种不

〔43〕罗马法关于“埋藏物”的著名定义为：“不存在于记忆之中，以至于已经没有所有权人的那些财产（cujus non exstat memoria, ut jam dominum non habeat）。”［该定义出自 D. 41, 1, 31, 1。——译者注］

正常的现象,罗马法学家也并没有退缩:尽管他们的学说认为占有是随着某人的死亡一起消灭的,但是他们却让取得时效在被继承人死亡后继续计算——一个没有腿却还能走路的人!就好像这还不够似的,甚至在出质人已将占有转移给质权人的情况下,他们还让取得时效在出质人那儿继续计算。另一个张冠李戴的例子是,他们也让取得时效在逃跑的奴隶身上继续计算,这真是激动人心!但是在这种情况下,他们似乎受到了法律良知的鼓动,因为他们认定此时主人对奴隶的占有仍在持续。借此,他们就粉饰了这种不正常的现象。然而,这么做不过是在以恶制恶。对逃跑奴隶的占有?在远离罗马的某个角落,有个奴隶或许正安安稳稳、舒舒服服地坐在那儿嘲笑着主人对他的占有!

一切都是为了这可恶的效用!就为了能让某些愚昧的罗马人完成取得时效,罗马的法学家们就牺牲了概念的正确性,牺牲了如此崇高的利益!

我:这边这个所有权理论又是什么呢?

301 *解说精灵*:这是返还所有物之诉。对这个概念,罗马人同样犯了很大的罪。根据这个概念的目的和最初的设计,它必须不断地勇往直前,而不能在任何障碍面前退缩。但现在它都干了些什么?在破旧的已安装梁木面前,它竟然害怕得退缩了——所有权人不得不拿该物价值的两倍补偿来将就一下。这是公然的违法!这是对所有权的扼杀!为了不确定的效用原则,罗马人牺牲了他们最宝贵的财富——法律原则。这一切都只是为了让被告不用拆掉自己的房子。就好像所有权的观念会考虑到这么一个用几千块钱就能买下的破房子似的!作为借口,人们可以说:这种对所有权观念的牺牲只能出现在不懂法学观念论的时代里。

罗马立法者所树立的坏榜样形象在罗马法学家那里结出了丰

硕果实。古罗马法中的返还所有物之诉被这些法学家改造得面目全非，以至于人们几乎都认不出来了。它成了介于对物之诉和对人之诉之间的可怜虫。如果它的目的是要求他人返还所有**物**，那么**在概念上**，它就必须以被告**占有**该物为**必要**前提。然而罗马法学家是怎么做的呢？他们去掉了这个前提，并使它也能够向主动参与诉讼或恶意抛弃占有的非占有人提起。⑲ 也就是说，他们以“恶意”作为这一诉求的前提。伪装成对物之诉的欺诈之诉——这真是怪事！每个上过法学阶梯课的人都知道，这两个诉之间的对立是最基本的罗马法常识。

一旦误入了歧途，罗马法学家就越错越深了。对物之诉的基本思想被抛弃了，当事人双方都有权提出纯债法类型的请求：被告有权主张费用补偿，原告有权主张返还孳息。前者在必要时还可以发生转移，对付它完全要靠欺诈抗辩。众所周知，只要有了欺诈抗辩，什么事都能做到——我要自告奋勇地用欺诈抗辩来彻底改造整个法律，我要用它来击退所有不合心意的法律规定。但是对孳息的请求呢？它就像是一记正好打在法律逻辑脸上的重拳！在这个诉中，原告要说的内容是“该物是我的”（rem meam esse）。然而，“该物”的概念能包含“孳息”吗？不能！因为孳息是独立的物。“是我的”这一说法能够适用于孳息吗？实际上，这种说法只能适用于被恶意占有人收取的、于诉讼时仍存在的孳息，而不能适用于被善意占有人收取的孳息，因为善意占有人已经成为其所有权人了。此外，这种说法同样不能适用于已被消耗的孳息，因为在已不复存在的物之上是不可能存在所有权的。 302

我：你的观点我完全赞同。但我没法建议我们当今的法学家到学术市场上推销这样的想法，他们会被石头给砸死的。甚至连

---

⑲ 关于这一规则，参见 D. 7, 6, 6。——译者注

立法者都无法避免遭到“恣意”的指责。〔44〕然而,这一切在罗马法学家那里却是畅通无阻的。

解说精灵:他们对返还所有物之诉所犯的罪行可要比这多得多。你来看这边这个去除权。

303 我:它有一条非常红的条纹。

解说精灵:没错!因为它本身就含有巨大的逻辑矛盾。即便占有人为某物支出了费用,但是根据添附的原则,该物显然仍属于所有权人,因此从逻辑上说,被告是不可能享有去除权的。尽管如此,罗马人却依然承认了这一权利。可这怎么可能呢?如果原告主动提出向被告支付该物在被分离之后的价值,那么被告肯定不会行使去除权;即使该物在被分离之后变得毫无价值,结果也一样——“恶意行为不应被容忍”(malitiis non indulgendum est),罗马法学家正是这么说的,他们就这样把道德原则塞进了法律。这个原则真是棒极了!有了这个原则,我就再度拥有了彻底改造整个法律的勇气。请想象这样的情形:债权人在债务人很难立即履行的时刻主张了自己的债权,但其实他再等上一段时间也是完全无所谓的。假如我是债务人,我会怎么做?我当然会拒绝履行,因为“恶意行为不应被容忍”嘛!但假如我是债权人,难道我行使自己的正当权利也算是恶意行为吗?同样的道理,你们不能一只手给了占有人去除权,然后又用另一只手去拿回来呀;与其这样,还不如不要给他去除权。

我:我也一直是这样的看法,罗马法学家在这一点上犯了严重

〔44〕 例如,参见**普赫塔**对优士丁尼在 C. 8, 4, 11 中非常明智的革新所发表的评论(**Puchta**, Pandekten § 135 的注释 c):“这是一个非常恣意的规定。”教会法甚至还将这一规定的适用范围扩大了,对此,普赫塔的评论是:“在恣意的道路上,教会法比罗马法走得更远。”罗马法和教会法在此事上所犯的错误跟普赫塔在自己的著作里所犯的错误相比,简直是小巫见大巫。

的错误。“以免［某建筑被拆除后的］废墟使城市变丑”（ne urbs ruinis deformetur）[45]——如果他们是以这种观点为导向的，他们当然就会犯下上述错误。然而，他们却无所畏惧地公开宣布这一观点。尽管我们尚可原谅古代法将该观点运用于已安装梁木的做法，但这些罗马法学家必须知道的是：法律原则高于一切基于效用的考量。无论我有多么尊敬这些人，我还是得批评他们：在上述关 304
于去除权的规定中，他们不负责任地抛弃了法律原则。即使是针对国家，他们也不怕以牺牲法律原则为代价而将效用原则付诸实施。如果某人在未经许可却未遭到抗议的情况下于公共土地上造了个建筑，这时会发生什么呢？只要公共交通不因此而受阻，建造者就可以保留这一建筑，他只需被课以相应的土地税（solarium）。为什么不拆除它呢？因为“以免［该建筑被拆除后的］废墟使城市变丑”呀！[46] 在这一点上，我们现代人的做法要更加先进。在我们这里，只要新建的建筑是邻居所不能忍受的，那么它就会不受同情地被拆除，即便这些邻居并没有及时地向建造者提出抗议（新施工告令）。这就是法律原则所带来的结果，它就这么继续存在着。[47] 按照这个原则，被摧毁的或许是一座宫殿或者一个宏伟的火车站，但这又有什么关系呢？因为确认役权之诉和排除妨害之诉涉及的仅仅是“有权还是无权”的问题，没有任何障碍能够阻挡对“有权还是无权”的判断，这个问题的结果是借助逻辑的必然之力而实现的；就

---

〔45〕 参见 D. 43, 8, 2, 17 和 D. 43, 8, 7。

〔46〕 参见同上注的罗马法片段。

〔47〕 直到今天，这种观点仍是我们这个时代罗马法理论家的主流观点，尽管我在《年刊》第 6 卷第 97 页及以下的论文里已经对此提出了徒劳无益的抗议。我本来还以为，单单是新施工告令的存在就已经能引导学术界走上正确的道路，因为，如果确认役权之诉和排除妨害之诉足以实现相同目的，还要新施工告令做什么呢？就我自己而言，我将会不厌其烦地反对这个极为病态的观点。并且我还希望，当前的这部分内容同样可以在正确揭示现代概念法学的错误方面做出贡献。

跟自然规律一样,这样的结果是必然发生的。正所谓“哪怕世界毁
305 灭,也要正义实现”(Fiat justitia, pereat mundus)!重要的是所有权
或役权的概念有没有得到伸张,其他的一切都是无所谓的。然而
在这一点上,罗马人又一次失去了遵循逻辑一致性的勇气:在仲裁
裁决要求被告恢复原状即拆除建筑,而被告却没有执行的情况下,
他们居然允许审判员对其判处罚金。因此,这个建筑将得以保留,
就像那些建在公共土地上的建筑一样——“以免[该建筑被拆除
后的]废墟使城市变丑”!但是在我们这里,由于我们无法体会
到罗马人的那种对摧毁建筑的非法学式恐惧,所以权利就彻底放
飞了自我。呈现在我们面前的是这样一幅壮观的景象:法律逻辑
正洋洋得意地坐在建筑的废墟上,向“19 世纪的法学流派”投去
感激的目光,正是这一流派将它从有失尊严的命运中解放了出
来。从今以后,它再也不用像在罗马人那里一样不得不屈从于效
用原则了。一旦它的手脚不再被实证法规定所束缚,罗马人所犯
的所有逻辑不一致的错误就再也不会在我们的当代法里出现了。

解说精灵:同样的道理,尽管现在你还能在返还所有物之诉的
旁边看见地界调整之诉,但以后你就再也看不到它了。你看,它的
颜色是如此之深,这说明了它有两个地方很不正常:第一,在这种
诉讼中,占有人不承担证明责任的原则被弃之不顾了;第二,在这
种诉讼中,审判员有权基于纯粹的**合目的性**考量来划定新的边界。
在涉及如何确定所有权的问题时,合目的性考量简直就是在嘲弄
所有权观念!甲和乙的土地分别位于河流的两岸,由于河流改道,
两人的一小块土地被分别冲到了对岸,也就是甲的一小块土地被
306 冲到了乙的土地上,乙的一小块土地被冲到了甲的土地上。此时,
基于纯粹的合目的性考量,审判员会把原本属于甲的一小块土地
判给乙,把原本属于乙的一小块土地判给甲。

我：我已经对所有权有点烦了。我不相信它会像你们这里的颜色所表明的那样包含这么多的矛盾和违反概念的内容。让我看看别的概念吧。

解说精灵：你可能会对他物权感兴趣。在概念上，它们的畸形程度虽然没有像所有权那么严重，但我们还是能看出一些来的。比如这里的物上使用权，虽然它名叫“物上”使用权，但该物却根本不许被使用；再如那边的准用益权，虽然它被设计成了他物权，但它却忘了这一点，以至于自以为具有所有权的外形，其实它不过是畸形的用益权。还有那边的担保物权，它也走错了路，从物跳到了权利上，于是人们就看到了权利上的权利这种可怕的形象，当今的法学家为此花费了多少个不眠之夜啊！就像你看到的，担保物权的某些部分是蓝色的。这就说明，在概念上滥用担保物权是近来才有的事。例如，你看那边的土地债务，通过它，担保物权完全摆脱了对债权的依附性——真是闻所未闻、见所未见！这是任何学过罗马法的正常人都无法理解的东西。又如，目前还存在这样的做法：在设立抵押权时，可以先设立顺位在后的抵押权，从而给未来的债权留出顺位在先的抵押权。

我：这真是太糟糕了！这在逻辑上简直是不可能的。没有顺位**在先的**抵押权，何来顺位**在后的**抵押权？这是不可想象的。顺位在后的抵押权必然会往前面的顺位挤，就像空气必然会挤入真空一样——“畏惧真空”这句话不仅适用于自然界，[20]而且适用于法 307
律领域。

我已经受够了物权，我非常讨厌它，以至于我都想离开这里

[20] 17 世纪以前的哲学家普遍认为自然界不存在真空，即所谓的“自然畏惧真空”（horror vacui）。这一理论后被伽利略的学生托里拆利以及法国数学家、哲学家帕斯卡尔证明是错误的，此前以“自然畏惧真空”加以解释的现象实际上是大气压力作用的结果。——译者注

了。让我再看一下债吧，看完我们就走。

解说精灵：它在那儿。就像你看到的，它的红色部分很少，大部分都是蓝的。

我：但是我发现它的确有个部分是深红色的，这是什么意思呢？

解说精灵：罗马法学家认为，基于可归责于债权人的原因，即使债务人不小心向无权受领的人作出了清偿，他的债务也会消灭。这个规则在逻辑上是不可能的，这一点用不着我向你解释了吧。

我：当然不用！只有向债权人本人或是经其授权的人清偿，债才会消灭。向无权受领的人作出清偿不能算是清偿。所以，债务人的债务因此而消灭在逻辑上是不可能的。即使债务人知道他可以从受领人那里拿回已清偿的东西，这也跟债权人毫不相干；甚至在债权人一开始委托了该受领人受领清偿，但后来又撤回了该委托的情形下，结果也是一样。由于此时委托已不复存在（无论债务人是否被告知了这一点），因而无权受领之人的受领是无效的。这些可都是入门级的法律常识。

解说精灵：在这里，你还能碰上其他一些违反债的本质的概念，只不过这些概念都是近来才出现的。

比如这个让与的概念。众所周知，罗马法学家只把它看成“某
308 权利之行使权的转让”；在我们这里，他们的观点无疑是正确的。但是近来的立法者和实务工作者却把它变成了你眼前的这个样子，即“债权本身的转让”。由此，“移转”的概念就进到了债权里——还有比这更荒谬的吗？实际上，债权不是人们可以**拥有**的某个**客体**，而是人们所**具备**的一种**身份**；它和债权主体的关系就跟地役权和需役地的关系一样，二者都是**法律上的属性**。既然如此，究竟要怎么才能想象出“债权人”这一属性会转移给另一个人呢？

假如真的能做到这一点,那么美貌、健康、力量以及理智也都是可以转让的了。当然,这些都只是美好的愿望,可惜不可能实现。如果不想让所有的法律思维规律都遭到嘲讽,我们就不能承认存在转让债权的可能性。债权只能存在于某个特定的债权人身上,根据其概念,它与债权人有着不可分割的联系——正如一位中世纪法学家所言,"就像疥疮附着在骨头上那样附着在人格上"(inhaeret personae ut scabies ossibus),尽管不那么文雅,但却是准确的。如果 B 是不同于 A 的另一个人,那么在 B 身上的债权就跟 A 身上的不一样。如果 A 的债权从他身上分离出来,那么这个债权就消灭了,只有通过债的更新才能在 B 身上再度产生一个新的债权。

但即便是这样一个嘲弄了所有逻辑原则的现代让与概念,也还是被你面前的这个**不记名证券**赶超了。通过不记名证券,像债这样一个仅存在于法律思维中的纯粹观念产物竟然被**转让**了,它被捕获并囚禁在一张小纸片里——这真是它所能遭遇的最悲惨的事!"小偷偷走了我的债!"假如你跟一个罗马法学家讲起这事儿, 309
他肯定会以为你疯了。那边的悬赏广告同样会让他大吃一惊。一个还没有被另一方接受的单方面承诺,也就是一项飘浮在空中、还没有落到某人身上的单方允诺,居然也有约束允诺人的效力!你能想象吗?这就好像我们无法想象一匹马被一条松掉的缰绳给勒停。为了勒住这匹马,骑手必须先握紧缰绳。悬赏广告就是这样一条没被握紧的缰绳,可是发出悬赏广告的人却要受到约束!

我能看出来你已经听腻了,因为你已经没法再专心听我讲了。

我:这些问题确实让我厌倦,带我去别的地方吧。

解说精灵:已经没什么可看的了,你的行程到此结束。现在我带你去报名考试。

我:考试?不了,高贵的精灵,这个风险我承受不了,我确实预感到自己会失败。我必须向你坦白：你们的天国并没有特别吸引我。尽管这儿拥有这么多华丽的景象，拥有这么多可供幸福的精灵打发时间的游戏，但它对我来说还是有点儿无聊。所以，我更想去别的天国。

解说精灵：那是你的事，我们并不要求你留在这儿，毕竟你已经充分显示出自己是多么不适合待在这里。你更想去哪个天国？你可以告诉我，以便我帮你在那儿找个向导。

我：哪个天国是我可以去的呢？

解说精灵：对于像你这样的法律人，你还有两个天国可以去：法哲学家的天国和实务工作者的天国。

310 我：我对前一个很感兴趣。

解说精灵：想进那个天国可没那么容易。要想进去，你同样要通过考试。

我：你知道那里的考试是怎么样的吗？

解说精灵：当然！尽管法哲学在我们的天国里是被严格禁止的——因为它不服从概念的统治，破坏了我们虔诚的信仰——但是从一个没通过法哲学考试又回到我们这里的精灵口中，我得知了那里的考试制度。在法哲学家的天国里是**理性**在统治，就像**概念**在我们这里一样。在我们这里，你必须从**概念**中推导出法律；但是在那里，你必须从**理性**中推导出法律。

我：这听上去并没有那么难。我敢说，只要用上黑格尔的一句话，我就可以解决所有难题，这句话就是："凡是现实的东西，都是合乎理性的。"[21]无论不赞同我的人是谁，我只要否认他的理性认知能力就可以了。否则，当不同时代和不同民族对"什么是合乎理性

---

[21] 原文为"Alles, was ist, ist vernünftig"，语出黑格尔的《法哲学原理》序言。——译者注

的"这一问题的看法出现分歧时，又该怎么解释呢？**我们**所拥有的就是合乎理性的，如果**他们**有的和我们不一样，那他们的就是不合乎理性的。同样地，他们也会把**他们**所拥有的称为合乎理性的，而我们有的那些跟他们不一样的制度和观点在他们看来也是不合乎理性的，就跟我们的做法一样。但是他们所谓的"理性"不是正确的理性，因为正确的理性只在我们这里。既然我已经确信自己拥有了正确的理性，那么我就不难从中推导出整个法律，当然这个法律指的仅仅是我们这个时代的法律。如果碰上一些我不能同意的制度或规则，那么我只要诉诸自己的理性就可以了；如果有人拿不同于我们的"现实"来反对我，那么我只需要这样打发他：你这个不 311
是真正的"现实"。真正的"现实"只能是符合理性的东西。

所以，我一点儿也不担心法哲学的考试。

解说精灵：不要把事情想得那么简单。这个考试并不涉及法哲学的一般层面，而是考一些很细、很深的问题。那里的考题可是非常棘手的，很多人都没能考过。例如这样的问题："根据自然法，好奇地打探消息、未经邀请擅自入内是被允许的吗？"〔48〕同样地，根据自然法，不是每个人都能马上知道行使自由迁徙权的后果。比如，人们是多么容易忽略"任何加重旅行负担的东西（通行证和过路费也在此列）"都是违反自然法的。〔49〕

我给你出几道这样的题吧。"由于任何人都有权**同别人讲话**并**请求他们回答问题**，而无论交谈的形式是口头的还是**书面的**（！）"，〔50〕所以在自然法上，你也就有义务回答我的问题。你应该感到庆幸，因为在这里，你只要作出口头回答就可以了。

---

〔48〕 参见本部分的尾注16。

〔49〕 参见本部分的尾注17。

〔50〕 **Röder**, Grundzüge des Naturrechts oder der Rechtsphilosophie Abth. II, Aufl. 2, S. 202.

在地里放置三角钉和自动射击装置、在墙上安装玻璃片、在马车后面钉钉子，这些行为违反了什么法（罗德尔书第81页）？

我：这个问题我确实答不上来。

解说精灵：违反了关于身体的法（罗德尔书第76页）。

犹太人有权为自己行割礼吗？

312 我：在掌握了你告诉我的要领之后，我觉得答案一点都不难：没有（罗德尔书第80页）！

解说精灵：监狱里糟糕的伙食、阴暗的环境以及坚硬的床板都是自然法所允许的吗？

我：答案同样是否定的（罗德尔书第81页）！

解说精灵：看来你已经找到状态了。那么你怎么看"士兵的制服"呢？它是否"从各个方面看都是有害的，而且不符合有关规定的目的（尤其是帽子、硬领、穿过胸部的皮吊带以及束腰）"（罗德尔书第82页）？

我：这肯定违反了自然法。假如我是制帽匠、裁缝师或者制鞍匠，我的良心是不会允许我为其提供此等协助的。士兵甚至还可以在夜里站岗时睡觉，因为晚上睡觉是人类在自然法上的权利，即使是士兵也不能被剥夺这项权利。〔51〕

解说精灵：国家权力机关有权禁止或命令公务员留胡子吗？我在现实生活中就曾碰到过这个问题。当时我还是某大学的教授，因为那里颁布的《关于胡子的告示》（edictum de barbis）规定不

〔51〕 这不是出自罗德尔的书，而是出自一份英国的判决书。施多伊克（F. Stoerk）的《公法方法论》（Methodik des öffentlichen Rechts）一文在一个注释里（**Grünhut**, Zeitschrift für das Privat-und öffentliche Recht der Gegenwart XII, 1. S. 142）提到了这个判决："在这个针对士兵的上诉而作出的著名判决中——当时《叛变法案》（Mutiny-Bill）中的特别规范尚未颁布——该士兵因为在站岗时睡觉而被判了刑。这个判决结果应当被撤销，'因为迄今为止，除了警察和巡夜人，任何英国人都没有被禁止在晚上睡觉'。"

能留胡子,所以我在被聘为教授的时候就失去了留胡子的权利。

我:这不可能!留胡子的权利属于人类的原始权利——自然赋予人类的东西,任何人类的法令都不能加以剥夺;更何况,人们甚至还允许山羊留胡子呢。“放弃了自己头发的人,[52]当然也不 313
能对‘将那些被放逐到西伯利亚之人的头发剪光’的做法提出反对意见”(罗德尔书第81页)。人们甚至还会提出这样的问题:“自愿把胡子和头发剃光的行为是自然法所允许的吗?”——“根据自然法,这样的行为是不被允许的”,因为大家会认为这是一种自残行为(罗德尔书第80页)。

解说精灵:经过测试,我认为你通过法哲学考试并不是不可能的。但是在你获准进入这个天国之前,你还必须做一个宣誓,以表明你对法哲学的信仰。

我:宣誓的内容是什么呢?

解说精灵:宣誓的内容如下:“我坚信,所有的法律真理都是自然赋予人类的,都是人类与生俱来的。因此,只要人类运用自己富有活力的思维,他就能揭示出其理性中所蕴含的已具雏形的全部真理。由于人类的法感是自然本身植入的,所以无论在哪个时代,无论是哪个民族,法感的内容永远都是一样的,即它包含了全部的普遍法律真理。尽管历代法律各不相同的事实看似并不符合该结

---

[52] 罗德尔对此的注释是:“自相矛盾的是,瓦恩柯尼希(Warnkönig)虽然保护了**牙齿**,但却放弃了**头发**。即使我们不想被剪掉头发,至少也该允许我们通过合同来获得剪头发的**权利**。不想剪头发的权利是没有人可以剥夺的,这一点可以从这个说法里看出:‘请您不要来烦我(Lassen Sie mich ungeschoren)。’这种说法的历史根源明显在于,总有人试图违背他人的意愿剪掉他人的头发。”想做这种事的人还真是奇怪呢![在“Lassen Sie mich ungeschoren”这句话中,“ungeschoren”这个词系由“scheren”(剪)这个动词变化而来,字面含义为“没被剪过的”,因此这整句话的字面意思是“请您让我(的头发保持)没被剪过的(状态)”,但在口语中,这句话被用来表示“请您不要来烦我”,所以罗德尔会有这样的联想。——译者注]

论，但这部分是由不完美的思维所导致的，部分则是由被恣意或纯粹的合目的性考量指引的实证立法所导致的。”

314 我：我可做不出这样的宣誓。在尘世，我的观点正好跟它相反。

解说精灵：在听了你的所有观点之后，我已经能想见你是不会作法哲学的信仰宣誓的。在尘世生涯里，你太过关注尘世和俗事了。你不承认概念和观念脱离历史条件的绝对此在，不承认它们在逻辑或法哲学上的自在自足，而总是愚蠢地追问它们在历史或实践上“为什么会这样”。你的这种做法正是对它们的侮辱。此外，这还说明你完全不懂法律观念论。就因为问出了“**为什么**”这么一个问题，你就把进入两个天国的大门都给堵死了——你不但进不了我们的天国，而且进不了法哲学家的天国。你只剩实务工作者的天国可以去了。

我：作为一名理论工作者，我能被那里的人接纳吗？

解说精灵：只要通过了他们的考试，任何人都会被接纳。众所周知，那里的考试要求并不高。也许他们还会让你这位理论家解答一道案例题，但是你完全不用担心，因为他们是不会这么讲究的。在这个方面，他们对自己也并没有提出很高的要求。只要这案子能判就行，怎么判对他们来说是不重要的。

我现在就叫灵魂向导过来。

* * *

它来了。请保重。

* * *

315 我再次以思维的速度移动，穿越了无限的空间。一直笼罩着我的黑暗渐渐消散，第一缕微弱的阳光照进我的双眼。不一会儿，我的面前就出现了散发着万丈光芒的太阳。我们靠近了一个星球。

“这就是你的目的地。”向导对我说。

话音刚落，我们就到了。我又一次呼吸到空气。我充分地感受到这里的自由和生命，我的内心充满了喜悦。我看见了树木、森林、绿草和房屋，甚至还有保龄球场——“实务工作者就住在这里，”我对自己说，“是生活在统治着这里，我会在这里过得很幸福。”

“现在我要走了，”我的向导说，“请往那栋建筑里走，敲它的第一个门，那儿是新人登记处，你就在那里登记，然后拿到自己的编号。”

“请进！”某个人高声地说道。

* * *

说话的人就是我自己。有人正在敲我家的门，进来的是一个邮递员，他给我捎来了朋友的一封信。我睡眼蒙眬地揉了揉眼睛，意识开始逐渐恢复。我发现自己正躺在沙发上，面前是一本打开的书，桌上放了一盏点亮的油灯。我想起来了：在一个美好的夏夜，我正读着一本最新的罗马法著作，结果读着读着就睡着了。由于我正在熟睡，所以并没有注意到夜幕已经降临，于是女佣就拿来了一盏点亮的油灯。我所经历过的这一切都只是个梦。特殊的阅读体验， 316
渐深的夜色，由于开着窗而像精灵一样在风中摇曳的窗帘，以及最后那盏被我当成太阳重现的油灯，它们都为我提供了做梦的素材。

我收到的这封信是这本书的书评——是的，就是这本让我看到睡着还做了个梦的书。对于这本书，我的朋友引用了歌德在《魔王》里的一句诗作为他的评价：

“**枯萎的树叶**被风吹得沙沙作响。”[22]

---

[22] 原文为“In dürren Blättern säuselt der Wind”，语出德国文学家歌德于1782年创作的叙事谣曲《魔王》（Erlkönig）。1815年，奥地利作曲家舒伯特根据该诗创作了一首同名的叙事曲。在德语里，“dürr”一词既指“干枯的、枯萎的”，也指“干巴巴的、枯燥乏味的”；“Blätter”一词既指“树叶”，也指“报纸或书籍的页面”。因此结合这里的语境，这句诗还有另一重含义，即“枯燥的书页被风吹得沙沙作响”，耶林引用这句诗的用意即在暗指这本书很无趣。——译者注

他还问我是怎么看的。我告诉他,我在看这本书的时候睡着了,这就是我对它的评价。这位作者在写这本书的时候是否也不禁想要睡着?我觉得,如果我是他,我在写到第3页的时候就会睡着,笔就会从手里掉下来。这本书我再也不会读第二遍,因为我不知道,重读此书还能不能像第一次读的时候那么有趣。第二个梦或许会把我送进地狱而不是天国,我体会到的将是地狱的恐怖而不是天国的欢乐。作为对我泄露天国秘密的惩罚,地狱里的人或许会强行让我重读此书并作仔细研究,或者强行要我读完关于这本书的所有广告、评论和书评。在他们看来,要我去读这些文献正是对我写下本文的最好惩罚。而在尘世,这两件事我都可以不用去做,当然也不会去做!

尾　注

尾注 1(第 254 页)

下文提到的例子将会证明我的严厉批评是有根有据的,其他例子我已经在我的《论占有保护的根据》(Über den Grund des Besitzes, Aufl. 2, Jena 1869)一书中给过了。其中最糟糕的一个例子是,萨维尼完全无法理解获得占有令状(interdicta adipiscendae possessionis)在实践中的意义,他将其与相应的请求之诉相提并论(参见 Recht des Besitzes, Aufl. 7, S. 382-388)。该书的第 384 页写道:"没有理由将后者从占有之诉这一不确定的概念中排除出去。"第 383 页写道:"维持占有令状(int. retinendae poss.)和恢复占有令状(int. recuperandae poss.)才是唯一的占有之诉,而获得占有令状与它们没有任何共同点。甚至可以说:这些令状彼此之间都没有共同点。"再也没有哪个例子能比这个更加清楚地证明,萨维尼完全不懂占有之诉在实践中不同于请求之诉的意义。

尾注 2(第 260 页)

参见**施洛斯曼**在其《合同》一书中所做的推演(Sigmund Schloßsmann, der Vertrag, Leipzig 1876, § 7-10)。例如,我们可以在第 59 页里读到:“尽管主流学说认为合意是合同的必备要素,但是仅有合意尚不足以使合同成立;为使合同成立,还必须加上**合意本身之中所不包含的另一个要素**(!),即合意的表示。”又如,我们还可以在第 61 页里读到:“主流学说有一个很大的不合
318 逻辑之处,即它要求意思表示必须向另一方作出。”再如,该书的第 75 页这样写道:法学建构的本质在于“把事物**描述**成不同于它们本身的样子,这样一来,在法学上就可以按照不同于它本身的**那个样子**来论述了”。第 72 页这样写道:法学“通过将一个只需要一步的思维过程证明成需要三步,从而使这一思维过程变得更为复杂。”这位作者在第 79 页概括了他的结论:“在法学上,合同**不是一个可以随便使用的概念**。有很多事实都可以是合同。由于它们都是合同并都叫合同,所以这并不能为我们提供关于合同本质的说明。也就是说,这并不能解释它们为什么具有约束力。”在下文,我还会继续拿这本书举例。

尾注 3(第 268 页)

在罗马法源中,我们不能一看到“suum esse”([某物]是他的)就给它补上“ex jure Quiritium”(根据罗马市民法),这一点无需赘言。对此,罗马人自己是区分得很清楚的:在以誓金法定诉讼和预备审庄重允诺形式提起的返还所有物之诉中,原告需要说“根据罗马市民法,[某物]是我的”(参见 Gaius 4, 16 和 Gaius 4, 93),但是在以**请求**程式(formula **petitoria**)形式提起的返还所有物之诉中,原告就只需要说“[某物]是我的”(参见 Gaius 4, 92)。前者仅限于罗马人,后者则可以适用于外邦人,它很可能是外事

裁判官所创设的制度。这两种套语的区别同样体现在诉讼代理的两种形式上：诉讼代理人（procurator）和诉讼代表人（cognitor）。根据 Gaius 4, 86 这一片段，适用于前者的套语为："in rem quoque si agat, intendit P. Maevii esse ex jure Quiritium, et condemnationem in suam personam convertit（同样地，即使［诉讼代理人卢基乌斯·提提乌斯］提起的是对物之诉，他也会提出这样的原告请求，即'根据罗马市民法，某物是普布利乌斯·麦维乌斯的。'但是在判罚授权中，他则使用自己的名字）。"根据 Gaius 4, 83 这一片段，适用于后者的套语则更加简单："quod fundum **peto**, in eam rem etc.（由于**我［要向你］请求**土地，所以针对此事……）。"第一种形式是市民法上的，第二种形式则是万民法上的，因此在前者出现了"返还"土地，在后者则出现了"请求"土地。"起诉人"（actor）和"请求人"（petitor）这一双重指称似乎最初也与此有关。正因如此，我认为**莱纳尔**将"ex J. Q."（根据罗马市民法）补充到"hereditatis **petitio**"（**请求**遗产）的原告请求中以及将"reivindicatio"（返还所 319
有物之诉）补充到"formula **petitoria**"（**请求**程式）中的做法是正好反了的（参见 **Lenel**, Das Edictum perpetuum, Leipzig 1883, S. 138, 146）。如果关于某个诉的法源里使用了"petere"（请求）一词——例如，"si ususfructus, ager vectigalis, hereditas petitur"（如果被请求的是用益权、赋税田或遗产）——它就不可能是关于罗马市民法的，这一结论同样适用于遗产占有的情形。我希望可以在今后的作品中论述这种区分在原始罗马法中的意义（以及它与法律所允许的自助行为之间的关联）。这一区分与当时的现行法并无任何关系，因为假如是这样的，那么它一定也会在所有的严法诉讼里重复出现，但众所周知的是，事实并非如此，并且在严法诉讼里坚持这一区分也是毫无意义的。当古代罗马法在例外情况下认为必须在法律行为中作此区分时,它就会使用这样的语句:“secundum legem publicam”(根据[罗马]人民的法律),例如Gaius 2, 104。假如人们能更细心地留意到《盖尤斯法学阶梯》里的区别,即 Gaius 4, 83 和 Gaius 4, 86 的区别以及 Gaius 4, 92 和 Gaius 4, 93 的区别,那么他们就不会这么轻易地给“[某物]是我的”补上“根据罗马市民法”了。

尾注 4(第 276 页)

参见**昆策**的《罗马法与当代法上的债与个别移转》(**J. E. Kuntze**, Die Obligation und die Singularsuccession des römischen und heutigen Rechts, Leipzig 1856, S. 89)。下面我要照录一段他的原话,但为了缓和这段话可能给人造成的不好印象,我要事先做个说明:没有人会比我更愿意承认这位作者的伟大天赋以及他为科学所作出的巨大贡献。但是,这并不妨碍我借他的上述作品来指出法学在最近以来所犯的错误,因为对我来说,指出这样的错误才是更重要的。在这一点上,犯错的的确不仅仅是昆策——我还可以从一些不太重要的作者那里找出其他的例子——但无疑,昆策的著作要比这些人的都重要,所以成了我的首选。此外,作为文献史的批评者,为了达到我批评的目的,我也有权自由选择最为合适的例子。昆策的原话是这样的:

> 在大多数情况下,裁判官拟制的使命仅仅在于调和历
> 320 史。它从执法官的座席上闪现出来,就像自然界爆发了一场雷雨,为的是给新春带来生机勃勃的原野、让含苞待放的花朵结成果实;它让人想起了奥林匹斯山上宙斯的雷电,坐在全能宝座上的宙斯正是用这件武器俯身撼动了世界,净化了沉闷的大气,因为裁判官的座席在罗马的法律生活中就好比

希腊的奥林匹斯山，它将罗马的法律生活从泰坦众神统治的原始困苦时代中解放出来，将其置于新的统治之下；它不再是自然界里自由的有机构造，而是类似于火山的喷发和飓风的咆哮。当产生于其中的法律思想成熟到可以凭一己之力在教义学的大厦里找到一席之地时，它就会褪去自己可有可无的外壳（……一种特殊的飓风会变化成外壳，以便此后褪去这层外壳……）。它是嗡嗡作响、飞来飞去的蜜蜂，灵活又勤劳地飞舞在花丛中，不断吮吸着花儿的琼浆，仿佛它跟花儿就这么有机地结合在一起了。但这只是个错觉！

是魔鬼在统治着这个奇妙的拟制王国！它的目光从直立的人身上望向了闪着自由之光的高高苍穹，它梦想着脱离尘世的枷锁。

类似这样的段落还有很多。例如该书的第 408 页写道："罗马精神"登上了"民法抒情诗的第一梯级"、债的领域是"财产法的抒情诗"、双务之债是"债的抒情诗"以及"它的圆舞曲构成了民法抒情诗的序曲"（……圆舞曲是序曲……）。

我还要从该书的第 408 页里抄录以下一段话，抄完这段话就够了。

音乐在艺术领域的地位就好比债法在财产法领域的地位：罗马人的特殊功绩就在于奠定了**叙事诗**的基础，这个建立在柱子上的不断追求着的世界主要是从极其肥沃的日耳曼观念的土地中萌发出来的；而在现代交往生活的成熟法律观念中，这个世界将会成功地与**戏剧**达成和解。是的，人们 321
正致力于此，而这一现代智力工作的潮流又反射出那个历史发展进程的缩影。因为,我们可以从具有约束力的(**个人**)**汇票**中看到**叙事诗**的地基,从**不记名证券**及其……不受约束的火热灵魂中看到神秘的**抒情诗**,以及从**记名证券**中看到整个趋势正安静、和平地朝着**戏剧**的方向发展。音乐和债法是**抒情诗般的谜团**,是美学世界和法律世界中的隐秘形象,而怀疑主义则是在月夜中不断寻找着的少年。

那么我们就让他静静地寻找吧,直到他在这本书的最后写道(该书第 422 页),他遇到了"成熟的法学天才。有朝一日,这位天才的头发上将会缠绕着橄榄花环,胜利女神将在他的右手上招手,鹰的权杖将在他的左手里静静地统治"——到了这个时候,他才肯平静下来。

尾注 5(第 283 页)

参见**萨维尼**《论占有》(**Savigny**, das Recht des Besitzes, Aufl. 7 von Rudorff)第 30 页:"由于占有不是**法律关系**,所以妨碍占有也就不是**权利侵害**。"第 43 页:"……很显然,根据其最初的概念,占有是一种**事实**。"第 44 页:"根据其**本质**,占有是事实。"第 31 页:"不考虑这一侵害,占有根本就产生不了权利。"第 55 页:"在我们看来,占有首先仅仅是对物在事实上的支配,因此它**不是权利**(与**非权利**不同),它是跟权利无关的东西。"第 58 页:"占有确实**不是**权利。"第 59 页:"在权利的体系中,占有不享有一席之地,因为它**不是权利**。"

尾注 6(第 283 页)

对占有而言,从事实转变为权利当然没那么容易,它需要有一个过渡。**萨维尼**在其《论占有》的第 58 页写道:"因此,针对特定的侵害,占有会受到保护。关于占有取得和丧失的规则都是为了保护占有的目的而设立的,**就好像占有是一项权利**一样。”在这里,他还不敢公然认为占有是一项权利,他仅仅是说:“就好像占有是一项权利。”然而就在同一页,他又鼓起勇气写道:占有“能够 322
产生与权利类似的效果”。而在第 44 页,他又更加勇敢地把“**类似的**”改成了“**相同的**”:“在法律效果上,占有和权利是**相同的**。”到了第 206 页,他就彻底地实现了自己的愿望:“占有**被承认为一项权利**”,因此,“占有就像**所有其他权利**一样可以由奴隶和处于家长权之下的子女取得,这一点并没有什么特别”(该书第 308 页)。

尾注 7(第 284 页)

参见我在《论占有保护的根据》一书中的论述(Über den Grund des Besitzesschutzes, 2. Aufl. Jena 1869, S. 160-179)。在那里,我已经批判了萨维尼关于占有取得和丧失的理论。在判断占有的取得和丧失时,萨维尼提出的两个概念“物理上的支配力”和“回复到最初关系的任意可能性”在不少情况下恰恰不符合罗马法源。对此,光是睁一只眼**闭一只**眼是不够的,必须把**两只**眼睛都闭上,才能认为萨维尼的理论依然是正确的。没有哪个作者能像萨维尼一样将自己提出来的概念玩得这么溜——萨维尼的这两个概念简直就像是橡胶做的,任何情形都可以往里套。

尾注 8(第 284 页)

参见**贝克尔**《罗马人的占有权》(**E. J. Bekker**, Das Recht des Besitzes bei den Römern, Leipzig 1880)的第 12 页:“我们要从根本上杜绝这样的做法,即追问占有保护的**哲学**根据。”然而,该书的第 357 页和第 358 页里却还是出现了“对占有权哲学根据的追问”。我认为,将这位作者在讽刺我时所用的比喻“捕捉占有保护的根据”套用到他自己提出的这个问题上也是非常贴切的(关于这个比喻,参见尾注 10)。也就是说,他认为“发现世界史意义上

的占有并非不可能，只要不同的民族都达到了一定的受教育程度，
323 那么占有在他们那里就**必须**存在。对于这一普遍的占有，一定也存在同样普遍的，因而也是持久的和哲学的根据”。当这位作者补充说，“这样一个普遍的占有”对他来说“还是未知的”，并且他“对于何时能够充分认识这一占有也是绝望的”，对此我是完全同意的。但我要说明的是，对“**自在的**占有是什么”的问题作如此多余的空谈在我看来是愚蠢的，我绝不会这么做；相反，我在我的全部研究中只关注占有制度在**罗马法**上的构造，并将它作为论述的基础，我仅仅是试图寻找**这一构造**背后的占有保护根据。因此，这个问题并非**哲学**层面的问题，而是一个**实践**或**立法**层面的问题。为了搞清楚这个问题，我用的方法跟我在试图理解所有制度的实践意义时所用的方法是一样的，即我先想象这一制度并不存在，然后看看这将会对法律的实践方面产生什么影响。由此得出的法律漏洞就会告诉我，这一制度为什么会存在。

尾注 9（第 285 页）

参见**布伦斯**发表在霍尔岑多夫主编的《法学百科全书》上的另一篇关于当今罗马法的优秀论文（Holtzendorff’s Rechtsencyclopädie, Bd. 1, Aufl. 1）。该文在第 387 页这样写道：“我用暴力从狗那里夺走了某物。假如我也像这样从某人那里夺走了该物，那么我就把他当成了狗，而不是一个人。这就是整个占有保护的核心和出发点。”这个核心是多么迂腐啊！我可以用暴力从持有人那里夺走某物，而他并不享有占有保护。在这种情况下，他难道是一条狗吗？这一结论同样适用于早期的非法占有人，他在面对除合法占有人以外的第三人时是受占有保护的，或者用布伦斯的话说，此时他被承认为**一个人**；但是相对于合法占有人而言，他则不受保护，或者用布伦斯的话说，此时他被视为**一条狗**。罗马法不承

认对非流通物的占有,因为它们不能成为所有权的客体;但是在其他方面,这种类型的物受到了法律的保护。按照布伦斯的看法,不保护对非流通物的占有再次包含了跟上述情形相同的原 324
理:在这种情况下,罗马法把人当成了狗来对待。布伦斯是专攻占有理论的,他在占有领域著作等身,为占有的历史研究做出了巨大贡献——然而,这样的一个人居然彻底误解了罗马人的占有保护观,这真是让人难以理解。这个关于狗的论据本来恰恰可以让他茅塞顿开,即占有保护的根据并不在于人格的观念,保护占有的目的也不在于要保护人格。**为了人的缘故**而向其提供的保护是通过侵辱之诉实现的,因此在持有关系中也存在这样的保护(参见 D. 47, 10, 5, 2 和 D. 47, 10, 5, 4),在我的课上,我习惯将这类保护称为“**不真正的**占有保护”。对于单纯的持有人来说,除了侵辱之诉,罗马法还为他们提供了一些特殊的保护措施,我在此就不作展开了。侵夺之诉也属于“不真正的占有保护”,这一点无需赘述。

尾注 10(第 285 页)

这是**贝克尔**的原话,参见其《罗马人的占有权》(**E. J. Bekker**, Das Recht des Besitzes bei den Römern, Leipzig 1880)的第 14 页。从该书的第 12 页可以看出,这句话尤其是针对占有保护的根据而说的:“我们的一个老熟人——他并不愿意透露自己的姓名(对此我是理解的,因为我也不愿透露姓名!)——说,当他看到现代法学捕捉占有保护的根据时,他的脑海里总是能浮现出这样一幅画面:一只四足动物正欢快地追着自己的尾巴绕圈跑,它试图抓住大自然母亲安在它屁股后面的这个器官。”从这句话里可以得出的结论是:对占有理论而言,狗是非常有启发性的动物。当然在**布伦斯**那里,狗的作用正好跟它在**贝克尔**那儿的相反。前者将狗用于**探究**占有保护的根据,后者则把狗用于**吓跑**"捕捉"这一根据的人。

尾注 11(第 288 页)

几年前,在一个法学院审判团里真的发生了这样的事! 由于在当时的案件中适用《德意志通用商法典》的结果与适用罗
325 马法的结果相冲突,所以一位研究罗马法的审判团成员就直接拒绝适用前者,理由是这部商法典违反了法律的理性,而罗马法则是无所不能的。**施洛斯曼**在理论上表达了这一观点(Sigmund **Schloßmann**, Der Vertrag, Leipzig 1876, S. 176–206),我要强调的是以下几个例子。他在《合同》一书的第 175 页写道:"同样地,当人们把制定法和习惯也说成是实证法的渊源时,他们就错了。因为,假如人们主张法官应当而且必须适用这些所谓的法源,即那些来自国家命令的制定法,以及那些被确信应该要这样适用并且在很长的时间里也被这么适用的不具备制定法形式的裁判规范,那么基于同样的道理,人们也完全可以主张与此相反的观点。"第 178 页写道:"任何阻碍法官适用特定法规的强制行为都是不被允许的,无论这一法规是来自制定法还是习惯;**对于确信这样一条法规无法适用而拒绝适用它的法官来说,对他的任何惩罚都是不可能的**。"(!!)

该书的第 180 页写道:"只要出现一次故意并经批准而违反法律的情形,关于法律渊源的现行学说就足以被推翻,因为在科学上奉行的是这样一种教义——只要有一次被破坏,就会失去约束力(simul cum in aliquo vitiatum est, perdit officium suum)。"照这样说,只要有一个神经错乱、玩忽职守的法官不服从法律,"法官必须服从法律"的整个学说就会被推翻;只要有一个头脑发热的人否定这个教义,它就会失效;只要有一个人违反了法律,这部

法就失去了约束力！对于这类情形，罗马法学家在 D. 50, 17, 1 这一片段中曾说过一句著名的话，其中就包含了一个不证自明的道理，即：如果对法律的科学表达不完全符合该法律（cum in aliquo vitiatum est），那么这一表述是无效的（perdit officium suum）。然而，从**法律**与其**理论表述**之间的**逻辑**鸿沟当中，作者却 326
得出了法律与**实际遵守**该法律之间在**实践**上的鸿沟：**在事实上僭越**某个规则就能废止**这一规则**！假如大家都赞同这样的学说，那么小偷就该欢呼雀跃了，因为他们肯定会满足"故意并经（其同伙）批准而违反法律"的这个前提。当法官违反法律时，他们难道跟小偷有区别吗？

该书的第 182 页写道："对所谓的'实证法'的研究和论述只能在一个次要的意义上被称为是科学活动……法官的任务在于重新平衡被扰乱的秩序，而这一秩序是正义的理念所预先确定的。"第 180 页写道："**制定法**、习惯、科学上的教义、**衡平的原理**都是正义天平上的砝码，它们有时联合在一起，位于天平的同一端，有时**彼此相对**，分别位于天平的两端，因此天平上的指针一会儿倒向这边，一会儿倒向那边。"现在，读者可以想象到判决是如何被作出的。如果说通过法官来实现正义理念的这个福音能够使听众都成为信徒，那么这位作者肯定是第一个在法律争议中体会到这一点的人！

在我看来，对于这种试图推翻科学的做法，无论怎么批评都不为过。这些人提出的法学改革建议，就跟我以前一个熟人的孩子在父母不在家的时候对客厅所做的事**没什么两样**。所有东西都被弄得乱七八糟：桌子和盘子被打翻在地上，凳子被搭成了一个塔，书被堆成了金字塔，镜子和画被反了过来正对着墙……总之，一切都不能更乱了。我要感谢这本著作，读了它，我才重新想起这段尘封已久的记忆。

327 **尾注 12(第 289 页)**

这是萨维尼在课上否定这些观点时常说的一句套话。那时，我曾以为“晚近的法学家”都是些无足轻重的人，我们这些听众都觉得自己比他们强。当然，后来我改变了对他们的看法，我承认在他们那些所谓的“错误”里也经常包含有价值的真理，只有囿于“罗马法必须纯粹”这一成见的批评者才会看不出来，才会无法理解其中的真理。对此，参见我在《罗马法的精神》一书中的论述(Geist des röm. Rechts II, 2, S. 466)。萨维尼在《当代罗马法体系》的前言中对理论与实践的持续分离表示抱怨(参见 System des heutigen römischen Rechts, S. XXV)。然而，谁能比他更应该为此负责呢？正是他这位历史学派的代表率先做出榜样，忽略了罗马法在我们本土的历史发展。对他而言，侵夺之诉和简易占有之诉的作用仅仅在于揭示实践法学所犯的错误。他以为自己可以通过符合法源的正确理论来遏制理论与实践分离的弊病，这不禁让我想起了那个年轻而缺乏生活经验的家庭主妇，她想给丈夫煮软鸡蛋吃，可是她不明白，为什么煮了这么久鸡蛋却还不变软。

尾注 13(第 290 页)

萨维尼在《论占有》(**Savigny**, das Recht des Besitzes, Aufl. 7 von Rudorff)的第 474 页(关于人役权的占有)和第 480 页(关于以权利人的行为为持续前提的地役权)就是这么认为的。关于役权准占有的取得，萨维尼的观点是：构成权利客体的行为“必须**至少**被行使过**一次**，也就是说，该行为必须至少作为**权利**被行使过一次”。那么，在所有权人不在的情况下也是如此吗？假如某人在冬季占有了另一个人用于避暑的夏季住宅，并且整个冬天都住在里头，那么尽管他在这整整半年里都对该住宅享有物理上的占

有,他也不能获得对**该物的占有**。然而,同样是在所有权人不在 328
的情况下,只要此人踏进过**一次**所有权人的土地,他就获得了**准占有**!同样一个所有权在一种情况下保护了所有权人的法律地位免受他人侵夺占有行为的威胁,在另一种情况下却完全不给所有权人保护。是啊,如果**概念**要求准占有必须产生,所有权人的**利益**还重要吗?关于准占有的丧失,该书的第 481 页这样写道:"上文关于人役权的结论同样适用于此。"第 474 页又写道:"这一类占有就跟其他的占有一样,它的持续是以这种不间断的可能性为前提的,即最初支配力的回复可能性。因此,它的丧失也是以这种可能性的消失为前提的。"**兰达**在《奥地利法上的占有》一书中也以相同的方式表达了这一点(A. **Randa**, Der Besitz nach österreichischem Recht. Aufl. 3. Leipzig 1879, § 34, S. 650, Note 1):"准占有的持续并不以行使权利为前提,就像物上占有的持续并不以体控为前提一样。行使权利只能**取得**准占有;相反,准占有的**持续**则是以重新行使权利的**可能性**为前提的,只要准占有人还能至少行使**一次**权利,就仍存在这样的可能性。"兰达在该书的第 653 页还写道(是针对奥地利法的):"如果某些重复的行为(使用行为)能够让权利持续存在,那么只要权利人在消灭时效期间内实施了该行为(哪怕是只有**一次**),占有也不会消灭","即使被告反驳原告说,原告已多年(比如在将近三十年里)未行使过该权利了"(该书第 655 页)。虽然我已经在我的《论占有保护的根据》一书中批评过这一理论及其所导致的后果(见下文),但我还是免不了借它来说明形式主义的概念法学所犯的错误。

尾注 14(第 292 页)

普赫塔在其《学说汇纂教科书》(**Puchta**, Pandekten)的第 73 页就是这么认为的。但是在推演过程上,普赫塔与**萨维尼**有所不

同。普赫塔在该书的第 474 页表达了他的观点:“由于役权在特
329 定期间届满时会因单纯的不使用而消灭,那么**尽管**那种回复的可能性总是存在的,占有在这整个期间内也**必然会消灭**……”也就是在此期间内,占有先是存在的,而后又不存在了——尽管占有的前提在这整个期间内已被满足,尽管占有在本质上是事实!“因此,**只能**假定占有在单纯的不使用期间内是处于悬置状态的,因此只有当再度使用或整个期间届满之后才能确定它在这整个期间内是否存在(其实应该说:只能认为已确立的公式是毫无意义的)。”然而众所周知的是,在所有处于悬置状态的法律关系中,期待该状态终止的人在该状态最终确定前是不享有诉权的。但普赫塔的观点是怎样的呢?我想问他:如果准占有人在行使役权的过程中被他人阻碍,那么他是否有权请求法律保护呢?到底是“有”还是“没有”?按照萨维尼的看法,答案无疑是“有”!所以结论就是:在此期间,占有并未处于悬置状态;相反,它的的确确是存在的。然而,占有在这整整十年间所该有的状态之后又被萨维尼搞乱了:“我们认为,在这整个期间内,占有本来是可以存在的;但是,准占有很爱开玩笑,它欺骗了我们整整十年——后来它又告诉我们,它其实根本不曾存在。”

我们可以再举一个更极端的例子。在 1799 年 12 月 31 日这一天,一个准占有人行使了最后一次役权。到了 1805 年,当他想再次行使役权时,却被他人所阻碍,因此他就提起了诉讼。由于负责该案的法官适用了萨维尼的理论,因此他最终胜诉。一直到 1811 年 1 月 1 日,他都没有再行使过役权。此时,从一方面看,由于准占有人在 1799 年 12 月 31 日至 1811 年 1 月 1 日均未行使过役权,所以该役权无疑已经因不使用而消灭了;但是从另一方面看,他对役权的准占有却在 1805 年被**已产生既判力**的判决确认

为存在。难道这个已产生既判力的判决必须遵循萨维尼的观点吗？换言之，在这整个期间内，该准占有人必须**丧失占有**吗？ 330

就这样，萨维尼让我们看到了这样一幅画面：有个人走进了一条死胡同。假如他有贯彻逻辑一致性的勇气——这种一致性总是不把归谬论证（argumentum ab absurdo）当回事——那么他也会勇敢地跟普赫塔一起走到死胡同的尽头。让我们来听听普赫塔这位学生是怎么说的吧！听了这些话，连他的老师萨维尼都会觉得他已经是概念法学的大师了。

普赫塔在其《学说汇纂教科书》的第72页里写道："尽管现在人们认为单纯的不使用并不会使占有消灭，但如果这种不使用的状态一直持续到权利也因此而消灭，那么从不使用的那一刻起就必须将占有视为消灭。这是一种恣意的观点，只有当权利的存在和对权利的占有之间存在这样一种本质联系的时候，也就是当后者没有前者即无法继续存在时，这个观点才似乎是合理的。然而，准占有的情况和在有体物上的占有是非常不同的。正如一个人可以在没有获得权利本身的情况下就取得对该权利的占有，他同样可以在权利消灭之后继续保持占有人的身份。也就是说，即使该权利因不使用而消灭，我们仍可以把他视为占有人，这两点并不冲突。[53] 但此时的另一个问题是：对准占有人而言，他的占有还是否具备与占有相关的法律效果？换言之，他的占有是否已经失去效果，因而从结果上来看，他的占有不得不停止继续存在？"就时效取得而言，普赫塔对该问题的回答是："对于曾经占有过并且基于刚刚论述过的原因而并未失去占有的人来说，尽管我们**不能否认他的占有**，但是这一占有却**不能帮助他完成取得时**

---

〔53〕 **兰达**也持相同观点，参见 **Randa** a. a. O. S. 650 Note 1："很显然，再度行使权利的可能性即使在权利因不使用而消灭后仍继续存在。"

效，因为取得时效是以实际的持续使用为前提的。”就**占有令状**而331 言，他的回答是：“对原告而言，现时占有的要件在占有令状的场合下如此不可或缺，以至于单纯取得占有和未丧失占有对于产生**这一效果**来说都是不够的”，但尽管如此，“这一规则仍然是适用的，即：在没有实际行使权利的情况下对这些权利的准占有虽不能产生，但却能**持续**；然而，**该规则在实践上是没有效果的**，因为占有的这两种效果都不仅要求它**在抽象中存在**，而且要求出现实际行使权利的状态”。

按普赫塔这么说，这就是个**没有占有效果**的占有，“一个抽象的占有”——“在实践上没有效果的规则，却能继续**适用**”！

在关于习惯法的论述中，普赫塔又提出了一个与这一没有效果的准占有相对的概念（参见 Puchta, Pandekten, § 11, g）。就立法者排除习惯法的适用而言，他认为这“**仅仅是剥夺了习惯法对法官的效果！**”——这就像是无法燃烧的火、不能发亮的光！对此，参见我的《法律中的目的》第 1 卷的第 321 页（第 2 版的第 322 页）。

对于概念法学，难道我批得太重了吗？

尾注 15（第 292 页）

这是**萨维尼**在其《论占有》前五版中所默认的观点。直到第 6 版，他才做了以下补充（参见该版的第 475 页）：“在时效取得的效果方面，占有持续的情况**有些**（原文如此！）不太一样。对此，**翁特霍茨纳**在其《时效学说》中认为（参见 **Unterholzner**, Verjährungslehre § 214），尽管**通常的权利行使**中断（萨维尼表述得不准确！其实翁特霍茨纳说的是‘当各个具体的行为被**通常的时空间隔**所分开时’），占有仍可持续；相反，若某人在**极不寻常的一长段时间**里均未行使过权利（这一表述同样不准确！其实翁特霍茨纳说的是‘当未使用道路的时间**长于**在道路役权的场合下**通**

常不行使该役权的时间时'),则占有中断。尽管这种观点将不可避免地赋予法官很大的自由裁量权,但它**似乎**是正确的。" 332

因此,按照萨维尼的说法,对于时效取得和占有保护,我们就有了不同的占有概念。在时效取得中,"回复到最初关系的纯粹**可能性**"这个所谓的普遍公式被放弃了;相反,此时必须有回复的**现实性**。而在占有保护中,这一公式却被保留下来。既然如此,那么还有什么能比以下做法更加自然的呢?这个做法就是:将"持续使用"这一要素同样适用于占有令状,以此来重建时效取得和占有保护已被舍弃的统一前提。毕竟这种做法在占有令状的措辞中的确总是被强调(参见该书第 290 页的注释)。然而这样一来,上述公式就彻底失去意义了。

此前,翁特霍茨纳就已经运用该公式得出了时效取得的完整效果:"当然,如果某人**在整个时效期间内**都没有机会行使权利,那么**唯一一次取得占有的事实**就足以构成行使了!"按照这个逻辑,即使某人在十年前第一次也是最后一次行使了权利,他的役权也可以因时效取得而产生!

尾注 16(第 311 页)

参见**罗德尔**《自然法或法哲学原理》(**Röder**, Grundzüge des Naturrechts oder der Rechtsphilosophie Abt. II, Aufl. 2, Heidelberg 1863)的第 91 页:"尽管所有的强迫行为(例如好奇地打探消息、未经邀请擅自入内等这类行为)通常仅仅被视为违背了良好的习俗和生活方式,对此的评价也仅仅是所有受过教育的人作出的,但这些行为无疑同时违反了**法律**,因此应当通过一切的**法律手段**(罗德尔本人对此是怎么想的呢?)来防止此类行为的发生,在必要时还应允许受害者本人加以反抗。"罗德尔认为,应当将这些行为所侵害的权利归入这一小标题下,即"私人生活或**与自己交往**

的权利”——跟自己交往是很困难的,而且在某些情况下也是毫无意义的——囚犯就拥有这样的权利!根据罗德尔的观点,以下行为同样是对这一权利的侵害:“过多地拜访他人以**占用他人的**
333 **时间**,**强迫他人和解**(尤其是根据法律或法院裁判而强迫他人和解),乃至以官方的名义对通奸、强奸或猥亵提起诉讼,而不是等到相关当事人自己提出诉讼申请”(参见该书第 92 页)。由此可以看到:我们要小心自然法了!因为没人能保证自己不会违反自然法的规定。即便是“那种完全不考虑自己的智商高人一等,而将某个高出他人理解力太多的正确观点强加给他人的做法也是违反自然法的”。

在判断行为是否违反自然法这个方面,这位作者有着非同寻常且训练有素的眼光。除了上述几个属于**精神**强迫的例子,该书的第 94 页还列举了一些关于**身体**强迫的例子:“在一些产房里对孕妇进行无耻的公开检查;对服兵役者以及其他人的一切不必要检查,例如海关官员对自己所认为的走私者的搜查,以及粗鲁的监狱守卫对囚犯的搜查,尤其是对女囚犯的搜查。”所有的走私者和囚犯肯定都会赞同这最后一句话。我完全有理由相信,他们在自然法上的处境要比在实证法上好太多。

尾注 17(第 311 页)

参见**罗德尔**《自然法或法哲学原理》的第 98 页。该页还提到了“以服兵役为借口而阻止他人移居的行为”,并以这样的论据否定了它,即“如果一个人连自己的公民权都放弃了,那么他也就不用负担以公民权为前提的义务了”。除此之外,我们还可以在该书第 144 页找到许多国家权力破坏私法平等的例子,如邮政垄断、矿山垄断、盐业垄断以及烟草垄断等。在自然法完全实现之前,这个世界上还有多少东西需要被改变啊!

第 四 部 分　335

重返尘世[1]：如何改善现状？

① 原文为"Wieder auf Erden"。在德语里，单数形式的"Erde"一词既可指"地球""地面"，也可指"尘世"。因此这一主标题亦可理解为"重返地球""重新回到地面"。——译者注

至此,我所描绘的这幅“当今德意志的罗马 337
法学”在读者那儿并不讨喜,而我已经做好被指
责的准备了——“这是走样了的!”“这不是肖像
画家画的,而是讽刺画家画的!”但在我自己看
来,这幅画却是相当逼真的。现在该是停止戏
谑、开始认真的时候了!或许在有的人看来,我
只不过是在开玩笑或耍幽默,但在此,我要非常
严肃地声明:这就是真相!在我看来,我对“概念
法学”即当今罗马法学中的经院哲学所采取的进
攻是十分严肃的。在进攻时,如果我用的武器是
玩笑、幽默、嘲笑和讽刺(我也正是这么做的),那
是因为我认为这种方式是最奏效的。我知道,这
么做的人都是要付出代价的,但是我已经做好了
准备。我之所以这么做,不是因为我对这些代价
无动于衷,而是因为我觉得,我有责任把这件事
摆在我的个人利益之前。早在很多年前,我就有
了这样的确信:我们的罗马法学所走上的道路,
也就是我年轻时所走过的道路,并不是一条正确
的路。我首先是在自己身上意识到这一点的。 338
曾经,在我的心目中,能够正确运用法学方法的
大师和偶像正是**普赫塔**;我曾深陷他所用的方法
之中,以至于我本可以超越这位偶像。我甚至已

经开始了一系列论著的写作,而且其中一些还写了不少。这些著作都是以此种方法的精神撰写的,比如在"关于物的学说"中,我曾以为我能够以严格的逻辑方法,运用形式、本体、一体性、同一性和模态等纯粹的形式范畴来搭建罗马物权法;又如在"关于损害赔偿的学说"中,我曾打算根据我自己的损害赔偿学说,将我们法源中关于**现存**客体估价的判决结论运用到**已灭失**或**未给付**客体的估价上,并将其建立在不容置疑的逻辑定理之上,即无论该物存在还是不存在,其价值大小均相同。那时我根本不知道,对于创立这两个学说而言,除了要关注先验的逻辑建构,还应当考虑其他的因素。我还记得,对那些无法理解我的观点和推论中所蕴含的巨大力量的友好实务人士,我是多么瞧不起他们。总之,对于逻辑方法的狂热,几乎没人能比得上那时的我。在我以前的作品中,处处都留有这样的痕迹,最明显的就是我为《当代罗马与德意志私法教义学年刊》所撰写的纲领(即1857年第1卷的第一篇文章:《我们的任务》)。但是后来,我发生了转变。这个转变不是由内部的刺激而是由外部的刺激所导致的。通过与实务人士的频繁交往(我总是向他们寻求帮助、为他们处理案件并从他们身上获益),通过我自己的实务工作
339 (比如,法学院审判团和当事人会委托我出具法律鉴定;此外并不少见的情况是,我害怕适用自己先前所主张的观点),[1]以及最后但并非最不重要的,也就是通过学说汇纂案例研习(这是一门

---

[1] 这一点甚至已经是公开了的。例如在1844年的《罗马法论文集》中,我曾主张的观点是:在双重买卖的场合下,若买卖标的物灭失,则出卖人享有双重的价金请求权(参见 Abhandlungen aus dem römischen Recht, Leipzig 1844, S. 59, 71)。然而,在《年刊》第3卷的一篇论文中,我论及了一个我在法学院审判团里为之撰写过判决的案子,它打开了我的视野。我不得不把其中收回我先前观点的原话照录于此(参见该文第450页):"纯粹在理论上满足于某个自以为从法源中读出的或是根据逻辑一致性推出的法律规则,抑或是适用该规则,而不顾其在生活中造成的恶果和危害,这的确是另一回事。一个病态的观点,只要提出它的人本身还是健康的,就是经不起这种考验的。"这段话公开地迈出了通往新道路的第一步。

我开了一辈子的课，在我看来，对老师自身而言，这门课是矫正病态理论观点最有效的手段之一），我才发生了这样的转变。接着，我在《罗马法的精神》第 4 卷里（1865 年）公开地把矛头指向了“逻辑崇拜”和“经院辩证法”（参见该书第 59 章）；而实际上，我在本书第一部分《关于当今法学的秘密来信》（从 1861 年起）就已经以匿名的形式这么做了。

仅仅作消极反对是不够的，接下来还必须积极地指明正确的道路。认识到这一点的必要性之后，我决定暂时把《罗马法的精神》放在一边，先着手写作《法律中的目的》，该书正是为了这一任
务而写。对我而言，告别前一部作品并不容易——正是在这部作 340
品中，我看到了自己一生的使命；更何况为了写完它，我已经做好了全部的前期准备工作。即便如此，我仍然把写作后一部作品视为我的责任。尽管我很确信，完成第一部作品能让我在同行里收获的感激和认可肯定要比第二部作品多得多，但这种确信却不能阻碍我去完成上述任务。跟研究“过去”的历史相比，“当前”对我来说有着更为现实的意义。倘若我最后能够成功地证明我在“当前”这个方向上的工作是有价值的，那么在“过去”这一领域中原本要属于我的果实，我可能永远都摘不到了。即便如此，我还是认为：只要前者能成功，我付出的代价就不算大。

同样的心态也在写作本书的过程中引导着我。我知道，本书能为我带来的不是桂冠，而是荨麻；但我同样知道，它是会产生效果的。正因如此，我才忍受了荨麻造成的刺痛。本书是这样一个人的作品：他自己深陷枷锁多年，而如今，他想要将其他人从这个枷锁中解放出来。只有自己做过奴隶，才知道奴役意味着什么。正因为我曾是这个方向——这个我现在所要反对的方向——最忠实的拥护者，所以我才认为自己有资格与之作斗争。尽管人们

可能会就我对他们的严厉惩罚评头论足，但没人会否认我下判决的资格。假如我做的这么多批评和指责都是出自一位实务人士之口，那么人们或许会以这样的方式来抹杀其重要性："正因为他
341 是个实务工作者，所以从他的立场出发，理论是不可能受到公平对待的！"然而，我自己就是个理论工作者，因此这样的反击对我无效。无论谁要反对我，都不能说我缺少批评的资格，而只能去证明我的批评是毫无事实根据的。然而，我已经在本书的许多地方给出了一系列证据。因此，谁要是想反对我，就只能向我证明，对于证成我的判断来说，我的这些证据是不合适的。但实际上，我只从搜集了二十多年的百宝箱里拿出了些许样品，要是你们觉得还不够的话，不要紧，我还有更多的保留曲目，可以接着举例。这样一来，连最瞎的人也该看得见了吧！对于所有其他的指责，我甚至都用不着给这些批评者提供反驳的建议，因为这样一个想法就足以让我击败它们：为了让本书发挥效果，它就该这么写！

"发挥效果？你不就是想发挥'笑果'嘛！你不就是想拉拢那些捧腹大笑的人嘛！"没错，我就是这么希望的！但是对我来说，这个效果仅仅是达到另一个目的的手段，这个目的才是最重要的。要把严肃的东西说得好笑，这并不难；在笑话面前，连最崇高、最神圣的东西都不再安全。但如果只想要点亮自己的智慧之灯、只想要点着玩笑的鞭炮，却不管溅出的火苗和烟花是否会烧掉别人的贵重物品，那么这样的做法就是不道德的轻率行为。相反，如果把灯点亮是为了将一件事物的破损和缺漏置于最明亮的光照下，以便人们认清它们、改善它们，那就是另一回事了——这才是我的目的。我们的罗马法理论应当也必须是另一种样子，它
342 不能再像以前那样继续走下去了。它必须放弃这样的幻想，就好像它是一门法律数学，除了运用概念作出正确的计算，就不承认

还有更高的目标似的。

这种幻想是非常诱人的,没人可以比我自己更能体会它的吸引力了。我曾抱着这样的幻想去寻找法学的科学特性,我曾以为,只有这种特性才能把我从纯粹的实证法给我造成的精神压力中解放出来。在实证法这个较低级的世界里,今天是一个样子,明天又是另一个样子,它不能满足我的科学需求。我渴求的是永久的、固定的、本身即为真理的东西。于是,我去到更高级的世界中拯救自己,这是一个自成一体的概念世界,这是一个立法者的权力所无法企及的世界。我承认,这就是我曾经犯下的错误。

所有这些我以为能把我从实证法的枷锁中解放出来的概念,它们跟罗马人以逻辑聚合的形式,也就是以概念的形式所展现出来的实证法规则的沉淀又有什么区别呢?以返还所有物之诉为基础的罗马所有权概念不也是一种实证法的类型吗?难道是所有权这个概念要求返还所有物之诉在逻辑上必须存在?假如真是这样,那么在没有返还所有物之诉的情况下,人们连思考所有权这个概念都是不可能的,正如我们无法想象一把没有刀刃的刀一样。谁要是相信这一点,那么他不妨去多学学我们现代的法律。实际上,"要不要适用返还所有物之诉"是一个纯粹的合目的性问题。我觉得,将它无条件地适用于动产是不可行的,我认为,从我们当今的交易法视角看,这么做甚至是错误的。又如,由于罗马法理论中使用了"对役权的准占有"这个概念,所以我们就要适用它?这又是一个纯粹的合目的性问题,对这个问题的回答至少是见仁见智的。再如,债的**本质**是否就像我们经常听到的那样,从中产生的诉只能向债务人本人提起,而不能向第三人提起? 343
假如是这样,那么如果法律规定,债权人同样可以向故意从债务人那里获得债务标的(例如,租给债务人的、借给债务人的、由债务人保管的或债务人买下的东西）的第三人提起诉讼，这又是怎么做到的呢？理论可能会从欺诈之诉的角度去界定这个诉，但现在的事实依然是：仅仅根据产生于债权的请求权，债权人就享有对第三人的诉权。〔2〕罗马人自己不是给我们举了很多改造概念的例子吗？他们将用益权扩张适用于可消耗物，将担保物权扩张适用于权利。如今的概念法学家可能会这么说："这可不行！用益权和担保物权都是对物权，**在概念上**，它们必须以'物'为前提。"但是，这**的确**就是可行的。罗马人早已意识到了自己为何要这么做，并对此供认不讳。根据实践的需要，立法者会规定某些必要的法律条文，如果要反对说"这样的规定在概念上是不可能的、矛盾的和错误的"，那么这将是法律人对自己最严重的指控。
344 这些规定被指责为缺少法律思维，法律人自己是难辞其咎的，毕竟是他自己承认自己的概念能力不足以把握真实世界，这简直等于宣告自己理解能力的破产。此外，这也不容辩驳地证明了，就他所宣称的这些不可侵犯的概念，他其实并不清楚它们的真正性质，否则他一定会知道，这些概念所包含的实证和历史的要素跟他不允许出现的新概念是一样多的，他不过是因为习惯了旧概念，才会对新概念另眼相看。然而，罗马法学家所允许的"概念矛盾"达到了一个怎样的程度，我已经用一个典型的例子来说明了（第300页），即占有人死亡后，他们允许取得时效在没有占有的情况下继续计算。假如一位现代的立法者擅自作出这样的规定，

---

〔2〕类似的情况同样出现在罗马法中，例如，保罗之诉（actio Pauliana）。在赠与的情形中，该诉的适用甚至不要求被告有恶意。又如，受托人的对物占取权（参见我的《年刊》第10卷，第514页），再如，对第三人侵害善意债权人的保护（D. 42, 4, 14 pr.）。我将这些情形称为"**权利受阻**"，对此参见我在《年刊》第10卷第318-331页的论述。在那篇论文里，我最后的观点是："将对人之诉扩张适用于债务标的的恶意取得人，这样的做法不久就会成为我们的现行法。"

他会被骂得多惨啊！

由此可见，这不过是一种假象，就好像概念一旦存在了，它就可以成为颠扑不破的逻辑真理似的。实际上，这些概念是跟它们所寓于的法律规则共存亡的，一旦后者因不再合适而被废除，概念也会随之消失或变形。这就好比，如果决定盒子大小的物品被换成了另一件物品，或是被改得更大或更小，那就必须扔掉原来的那个盒子，或是把盒子做得更大或更小。同理，法学也要欣然欢迎新概念的到来，而不是去抵制它们。因为通过这样的方式，法学才有机会实现概念的更新。

此外，下面这一点同样是一种假象，就好像一旦接受了某个概念，也就必须无条件地接受内嵌于其中的所有后果似的。一致性思维是一件很美好的事，在法学领域，这种思维的活动范围如 345
此之广，以至于除了数学，几乎没有任何学科可以跟法学相比。正因如此，对于所有具备相应天赋的人，这种思维才能发挥出非同一般的吸引力，并且它还将一直发挥下去。还记得毕业那会儿，为了给自己的学术生涯做准备，我深深地沉浸在罗马法源之中。它们带给我的巨大享受简直无与伦比！它们就像是为我打开了一个精神世界，同这个世界相比，以前学过的所有知识都不值一提。我感觉自己就像一名水手，正航行在广阔的海面上：眼前是大海，头顶是蓝天。我呼吸着提神的新鲜空气，脱离了陆地的一切束缚和羁绊，我就是自己的掌舵人！然而，正是这样的自由，正是个人思维（它非但没有被前人的全部思考所阻碍，反而还被其所激励）拥有如此广阔的活动范围，才使得这迷人的魅力中同时暗含了巨大的危险，也就是因搁浅或触礁而不能抵达终点的危险。从两个方面看，水手的比喻都是适用于理论家的：一方面，他应当**抵达**特定的港口；另一方面，他也要**避免**偏离预定的航线，

避免触礁或搁浅。他不该随心所欲地在海上漂泊,而是要**着陆**;并且,他**卸下**的货物必须能负担得起航行的费用。我之所以批评概念法学,就是基于这一点。因为在航行的过程中,它从不考虑自己是否能在漫长的航行后抵达终点,也从不考虑自己是否能够
346 卸下真正的**货物**,即那些对生活而言有价值的东西。② 对概念的极致追求使得概念法学家们作出了过度精细的概念区分,以至于实务工作者在运用这些概念时费尽了心力、绞尽了脑汁。概念法学家只是单纯地卸下了这些概念,而把如何适用的任务留给了实务工作者;然而,实务工作者却将其束之高阁,因为它们不过就是理论上的压舱物,没法为之所用。因而,这整个航行都是徒劳无功的,它不过是一场智力游戏。对于游戏的设计者以及那些习惯以类似方式自娱自乐的人来说,这可能还算是一种消遣;但是对生活而言,这场游戏却无法带来任何益处。同样地,以逻辑的方法从法律规则中推演出的理论也会因为其所得出的结果完全不合理而无法在实践中适用。例如,上文(第58页及以下)所讽刺的那种观点认为,在以全部财产设立担保物权时,各担保物权的优先性要取决于每一个标的成为债务人财产的日期。又或者是与立法目的相反的观点,例如上文(第292页)提到的萨维尼的观点,他认为,由于某些诉权不存在权利受侵害的事实,所以它们就不适用消灭时效。这些观点正是沙洲和礁石——如果理论不想固执己见、笔直地撞上去,它就必须掉头,并且还要意识到,自己所走的这条航线是错误的。那些在实践中导致了不合理结果或是其结论违反了立法意图的教义学公式和概念,就相当于自己给自己下了判决:在创立它们的过程中,理论家肯定犯下了错误。就像萨维尼关于维持占有的那个公式,它将占有从**现实**中彻底分

② 在德语里,“Güter”(货物)一词的字面含义即为“好的东西”。——译者注

离。在自然人占有的情形中，他将占有的维持建立在纯粹的回复 347
可能性之上，而这一可能性是完全缺少现实基础的；而在法人占有的情形中（第296页），他索性就让占有永久地被维持。这样的公式恰恰证明了其本身是完全错误的。然而，如果说不仅其始作俑者一辈子都在坚持它，而且它还成为学理上的通说，那么这就证明了，法律的实践目标已经被彻底地忽视。在实践性的事物中，检验公式是否正确的是结果。如果结果错了，那一定是公式出了错，此时必须重新检查公式是否正确——实践结果能够纠正理论思维。

这就涉及当今概念法学的标志——“概念法学”正是我对这种法学的称呼。由于所有的法学都是借助概念运作的，所以“法学思维”和“概念思维”是同义的。因此从这个意义上说，所有的法学都是概念法学，罗马法学就是其中最重要的一种。假如是这样，我根本就不用在“法学”前面加上“概念”两字。但之所以我仍要称其为“概念”法学，是因为我想用它来指称我们当今法学所犯的错误，这个错误就是：不考虑法律在实践中的最终目的和适用条件，而仅仅在其中看到了唯一的一个对象，并用它来测试那随心所欲、自带魅力和自成目的的逻辑思维。这真是个逻辑演化的竞技场、精神体操的竞技场！在这里，只有最伟大的思维艺术家才能赢得最终的胜利！

那么，在一门像法学这样的实践科学里，为什么会产生这种错误呢？所有人都会赞同这个答案：原因就在于**理论**和**实践**的对
立。或者更准确地说，这个错误与两种不同职业**外在**形式上的对 348
立有关：一个主要研究理论，另一个主要从事实务。实际上，每一门实践科学都包含着这种理论与实践的内在对立。这种对立不仅体现在**客观**意义上，也就是说，人们可以在思维中客观地区分

出“能够适用的规则与原则”和“适用这些规则与原则的技巧”，甚至还体现在**主观**意义上，也就是说，每个人在理论或实务方面的能力或训练都是不同的。有的实务工作者知道很多理论，却缺乏实践上的娴熟技能和敏锐目光（让所有实务能手都非常害怕的“学者”就藏在这些人之中）；反之，也有一些理论家虽然理论知识很贫乏，却是做实务的好料子。[3]

因此，就理论和实务的关系而言，在一个职业里把这两方面结合为整体的做法肯定是合乎其本性的。此时，二者之间具有活跃的交互关系：它们相互支持、相互促进，彼此保持均衡。那么，这个统一的职业又为何会分化成两个独立的职业呢？其背后的推动力是**教学**的需要。法学领域的**理论工作者**是由**法学教师**发展而来的，而不是由那种科学隐士发展而来的。对这些隐士来说，他们的闲暇和社会地位允许他们出于科学上的兴趣而深入研究法律；相反，一个渴望从事实务、忙于实务工作的人是不可能有这种兴趣的。在生活中，出于科学上的兴趣去研究法律的现象是很少见的，它不是基于外界的需求而产生的。然而，法学教师的
349 职业却必须要求他们以这样的方式研究法律。当法律的内容和理论的发展达到这样一种程度时，也就是当法律新手通过纯粹的自学以及跟着师傅在生活中学习实践知识的方式都再也不足以让他掌握理论和实务这两方面的知识时，就会产生这样的必要性。罗马共和国晚期就是如此。在此之前，每个法律新手都需要在有威望的法学家那里上完实践课程（instruere），但到了共和国晚期，具有理论性质的导论课程（instituere）就从实践课程中分离了出去：它首先属于纯粹的私人事务，是存在于学生和老师之间

---

〔3〕 在所有的民族中一再地出现此种对立的现象。比如根据我自己的判断，法国人和意大利人在法学实践方面的天赋确实超过了我们德国人。

的一种暂时的关系；久而久之，法学教师才在公共的学校里持续、固定地教授这类课程，就像著名的拉贝奥和卡皮托各自创立的法学流派及其后继者所做的那样。

就罗马法理论的发展而言，被分离出去的教学活动使得法学教师成为一个独立的职业，这个事实几乎没有带来什么不利后果；相反，正是从那时开始，罗马法学才迎来了众所周知的繁荣景象，它在古典时期达到了顶峰。在我看来，这一事实的巨大意义远远被低估了。在我眼里，正是在这一事实中蕴含了罗马法学史上的转折点，即从实践时代过渡到真正的法律科学时代。随着教学活动的产生（无论是口头的教学还是书面的教学），任何类型的知识都有了这样一种必要性，即它们必须被正确、精确地**表达**出来；而当仅仅存在纯粹的知识本身时，还完全没有这样的必要性。众所周知，"自己知道"和"让别人知道"是两码事。完成后面这个任务的必要前提是，自己必须先完全明白，也就是先要让自己从懵懂无知、有点感觉或一知半解的状态转变到明白无误或彻底了解的状态。"教学相长"③并非指"为了教学，自己必须再去学 350
一些知识"，而是说"通过教学，才能明白自己原本不太清楚的知识"。德语中有个非常类似的表达，即"**把自己的意思表达清楚**"。④ 对这一真理，我自己就曾无数次地体验过。即便是对于那些早已深思熟虑、烂熟于胸的思想，我也是一再地体会到，只有当我把它们清楚地写下来，我才算彻底地把握了它们。我相信，如果有外在的需要迫使那些极具天赋的思想家将他们藏在内心的灵感、观点和思想都表达出来，那么这将给他们带来极高的声誉；

③ 原文为拉丁语"docendo discimus"，字面意思是"我们通过教授来学习"。——译者注

④ 原文为"sich klar schreiben"，字面意思是"把自己写清楚"。——译者注

否则,这个世界永远不会听到他们的声音。或许,人的内心也和外在的自然界一样会失去很多东西。只有屈指可数的种子能够破土而出,而且大多是杂草的种子,它们长势旺盛、遍地蔓延;相反,由于这一不利条件,名贵的种子却在地里腐烂或在路边枯死。

如果以上说法正确,那么尽管教师这个职业在知识的广度与深度方面比不上其他职业,但在知识的**形式**方面却更胜一筹。可以这么说:这个职业总是迫使教师将手里的资本转化为现金,并且随身携带;而其他职业的资本往往是固定的,难以流通。法律实务工作者的优势在于,他能够既快又准地**适用**法律,而法学理论家的优势则在于其轻松自如和一针见血的**表达**能力。正是在这一点上,职业发挥了决定性影响,并导致了这一无法避免的后
351 果:在不同的岗位上任职,同一个人将会变得各不相同。必须认识到,天赋只有在极少数的例外情况下才能决定一个人成为什么样的人。

然而,教师职业所发挥的这种效果不仅仅是对**个人**而言的,对**科学**亦是如此。个人在教授和学习的过程中所积累的经验,对科学是有利的;科学会因此被一种特殊的因素所丰富,我将这一因素称为“**教学因素**”。**实务工作者**只需**掌握**那些他要用到的知识和观点可能就够了。换言之,实务工作者占有知识财富的方式为,他能无时无刻地从中取出必要的资金。相反,教师却必须将他希望传授给学生的全部知识以**一种适合于学习的形式**展现出来。

实现这一目的的条件是**循序渐进**、**讲求方法**的学习。

这就好比画家作画,他不会一上来就给这幅画的每个部分上色,而是会先画好轮廓,再上底色,最后才处理具体细节。同样地,一个好的老师也不能马上就从每个具体的学说开始讲,并对

每种学说作具体的展开，而是应当先为学生做好知识铺垫，以便他们能够更好地理解这些学说。例如，对于理解这些学说所必不可少的知识、观点和概念，老师应当先教给学生。罗马法学家是通过“**法学阶梯**”的形式来完成这一任务的，这种形式至今还在我们这里得以保留。[4] 对于罗马法律科学的体系性发展而言，这 352
种借鉴自希腊人的教学形式是极其重要的。随之出现的是**法律在教学上的表现形式**，这一形式是对“法律评注”“告示评注”等纯粹以**实践**为导向的作品形式的补充，为法律带来了它一直所缺少的东西：**内在的体系性**。在此，我无需赘述它对促进法律认知的巨大意义。[5] 与之密切相关的是，法律中出现了对不同事物的严格区分：首先是对每个学科来说都非常重要的“分类”，然后是简明扼要的“规则”和“定义”。对于推动法律科学的普及和加深**具体制度**的理解而言，它的意义并不亚于体系性对于认识**总体关联**的意义。

总结成一句话就是：罗马法在科学上的完善以及它对我们当下的主要（但并非唯一的）价值正是基于这样一个事实，即它是**在学校中被教授**的。这究竟在多大程度上简化了罗马法在实践中的适用难度，只要对比一下欧洲大陆法律人和英国法律人的处境就不难知道了：前者经过相对较短的大学学习就能稳稳地掌握各国的全部法律，而后者则是各个领域的专家，他们没有一个能掌握英国的全部法律。出现这一差异的原因在于：罗马法是在学校里被教授

---

[4] 就完成这一任务而言，罗马法学家还采用了其他的形式。我仅举出学过法律的人都知道的这几种：“规则集”（libri regularum）、“原理”（elemanta）、“定义”（definitiones）和“手册”（encheiridia）等。萨宾（Masurius Sabinus）的《市民法三卷本》（libri tres juris civilis）似乎也属于这种类型。

[5] 对此，我已经在《罗马法的精神》一书中讨论过了（Geist des R. R. III, 2, Aufl. 4, S. 330）。［原文如此，实际上原著有笔误，因为《罗马法的精神》并不存在“III, 2”这一卷。经查，正确的卷数应该为“II, 2”。——译者注］ 353

的,而英国法不是。直到目前,英国才开始尝试去这么做,但要将英国法提升到像罗马法以及脱胎于罗马法的欧洲大陆法的高度,还有无数的工作要做。由此可见,学校的确对实践生活有好处!

但是,学校里教的得是**正确的**东西才行。这就涉及理论与实践这对关系中的关键点。在一门实践性科学中,假如理论不想误入歧途,就必须与实践不断保持联系。在罗马法学中,情况正是如此。我们可以从许多极有声望的罗马法学家那里知道,他们把教学和实践活动结合了起来。〔6〕

直到基督教盛行的罗马帝国时期,这个双重角色才停了下来:教师成为一种专属的职业,就跟今天一样。换言之,教师成了一种终身职业,由国家权力机关负责聘用和付薪。然而,随着这种情况的出现,法律科学也就寿终正寝了。产生于那个时代的学术著作,我们一本也找不到。当时,法律实践只能从几百年前的著作里寻找自己的理论依据。从这个事实就可以明显看出,当时的学校对实践的影响还有多少;往最坏了想,这充分说明了那时的理论有多么无能。

众所周知,罗马法在现代欧洲的复兴正是从**教学活动**开始
354 的,罗马法在实践中的有效性恰恰要归功于学校。然而也正是从此刻开始,两种不同兴趣之间的冲突同样拉开了帷幕:一种是**纯粹的科学兴趣**,也就是"要将罗马法的原本面貌完全复原",就像复原任何一件古代文物那样;另一种是**实践的兴趣**,也就是"为了让罗马法适应实践生活"。根据个人、时代和民族的不同,有时是这个方向的兴趣占优势,有时又是那个方向的兴趣占优势——这让人想起了钟摆的来回摆动。在注释法学派的时代里,首先开始

〔6〕 一本极具学术价值的著作已经证明了这一点,即 **F. P. Bremer**, Die Rechtslehrer und Rechtsschulen in der römischen Kaiserzeit. Berlin 1868。

的是**科学方向**(为了论述的便利,我使用了这个名称),但到了后注释法学派的时代,现代法学就片面地转向了**实践方向**。直到科学复苏之后,借助在此期间所获得的一切辅助手段,它又以最大的精力,也是与此前相同的片面姿态再度走上**科学方向**。这的确为罗马法的科学认知作出了不可估量的贡献,但却是以忽视实践生活的利益为代价的。后注释法学派的著作在居雅斯的时代里还在发挥作用,质量低下的作品最受欢迎,并且还无数次地再版发行。没有什么可以比这些事实更能说明,科学已不再符合生活的需求了。这种反反复复的现象非但没有停止,反而还再度上演了**两次**由纯粹的科学兴趣所引起的法学革新。第一次发生在 18 世纪初的**荷兰**,第二次就发生在 19 世纪初的**德意志**。理论法学的主导权从两个罗马民族的手中转移到了日耳曼民族的手中,也就是从意大利人(他们曾行使过两次主导权)和法国人(在这方面,没有任何一个民族可以与之匹敌)那里转移到了荷兰人和德意志人这里。

对不同时期罗马法学的概览,让我们看到了一幅不断变化的 355
图景。这充分证明了上述主张的正确性,即对于罗马法,存在两种对立的研究方式。既是古代的文物,又是现代法律的组成部分——正是罗马法的这种双重性质才导致了这样的对立。这两种完全相反的研究方式在各时代彼此交替是罗马法现代史中所特有的现象,它在世界上其他任何法中都没有再出现过。就像在其他科学里那样,在法律科学中也可能会出现方向与方法的交替现象,它就好比波浪的运动轨迹,在一个时代攀至顶峰,在另一个时代跌入谷底。然而,这两种研究方式所呈现的两极对立却是独一无二的,并且还将永远持续下去,正如我们在罗马法的现代史中所看到的那样,尽管处理的对象完全相同,但两种方式所追求的目的截然不同。在文艺复兴时期,这种对立达到了顶峰,以至于即使某些作品在其中一个方向里是最杰出的,但就另一个方向所追求的目的而言,它们却是毫无价值的。一个试图通过翻阅居雅斯的著作以便在生活中运用罗马法的人就跟那些企图通过巴托鲁斯和巴尔杜斯的著作来增加自己对罗马法的科学认识并探究罗马法精神的人一样,二者都将一无所获。[5] 这两个方向彼此的目标不同,正是这一事实导致了它们对同一个对象采取了完全不同的研究方式,以至于相同的对象在一个方向里所呈现的样子几乎不能被另一个方向所认识。

356 如今,我们所处的这个时代已经看到,必须将这两个方向结合起来。当代大学的法学课程不仅考虑到了要让学生学会在生活中运用罗马法,而且同样多地考虑到了要让他们获得对纯粹罗马法及其历史发展的认识,通过学习罗马法源来理解罗马法的精神。就后面这个领域而言,**萨维尼**的贡献是不可磨灭的,他开创了关于罗马法的教学方式和写作方式。众所周知,萨维尼是通过他的《论占有》(1803 年)一书来实现这一点的。一个如此一流的科学业绩,却是由一个不满 24 岁的人完成的。从此以后,该书就成为以教义学方式论述罗马法的绝佳榜样和权威范本。能够为科学史翻开新篇章的作品是罕见的,《论占有》就是这样的一部作品。尽管这部作品作为一项精神创造如此杰出,尽管这位年轻人打破了以往的传统、提出了独立的观点、开辟了自己的道路,尽管他的独创性和他所具备的力量如此令人钦佩,然而,如果以实践作为衡量标准,那么这本书从头到尾都是有害的。因为萨维尼在

---

⑤ 巴托鲁斯(Bartolus de Saxoferrato,1313-1357),意大利法学家、中世纪评注法学派代表人物,对《国法大全》做过全方位的评注,另撰有 300 多份法律鉴定;巴尔杜斯(Baldus de Ubaldis,1327-1400),巴托鲁斯的学生、中世纪评注法学派的重要代表之一,亦对《国法大全》做过详尽的评注,另撰有 3000 多份法律鉴定。——译者注

撰写该书时没有考虑他所论述的对象在现实中的真实关系,没有顾及自己提出的规则在实践中能否适用。对于这些规则,他没有做任何决疑式的尝试和检验,他所论及的案例几乎从不超出罗马法源的范围。假如他这么做了,那他肯定就会意识到,这些规则是完完全全无法适用的。它们就像蜡一样软,跟橡胶一样富有弹性,任何人都可以用其达到自己想要的结果。正因如此,无论萨维尼以多少罗马法源作为自己的理论依据,他所论述的也并不是罗马法的理论。关于占有学说的最新研究已经接二连三地证明
了萨维尼的基本观点是错误的。如果把这本书比喻成一座建筑, 357
那么这整座建筑的地基是不稳固的,以至于没有一块石头可以往上搭。总之,我把该书的基本错误概括为:它完全漠视了占有在生活中的实际功能。这一点还体现在,对于现代法律在扩大占有保护方面的制度续造(侵夺之诉和简易占有之诉),萨维尼全部持反对态度。他完全想象不到,这些制度之所以出现,一定是基于某种紧迫的需求;相反,他就是这么直接地否定了这些制度,理由是"它们不是罗马人的",而是"近代的法律学者所犯的错误"(该书第 327 页)。直到**布伦斯**出版了他那本具有典范意义的《中世纪和当代的占有法》(Das Recht des Besitzes im Mittelalter und in der Gegenwart,1848),被萨维尼完全忽略的这个方面才得以揭示。在我看来,布伦斯的这一贡献具有**永恒价值**,在这一点上,他要远远超过萨维尼。

在随后的一段时期里,萨维尼在这部作品中所创立的模式成了权威模式,这样的结果既有好处也有坏处。〔7〕 每一年都会有新的罗马法著作出版,面对这些作品,我们不禁要惊讶地问:这些著作所涉及的问题究竟有着怎样的目的和价值?这些作者们又

---

〔7〕 这一点甚至被**普赫塔**给赶超了,对此参见上文(第 330 页)。

究竟是为了什么而用尽全力地去寻找答案?最起码不是为了法律的适用。那么是为了满足学校授课的需要吗?对此,我将在下文给出回答(第360页)。理论越来越不关注生活,就好像法律是为了理论而存在似的,就好像法律是逻辑思维的感激对象,是表演辩证法杂技的马戏团。

358 为什么会出现这样的错误?为了回答"是否存在改善前景"这一问题,我们必须先认清错误的原因。

我认为原因有二,并且只有这两个原因共同作用才能导致这一错误的发生:一个原因是,**理论家**将自己的工作局限在了**教学活动**上;另一个原因是,理论家的教学和著述活动所致力于的**对象**具有一定的特殊性,也就是说,**罗马法**具有一定的特殊性。这两个原因中的任何一个都不足以单独导致以上结果。跟罗马法的老师一样,德意志的私法、商法、刑法、诉讼法、国家法和教会法的老师也都局限在各自的教学活动上;在法学院审判团被废除之后,除了极少数时候还要写写法律鉴定,他们接触实践的机会也和罗马法的老师一样少。在这些领域,概念法学的苗头并不是没有出现过,但它们最终没有被概念法学侵入,这是为什么呢?因为它们正处在我们时代潮流的剧烈涌动之中,因为这些领域的理论家每年都要面对新的问题和新的事实,他们必须对此做出判断。不管情愿还是不情愿,他们都要站在立法实践的立场上做出这些判断。如果理论家事先没有机会就立法事项发表必要的评论,那么这些领域中有很多极为重要的立法改革都是不可能进行的。每天的热点问题让他们能够在生活中运用自己的知识,他们要感谢这些机会。正是因为极为丰富的新素材补给了这些领域,所以才有了在科学上对这些素材进行归类,甚至创造一门新学科的紧迫性,这就确保了他们不会将时间和精力分散到无用的问题上。所有这些领域的理论家都不会像罗马法学者那样浪费时间,天天研究着类似的问题。必须去做更重要的事!谁要是能去野外打猎,他肯定是不会想去抓蚊子的。 359

但罗马法学者的情况却是多么不同啊!除了几个在原则方面不太重要的改革(比如关于利息的改革),这个时代的立法潮流悄无声息地绕过了罗马法,而罗马法也在享受着这份不受打扰的安宁。没有新的难题需要他们去解决,没有热点问题需要他们去讨论,没有新的素材需要他们去构建。对他们来说,一切都保持原样。除了那些从注释法学时代起就已经被成千上万的理论家竭力去解决的任务、问题和困难,当今的罗马法教义学再也看不到别的东西了。那些困扰了注释法学家无数次的难以解释或彼此矛盾的法源片段,时至今日都还在继续扮演着自己的角色,而且一直有人一而再、再而三地去研究它们。**缺少重大的任务**,这就是罗马法理论的病因。主要工作都已经做完了,在实践和教义学方面还剩下的收益也已经微乎其微了。缺少丰富的研究对象、缺少重大的问题,这就是罗马法理论家所面临的紧急状况。为了让自己的作者身份正当化,他们只能把那些仅仅满足了经院式要求却对生活毫无意义的问题当成最后的救命稻草。我不是要低估这类问题对于法律教学的意义,只是我很难相信,将传统的法律概念分解得如此精细(结果通常是彻底地抛弃这些概念),这样 360
的研究会给**法律教学**或**法学教育**带来什么进步?我反而相信,这是在帮倒忙!就描述法律关系而言,他们放弃了简单、生动的形式,而采用了复杂、人为的形式。那些尽管并非完全准确,却易于理解和适用的概念和定义被他们用所谓的"真正准确的概念和定义"取代,前者不可估量的优点就这样彻底丧失了。在我看来,法学的教学跟其他学科的教学一样,**合目的性**是唯一的决定性因素。相比于**把课讲得非常精确**这种**不能达到**教学目的的做法，我更喜欢**把课讲得不那么精确**，这样才能**达到**教学的目的。说得矛盾一点就是：一个好的老师必须有勇气在适当的地方点到为止。或许，他给学生的这件乐器不是最好的，但如果学生能够借此学会更好的演奏技巧，那么对于授课的目的而言就要优先选择这样的乐器，而不是选择比它更好的乐器。多年来，这个理念一直引导着我的授课方式。经验告诉我，这种方法是正确的。为了达到教学目的，当代法学那些所谓的成果，绝大多数我根本不会去用，因为它们都是通过对法律基本概念钻牛角尖式的批判和分析所取得的。在我看来，理论界在这个方向上所花费的脑力对**教学**来说是完全没有好处的。

既然这些研究不仅对生活没好处，而且对教学也没好处，那么它们到底对什么有好处呢？我认为答案只能是：对那些以此为
361 乐的人有好处。我自己并不是他们中的一员。实际上多年以来，我对法律科学的兴趣非但没有减少，反而还在增加。除了在法律领域发挥自己的能力、为法律科学贡献自己的力量，并使这些努力得到学界的重视和认可，我找不到比这更好的享受，不承认还有比这更崇高的人生目标。同样地，从第一刻起至今，罗马法对我的影响力和吸引力也丝毫没有减少。正是因为罗马法，我才成了现在的我；正是因为罗马法，我才做出了现在的成绩。这一切都要归功于罗马法。但是当我扪心自问，自己在这三十年来都学到了什么新知识——需要明确的是，我指的不是罗马法史方面的新知识，而是指罗马法教义学方面的新知识——我只能说，我学到的东西是如此之少，以至于我很遗憾自己为了获得这么点知识而投入了那么多时间。与此同时，当我看到其他学科在同一时期所产出的累累硕果，我又多么羡慕。不得不承认，虽然对于罗马

法、对于自己的罗马法教学，我尚未失去兴趣，但是对于当今的罗马法文献，我是真的没有了兴趣，因为我无法从大部分著作中品尝到趣味。假如我还年轻，我肯定会选择另一个专业。即将到来的这个时代会不会改变罗马法的研究方式（例如，通过立法政策和比较法的方式），以使如此贫瘠的罗马法土地再创丰收？谁又能保证呢？无论如何，目前的产出是不值得如此费尽心力的，它是长在饥荒之年的二茬草，又少又枯，而且这么点干草里还混进了许多杂草——只有为此而献身的人和天生就对此抱有浓厚兴趣的人才会错估其价值。

当然，这块土地本身也要为这一歉收负上一定的责任。当无 362
意中发现的法律渊源（主要是盖尤斯的《法学阶梯》）作为辅助工具被用尽之后，这块土地在实践教义方面和注释方面就已经被开发殆尽。只有在**一个**方面，它似乎还可以有所产出。也正是因为这一点，我相信我已经找到概念法学产生的原因了。这个原因即使不是最直接的导火索，至少也是极大的推动力，它就是：在目前的情况下，只有概念法学才能打开通往新成果的大门了。除了“产出新成果”这个吸引力，概念法学还有另一重吸引力，即“自由、独立并陷入自我陶醉之中的思维”，简言之就是“辩证法的诱惑”。历史已经证明，科学曾多么频繁地陷入这种危险之中，比如经院主义、耶稣会诡辩式的教义型著作以及那些死抠字眼的作品等都是很好的例子。在毫无成果和钻牛角尖这两方面，它们都远远超过了我们的概念法学。如果说有某个领域很适合运用概念性的、概念建构式的、严格遵循逻辑一致性的思维，那么它无疑就是法律领域；而恰恰又是在罗马法领域，这种思维才能展现自己最辉煌的成就并表明自己在实践上的价值。因此，概念法学似乎可以拿罗马法学家这一榜样作为自己的挡箭牌，它似乎只是在照着他们的样子去做。然而这仅仅是表面,实际上并非如此。在逻辑一致性这条道路上,罗马法学家的确会一直走下去,但这是有前提的,那就是实际的需求并不阻碍他们继续前行。换言之,在运用法律逻辑时,他们始终关注着生活。相反,当今的概念法学
363 却没有关注生活,它就这么一直往前走,即使最后得出的结论与法律**适用**的目的完全不符,即使这个结论不可能被得出。在概念法学这里,法律逻辑不再像在罗马人那里那样是为了生活而存在的;正好相反,在这里,生活是为了法律逻辑而存在的。

过度地运用蕴含在法学自身本性中的方法,这是近来才有的事。正如上文所述,我认为,这种做法是**萨维尼**在他的处女作里所开创的。完全不考虑通过抽象的概念演绎和逻辑一致性的思维方式所获得的法律规则能否适用于生活,这正是当今概念法学的基本特征。像罗马法那样立足于生活的法学是不可能漠视生活需求的,然而,我们当今的理论工作者却不去**适用**法律,而仅仅是在**教授**它。问题就出在这里,这才使得他们放弃思考理论在生活中是否能够适用。

那么,要如何改善这一现状呢?假如理论家同时也能够从事实务,比如做个律师或者当个法官,解决方案就找到了吗?毕竟这样一来,实务就可以牵制住理论。在意大利,目前的规矩就是这样的。我在意大利旅行时认识的大多数意大利教授同时是律师或者法官。然而,这样的状态并没有我们想象中的好。因为在这种情况下,理论工作者单靠教授职位没法养活自己,所以,他必须以实务工作者的身份去赚钱。但这样的话,实务工作又会剥夺他作为理论工作者的时间。这两个职业的不可兼容性最终会导
364 致这样的结果:优秀的老师必须离开教师岗位,而转行去做专职律师。

因此，理论工作者和实务工作者这两个职业的分离（正如我们德国和其他大多数国家的情况一样）尽管使前者疏远了生活，但仍是值得优先考虑的做法。我相信，二者的分离在将来同样会得到普遍认同。尽管在其他的实践科学（如医学）中，理论与实践的统一被证明是可行的。医学实践分支的老师们（如临床医生和外科医生）甚至还不得不为普通的实习医生腾出工作机会，恰恰是前者才享有公众最大的信任。这就证明，一个人可以同时是伟大的理论工作者和伟大的实践工作者。那么，为什么法律人就做不到这一点呢？换言之——由于我在此仅讨论罗马法学者——为什么罗马法学者就做不到这一点呢？为什么他不能同时当一个法官或者是做一个律师？因为他的研究领域所具有的**历史**性质要比临床医生和外科医生的浓得多。打个比方来说：后者的两只脚都站在当代，而罗马法学者却是一只脚站在当代，另一只脚站在过去。刚刚提到的意大利学者在科学上所处的窘境，以及之前提过的他们的德国同行在罗马法和日耳曼法领域所做出的只有完全享有科学上的自由才可能做出的重要成就——正是这两点让我不再怀疑这两个职业分离后所带来的好处。

尽管这两个职业的分离是无法改变的事实，但我们还是不禁要问：难道真的找不到改进措施了吗？是否存在一种尽管不能消 365
除职业分化给理论工作者带来的不利，却至少能在一定程度上减少这种不利的措施？对此问题，我已思考良久，下面就来谈谈自己的看法：

我希望通过以下三个措施在这方面取得成效。

第一个措施是：要求**理论工作者在法定期限内接受实务训练**。换言之，只有那些通过了候补文官考试的人才被允许成为罗马法和我们未来民法的编外讲师。他所具备的法律实践观将会弥补他较晚开始的学术生涯。再说了，谁要是打算走理论道路，他在实践阶段也可以找到足够的时间和机会去为此做准备。

我们大学的课程设置并没有对罗马法的两个方面做外部区分，也就是它并不区分罗马法的“教义学”和“法律史”。这就意味着，罗马法学者必须同时具备这两个方面的能力。因此，人们可以期待他能够胜任这两个方面的任务。即使他对法律史更感兴趣，他所具备的法律实践观同样可以让他在法律史方面受益匪浅。我坚信，只有懂得过去的法律，才能理解当下的法律，才能具备法律的实践观和对生活需求的判断力。为什么会出现这么多
366 如此有害、完全错误的法律史观点？我认为根本原因只能是：这些作者的能力不满足这个前提。

第二个措施是：将**大学的法学课程**设计成能够满足实践这一最终目的的样子。我所说的这个措施不仅指要在纯理论课上用合适的方式不断举例说明法律规则应如何适用于实际案例——这个要求并不是**强制性的**，而只是一种**愿望**，它不过是一个虔诚的愿望，每个老师既可以去实现它，也可以无视它——而且还指必须以**强制手段**即通过一种**制度来确保**这一点，即为理论讲授课增设实例练习课，为“学说汇纂课”增设所谓的“学说汇纂案例研习”或“民法案例研习”。我要求这么做，不仅是为了听众，而且是为了**老师自己**，因为这些课可以纠正理论的片面性。老师应该亲自运用一下自己所教的东西，这样他才会知道，某个理论是否适合在实践中适用。也只有这样，他才会确信：抽象地提出一种区别是一回事，如何解释这一区别、如何具体地**辨明**这一区别又是另一回事。有些事情，理论家**想想**是很容易的，但当事人要**证明**起来却十分困难。为某一结论**逻辑上的正确性**负责是一回事，为它在**实践上的妥当性**负责又是另一回事。我这么说是基于我自

己的经验。四十多年来，我始终开设学说汇纂案例研习这门课。它给我带来了多大的进步，无论我说得多么夸张都不过分。所有的规则、概念和区别，我都会将其适用于某个具体案例以使之更为形象；此外，我还会让它们在这些案例上接受检验。这样的做法几乎已经成了我的第二天性。易言之，我会用**决疑式**思维来检 367
验**抽象**思维。

然而，仅仅是老师单方面地讲授法律案例并给出自己的解答是不够的。无论是对他自己还是对他的听众而言，只有当师生双方都极为活跃地相互交流，这样的练习课才能发挥它的价值。老师不仅要**容忍**那些反对自己观点的主张以及试图推翻自己观点的行为，而且要去**挑战**它们，他必须把自己也当成一名听众，就好像他和他的听众都是审判委员会里的成员一样——不是因为老师的外在权威，而是基于理由的内在分量，他的观点才具有决定性。只有这样来上这些练习课，才会对双方起到同样的激发和促进作用。时至今日，我还是被这些练习课深深地吸引，上这样的课总是让我很快乐，上这样的课总是能让我学到很多。我不得不承认，经常会有一两个高水平的听众让我意识到某个我一直以来所忽略的点。

当然，这些练习课也会给老师带来不便。他必须放下自己高高在上的姿态，而且要在思想上做好这样的准备：提问者和被提问者的角色将会发生互换，听众提出的问题是自己从来没想过的。他不仅要具备精确的知识，而且必须善于在没有大量资料可供参考和没有很长时间可供推演的情况下，随时都能以极为简明扼要的形式将自己的知识运用到眼前的问题上。正是因为这些练习课对老师提出了这样的要求，而这种要求又不是每个老师都愿意服从的，所以国家机关才应该将它们规定为强制性的。没有 368

履行“开设练习课”这一义务的罗马法编外讲师都不该获得任教资格——谁要是觉得自己有资格教授一门实践性的学科,谁就该去证明自己同样具备运用的能力。有一些上了年纪的罗马法学者,他们可能缺少了灵活的头脑和充沛的精力去开设这样一门让听众有所收获、让自己感到满意的练习课,那么此时应当允许他不必再履行这个义务了。在此之前,任何人都不能免于该义务。案例研习不仅应成为每个罗马法学者的必修课,它还将是一台永恒的校准器,以确保这些罗马法学者自己以及正确的大学授课所带来的利益不致被片面的理论损害。

我建议的**第三个**措施是:改革目前的**法学考试**。具体而言,要在以下两个方面作出改革:第一,关于**考题的类型**;第二,关于**考试委员会**的设立。

任何考试的目的都是让考试部门相信,考生已经在自己的专业领域内掌握了必要的知识。考试的制度会根据专业的不同而不同,理论型的专业(如历史学、语言学以及自然科学中的某些专业)有理论型的考试,实践型的专业(如医学、神学和法学)有实践型的考试。就后者而言,考生不仅要证明自己掌握了足够的理论**知识**,而且要证明自己能够正确、熟练地**运用**这些知识。医学和神学专业的考试正是如此:医学专业的考生必须在病床边、解剖
369 台旁和产房里进行实践型的考试,神学专业的考生则必须布道和试上神学课。唯独法学专业的考生,他们在德国大多数州所参加的第一次考试是仅仅以理论为导向的。比如在普鲁士,笔试通常都是考理论性的题目。只有在汉诺威(策勒)才偶尔会像以前习惯的那样,根据案卷改编出一些考题。据我所知,口试大体上也是往理论这个方向去的。在第一次考试中很少会涉及法律案例。这就意味着,我们当今法学所具备的理论性特征又一次出现在了

考试里。

我认为,这种考试制度是完全错误的,我们并不是没有看到它的恶果。实务人士对年轻法律人此前未受过足够训练的抱怨是司空见惯的。在对法学博士进行考核的过程中,我自己也有过这方面的经历。我很疑惑,在罗马法领域,只记得那么几个概念和分类,而完全没有法学思维、完全不懂如何适用法律的人怎么可能通过考试?假如他通过了考试,那就说明这个考试没有起到它应有的作用。

该如何改进?

为了达到改进的目的,近年来,一些理论工作者建议将法学专业的学制从三年延长至四年。对此,我完全不同意。我认为,三年的时间足够了。当然,我的前提是学生都履行了学习的义 370
务,而没有在此期间去做一年的志愿者——这就等于失去了学习的时间。多年以来,无论是我的考官经验还是我上案例研习课的经验都支持了我的上述观点。学得最久的年轻人往往也是学得最差的。相反,我曾经考过那些学习还不满三年的人,他们的知识广度、扎实程度和可靠程度以及将这些知识运用到特定案例中的能力都让我佩服不已。在我看来,延长学习时间只会让那些差生获益。因为假如延长,这些人一开始就打算**无所事事**的时间又会多出一年。相反,好学生则要为此付出代价。总之,这一措施既对前者毫无效果,又严重抑制了后者的学习积极性。对于这类问题,只有经验能给出答案,站在抽象的先验立场上是无法作答的。根据我多年的经验(任何理论工作者都很难在这方面比我更有经验),我要毫不客气地说,延长学制的建议是完全错误的。人们肯定很快就能发现,这个实验是达不到目的的,它是毫无价值的。这种建议就好比医生给需要新鲜空气和室外活动的病人开了一道“建议卧床休息”的药方。

有这么多刚进入实践的法律人缺乏训练,这样的结果并不是**学习时间太短**导致的,而是**大学的课程设置**和**考试制度**导致的。因为这两者存在同样的缺陷:赋予理论以优势地位,多数时候甚至是绝对地位,而忽视了法律课程的实践目的。
371 至是绝对地位,而忽视了法律课程的实践目的。

要如何设计**大学课程**才能弥补这一缺陷,我在上文(第366页)已经说过了,也就是要增设实例练习课。无论是学生还是老师,谁要没有亲身体验过这门课,对它的价值就毫无话语权。只有上过这门课,学生才能真正理解目前所学的知识,才能更加牢固地掌握它们;当学生对解答案例有兴趣了之后,他同样会对理论产生兴趣;法学将会赢得优秀学生的青睐,他们将会爱上法学。在学生时代,我自己就曾深刻地体会到这一点。我对法学的领会是从民法案例研习才开始的,我是在我曾经的老师、后来的同事以及难忘的朋友**特尔**⑥那里上的这门课,它成了我大学生涯的转折点。直到那一刻,法学才吸引了我,而此前我对它毫无感觉。当我成为这门课的老师后,我同样在听众身上体会到了这一点;每一年,我都重复着这样的体会。

因此,关于法学课程改革,我要一再重申的是:正如医学院和神学院的做法那样,法学院也必须将实例练习课规定为**必修课**。

下面,我来谈谈关于**法学考试**改革的建议。

我认为,普鲁士目前的笔试制度是极为不妥的,这简直就是骗人的东西!考生交上来的论文丝毫不能确保他们受过了法学
372 训练。在教科书和专著的帮助下,即使是根本没受过训练的考生

---

⑥　海因里希·特尔(Heinrich Thöl,1807-1884),德国商法学家,主要著作有多卷本的《商法》(Das Handelsrecht,1841-1880)和《德意志私法导论》(Einleitung in das deutsche Privatrecht,1851)。——译者注

也能交上一份完全符合这种低级要求的论文。这样的论文难道是伟大的艺术？不！在这种制度下，考生要走的路其实前人早就已经给他规划好了，他要做的不过就是照着走下去。对资料的体系性安排、各种可行和不可行的观点、著名学者对这些观点的批判、对罗马法片段的各种解释、全部的文献工具——一切都已经摆在他的面前，他要做的不过就是伸手占有它们罢了。他的全部任务仅仅沦为汇报别人的解决方案。而无论考生支持哪种观点，他总能找到某个著名的权威来当自己的挡箭牌。无论考官同不同意，他都得尊重这一观点。

这一点又让我回想起自己的经历。在博士考试中，我读过一些考生的论文，其中并没有什么可以指摘的地方；然而一到口试，这些考生就像完全没受过法学训练似的。在那些写过获奖论文的学生身上，我也时不时会看到类似的情况。为了拿奖而把全部精力都投入一个主题上，这是以牺牲整体训练为代价的。这些获奖论文具有一定的欺骗性，对此，我们同样可以在历史专业的考试里体会到：研讨会论文很成功，口试时却无知得吓人。这些人就像俗话说的那样——“外强中干”。

这就是为什么理论型的考题完全不能确保达到考试目的。但是，假如仍要保留这类考题，我就必须分享一下自己的经验 373
了——我是在看了不少令人难以置信的错误选题之后才积累了这些经验的。我知道，有些题目难度之大、所涉范围之广，可能连最优秀的理论家都得花上几个月的时间才能解答，更何况留给考生的考试时间只有几周——前者可是后者的两三倍那么长啊！没错，我想到的是跟“作为继承人的时效取得”有关的考题。对于这类考题，我自己是根本回答不了的。[7] 一个希望答得让考官满

⑦　耶林对这一问题的看法，参见本书第二部分的第二幕。——译者注

意的考生告诉我,他本来想征求柏林的**布伦斯**教授的建议,但后者却同样回答不了。为了避免这样的闹剧,被保留下来的这些理论型试题难道不应该经过司法部的审核与批准吗?我相信,这样的考题会出现,原因只能出在考官身上,因为他根本就不清楚这些题目的难度和所涉及的范围——这些题目他只是道听途说得来的,要不然他是绝对不会设计这样的考题的,他自己肯定是最不会做这种题目的人——只有那些不知题目之难的人,才会在出题时把可解的题和不可解的题相混淆,把难解的题和易解的题相混淆。

那么,应当用什么来代替理论型的考题呢?如果我此前对这些题目毫无实践价值的说法是正确的,那么废除这类考题丝毫不会造成什么不利影响。我们可以完全放弃笔试,并将因此而为考
374 官和考生节省出来的空余时间用于延长口试的时间。跟目前的考试制度相比,这种做法对于改善现状是非常有好处的。如果一个考官不能凭借更长时间的口试来判断出考生所受的训练是否成熟,那么他就是个差劲的考官。支持保留笔试的理由,我只能找到一个,那就是考虑到羞怯和恐惧的因素,即便是学得较好的考生所取得的口试成绩也往往不如他们在毫无心理压力时所取得的成绩,而笔试则排除了这类干扰。顺便一提,在我看来,对一个有人情味且经验丰富的考官来说,这种干扰因素的作用并不大。正是基于这一考虑才可以继续保留笔试。这样一来,特殊情况对考生的不利影响就能被抵消或是被纠正了。

但保留的前提是,笔试必须能确保实现考试的目的;而我知道,只有一种制度能满足这一前提,即要求考生在闭卷考试中完成相对简单的题目,但不允许他们使用文献工具。我曾担任吉森大学考试委员会的委员超过 16 年,这 16 年多的经验让我认识到

了这类笔试的价值。当然，这是以严格认真地贯彻考试要求为前提的。这类笔试的成绩从来不骗人，拿高分的考生同样能在口试里证明自己的能力。

当然了，笔试的题目得有好几道，而且出的题应该能在较短的考试时间内(在吉森大学是两个小时)被答完。在吉森大学，罗 375
马法的考题会有三道，就像其他所有题目一样，这些题也要经过考试委员会的同意。其中一题我总会出法律案例，一个简单的、符合考试目的的案例；第二题我会出教义学方面的，我会把它拆分成一系列的小问题，都是用很短的几句话就能答完的那种；第三题我有时会出法律史方面的，有时会出法源解释方面的，因为分析案例和解释片段总是能为我评判考生所受的法学训练提供最可靠的依据。为了答出这两道题，仅仅靠死记硬背那些法律概念、法律规则和法史笔记是不够的，考生所学的知识还必须是一个整体，他必须能运用这些知识。实践型考题和文本分析型考题总是深受优秀考生的欢迎，而较差的考生却最害怕碰到这两道题。这两类学生都知道，除了通过这两道题，他们再也没法通过其他的方式来展现自己真正的法学水平了。因此，这就彻底说明了这些考题在实践上的价值！

此外，如果在第一次考试中用闭卷考试的形式取代目前的论文形式，那么无论是考官还是考生都能节省出大量的时间，这样的结果对双方都有利。目前，完成论文的期限总共是六周，另外还要加上考官为审阅论文所需的差不多四周时间。然而在我看来，闭卷考试只要两天就足够了。据我所知，奥尔登堡那儿的做法是让考生在一整天里做完所有的题，但我觉得这是不合适的。
在吉森大学，每个考题的考试时间为两个小时，在此期间，考生不 376
能离开考场。上午会安排两场考试。为了让考生有机会稍作休息,在第一场考试结束后会有一个短暂的休息时间。下午则只安排一场考试。在吉森大学,闭卷考试一共有14道题目,但我认为这是不必要的,我觉得6道题就够多的了:两道罗马法的题、一道德意志私法或商法的题、一道民事诉讼法的题、一道刑法的题以及一道国家法或教会法的题。这样一来,考官为审阅试卷所花的必要时间至少会减少到目前的1/3。

至此,我所论述的都只是关于第一次法学考试的,我把我的改革建议总结成二选一的形式:要么彻底废除目前毫无价值的笔试形式,并代之以较长时间的口试;要么就把笔试从论文形式改成闭卷考试的形式,因为只有这种形式才能确保考试发挥我们想要的作用。

同样地,对于第二次考试即候补文官考试,我的建议也是取消理论型考题。这类考题尽管可以给非常优秀的人展示自己优势的机会,但经验表明,它并不是评价考生能力是否成熟的可靠标准,而且考生自己也会把它看成考试中最简单的部分。相反,他们最害怕的其实是那些为了让其草拟判决而放到他们面前的
377 案卷。在我眼里,理论型考题只能起到纯粹的**装饰**作用,它只是给考试披上了一层科学的外衣。这类考题不过是在向考生强调:“不仅你的实践能力很重要,而且你的科学素养也很重要。”就好像在一门实践科学中,“会不会**运用**知识”不是最可靠的评价标准似的,就好像口试还不足以让考生沉浸在理论中似的。就跟在第一次考试里一样,理论型考题在第二次考试中也是没有实际意义的装饰品。之所以会出现这类考题,之所以它们还被继续保留,纯粹就是因为考试主管部门害怕别人指责这门考试“是不科学的”,但其实这种担心是毫无必要的。因为这种指责只能出自这些人之口,他们认为**无法**适用的理论才是真正的科学,可以适用

的理论是不配拥有“理论”之名的。他们好像完全不知道,考生要证明自己在前一个方面的能力(即他所受的“理论训练”)有多么容易。

在我看来,普鲁士的第二次考试已经没什么可改进的了。为了让考生有更长的时间草拟判决而提前向其分发案卷,为了让考生在口试中完成报告而提前三天向其送交案卷,这两个制度都是完全符合测试实践能力和法学判断力这一考试目的的。而且,口试也足以让考生证明自己知识的广度、扎实程度和可靠程度。

相反,我不得不说,根据我的经验,普鲁士的**第一次**考试还有很多地方值得改进。正如上文所述,我曾考过一些人,他们虽 378
然通过了第一次考试,却没有受过半点法学训练,这些人甚至连最基本的罗马法概念都无法区分,比如占有和所有权。用不着说,连这么无知的人都能通过的考试肯定是烂透了的考试。原因出在哪?是考官太过仁慈吗?这个因素可能偶尔会起到一点作用,但我认为最关键的原因在于错误的考题**类型**。这部分与考官的死板和经验不足有关(这一点我在下文还要说到),部分与一种偏见有关,就好像既然第一次考试是纯理论性质的,它就该把那些需要运用所学知识的考题都排除在外似的。被任命为考官的实务工作者相信,他只能通过这种方式来完成自己的任务,也就是他要尽可能地保持考试的理论性,人为地摆出理论家的架势;他拒绝成为**合适的**考官,而是去做**不合适的**考官;他保持着抽象的高度、要求考生回答法律的概念和分类等,而不是站在自己非常有把握的基础上考查考生,即他没有考查法律规则应如何适用。

我认为在第一次考试中,无论是笔试还是口试都不能少了法律案例。当然,案例不能出得太难,而应该是相对简单的。这样的案例是每个认真学过法律的学生都能够分析也必须会分析的。只有那些能够将法律规则适用于特定案例的人,只有那些能够在具体事物中认清抽象区别的人,才能真正地将这些知识变成是自
379 己的,其他的一切都是纯粹的假象、毫无价值的东西。没错,在法律里头,所有抽象的东西都仅仅是为了能够在具体的事物中得以实现而存在的,谁要是认不出它们的具体形象或决疑式形象,抑或不能将其适用于某个简单的事实,那么这就说明,他并没有真正地掌握它们。

除了要考一个或多个案例,如果条件允许,我觉得还应该再考一下对法源的解释。我指的不仅是《国法大全》里的片段,而且包括我们的《商法典》《刑法典》《民事诉讼法》里的条文。解答案例和解释制定法,这正是刚刚踏入实践的实务工作者所要承担的两项任务,这是他们无法回避的,就像神学家无法回避布道、医生无法回避在病床边和解剖台旁的考试一样。相反,理论性的学术论文则是未来理论家的任务。也就是说,这项任务属于那些要申请教授资格的编外讲师。未来的实务工作者应当证明:自己在从事本职工作方面的水平至少要达到一个实务新手所该有的程度。假如他不能通过理论课达到这一程度,那么要么是课程的问题,要么是他自身的问题。如果是理论课没有为他提供这样的机会,那就是课程的问题,这样的课程需要改变,而且必须改变,但在目前的各个大学里,这种情况已经大体不存在了;而如果是他自己没有利用这样的机会,那么就是他自身的问题。

380 在论述完关于考题**类型**的必要改革之后,我再来谈谈上文(第 368 页)提到的第二点:**考试部门的设立**。

坦白说,我对自己就这一点提出的建议确实没什么信心——

由于财政方面的原因，它很可能会失败。正因如此，我觉得没有必要再对这些建议作详细论述了，况且外部因素也在迫使我赶紧写完本书。我用几个简洁的句子概括我的建议，以便大家检验它们是否正确。

1.要发挥出考试的全部价值，就要有合适的考官。

2.一个人适不适合当考官不仅仅取决于他的知识广度和扎实程度，而且在很大程度上还取决于他考核考生时的灵活性。

3.考核他人不是一门简单的艺术，即使是具备这种天赋的考官也必须通过练习才能学会。

4.只有练习过的考官才是合适的考官。只有这些考官才能区分出知识的真伪。经验能够让他在遇到错误回答时立即辨别出哪些只是考生的表达错误，哪些是因为考生真的不懂。他会允许优秀的考生更正自己的答案，也会让不学无术的考生充分暴露自己的无知。

5.因此，必须给考官机会以训练这门艺术。目前的考官任命方式无论对考官自身还是对考生，抑或对考试目的来说都是有问题的。

6.正确的做法是让考官终身任职。

7.必须免除考官在其他方面的工作。为了赶上法律科学的发 381
展步伐，他必须有充裕的时间；更重要的是，他必须有独立、深入研究科学的机会。

8.以这种方式设立的考试部门将会在理论和实践之间搭起一座桥梁。正是因为受过实践训练、具备了实务经验和实务眼光，这些考试委员会的成员才有能力让自己在闲暇时撰写的著作对理论发挥好的疗效。由于他们的任务涉及理论和实务这两方面，所以在未来，这些人都将成为法教义学领域的权威。与他们在理论方面的能力相比,研究教义学的理论工作者如果没有过人的才华来弥补自己的不足,就只能退居二线。只有在法律史领域,这些大学里的理论工作者才能自始至终地占据首席地位。

在我的同行那里,这个预言将会引起多大的愤怒,我是知道的。将未来法教义学的头把交椅许诺给实务工作者,这样的冒险行为足以让我受到“背离科学”的指责。我心甘情愿地接受这一指责——我会把它归入针对本书所发出的那些指责之中。为了安抚那些忧心忡忡的人,我还要做一点补充:在我和你们的有生之年,我的预言是不会实现的;会实现的预言只有一个,那就是**“一切都将一成不变”**!

但这一前景并不能扰乱我的思路,我要继续论述我的改革建议。

382 9.考试委员会里年龄较大的成员应从杰出的实务人士中选拔。为了鼓励他们辞掉目前的职务而到委员会里任职,必须提高委员会成员的工资和该职位的等级。另外,委员会里年龄较小的成员应暂时由候补法官或正式法官担任。如果他们证明了自己的能力,那么就可以继续留在里头;如果证明不了,或者他们想回到实务当中,那么他们在去职之后仍保有按资历提拔的机会。同样地,他们也应当享有更高的工资待遇和职位等级。总之,“成为考官”必须是一项殊荣,必须是对其过人能力的认可。

10.考试部门在理论和实务之间所处的桥梁地位对二者都是有利的。对于那些厌倦了讲课,觉得自己不再有能力或兴趣为了满足自己或他人而继续教书的大学老师,考试委员会的大门应当向他们打开,这样他们就有机会转任考官了。这种做法无论是对这些老师还是对教学本身来说都是有利的。反过来,也应当给法学院聘用委员会成员的机会。要知道，那些较为年轻的、凭自己的学术成果脱颖而出的委员会成员，他们在任何的法教义学领域（无论是民法、民事诉讼法还是刑法）都是天生的教授。这样就可以避免聘用法学教授时缺少合适人选的窘境，而眼下，这种情况是多么严重啊！既然有不少医生都是在实践岗位上被医学院聘为教授的，那么为什么对法律人就不能这么做呢？最有能力的就 383
是最好的。谁要是嫉妒他们，大可以让自己也成为最好的。将来的法学院老师必须谨记，对他来说，考试委员会里那些才华横溢、擅长写作的候补法官、区法院法官或是地方法院法官都在逐渐成为他的竞争对手，他必须用**有价值的**成果来捍卫自己的地位。那些将教学利益置于教学者利益之上的法学院只会高兴地欢迎这种竞争。假如它们心胸狭隘或是弱势到这种程度，以至于把教授职位优先授予平庸的学者而不是优秀的实务人士，那么最高主管部门将会凭借它出色的洞察力做出正确的选择。

11.与目前相比，第一次考试的考试委员会数量必须大大减少，明智的做法或许是只保留一个。当然，这样的一个委员会必须大到足够建立不同的部门。将这些部门集中设立在一个地方的好处是，我们可以通过不断变换各部门的人员组成来达到考试标准的统一，而这正是目前所缺乏的。因此在这个方面，我们要将第一次考试的要求提升到第二次考试的高度。

我的建议到此结束。但现在还缺了一句结束语。跟第三部分一样，本部分的结束语同样是“**我做了个梦**”。然而，我并不后悔做了这两个梦——或许，它们的确能带来一些好事。

索　引

（条目后的数字指原书页码，即本书边码）

D

E

F

G

H

J(I)

K

L

Q

R

S

T

U

V

附　录

附录一 耶林论法学学习 (1880)[1]

（罗马法史）[2]是我的教学任务，它通常是法学院的第一门课。请允许我假设你们当中的大多数人都是大学新生，现在是第一次上大学。这样，我就有理由对你们就大学和中学学习的区别说几句话了，好让你们对大学生活有个直观的认识。

二者的外在区别是不难发现的：

1. **专业化**[3]的学习不同于**通识化**的学习

中学学习（必须）确保一般的教育，任何一个有教养的人都是以此为前提的。所以它对所有

---

① 该手稿是耶林在1880年夏季学期开学前完成的，用于他的罗马法史课，是耶林特地为第一学期的法学新生准备的法学学习导论。此手稿由哥廷根大学克里斯蒂安·海菲尔（Christian Helfer）教授于1966年整理发表，即 Christian Helfer, Rudolf von Jhering über das Rechtsstudium, JZ 1966, S. 507-509。由于该手稿与耶林的法学教育思想密切相关，因此一并译出。——译者注

② 括号中的文字是海菲尔教授认为在手稿中较难辨认、不太确定的内容。——译者注

③ 原文中用来表示强调的斜体，在译文中以加粗字体表示。——译者注

人来说都是一样的。

到了大学里的**专业学习**,你们就要分道扬镳了。通常(但并不是绝对地)来说,路分成了四条。从大学分成了四个学院这一点就已经可以看出这种区别了,每个学院的学生都要到属于自己的那个学院里报到注册。其中的三个学院都有一个相对固定而实际的任务:服务于市民生活的某个特定方面。这三个学院是神学院、法学院和医学院。第四个学院囊括了格外多的专业,一部分可以造就各种终身职业:老师、语文学家、数学家和化学家;另一部分则包括了人类知识的一般分支:历史和哲学。在这个意义上,虽然它在大学的学院设置中排第四,但却是名副其实的"第一"学院,将所有具体学科(联系起来)的统一纽带,就是以该学院为基础的。

2.**大学**学习的自由

德国的大学始终遵循德国大学法的特别规定,而其他国家却没有这样的特别规定。在德国,这些规定是:

(1)选课的自由。与此不同的做法是预先排好每个学期的课,就跟中学里的情况一样。同样的情况也出现在奥地利的大学里:这种选择权被负责教学方案的主管机构给剥夺了。

(2)上课的自由。以前在奥地利的大学里,上课都是要点名的,然后学生才能参加考试(意大利则是在学期末);在奥地利的某些大学里,有时甚至要用上一整堂课的时间来点名。

我们德国的大学里没有这样的制度,它把去不去上课的决定权交给学生自己,而且也不直接地通过考试来加重这一自由的负担。不用说明不去上课的理由;不用被强制去上课;不去上课也不会影响学生的任何权利。

与此相关的是大学的授课风格。

3.大学授课的风格

在中学里,授课的风格是以老师和学生之间的持续交流为基础的。它应当确保学生能真正地跟上这堂课并领会其中的内容;老师提出问题并布置作业。这是“传教式的”或“对话式的”风格。而大学里的风格基本上就是老师单方面的授课。他只是**讲授**,他克制自己向听众发问;在我们这里,每个学生都有在课堂上做梦的权利。老师不会布置作业。这是一种“**单调的**”授课方式。

这就是区别所在。现在来仔细看看这种区别,以明确其背后的理由、正当性或必要性以及它的优缺点。为什么大学的授课风格会是这样的?

(1)专业学习

①**必要性**。劳动分工同样也出现在脑力劳动领域。知识的巨大化使得我们不可能掌握各行各业的所有知识。这就要求有所限制。专业学习的目的:让人们能够踏入实践生活。对生活而言,它是一种补充性质的辅助工具——尤其是对法律人来说。

②**危险**。劳动分工律。其缺陷是:学术的萎缩。工厂的劳动者变成了机器的一部分,他的全部技能仅仅是完成分派给他的操作任务。

这一危险甚至对学生和纯粹的专业人士(尤其是法律人,也就是像我们这样的法律工匠)都存在,只不过程度更轻。它不仅存在于以后的生活中,而且在大学里就已经存在了。

我的责任是告诉你们有这样一种危险,并且提醒你们:要把专业知识与一般知识联系起来——只有后者才能造就一个有教养的人。

“专业知识”指的就是“专门化的”知识或者是只为了自己而存在的“封闭性”学科。然而,任何一个具体的知识分支都不是仅仅为自己而存在的，每个学科都与其他学科紧密相关，尤其是法学与哲学、国家学以及历史学之间的关系。通常来说，考试只局限于专业知识，但每个学生自己有责任将专业知识与一般知识联系起来。

可惜这一点经常被忽略。我必须承认，在我的大学时代，我同样忽略了这一点，所以我一直都感到很可惜。在往后的生活中，弥补是很困难的。当初，我的老师也忘了要提醒我注意这一点，对此，我只能说非常遗憾。现在，既然我成了一名老师，那么我不会让你们和我一样有这个遗憾的。我不仅要在一般层面上告诫你们，而且要为你们提供特别的指引。

我推荐你们关注以下几个学科：

第一，**哲学**。法学是应用哲学的一部分。

在这所大学［哥廷根大学——译者按］，你们有非常好的机会来学习哲学，因为有一位目前仍然在世的一流哲学家正在哲学院里任教，他就是洛采教授。〔1〕 作为哲学家，他是非常杰出的；作为老师，他是非常优秀的。任何有科学鉴赏力的人都应该去听一听他的课。本学期，他会在10点开始讲授“形而上学”。除了洛采，还有一位更年轻的但也非常值得推荐的哲学家，他就是鲍曼教授。④ 鲍曼讲授的是“法哲学”，正因如此，他的课对我们法律人来说很重要。你们从哲学课上学会的独立思考能力，在学习法学的过程中是不会消失的。根据我自己的经验，我可以向你们保证，就我的法学研究而言，我所学的哲学知识（尤其是过去这几年）给我

---

〔1〕 鲁道夫·赫尔曼·洛采（Rudolf Hermann Lotze，1817-1881），1844—1880年于哥廷根大学任教。耶林明确推荐的这一位著名的、至今在美国仍受高度评价的哲学家是值得注意的，因为耶林极力反对他的道德感“天生”理论。参见 Jhering, Zweck im Recht, Bd. II, 4. Aufl., Leipzig 1905, S. 84 ff.。——编者海菲尔教授注

④ 尤利乌斯·鲍曼（Julius Baumann，1837-1916），哲学家，1869年起在哥廷根大学任教，主要著作有《知识的概念》（Der Wissensbegriff，1908）、《沃尔夫的定义》（Wolff'sche Begriffsbestimmungen，1910）。——译者注

带来的好处要远比各种法学著作所带来的更多。读几页叔本华(我是他的钦佩者,但不是追随者)的作品要比读一堆法学著作更能改善我的人生观。

第二,**国家学**。主要是国民经济学和政治学。

我越来越觉得,如果没有国民经济观来丰富法学知识,那么我们的法学知识就是不完整的。(在较早的时候,)我读过一本这方面的论著,它对我的积极影响是难以估量的。我要推荐的是以下几本书:

第一本是豪[⑤]的《政治经济学教科书》,即 Lehrbuch der politischen Ökonomie von K. H. Rau, Bd. 1。

第二本是阿道夫·瓦格纳[⑥]的《一般或理论国民经济学(第一部分):基础》,即 Allgemeine oder theoretische Volkswirtschaftslehre von Adolf Wagner, Th. 1, Grundlegung, Leipzig und Heidelberg 1876 (Fortsetzung folgt)。

对我们社会状态的批判;撼动我们时代的问题:所有权的构造(及其他)。

第三,**历史学**。

(2) **自由**——两种方式中的哪一种更好?

①**正当性**。中学是强制学习知识的时期,大学则是自由学习知识的时期。强制必须先于自由,但现在正是自由先于强制的时

---

⑤　卡尔·海因里希·豪(Karl Heinrich Rau, 1792-1870),德国经济学家,自1822年起任教于海德堡大学,主要著作有三卷本的《政治经济学教科书》(Lehrbuch der politischen Ökonomie, 1826-1837)。——译者注

⑥　阿道夫·瓦格纳(Adolf Wagner, 1835-1917),德国经济学家、财税学家,主要著作除耶林提及的这本之外还有两卷本的《政治经济学基础》(Grundlegung der politischen Ökonomie, 1893)、四卷本的《财政学》(Finanzwissenschaft, 1877-1901)。瓦格纳于1882年提出了"公共支出不断增长法则"(或"政府活动扩张法则"),该法则被后世命名为"瓦格纳法则"。——译者注

候了。完善的科学只有在自由之下才能繁荣起来,这对于老师、学生来说都一样。我们德意志人,特别是那些信奉新教的德意志人,一直将自由视为我们学术生活的守护神。上级既不会规定老师应该教什么,也不会规定他要用哪本教材,要以何种形式来教学。这些都交由他的授课进程、他的责任心以及他的个性决定。只有这样,我们的科学才会一直繁荣下去。任何企图限制自由的行为,都已(被证明)是徒劳。这样的行为遭到了普遍的反对。

对听众来说同样如此:自由是科学之母。谁想要献身于科学,就不能像奴隶一样,而是要作为一个自由的人,出于兴趣和信念而献身于它。

②**缺陷**。所有大学的经验都表明,这一自由经常会遭到滥用,因为很多学生整个学期下来早已将学习的目的忘得一干二净——至少在一定程度上会忘记。

但即便是存在这样的缺陷,自由制度所付出的代价也不算太大。真正热爱科学的老师是不会希望他的听众被强迫去听他的课的,也就是说,他不会希望自己的课是**必须**被选或者必须**要上**的。他要做的是:通过自己的讲授、自己的示范和自己的人格来赢得听众。他的任务会因自由而变得更加困难,但同时,他也要更加感谢这种自由。

选择老师的可能性:根据各个老师的名声和人格,有些课你们可以选择先在这里听一下,再到那里听一下。以莱比锡的国民经济学为例……

纠正自由所带来的危险,这是每个人自己的事。每个人都要下定决心,为了自己而抓住学习的机会。去上课是非常重要的。你们务必牢记:不要翘课。如果你们轻易逃课,那么就可能会把各种知识之间的关联性给遗忘了。知识漏洞所产生的恶果是,你们将很难理解今后要学习的内容。

不是**为了我**,而是为了你们的缘故,我才会这样要求(你们)。如果你长期没来上课,那么请永远不要对我说抱歉,也永远不用担惊受怕。我是不会点名的。**迟到**在我这里是完全允许的;但比起什么都没听到,我更希望你们听完这门课的全部内容。〔2〕

(3)**授课风格**

目的:(不仅仅是对授课内容、而且是)对授课风格的解释;这种风格是如何被发明的;对我们的知识而言,它的存在理由是什么(等等)。

补写课堂笔记的可能性。

①自由的必然后果:如果老师向听众提问,自由就将不复存在。

②但这种做法却存在巨大的缺陷:单向的听课会使听众犯困、昏昏欲睡或是精神很难集中。真正的脑力方面的工作是以双向为基础的。

③应对这一危险的手段:

a.讲授课的内部设计:提问与回答。

b.讲授课的外部设计:我的方法是……〔3〕

对讲授课的说明:

法学讲授课:

---

〔2〕　在这个问题上,参见耶林更为不友好的评论:“在我们的德国大学里有个常见的规矩:学生上课迟到即禁止进入教室。这么做当然是在以恶制恶。尽管遭到公众非议,但为了防止迟到扰乱课堂,它仍是一种有效的手段。”Jhering, Zweck im Recht, Bd. II, 4. Aufl., Leipzig 1905, S. 328, Anm. 1.——编者海菲尔教授注

〔3〕　耶林在好的课程结构上花了很多心思。对他而言,在讲授课程内容时,唯一的决定性因素就是合目的性:“相比于把课讲得非常精确这种不能达到教学目的的做法,我更喜欢把课讲得不那么精确,这样才能达到教学的目的。说得矛盾一点就是:一个好的老师必须有勇气在适当的地方点到为止。”Scherz und Ernst, S. 360[即本书边码360——译者按]。——编者海菲尔教授注

第一门:约翰[4]的“法学百科全书”。根据课程的情况,我以前也会讲其中的第一部分。

第二门:迈耶[5]的“德国法律史”,9 点到 10 点,一周五次。

第三门:洛采的“形而上学”,10 点到 11 点;或者鲍曼的“逻辑学”,8 点到 9 点。

第四门:保利[6]的“英国史”,下午 5 点开始。

如有问题,可以在周三和周六下午的 2 点到 3 点来找我。

现在我要进入正题了,也就是为你们讲授“罗马法学习导论”(即“法学阶梯”)和“罗马法史”。

导论只介绍这门课的授课内容和授课目标。为此,我还会讲授一些入门所需的概念。

---

[4] 理查德·爱德华·约翰(Richard Eduard John,1827-1889),他在 1880 年夏季学期开的课是带有导论性质的“法学百科全书”(Enzyklopädie der Rechtswissenschaft)。——编者海菲尔教授注

[5] 奥拓·迈耶(Otto Mejer,1818-1893),1874—1883 年在哥廷根大学教“国家法与教会法”(Staats-und Kirchenrecht)这门课。——编者海菲尔教授注

[6] 莱茵霍尔特·保利(Reinhold Pauli,1823-1882),哥廷根大学 1870—1882 年的历史学教授。——编者海菲尔教授注

附录二　耶林遗留的箴言 (1890)[①]

1.历史的铜绿是评估思想的条件。

2.如果光是有意识的,但却无法感受到反射回来的光线,那么它就会陷入自己是否在发光的错乱之中。(批注:人类自我意识的条件是与此不同的。)

3.如果耶稣重现,那么第一个被诋毁成异端的就是他;在中世纪,人们会把他烧死。

4.科学中的作曲家和演奏家——二者都是不可或缺的,但却是有区别的。

5.微小事物中的心理学——以……为例。

6.教育学:与动物玩耍对性格的影响,古典

---

① 大约在1890年,耶林将自己之前关于学术研究和大学教育方面的随笔整理起来,以备写作时使用,但生前未来得及发表。1966年,哥廷根大学的克里斯蒂安·海菲尔教授将该笔记整理出版,即 Nachgelassene Aphorismen Rudolf von Jherings, mitgeteilt von Christian Helfer, Archiv für Kulturgeschichte (=AKG) 48 (1966), S. 148-151。由于该笔记与耶林后期的思想(包括法学教育思想)有不少相关之处,因此一并译出。——译者注

研究对人生观的影响。这些事情本身是没有……目的、没有用处的,因此,它们使人较早地习惯于这样一个事实,即评价某事物直接效益的标准并非唯一。对实用中学学生和文理中学学生的教育存在差别:对前者缺少观念论的教育。

7.人的行为**后果**通常要比他在行为时所持的目的对其更为有利——该结论同样适用于古典学的学习……同时,它以极为有利的方式反作用于人生观的理念化。

8.如果宠物不是因为大人的缘故出现在屋子里,那么它们就是因为孩子的缘故而出现在那里——在与下属的关系中来检验行善的条件。“社会”的第一个圈子,人们在里面练习。对性格发展而言,这是格外重要的——这一点与动物对人的影响是不同的。猫是危险的,因为它使孩子们有了不好好对待彼此的诱因,但狗……是有利的,因为所有人都喜欢它;狗的忠诚对孩子来说是一个榜样——这与猫相反。

9.在证明某个人缺少判断力这一点上,最好的方式就是看他是否到处拿权威作庇护。自己口袋有钱的人,不需要问别人去借;谁要是立马找来保证人,大家就能看出来,他连自己都不相信。

10.教育的最高目标在于,把需要掌握的知识讲得吸引人,并且把必要的内容讲得深入浅出。与此相反的做法要受到极大的谴责。这一结论同样适用于更高层次的科学课程,尤其是法学。“法学阶梯”的讲授跟中学里语言课程的讲授在这一点上是一样的,即它们都是纯粹实证主义的。不只是中学老师,大学老师也一样,一位好的教育者不仅要传授外在的知识,而且要传授发现学术价值的眼力。谁要是掌握了这一点,他就会自发地去追求知识。只有更具天赋的人才不需要这样的引导,他们自己就拥有这样的认识。

11.如果某人不懂什么是发酵过程,而只是看着酒在桶里发酵,那么他从中看到的就(只有)无意义和无目的的起伏波动。只有当发酵过程停下来,我们才能理解它。就某些历史阶段而言,情况也是如此。

12.对鹅那笨拙的眼光来说,有些物体是不存在的,但这些物体却能被鹰的敏锐目光感知。所以这也就可以解释,为什么鹅声称这些物体只存在于鹰的想象之中。此外,为了能够看见某些东西,必须戴上一副恰当的眼镜。

13.在理解事物时,每个人身上都带有自己的标准。

14.在科学中,走得越远,就会发现要做的越多;钻得越深,深至几乎无人踏入过的领地,问题就越难。

15.不能恳求思想出现,必须等待它们到来;但不能让等待扰乱情绪,因为思想经常迟到。

16."理所当然的东西"通常是人们理解得最少的东西。要是真的理解它们,也就是说,要是能够论证其必要性,人们就无需满足于这句空话了。

17.假如人能活到现在的两倍这么长,那么历史就完全是另一种样子了。

18.课堂讲义是真理的最大障碍。当它们还不存在时,真理更加自由。只有少数作者能够超越自我,撕毁自己的作品;大多数人都在其中自我辩护,只有死才能把他们召回,以清除他们在真理道路上所铺设的障碍。

19.相信自己价值的人,不需要想方设法让自己显得有价值。金子总是会发光的。

20.科学最艰巨的任务之一在于,如何才能让健全的人类理智与学究和诡辩相抗衡。

21.老年靠回忆活着,青年靠希望为生——前者是靠过去,后者是靠未来。

22.在很多人那里，99%的幸福所带来的快乐，都会被他们所缺少的那1%消除，无论这1%的缺失是真实的还是幻想的。对他们来说，少了这1%就不是十全十美。他们看到的总是自己所缺少的东西，而不是已经拥有的东西。生活的快乐在于，想想自己所拥有的并对此加以利用，时刻意识到"拥有"与"缺少"这两者间的关系。谁要是理解了这种艺术，谁就会活得很幸福；谁要是不理解，那么他失去的可能会更多，因为他总是会发现自己所缺的东西越来越多，连一丝苦味都会败坏他品酒的全部兴致。这种不知足的情绪之源是嫉妒和野心。如果给这些人的东西远远多于他们在梦里所希望的，而给另一个与他们处于相同境况的人只多一点点东西，那么尽管他们得到的好处是后者的千百倍，这一事实仍不足以抚慰他们痛苦的心灵，因为在他们看来，别人得到的东西比他们的还要多。

23.只有那些活得比创作者更久的创造才是真正的创造，与创作者一同死去的东西不是真正的创造。

24.所有平庸之辈都可以这样来补偿自己缺失的创造力——往别人的创造上吐口水。

25.科学中不应存在友谊和敌对。

26.那些没有自己观点的人总是通过反对别人的观点来弥补自己的缺失。

27.给弗里茨·霍伊斯勒（Fritz Häußler）的签名题字，1890年8月于符腾堡的温森登：

令人信服的表达艺术不仅取决于理由的分量，关键还在于如何安排这些理由……对于写作目的来说，如何谋篇布局与思想本身同样重要，正如对于统帅而言，军队的战略结构也是非常重要的。

附录三　书名译法、版本与译本考证

张焕然

一、书名译法

在本书第二部分的引言中，耶林曾强调自己十分重视文章或书的标题，因为一个好的标题往往能吸引读者，从而为作者赢得知名度。这一点同样适用于标题的翻译：一个好的译名往往可以提升原作者在外国读者中的影响力。在我国法学界，本书此前已有不少译名，哪一个较为妥当呢？若这些译名均存在一定问题，则应当“另起炉灶”。

原著的主标题为“Scherz und Ernst in der Jurisprudenz”。其中“Scherz”作为名词是“玩笑”“笑话”的意思，“ernst”作为形容词的含义则是“严肃的”“认真的”，而在这个标题中，后者被耶林用作名词，意为“严肃的东西”。因此，该标题直译应当是“法学中的玩笑话与严肃事”。与此不同,目前较为常见的一个译名是“法学上的诙谐与严肃”。[①] 但问题在于,“诙谐”与“严肃”在汉语中均为形容词,严格来说这个译名并不符合中文语法。

实际上本书分为四个部分。根据全书的内容可知,前三个部分都是在用诙谐的话开法学的玩笑,汉语里有一个非常合适的词与之对应,即“戏谑”;第四部分则是在“严肃认真”地探讨如何改善当时的法学教育。基于此,该标题另一个常见的译名是“法学的戏谑与认真”。[②] 但此译名仍有问题,因为它很可能被误解成“法学这门学科在戏谑什么或认真什么”。其实在译者看来,只要在这个译名前加上一个“对”字就能十分贴切地传达出原著的精神,因为耶林在整本书里所做的正是“对法学的戏谑与认真”。同时,这样的意译也符合中文的语法,不会造成歧义。

另据杨仁寿先生考证,日本法哲学家碧海纯一(1924—2013)将本书标题译为“法学戏论”。杨先生称该译名“颇为传神”,遂予以接受。[③] 然而正如耶林自己在初版前言中所提醒的,假如读者只看到他在“戏谑”,那么就恰好忽略了此书的宗旨,因为全书的落脚点始终都是对法学的“认真”,“戏谑”的目的亦在于此。因此,虽然“戏论”的译法的确“颇为传神”,但仍不足取。

综上所述,可供选择的书名译法有二:或者直译成“法学中的玩笑话与严肃事”,或者意译成“对法学的戏谑与认真”。译者认

---

① 参见吴从周:《概念法学、利益法学与价值法学》,中国法制出版社 2011 年版,第 102、553 页;舒国滢:《法学的知识谱系》,商务印书馆 2020 年版,第 1013 页。

② 参见[德]鲁道夫·冯·耶林:《法学的概念天国》,柯伟才、于庆生译,中国法制出版社 2009 年版,译者前言,第 7、33 页。

③ 参见杨仁寿:《法学方法论》(第 2 版),中国政法大学出版社 2013 年版,第 42、64-65、102 页。

为,在中文的语境下,后者更符合耶林的本意,因此在书名的翻译上取此译法。[④] 但是在具体内容的翻译上,译者有时也把"Scherz"译成"玩笑",把"ernst"译成"严肃的",视语境而定。

二、德文版本

1.各版的变化

《对法学的戏谑与认真》的德文第 1 版于 1884 年 12 月出版,正好赶上当年的圣诞节,因此,耶林将副标题取为"给法学读者的圣诞礼物"(Eine Weihnachtsgabe für das juristische Publikum)。有趣的是,时任德意志帝国宰相的俾斯麦也是众多读者中的一位。据耶林本人回忆,他在 1885 年代表哥廷根大学授予俾斯麦荣誉法学博士学位时,顺便把自己的这本新书送给了曾经在哥廷根学过法律的俾斯麦。[⑤]

很快该书就有了第 2 版和第 3 版,但这两个版本其实是第 1 版的逐字重印,不能算修订再版。有实质增订的只有 1891 年的第 4 版(见图 1)。在该版中,耶林在附录里对正文第二部分的第二幕和第三幕做了补遗,使得原书正文从 383 页增加到 425 页。[⑥]

---

④ 这一译法此前即已被译者采用,并且也在一定程度上得到了学界的认同。对此参见[德]费肯杰、辛默曼:《耶林对私法教义学与方法论的影响》,张焕然译,载《中国政法大学学报》2019 年第 1 期,第 162、172 页;[奥]克莱默:《法律方法论》,周万里译,法律出版社 2019 年版,第 130 页。实际上,在书名的翻译上,其他语种的译本亦在一定程度上采取了意译,例如法文版译作"Satires et Vérités"(讽刺与真相),详见下文。

⑤ Vgl. Rudolf von Jhering über seinen Besuch bei Otto von Bismarck, Nachrichten der Gießener Hochschulgesellschaft 30 (1961), S.148.

⑥ 指德文原版的页数,即本书边码的页数,下同。

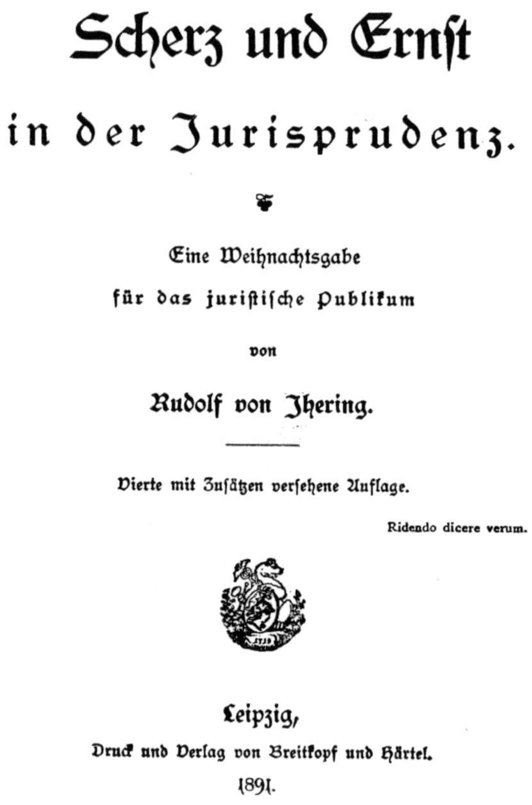

Scherz und Ernst

in der Jurisprudenz.

Eine Weihnachtsgabe

für das juristische Publikum

von

Rudolf von Jhering.

Vierte mit Zusätzen versehene Auflage.

Ridendo dicere verum.

Leipzig,

Druck und Verlag von Breitkopf und Härtel.

1891.

图 1 《对法学的戏谑与认真》经耶林最后增订的第 4 版封面

该书的第 5 版到第 7 版都是对第 4 版的重印。直到 1899 年的第 8 版,出版社才在书后增加了 3 页“关键词索引”(Register),使之扩充到 428 页。此后的第 9 版到第 13 版亦在重印第 4 版的同时保留了第 8 版增加的索引(见表 1)。⑦

---

⑦ 到第 13 版为止,该书均由莱比锡的布莱特考普夫与哈特尔出版社(Breitkopf und Härtel)出版。

表 1 《对法学的戏谑与认真》德文各版

德文各版	内容变化
1.Aufl. 1884.(1884 年第 1 版)	正文共 383 页
2.Aufl. 1885.(1885 年第 2 版)	重印第 1 版
3.Aufl. 1885.(1885 年第 3 版)	重印第 1 版
4.Aufl. 1891.(1891 年第 4 版)	增加了第 4 版前言和补遗,正文共 425 页
5.Aufl. 1892.(1892 年第 5 版)	重印第 4 版
6.Aufl. 1892.(1892 年第 6 版)	重印第 4 版
7.Aufl. 1898.(1898 年第 7 版)	重印第 4 版
8.Aufl. 1899.(1899 年第 8 版)	重印第 4 版,并新增 3 页索引,共 428 页
9.Aufl. 1904.(1904 年第 9 版)	重印第 8 版,共 428 页
10.Aufl. 1909.(1909 年第 10 版)	重印第 8 版,共 428 页
11.Aufl. 1912.(1912 年第 11 版)	重印第 8 版,共 428 页
12.Aufl. 1921.(1921 年第 12 版)	重印第 8 版,共 428 页
13.Aufl. 1924.(1924 年第 13 版)	重印第 8 版,共 428 页

2.重印或再版

在 1924 年第 13 版之后,本书德文版在很长时间内都没有重印或再版。直到 1964 年,德国的几家出版社又开始重印,但未增加版次,而是写明重印第 13 版。例如,位于达姆施塔特(Darmstadt)的科学图书出版公司(Wissenschaftliche Buchgesellschaft)分别于 1964 年、1975 年、1980 年、1988 年和 1992 年重印了该书的第 13 版。[8]

值得注意的是,在本书首版 125 周年之际,位于奥地利维也

⑧ Rudolf von Jhering, Scherz und Ernst in der Jurisprudenz, 13. Aufl., Leipzig 1924 (Neudruck Darmstadt 1964, 1975, 1980, 1988 und 1992).

纳的林德出版社(Linde)亦将其再版。[9] 但此次再版与此前均有所不同,其并未采取重印的方式,而是将原著中的花体字(Frakturschrift)全部替换成了现代罗马字体。很明显,此举意在扩大读者群——毕竟现在只有少数专门从事学术研究的人才能(更准确地说是愿意去)阅读花体字。然而匪夷所思的是,该书主编尽管承认本书中存在印刷错误,但在再版时却依然只字不改,而且不加注说明,理由是这样才能与原版对应,便于读者引用。[10] 更为吊诡的是,林德出版社所选的底本居然是1884年的第1版,而非耶林最后增订的第4版(或其后的任何一个版本),因此,该版本在研究耶林学说方面的价值大打折扣。

三、译本概览

由于耶林的思想和语言均独具魅力,因此他的一部作品往往拥有许多不同语种的译本,本书亦不例外,以下按出版顺序逐一简要介绍。

1.荷兰语译本

早在1867年,也就是本书第一部分的第六封信发表后的第二年,就有一位匿名的荷兰学者将耶林的六封信全部译成了荷兰语。[11] 据后人考证,这名译者正是与耶林私交甚好的荷兰法学家辛

---

⑨ Rudolf v. Jhering, Scherz und Ernst in der Jurisprudenz, neu hrsg. von Max Leitner, Wien: Linde, 2009.

⑩ Vgl. Leitner, Vorwort, in: Jhering, Scherz und Ernst in der Jurisprudenz, 2009, S. e.

⑪ Vertrauliche Briefe über die heutige Jurisprudenz von einem Unbekannten, medegedeeld door een ongenoemde, Nieuwe bijdragen voor rechtsgeleerdheid en wetgeving 17 (1867), S. 541-570.

斯特(Sybrand Jan Hingst,1834-1890)。[12] 但遗憾的是,本书 1884 年成书至今,仍没有一个完整的荷兰语译本。

2.法语译本

本书的第一个全译本是 1902 年的法语译本,译者是比利时学者梅勒奈尔(Octave de Meulenaere,1840-1905)。[13] 但这个法语译本并未发行单行本,而是作为《〈罗马法的精神〉补充学习资料(第四卷):杂文集》的一部分出版的。[14] 根据译者前言,《对法学的戏谑与认真》这部分是根据德文第 4 版翻译的,[15]书名采用意译"Satires et Vérités"(讽刺与真相)。该译本对原著正文的翻译是完整的,只是删去了耶林的第 1 版和第 4 版前言,并将耶林增补过的内容直接插入与之相关的正文之后,而不像原著那样放在附录里。该法语译本并无专门的译者序,且无译者注。

3.希腊语译本

紧随其后的是现代希腊语节译本。1925 年,希腊学者帕拉提西卡斯(Χρήστος Π. Πράτσικας, 1888-?)选译了该书的第三部分(《法学的概念天国》),[16]该译本附有一篇译者导言,但无译者注。

---

⑫ Vgl. C. J. H. Jansen, Rudolf von Jhering (1818-1892) und Der Zweck im Recht (1877/83) in den Niederlanden, GROM 35 (2018), S. 27.

⑬ 除了该书,耶林重要作品的法文版大多出自梅勒奈尔之手,如《罗马法的精神》《罗马私法中的过错要素》《罗马法发展史》等。

⑭ R. von Jhering, Satires et Vérités: Cadeau de noël au public juridique, in: Études complémentaires de l'Esprit du droit romain, IV: Mélanges, traduit par O. de Meulenaere, Paris: Librairie A. Marescq aîné. 1902, pp. 69-422.

⑮ Cf. R. von Jhering, Études complémentaires de l'Esprit du droit romain, IV, traduit par O. de Meulenaere, 1902, Préface du traducteur, p. II.

⑯ φον Γέριγκ, Εις τον παράδεισον των νομικών εννοιών: μια φανταστική εικών, μεταφράσσης μετά προλόγου οποία χρ. Πράτσικα, Αθήναι: Γεώργιου Ι. Βασιλείου, 1925.

4.西班牙语译本

《对法学的戏谑与认真》的西班牙语译本先后有三个。第一个西班牙语译本是由西班牙法律史学家利亚萨(Román Riaza,1899-1936)从德文第3版译出的,书名译作"Jurisprudencia en broma y en serio"(在玩笑和严肃中的法学),首版于1933年问世,[17]并于2017年重印。[18] 此外,该译本在2015年又被纳入雷乌斯出版社(Reus)的"法律经典译丛"(Colección clásicos del derecho),[19]译文内容并无变化,只是经过重新排版,[20]并由马德里康普顿斯大学的宪法教授塞拉诺(María Rosa Ripollés Serrano)增写新的序言。但是就翻译底本而言,该译本未选取1891年的德文第4版(或之后的任何一个版本),耶林最终增补的部分未体现在译本中;就翻译内容而言,利亚萨将原书较为重要的第四部分略去未译,导致该译本实际上只有耶林前三部分的"戏谑",缺乏"认真",使得该书书名变得名不副实。

或许正是基于这两点不足,班扎夫(Tomás A. Banzhaf)于1974年根据德文第9版重译了该书,书名改译为"Bromas y veras en la

---

⑰ Rodolfo Ihering, Jurisprudencia en broma y en serio, traducción de la tercera edición alemana por Román Riaza, Madrid: Editorial Revista de Derecho Privado, 1933.

⑱ 西班牙的MAXTOR出版社于2017年对1933年的译本加以重印,并添加了新的封面,但封面上却将该译本的首版时间错印成"1938"年。

⑲ Rudolph von Ihering, Jurisprudencia en broma y en serio, traducción de la tercera edición alemana por Román Riaza, Madrid: Editorial Reus, 2015. 属于同一系列的还有拉德布鲁赫、施塔姆勒等德国法学家的作品。

⑳ 由于出版社的疏忽,重新排版时反而出现了少许原译本中并没有的错误。例如,耶林第1版序言的落款时间为"1884年11月19日",1933年的译本中写的亦是该日期,但2015年的新版中却误写成"1884年11月9日"(第22页)。

jurisprudencia"(法学中的玩笑与真相)。[21] 这是本书的第二个西班牙语译本,也是第一个西班牙语全译本。

之后,卢克(Mariano Santiago Luque)根据德文第 13 版对班扎夫的译本作了进一步校改,将书名改译为"Bromas y veras en la ciencia jurídica"(法律科学中的玩笑与真相),并由西班牙法学家戈伊蒂索洛(Juan Vallet de Goytisolo,1917-2011)撰写长篇导言,1987 年,这一更为完善的第三个西班牙语译本得以出版。[22] 该译本附上了耶林大事年表,索引部分也较原著更为详细。就耶林在第 4 版中所作的增补,该译本的做法与法译本相同,即把它们放在正文的相关内容之后,而不采用附录的形式。最后,以上三个西班牙语译本均无译者注。

5.意大利语译本

1954 年,意大利罗马法学家拉瓦吉(Giuseppe Lavaggi,1916-2015)将《对法学的戏谑与认真》译成了意大利语,书名译为"Serio e faceto nella giurisprudenza"(法学中的严肃与诙谐),由法学家瓦萨利(Filippo Vassalli,1885-1955)撰写导言。[23] 该译本译自德文第 4 版,是全译本。就耶林在第 4 版中所作的增补,该译本的做法与法语、西班牙语译本不同,它并未将其放在正文的相关内容之后,而是遵循了原著所采用的附录形式。此外,该译本同样无

---

[21] Rudolf von Jhering, Bromas y veras en la jurisprudencia, traducción de la novena edición alemana por Tomás A. Banzhaf, Buenos Aires: Editorial E.J.E.A. (= Ediciones Jurídias Europa-América), 1974.

[22] Rudolf von Jhering, Bromas y veras en la ciencia jurídica: Un presente navideño para los lectores de obras jurídicas, traducción del alemán por Tomás A. Banzhaf, concordada con la decimotercera edición alemana por Mariano Santiago Luque, Madrid: Editorial Civitas, 1987.

[23] Rudolf von Jhering, Serio e Faceto nella Giurisprudenza, traduzione di Giuseppe Lavaggi, Introduzione di Filippo Vassalli, Firenze: Sansoni 1954.

译者注。

6.英语译本

1968年，英国法理学家哈特（H. L. A. Hart，1907－1992）在纪念耶林诞辰150周年时曾在《耶林的概念天国与现代分析法学》一文中表达了对《对法学的戏谑与认真》一书的赞赏，并对耶林的作品很少被译成英文感到遗憾。㉔ 然而，直到1983年哈特将该文收录于其《法理学与哲学论文集》，㉕他对耶林的这一评价才真正引起了英语法学界的注意。两年后，《对法学的戏谑与认真》的第三部分（《法学的概念天国》）有了第一个英译本，译者是利维（Charlotte L. Levy）。㉖ 该译本附有较为简短的前言，但并无译者注。至今，本书仍没有一个完整的英语译本。

7.日语译本

2009年，日本学者真田芳宪（1937—2017）和矢泽久纯（1971— ）以德文第13版为底本将本书译成日文。㉗ 这是继法语译本、意大利语译本和西班牙语译本之后的第四个全译本。对于原著里的附录，日语译本的做法与法语译本和西班牙语译本相同，即将其插入正文的相关内容之后。此外，两位译者还在书前附上了耶林第一

㉔ Vgl. H. L. A. Hart, Jhering's Heaven of Concepts and Modern Analytical Jurisprudence, in：Wieacker/Wollschläger（Hrsg.）, Jherings Erbe, 1970. S. 68.

㉕ See H. L. A. Hart, Essays in Jurisprudence and Philosophy, Oxford：Clarendon Press, 1983, pp. 265－277. 中译本参见［英］哈特：《法理学与哲学论文集》（修订译本），支振锋、叶子豪译，商务印书馆2021年版，第321页及以下。

㉖ Rudolf von Jhering, In the Heaven for Legal Concepts：A Fantasy, trans. by Charlotte L. Levy, Foreword by John M. Lindsey, Temple Law Quarterly, Vol. 58, 1985, pp. 799－842.

㉗ ルードルフ・フォン・イェーリング 著，眞田芳憲・矢澤久純 訳『法学における冗談と真面目：法学書を読む人へのクリスマスプレゼント』（中央大学出版部，2009）。值得注意的是，该日译本的主书名同样是"对法学的戏谑与认真"之意。

封匿名信的扫描版，书末则附有一篇较长的译后记。尤其值得肯定的是，该译本在译者注里对本书的背景知识、引文出处等均做了极为细致的考证。

8.中译本

同样是在 2009 年，中国学者柯伟才和于庆生根据德文第 1 版并参照上述法语译本和英语译本合译了本书的第三部分(《法学的概念天国》)。[28] 与原著形式上的不同之处在于，该译本将原书第三部分的尾注调整为正文的脚注，这一点并不影响翻译内容的完整性。值得一提的是，该译本的译者前言较为详细地介绍了耶林的生平、著作与影响；不仅如此，两位译者还适当添加了译者注，这对读者十分友好。

读者手里的这个译本则是《对法学的戏谑与认真》的**第一个中文全译本**，也是原书的第五个全译本。译者选择的翻译底本与第三个西班牙语译本和日语译本相同，即德文第 13 版。对于原著里的附录，译者的处理方法与法译本、西班牙语译本以及日译本相同，即将其分别插入相关正文之后。为方便读者阅读，译者还为本书添加了较为丰富的译者注。另值得注意的是，耶林在撰写、增订本书的过程中还通过讲座和随笔的形式表达了自己的法学教育观，这是本书观点的延续，因此，译者将其一并译出并置于新的附录中，这部分内容也是其他语种的译本中所没有的。最后，为了拉近本书与读者的距离，译者还在中译本中插入了几张与原著有关的图片。

---

[28] [德]鲁道夫·冯·耶林：《法学的概念天国》，柯伟才、于庆生译，中国法制出版社 2009 年版。

译后记

一、翻译缘起

在人的一生中,许多事情的关联往往只有从“事后”的角度看才能认清。回想起来,正是散落在我人生不同阶段的那些经历将我推向了这个方向——翻译耶林的这本书。还记得在2011年9月的第一节法理学课上,舒国滢教授向我们这些新生介绍了两位法学家,一位是中国的吴经熊,另一位就是本书作者耶林。那是我第一次听到耶林的名字,但也仅仅是记住一个人名罢了,我并不知道我们之间的缘分在那时就已开始。

后来在民法课、罗马法课以及西方法律思想史课上又不断听到耶林的名字,但实际上真正阅读他的作品则是比较晚的事了。或许是在研一左右,我把当时能找到的所有耶林作品的中译本都读了一遍。但由于引进国内的耶林著作大多都是“短篇”(例如他的三场演讲:《法学是一门科学吗?》《为权利而斗争》《论法感的形成》),因此,除了摘抄一些名言警句,我并没有受到很大的思想冲击。

国内硕士毕业后，我来到德国波恩大学继续求学。2018年初，波恩大学罗马法研究所所长舍尔迈尔教授（Prof. Dr. Martin Schermaier）开设的研讨课正好是关于“法学流派”的。在这个主题下，他列出了从罗马法到当代德国法上不同学派之间的争议。课程的参与者需要选一个题目作报告，并在此基础上撰写研讨会论文。作为外国学生，我很幸运地享有“优先选择权”。当时有一个题目非常特别，一下就勾起了我的兴趣，即“耶林反对耶林”（Jhering gegen Jhering）。“既然耶林对我总像隔了层纱，何不借此机会来个近距离接触呢？”于是我毫不犹豫地选了这个题。从那一刻起，我就正式掉入了耶林研究这个深不见底的“大坑”。

为了报告和论文，我把耶林所有作品的德文原版都下载或扫描了过来，其中自然也包括这本《对法学的戏谑与认真》。至今仍清楚地记得，我在读完该书第四部分的时候有多么激动！在出国前，我就希望今后能为法学教育尽一份绵薄之力。因此，当我读到耶林关于法学教育的精辟思想时，我就发愿要把它译成中文。当然，那时我还从未想过要译完全书。

研讨会结束后，我又接着读了耶林的其他作品。在那段时间里，我才真正感受到耶林的魅力；也正是在那时，我才决定了要将其作为未来的一个研究方向。2018年8月22日，我在自己的公众号“杰然不瞳”上发布了题为“八卦耶林”的文章，以纪念耶林诞辰200周年。很巧的是，华东政法大学亦于当年的12月8日举办了“耶林法律思想研究——纪念耶林诞辰200周年学术研讨会”。虽然当时因读博事宜不能参会，但我仍为此次会议编写了“耶林作品目录”和“耶林研究文献”。会议当天，华东政法大学的于明教授委托该校的李毅同学代我发言，台湾东海大学的李君韬教授对此作了点评。会议的最后,中国政法大学的雷磊教授以“面对经典,我们何去何从?”为题作了总结,具体内容由“雅理读书”公众号于 12 月 19 日发布。

事后,法律出版社学术分社当时的分社长助理高山老师通过雷磊教授找到了我,希望从“耶林作品目录”中挑选合适的书目列入“天下·博观”译丛,当时选定的第一本书即为《对法学的戏谑与认真》。2019 年年初,我们就该书签订了翻译合同。就这样,在众多机缘巧合之下,我最终成了本书的译者。

二、翻译难点

本书是我独立翻译的第一本书,也是我翻译的第一本耶林的书,因此对我而言,其有着特殊的意义。虽然在主观上很想译好,但客观上却难以译好。此处抛开原著独特的文风和中德文之间的差异不谈,因为这是每一位译者都必然要面对的问题。以下仅提及我在翻译本书时所遇到的特殊困难,并向读者交代自己的应对方法。

困难首先来自语言方面。原著除了以德语花体字印刷,正文和注释中还出现了大量的拉丁文,甚至有些拉丁文还是耶林根据其构词法生造的。因此,为了彻底读懂全书的内容,我又去学习了拉丁语。尽管尽了努力,但我对拉丁文部分的翻译依然没有十足的把握,希望今后能继续提升自己的拉丁语,有机会时再做校改。不仅如此,古希腊语、法语和卢森堡语也在原著里各出现了一次,对此,我通过自学和查字典的方式予以解决。

语言上的困难是最基本的,更大的困难则来自本书所涉及的知识面。法律方面的知识自不必提,光是书中出现的罗马法和 19 世纪德国私法的内容就足以让人望而却步,尤其是那些被耶林逐字抄录的“概念法学”段落。所幸的是，这些知识的载体大多已被电子化，只要愿意去下载和阅读，这一困难就不难克服。再者，耶林对音乐的爱好在本书中亦得以充分体现。作为一名出色的钢琴演奏家，耶林自然不忘用音乐方面的术语和例子来增加本书的趣味性，但这也给翻译增加了不少难度。巧合的是，我以前也学过钢琴，因而凭借自己粗浅的音乐知识，这部分难题也得到了解决。此外，哲学和自然科学也是本书经常讨论的主题。作为门外汉，我能做的就只有去弥补这方面的知识以达到理解原著的程度，在专业词句的翻译上则尽量采用各学科内较为普遍的译法。

特别要指出的是耶林在本书中所展现的深厚文学素养，这里试举两例。第一，本书在讽刺的过程中对大量的文学名句或情节进行了戏仿，其主要的戏仿对象有三：一是古希腊神话；二是《圣经》；三是文学家的经典作品（尤其是古罗马诗人贺拉斯、英国剧作家莎士比亚和德国诗人席勒）。此时的难点在于，耶林在引用这些名句时并未注明出处。因此，我在翻译时只能先把原著里出现的句子输入搜索引擎，借此确定它们在原作中的具体位置，然后对应着找到既有中译本里的译文。

第二，耶林不仅在书中引用和改写了不少诗句，还在第一部分的最后一封信里狠狠“秀”了一把自己的作诗能力。原诗是以各法学家名字的词尾发音作为记忆点的，例如，“有少数几个法学家的名字以 o 的音结尾，一个是 Sanio（萨尼欧），另一个是 Vangerow（范格罗）”。这句话只有在德语中才是可理解的，因为虽然这两个人名的词尾写法不同，但读音却是相同的，因为-o 和-ow 均只发[o]的音，而一旦将其译成中文，“萨尼欧”和“范格罗”就没有共同的语音记忆点了。但是若保留人名不译，则又无法让不通德语的中文读者体会到耶林的幽默。因此，最后我采取了折中的做法:一方面,我将全诗所涉及的人名先全部音译成中文;另一方面,在兼顾原诗内容的前提下,我以中文发音和词义为记忆点重新串联起这些法学家。这可谓是本次翻译中最"大胆"的做法,但凭借我对耶林的了解,我想他一定会同意我这么做的。

即使突破了语言难关、补上了知识漏洞,本书还有一大翻译难题让译者十分头疼,那就是"一语双关"。这种修辞手法在绝大多数的法学著作里都不常出现,因此,在第一遍粗译时,耶林刻意使用的好多双关语都被我忽略了。直到第二遍精译时,我才发现其中的奥妙。每当发现一处双关语,我都会感叹耶林是一位真正的语言大师。当然,本书中的许多双关语是只有在德语中才成立的(例如,"dunkel"一词既指"黑暗的",也指"模糊的";又如,"dürr"既指"枯萎的",也指"枯燥的"),而在中译本的正文中,我只能根据上下文选择其中一种译法。为了弥补语义的缺失,唯一的做法就是在译者注里作补充说明。这样一来,不谙德文的读者也能够最大限度地体会到耶林的用意了。同样地,对于耶林在本书里所玩的"文字游戏",我也以相同的方式加以处理。

三、致谢

本书最终能够译成,首先要感谢我博士阶段的导师舍尔迈尔教授。正是他引导我通读耶林、研究耶林,并激发了我对私法史的兴趣;正是在他的研讨课上,我才彻底掌握了德语花体字的阅读方法;正是在他的鼓励下,我才决定再学一门古典语言拉丁文。而这些都是翻译本书不可或缺的前提条件。

此外,还要衷心感谢我硕士阶段的导师易军教授。自 2015 年 4 月相识以来,易老师就没有中断过对我的关心;这种关心不仅体现在学业上,也体现在生活上。在我对前途感到迷茫的时候,是易老师为我指引了未来的方向。易老师对民法的热爱、对学术的执着无时无刻不在感染着我;在翻译这本经典著作时,我同样不敢有一丝懈怠。易老师始终强调,做民法研究不能局限于纯教义学,而应当把视野放宽,要结合哲学、政治学、伦理学等多学科的知识才能真正推动民法基础理论的进步。本书作者耶林正是这样一位集法教义学、法律史、哲学、文学、语言学以及社会学等诸多学科的知识为一身的法学大家,他以自己的作品告诉我们,什么样的法学研究才是富有生命力的。这一点与易老师的教诲不谋而合,相信易老师也会喜欢耶林的作品。

现任教于苏州大学的柯伟才副教授为本书的翻译提供了全方位的支持,在此深表感谢! 早在十多年前,他就已经将本书的第三部分(《法学的概念天国》)译成中文,这是我在翻译过程中时常参考的对象,本译稿从中获益良多。此外,在得知我承担本书的翻译任务之后,柯老师又将他收藏的本书第三部分的英译本惠赐于我。不仅如此,柯老师还将自己未出版的两本书分享给我:一本是他自己编写的拉丁语语法,另一本是舒尔茨的《古典罗马法》译稿——前者对我的拉丁语学习颇有帮助,后者为本书若干译名的确定提供了有益的参考。值得庆贺的是,《古典罗马法》一书即将在商务印书馆出版。除了以上诸多物理方面的支持,柯老师亦在心理上给予我极大鼓励。当我向他"哭诉"就自己目前的知识储备还译不动本书时,他总是会回复我"你一定可以的"。正是在这样的激励下,我才去恶补了许多新知识,否则本书是不可能译完的。不得不提的当然还有他的"每月一问":当我进入翻译懈怠期的时候,柯老师总会时不时地过来询问翻译进度,并暗示自己十分希望看到译著的出版。于是我只能尽最大的努力继续赶工,以不辜负这一份期待。

必须感谢的还有华政耶林会议上的于明、李君韬以及雷磊三位教授。于明教授在得知我无法参会时立即为我找到了代为发言的同学,否则我编写的那两份文献目录不会引起额外的关注。之后于老师又为编辑出版这两份文稿花费了大量精力,对此实在过意不去。李君韬教授是汉语法学界耶林研究的佼佼者,早在十多年前他就已经将耶林的《法学是一门科学吗?》译成了中文,博士论文又精研耶林的所有权思想。他一针见血的点评使我获益匪浅,后来我们也因为有着"耶林"这一共同爱好而成了好朋友。雷磊教授举重若轻式的总结对本书的出版起到了助推作用,若不是他特别提及我有意将耶林的其他著作译成中文,高山老师就不会注意到我。这里还要特别感谢雷磊教授对我的信任,他不仅将《耶林作品集》纳入自己主编的译丛,而且"放手"让我去负责具体篇目的选编与翻译。在诸事缠身的现代社会,但愿我能尽快开始这个新任务!

在搜集完本书的多个译本之后,我又陆续获悉此书尚有意大利语译本和日语译本。就读于罗马一大的唐波涛博士(现为苏州大学王健法学院讲师)在知道消息后的第二天就为我扫描了意大利语译本;而当时我们还并不认识,因此完全可以说,是本书拉开了我们友谊的序幕。南京大学的冯洁语副教授在收到我发的日语译信息后立即发动了他的日本法众筹群,同样在极短的时间里为我提供了日语译本的电子版。对冯老师和波涛兄的高效援助再次表示感谢!

囿于目前的学力,尽管手头有了本书其他语种的全译本,但我还暂不具备阅读这些译本的能力。经过对比,我发现日语译本附有详细的译者注,其中有少部分是我此前穷尽各种手段均无法查实的,那一刻我顿时对日本人的钻研精神和踏实作风肃然起敬。于是我将几条重要的日文注释摘抄下来,发给我的高中同学兼大学校友、在硕士期间即翻译出版《日本民法典》的王融擎律师(现为北京卓纬律师事务所合伙人)。他虽然业务繁忙,但每次都非常迅速地译出这些注释并反馈给我。这让我十分感动,在此要特别感谢他!

任何一本书的出版都离不开编辑,本书亦不例外。感谢高山老师对我的肯定!是他在看到我试译的前言和目录时就敲定由我来翻译本书,而当时我还是个毫无学术成果、缺少翻译经验的博一学生。遗憾的是,在我提交终稿前高老师就已经离开了法律出版社。但尽管如此,他还是时刻心系着本书:在离任前,他将本书的编辑工作委托给了另一位编辑王珊老师。王老师亲切且细心,从编辑的专业角度在中译本的字体、注释和插图等方面提出了很好的建议。此外,她也对我"一拖再拖"的行为表示了极大的宽容,谢谢您的理解!借此机会,要对两位编辑老师说一声"辛苦了"!

最后,同时也是最重要的,我要感谢我的妻子黄璎捷。当年,她为了我的理想而放弃了在知名律所就职的机会,学习德语与我一起出国。在德国,除了学业,她还要为我的胃花费大量心思。在翻译本书期间,她不仅承担了许多本该由我承担的家务,而且不时地鼓励我、开导我。每每遇到翻译难题,我总会向她求助,而她总是能给出绝妙的处理办法;每次翻完一段觉得尚可,就会第一时间告诉她,让她给我提些改进的建议。因此,如果说本书的翻译有着些许闪光点,那么这里面也有她的功劳;至于不够好的部分,责任全部在我。我要把这本译作献给她,以纪念我们"一起吃苦"的留德时光。

本译作追求完美,但译者能力有限,错讹之处一定不少,恳请方家不吝指正!我的邮箱是:zhanghuanran9203@163.com。

张焕然

2022 年 3 月 13 日(时值 30 周岁生日)

于德国波恩

译者补记

收到出版社的清样后，宋史超博士和我的同门范雨洋、贺健飞两位师弟先后提出了不少宝贵的修改意见，谨致谢忱。本书的出版得到“中央高校基本科研业务费专项资金”资助（supported by “the Fundamental Research Funds for the Central Universities”）。

2023 年 11 月 1 日于法渊阁